The Quest For History

CONTENTS もくじ

第三章 その他の群雄たち

群雄割拠の戦国

親兄弟をも敵となりうる不毛の荒野に、
己こそが天下の主にならんと覇を唱えて立ち上がった男たちがいた。
彼らはのちに「戦国大名」と呼ばれることとなり、
一騎当千の猛者や万の大軍を動かす知恵者たち
すなわち「戦国武将」を従え各地に割拠した。
彼らの活躍は伝説となって後生に伝えられ、
時を超えた今もなお人々から尊敬と
羨望の熱き眼差しで見られている——。

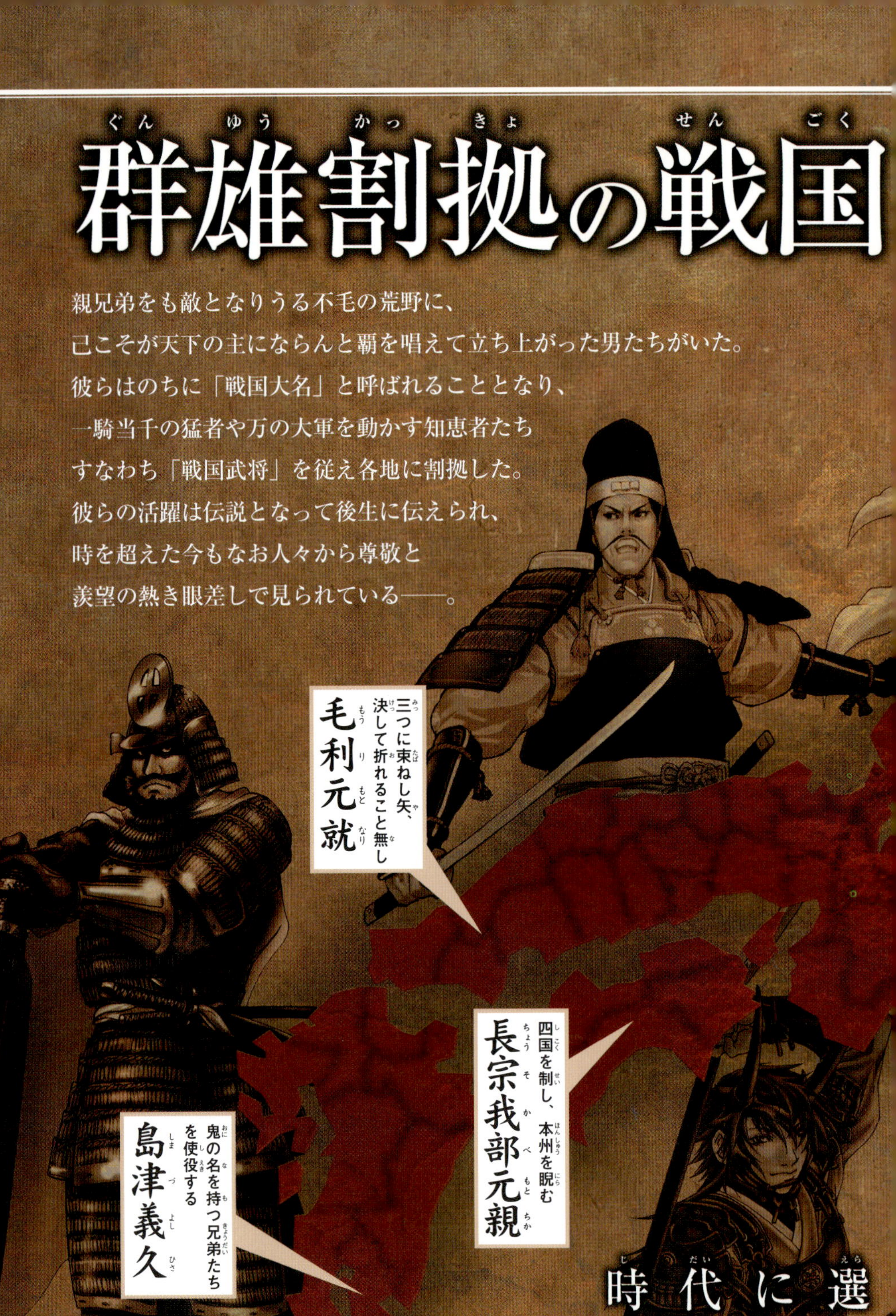

時代
伊達政宗
遅れてきた独眼竜
北条氏康
堅城！ 小田原城が主
武田信玄
風林火山の旗の下
上杉謙信
気高き心を貫いた義士
織田信長
時代に愛されし風雲児
ばれた漢たちの熱き戦い

歴史概要

戦乱の世を熱く激しく駆け抜けた男たちの軌跡 群雄たちの興亡

信長、秀吉、家康を中心とした、戦国時代の流れを解説。各勢力や武将の紹介を見るまえに、まずは時代がどのような移り変わりを見せたのか、そのおおまかな流れをつかんでおこう。

応仁の乱終結より57年、ひとりの英雄が誕生

1467年より勃発した「応仁の乱」により京の町は焦土と化し、室町幕府の権威は失墜。誰も何も得ることない不毛な戦いは10年の長きに渡って続き、幕府の衰退に伴い、各地を治める守護大名や国人の力が強くなっていく。北から南まで日本中のあらゆる土地に群雄が割拠した「戦国時代」はこのようにして幕を開け、のちに「戦国大名」と呼ばれる群雄たちは、隙あらば己が領土を広めるべく、大軍を引き連れて各地に侵攻。血で血を洗う戦さが各地で頻発した。

大名たちは優秀な人材、いわゆる「戦国武将」たちを求め、己が配下として手もとに置いていたが、世の乱れは彼らにも野心を抱かせた。裏切りで主を倒してのしあがっていく「下克上」を達成する者たちも次々に現れ、時代は誰が覇者となってもおかしくない「乱世」へと突入したのである。

甲斐（現在の山梨県）に武田氏、越後（現在の新潟県）に上杉氏、関東には北条氏、西国では毛利氏と、名高き猛者たちが各地で幅を利かせる乱れた世のなかだからなのだろうか。1534年、未だ支配者の定まらぬ混乱の極みともいえた尾張（現在の愛知県西部）の地にひとりの英雄が生を受けた。その者の名は「織田信長」。乱世の風雲児ともいえる男の登場に、世は激震の時を迎えることとなる。

織田信長が天下に武を布くべく侵攻を開始

尾張より全国制覇の野望に燃える織田信長は、あまりの放蕩ぶりに若いころは「うつけ」と呼ばれいた。しかし、元服後はその振る舞いを改めると、蝮と呼ばれる美濃（現在の岐

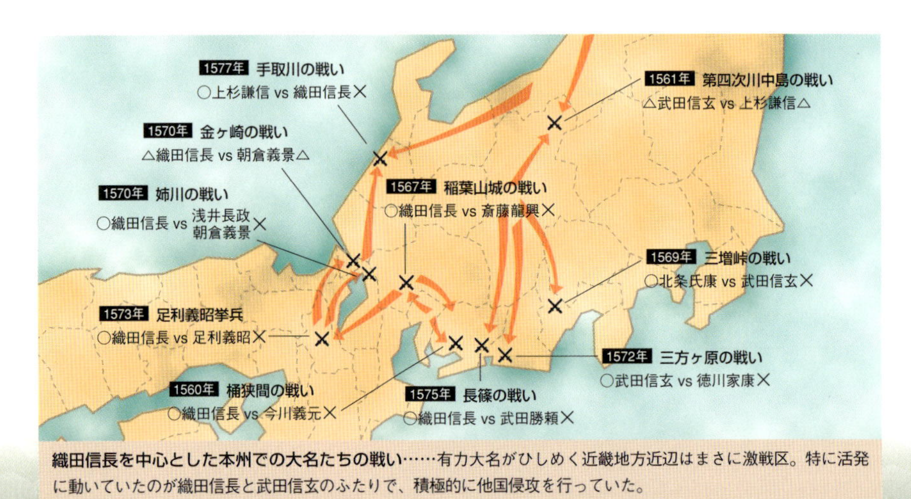

織田信長を中心とした本州での大名たちの戦い……有力大名がひしめく近畿地方近辺はまさに激戦区。特に活発に動いていたのが織田信長と武田信玄のふたりで、積極的に他国侵攻を行っていた。

阜県南部）の斎藤道三の娘を正室として迎え、そのうしろ盾を得ることに成功。織田家の家督争いを調停し、桶狭間の地にて当時の有力大名・今川義元を奇襲作戦で打ち破る。

その後、下克上で道三の地位をかすめ取った斎藤義龍の子・斎藤龍興を打倒。美濃の地を岐阜と改め本拠地に据えると、武でもって天下を制す「天下布武」を宣言する。こうなると各地の諸侯たちも信長を無視できぬ存在として警戒するようになるが、信長は時の将軍・足利義昭を庇護したため、うかつに手を出せなくなってしまう。

だが、信長と義昭の関係が険悪化すると、義昭自らが号令を発し、信長包囲網を形成。信長の妹・お市を妻に娶り同盟関係にあった浅井長政までこの包囲網に参加し、信長は最大のピンチを迎えるが、包囲網の主軸であった甲斐の武田信玄が死去。天をも味方につけた信長は裏切り者の長政を成敗すると、羽柴秀吉（のちの豊臣秀吉）、明智光秀、柴田勝家ら優秀な配下を各地に配置し、各自の行動に任せての勢力範囲拡大を狙う。

やがて室町幕府が信長の手により終演の時を迎えると、ついには自らを神として崇めさせるべく「第六天魔王」を名乗るようになる。この人を超えた所業に世の人々は畏怖の念を抱くが、それは何も信長を外側から見ていた者たちだけではなかった。信長を危険視する真の敵は、内側にいたのである。

織田信長の死、そして後継者の座を賭けた戦い

明智光秀の謀反により織田信長、本能寺にて死す。この情報を入手し、誰よりも早い動きを見せたのは羽柴秀吉であった。信長の命により進行していた毛利攻めを和睦という形ですぐさま終わらせると、備中（現在の岡山県西部）から京へ向けて大返しを決行。「山崎の戦い」で仇敵・光秀を討ち果たしたことで、信長の後継者に名乗りを上げる。

これに反発の意を示したのが織田家の宿老・柴田勝家であった。秀吉派と勝家派で旧織田家臣はまっぷたつに割れ、両雄は「賤ヶ

年号	出来事
1467年	応仁の乱はじまる
1473年	細川勝元、山名宗全が死去
1474年	足利義政が足利義尚に将軍職を譲って隠居
1477年	応仁の乱終結
1497年	毛利元就誕生
1521年	武田信玄誕生
1530年	上杉謙信誕生
1534年	織田信長誕生
1536年	花倉の乱
1537年	豊臣秀吉誕生
1539年	長宗我部元親誕生
1540年	毛利元就が安芸に進軍
1542年	徳川家康誕生
1543年	鉄砲が伝来
1545年	北条氏康が関東の支配を確立
1546年	河越夜戦
1548年	徳川家康、人質として今川義元のもとへ
1549年	織田信長と斎藤道三の娘・濃姫が婚姻関係を結び同盟締結
	フランシスコ・ザビエルが鹿児島を訪問する
1550年	戸石城の戦い
1551年	織田信長が織田家の家督を継ぐ
1553年	武田信玄が信濃を平定
	第一次川中島の戦い
1554年	武田晴信、北条氏政、今川義元が同盟締結
	豊臣秀吉、織田信長に仕える
1555年	第二次川中島の戦い
	厳島の戦い
1556年	長良川の戦い
	織田信長が弟・信行を討ち、お家騒動に決着
1557年	第三次川中島の戦い
1560年	桶狭間の戦い
	長浜の戦い
	徳川家康が三河で独立
1561年	森辺の戦い
	第四次川中島の戦い
1562年	織田信長と徳川家康が同盟を締結
1564年	第五次川中島の戦い
1565年	永禄の変
1566年	豊臣秀吉が墨俣に築城
	第二次月山富田城の戦い
1567年	伊達政宗誕生
	稲葉山城の戦い
	織田信長、本拠を尾張から美濃に移転し、名を岐阜と改める

岳の戦い」で激突。この戦いに見事勝利を収めた秀吉は、信長の覇道を引き継ぎ、天下統一への総仕上げを開始するのだった。

羽柴秀吉派		柴田勝家派
家督は相続済みであったため、信長とともに死した信長の嫡男・織田信忠の子・三法師を織田家の後継者に推薦。	対立	三法師を傀儡として権威を握ろうとする秀吉に真っ向から対抗。信長の三男・織田信孝を織田家の後継者として推薦。
丹羽長秀 池田恒興 浅野長政 羽柴秀長 など		佐久間盛政 前田利家 滝川一益 金森長近 など

独自の動きを見せた 四国・九州の大名たち

四国や九州は中央から離れていたため、それぞれの地方の大名たちが覇を競っていた。四国は土佐（現在の高知県）の長宗我部氏、そのライバルでもある一条氏や伊予（現在の愛媛県）の河野氏、九州では薩摩（現在の鹿児島県西部）島津氏や豊後（現在の大分県）の大友氏、肥前（現在の福岡県南部）の龍造寺氏などが台頭する。

最終的には織田信長と同盟を組むことで、大きなうしろ盾を得た長宗我部元親が四国を制覇し、九州では優秀な兄弟たちを適材適所に配置することで幾多の激戦に勝利を収めた島津義久がその覇権を握る。しかし、彼らにはここでひと息つく間も与えられず、すぐそこには、豊臣秀吉の魔手が迫っていた。

そして天下統一へ。豊臣秀吉の戦い

柴田勝家を撃破した豊臣秀吉の前に立ち塞がったのは、徳川家康であった。織田信長の次男・織田信雄と結託して秀吉に挑んだ家康は、優位に戦いを進めるが、秀吉の圧力に信雄が屈してしまい、戦う意義を失ってしまう。さらに秀吉は越後の上杉景勝の力を借りて佐々成政の反逆も鎮圧すると、旧織田家を完全に掌握。残す敵は四国の長宗我部、九州の島津、奥州（現在の東北地方）の伊達、そして関東の北条を残すのみとなった。

四国、九州の制圧に秀吉は苦戦したものの、自ら大軍を率いてこれを制圧。奥州の伊達政宗には恭順の意を示すよう使者を出すと、北条が籠城する天下に名高き名城・小田原城の攻略を開始。これを落とすのは至難の業と思われたが、全国の大名を動員して21万もの兵による完全包囲という前代未聞の布陣を形成すると、さすがの北条も膝を屈せざるを得なくなり、その噂を聞きつけた伊達政宗も慌てて小田原へ参陣する。こうして小田原城の無

四国の大名たちの戦い……土佐の長宗我部元親が四国を制するが、その後秀吉と激突し、従属する道を選んだ。

九州の大名たちの戦い……島津、大友、龍造寺が力をもった九州勢。島津が勝ち抜くが、秀吉には膝を屈した。

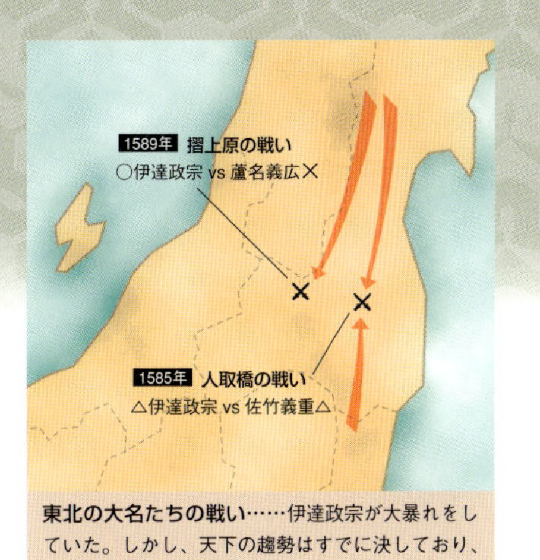

東北の大名たちの戦い……伊達政宗が大暴れをしていた。しかし、天下の趨勢はすでに決しており、小田原遠征を機に政宗は秀吉に降伏した。

血開城とともに秀吉の天下統一は完了。戦国時代は終演を見せるかと思われた。

新たな時代の息吹……「独眼竜」政宗の野望

豊臣秀吉が大坂を中心とした盤石の体制を築こうとしているなか、奥州の地では未だ諍いが続いていた。若き伊達家の当主、独眼竜・伊達政宗が奥州を制するべく各地に侵攻を開始。「摺上原の戦い」で蘆名氏を滅亡させると、若干24歳にして南奥州の覇権を確立。

その後政宗は北条、徳川と三国同盟を結び、秀吉に戦いを挑まんとするが、小田原攻めを機に家康が一方的に同盟を破棄。さすがの政宗も危険を察知し、秀吉の傘下に入ることを決意する。だが、その心根の炎は消えることがなく、秀吉に謀反の疑いをかけられたり、国外への独自の貿易ルートの開拓するなど、その野望にかげりが見えることはなかった。

終焉を迎える戦国時代

豊臣秀吉が死ぬと、世間はにわかにきな臭くなる。このときを待っていたかのように徳川家康が動き出し、守るべき豊臣家をないがしろにするのだった。また、秀吉が生前に行

年号	出来事
1568年	織田信長が足利義昭を庇護
	足利義昭、征夷大将軍に任命される
1569年	三増峠の戦い
	安芸城の戦い
1570年	布部山の戦い
	第一次信長包囲網形成
	金ヶ崎の戦い
	今山の戦い
	姉川の戦い
	石山合戦がはじまる
1571年	毛利元就死去
	織田信長、比叡山延暦寺を焼き討ち
1572年	木崎原の戦い
	三方ヶ原の戦い
1573年	一乗谷の戦い
	小谷城の戦い
	武田信玄が上洛中に病死
1574年	織田信長、長島一向一揆を鎮圧
1575年	長篠の戦い
	四万十川の戦い
	織田信長、越前一向一揆を鎮圧
1576年	織田信長、安土城の築城開始
	第一次木津川口の戦い
1577年	信貴山城の戦い
	手取川の戦い
1578年	上月城の戦い
	上杉謙信病死
	耳川の戦い
	第二次木津川口の戦い
1580年	石山合戦終結
1582年	備中高松城の戦い
	田野の戦い
	本能寺の変
	山崎の戦い
	中富川の戦い
	神流川の戦い
	中富川の戦い
	天正壬午の乱
1583年	賤ヶ岳の戦い
	北ノ庄城の戦い
	豊臣秀吉が大坂城を築城開始
1584年	沖田畷の戦い
	小牧の戦い
	長久手の戦い
	引田の戦い
1585年	豊臣秀吉が関白に就任
	豊臣秀吉、四国を制圧
	第一次上田城の戦い
	末森城の戦い
	富山の役
	人取橋の戦い

った「朝鮮出兵」の不手際により家康を中心とした武断派と秀吉の懐刀・石田三成を中心とした文治派の関係が険悪化。日本中の大名たちがまっぷたつに割れての大戦がはじまる。そして家康率いる東軍と三成率いる西軍は「関ヶ原の戦い」で直接対決。数に勝る西軍が一時的に有利となるが、内部からの裏切りにより西軍は瓦解。天下分け目の大戦は家康に軍配があがった。

この戦いにより日本中の大名の頂点に立った家康は、征夷大将軍となり江戸幕府を開設。豊臣の残党を二度に渡る「大坂の陣」によって駆逐すると、争いの芽は完全に摘まれたのであった。こうして戦国時代は終焉を迎え、日本に太平の世が訪れたのである。

［東軍］
総大将 徳川家康
太平の世を目前にして世間を騒がす不届き者・石田三成とそれに追随する諸侯を討伐すべく挙兵。

福島正則　前田利長
黒田長政　藤堂高虎
山内一豊　細川忠興
など

対立

［西軍］
総大将 毛利輝元
恩義ある豊臣家を軽視する家康こそ大逆人である。三成のもとに義士たちが集結し、家康に戦いを挑む。

石田三成　大谷吉継
小西行長　島津義弘
宇喜多秀家
小早川秀秋（裏切り）
など

年号	出来事
1586年	徳川家康、豊臣秀吉に恭順
	豊臣秀吉、太政大臣に就任
	戸次川の戦い
1587年	豊臣秀吉、九州を制圧
	豊臣秀吉、キリシタン追放令を出す
1588年	豊臣秀吉、刀狩り令を出す
1589年	摺上原の戦い
1590年	伊達政宗、豊臣秀吉に服従
	小田原征伐
	豊臣秀吉が天下を統一
1591年	文禄の役
	豊臣秀吉が太閤に就任
1597年	慶長の役
1598年	醍醐の花見が開催
	豊臣秀吉死去
1599年	長宗我部元親死去
1600年	伏見城の戦い
	岐阜城の戦い
	第2次上田城の戦い
	大津城の戦い
	石垣原の戦い
	杭瀬川の戦い
	長谷堂城の戦い
	関ヶ原の戦い
1603年	徳川家康が征夷大将軍となり、江戸幕府を開く
1614年	大坂冬の陣
1615年	大坂夏の陣

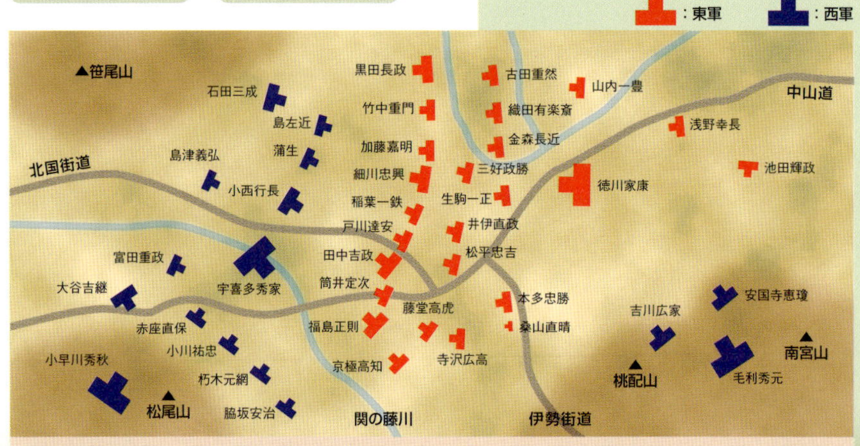

関ヶ原の戦い布陣……東西の有力大名たちが関ヶ原の地に終結。大規模な戦いが展開されたが、松尾山に陣取る小早川秀秋が裏切りを決行すると、西軍は総崩れとなり、わずか半日で戦は決着を迎え、東軍が大勝利を果たした。

第一章

戦国時代の主人公たち

武力で勢力を拡大した織田信長、そのあとを継いで天下統一を果たした豊臣秀吉、天下太平をもたらした徳川家康。戦国を代表する三大英雄の勢力とその配下たちを解説する。

織田家 ODA

天下統一の基礎を築いた尾張の小豪族

戦国の風雲児・織田信長で有名な織田家は、尾張の小豪族から、信秀と信長の二代で大きく飛躍。稀代の天才を生んだ織田家は、どのような家風だったのだろうか。

〈家紋：織田瓜〉

木瓜紋のひとつ。織田瓜は花弁が５つあるのが特徴だ。

織田家の成り立ちとその系譜

■天才・信長を生んだ織田家の発祥は越前にあり

織田家は、尾張（現在の愛知県西部）のイメージが強いが、もともとは越前（現在の福井県嶺北地方）から移ってきた一族だった。越前には今も織田町と呼ばれる地域があるが、ここには織田荘の管理機構を担った織田剣神社があり、織田家はこの織田荘の荘官だったという。

織田家では信長の代になる以前から藤原氏の後裔を称していたが、信長は天下に近づくと平氏を称するようになった。下の系図は一般的に広く知られる織田家のものだが、信長が天下をおさめる資格がある血統であるかのように見せるため、創作されたものといわれている。

ちなみに、実の織田家は忌部氏の流れを汲むとされる。忌部氏は大和時代に栄えた豪族であり、いずれにしろ織田家が名家の出であることは間違いない。

１４００年ごろ、越前の守護だった斯波氏が尾張の守護を兼任することになり、このとき織田常松が尾張の守護代に就任した。守護の斯波氏、常松ともに京都に滞在していたため、尾張の管理は常松の兄弟、織田常竹が行い、織田家の一族もこのときに尾張に移り住んだと考えられている。

のちに斯波氏で内紛が起こると、織田家内でも伊勢守系と大和守系の２派に分かれて争い、尾張の分割統治がはじまった。なお、信長の生家は本家ではない傍流筋であるが、移り住む前にすでに分かれていたのか、それとも尾張守護代の傍流なのかは定かではないという。

【織田家略系図】

平清盛—資盛—❶織田親真—❷親基—❸親行—❹行広—❺末広—❻基実—❼広村—❽真昌—❾常昌—❿常勝—⓫教広—⓬常任—⓭勝久—⓮久長—⓯敏定—⓰信定—⓱信秀

⓱信秀┬信広
　　　├⓱信長
　　　└信行

戦国時代における織田家の興亡

■経済力を背景に二代で急速に力をつける

戦国時代の尾張は、伊勢守系と大和守系の両織田家による分割統治状態だったが、信長の生家は大和守系織田家の三奉行のうちのひとりに過ぎなかった。しかし、その本領は尾張でもっとも商業が盛んな地域で、織田信秀の代に経済力を背景として力を伸ばしていく。信秀が病で亡くなると家中で主導権争いが起こるが、これを制した信長が家督を継ぎ、約8年をかけて尾張を統一した。

１５６０年、駿河（現在の静岡県東部）と遠江（現在の静岡県西部）の守護・今川義元による侵攻を受けるが、有名な「桶狭間の戦い」で討ち破り窮地を脱した。

こののち、信長は上洛を果たして勢力を急速に拡大。敵対勢力を撃破しながら、中部地方から中国地方にかけて広大な地域を支配する。

しかし、信長が「本能寺の変」で落命したのち、実権は豊臣秀吉に移行。信長の後継者として次男や三男が担ぎ出されたこともあったが、最終的に嫡流は改易され、信長の直系は断絶となってしまった。

1555年ごろの織田勢力

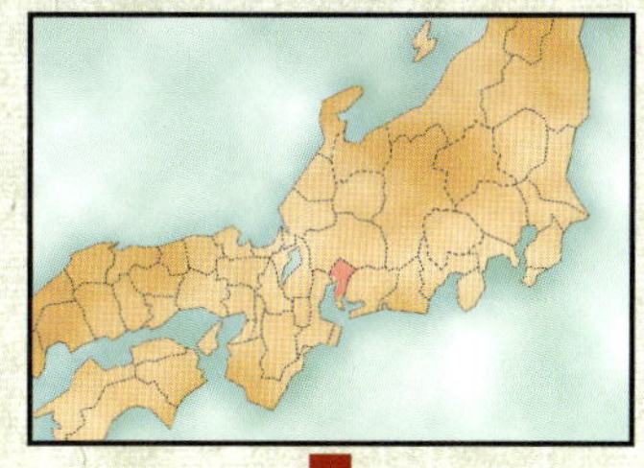

1581年ごろの織田勢力

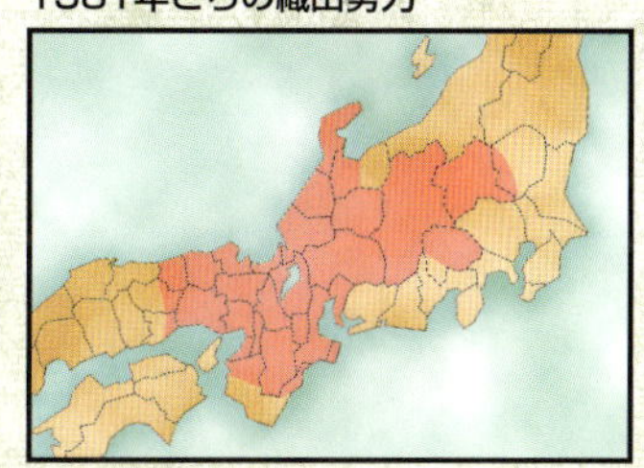

織田家の対立勢力

今川家 P.204
尾張に進攻したが、逆に今川義元が討ち取られ、信長の名を高めた。

足利家 P.234
15代将軍・足利義昭は信長に擁されたが、のちに反目して追放された。

本願寺家 P.252
信長を仏敵と定め、信徒に呼びかけて一揆を起こさせ対抗した。

織田家の居城　安土城

信長が天下統一の拠点として築いた安土城は、１５７６年から約７年の歳月をかけて築城された。北に安土山を配した「後堅固」と呼ばれる構えで、南には内堀を挟んで街を開き、さらにその周辺に濠を巡らせていた。

安土城は、従来の日本の山城などとは異なり、中国や西洋の城塞都市を日本風にアレンジした城で、近代城郭のさきがけといわれている。また、金箔を張ったり有名な絵師である狩野永徳の金碧障壁画を配すなど贅をつくしており、権力者の住居にふさわしいと信長が考えていた、堅固なだけではない絢爛豪華な城であった。本能寺の変ののちも、信長の孫である織田秀信などに使用されていたが、秀吉が実権を握ったのちの１５８５年に廃城となり、現在は遺構が残るのみとなっている。

AZUCHI CASTLE

DATA

所在地：滋賀県蒲生郡安土町下豊浦
別名：－
文化区分：国指定特別史跡
築城者：織田信長
築城年：1576年
構造：平山城

戦国時代、唯一無二の英雄

織田信長

おだ のぶなが

■1534年生～1582年没

無情の荒野に降り立った英雄は神か悪魔か。戦によって日の本を地ならししようとした織田信長は、何故そのような苛烈な道を歩むことになったのか……!?

PROFILE

1551年	織田家の家督をつぐ
1557年	弟・織田信行を殺害。織田家の御家騒動に決着
1560年	尾張に侵攻してきた今川義元を桶狭間にて討ち取る（桶狭間の戦い）
1568年	足利義昭を奉じて上洛
1570年	朝倉義景征伐のため越前に侵攻。浅井長政が同盟を破棄し危機に陥る（金ヶ崎の戦い）
同年	姉川で対峙して打ち破る（姉川の戦い）
1571年	比叡山延暦寺を焼き討ち
1575年	鉄砲戦略で武田勝頼の騎馬隊を打破（長篠の戦い）
1580年	本願寺顕如が信長に降伏する
1582年	「本能寺の変」により死去

illustration：藤川純一

PARAMETER

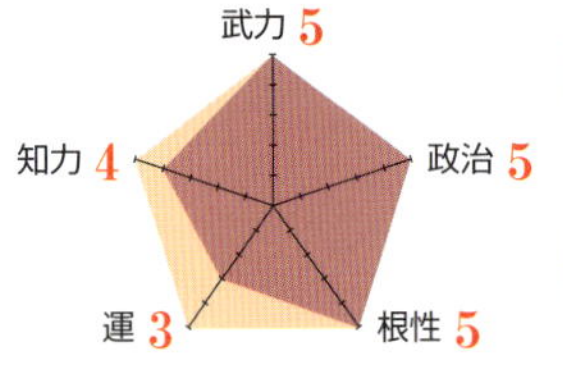

将軍を操って勢力を伸ばした政治力は、ズバ抜けているとしかいいようがない。

運良く危機を脱することは多かったが、最終的に謀反で死んだことにより50／50。

NATIVE PLACE

出身地［尾張（おわり）］

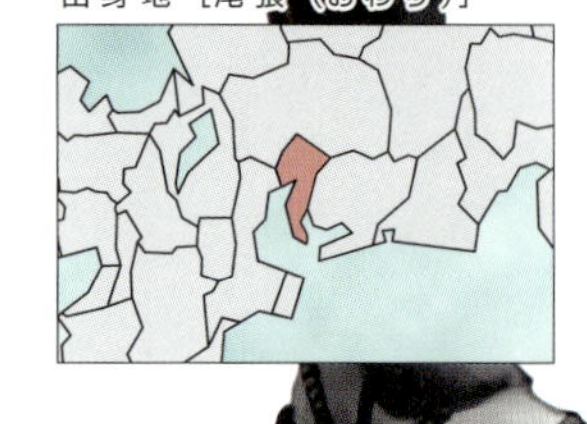

尾張の放蕩息子から立派な武人へと転身。信長の登場は、戦国の世に変革をもたらした

■うつけと呼ばれた若者時代

日本が誇る稀代の英雄・織田信長（おだのぶなが）。自身が好んだ舞『敦盛』の一節「人間50年……」にあと1年及ばない49歳でその人生に幕をおろすまで、日本がもっとも熱かったであろう戦国の世を全力で駆け抜けた。

信長は尾張の有力者である織田信秀（おだのぶひで）の次男として生まれた。若かりしころの信長は、同世代の若者たちとつるんで日夜遊び惚けており、譜代（ふだい）の織田家家臣たちや隣国の大名たちからは「うつけ」として見られていた。だが、人というのは多感な若い時期になにを経験したかで、そのおおよその器が決まる。信長はこの時期にさまざまなものを見聞きしたのだろう。全国規模での「世直し」が早急に必要であることを感じとったのではないだろうか。

信長は織田家の家督を継ぐや、それまでの言動を改め織田家を統率。信長の弟・織田信行（おだのぶゆき）を織田家の後継者にせんと目論む反信長一派を力でねじ伏せると、自身が織田家の当主であることを内外にアピールした。そして、当時もっとも勢いがあるといわれた今川義元（いまがわよしもと）の大軍を桶狭間（おけはざま）の地で奇襲にて打ち破ると、その名を全国に轟かせる。その後、美濃（みの）の斎藤龍興（さいとうたつおき）を制して地盤を固めると、いよいよ本格的に覇道を推し進めるのであった。

■魅せられる者もいれば敵対する者も

信長が掲げたのは「天下布武（てんかふぶ）」。すなわち武でもって日本を制するということである。そしてこの時期、信長にとっては運命ともいえる明智光秀（あけちみつひで）との出会いがあった。

光秀は都を追われた足利義昭（あしかがよしあき）の使者として信長に謁見した。ひと目見て光秀を気に入った信長は義昭の庇護を決める。その権威は地に墜ちたとはいえ、義昭に利用価値があると踏んだ信長は、上洛して義昭を征夷大将軍に据えると傀儡（かいらい）として操った。その後、光秀も信長の懐の深さに感銘を受け、義昭を捨てて信長の配下となる道を選ぶ。

信長の魅力に惹かれて次々と人が集まり、目覚ましい勢いで拡大していく織田勢力。だが、こうなると敵対する者たちも増えていくのが世の道理である。信長に嫌気がさした義昭が反旗を翻したのを皮切りに、全国の大名たちが信長の首をつけ狙い、より苛烈な戦いが強いられることとなったのである。

同盟を結んだはずの浅井長政（あさいながまさ）の裏切り。戦国最強と謳われた武田騎馬軍団との壮絶な戦い。死を恐れぬ本願寺一向宗（ほんがんじいっこうしゅう）との戦い。激戦の連続に信長の心も荒んでいったのか、その性格は年を追うに連れて非情になっていく。

順調に敵を平らげるものの、相次いで謀反も発生した。そしてついに光秀までもが信長に反旗を翻す。毛利攻めの支援へと向かっていた光秀の軍が突如踵（きびす）を返すと、信長の籠る京の本能寺へと軍を向けたのだ。手勢わずかの信長は為す術がなく、本能寺は炎に包まれてしまう。そして燃えさかる炎の中で自刃し、己の手で壮絶な生涯に幕をおろしたのだった。

織田信長と深い関わりを持つ武将たち

明智光秀（あけちみつひで） P.22

朝倉義景に仕えていたが、義昭と知り合ったのを機に信長のもとへ。優れた働きで織田家臣団のトップに食い込むが、突如離反し信長を本能寺にて討つ。

足利義昭（あしかがよしあき） P.238

室町幕府最後の将軍。先代の将軍である兄を暗殺され、京から逃亡。信長の庇護を受けて将軍となるが、傀儡とされることに気付き、信長に反旗を翻す。

剛直、純真な最後の織田家重臣

柴田勝家

しばた かついえ
■1522年生～1583年没

はじめは信長の弟である信行の宿老であった。いったんは信長に反逆し失敗するが信長に許され、以後勝家は信長のために身命を投げ打って戦い続ける。

PROFILE

1522年	代々織田家の宿老の家柄に生まれる
1556年	織田信行を擁して謀反の兵をあげる
1557年	信行の再度の謀反の企てを信長に訴え、以後信長の重臣として仕える
1575年	越前一国を与えられる
1583年	本能寺で倒れた信長の後継者の座を賭けて、豊臣秀吉と戦うが敗れる（賤ヶ岳の戦い）。北ノ庄城で正室・お市とともに自害

illustration：樋口一尉

PARAMETER

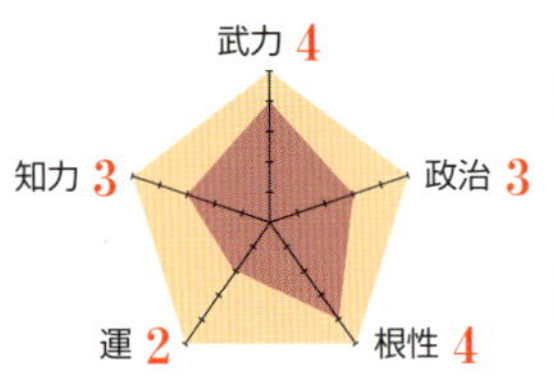

多くの戦場に勝家の姿があり、宣教師フロイスは勝家を「信長の副将」と呼んだ。

内政の評価は高いが、信長の後継争いに敗れるなど、一本気な気質が災いした。

NATIVE PLACE

出身地［尾張（おわり）］

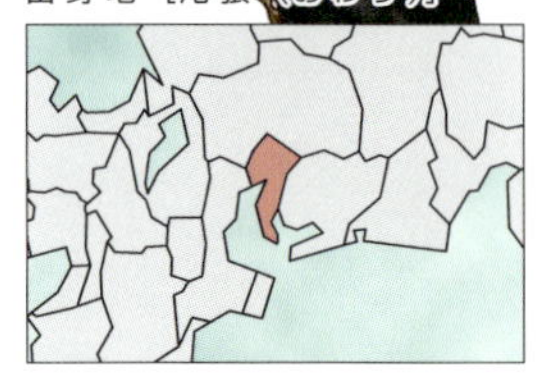

数多くの戦功をたてるも、最後は秀吉に敗れる

■逆臣から忠臣へ

織田家筆頭家老・柴田勝家の人生は武人にふさわしく戦いの連続で、数々の武勲とともに猛将としての名を欲しいままにした。だがあまりに愚直すぎたか、豊臣秀吉の外交術に太刀打ちできず、その身を滅ぼしてしまう。

勝家は、はじめは織田信長の弟である織田信行の宿老であった。そして謀反を企てた信行に従って、信長に反旗を翻したのだ。すでに猛将と恐れられていた勝家は信長の親衛隊を激しく攻めたが、次第に形勢が不利となり信行の軍は敗北する。勝家が剃髪して信長に許しを請うと、信長は反逆者たちを許した。これに義を感じた勝家は、信長のために身命を投げ打つ決意を固めるのである。以後勝家は信長に仕え、美濃、近江などの攻略に参加し、重臣筆頭の地位を占めるようになる。

１５７０年、朝倉義景を攻めた信長が浅井長政に裏切られたときには、勝家は最前線にあたる近江八幡の長光寺城を預けられた。城が包囲され水を絶たれた勝家は、城内に残っていた水を大瓶に集め、兵に一杯ずつ飲ませると「死中に活を得るには突撃のみ」と言ってまだ水の残っていた大瓶を叩き割り、城を出て包囲軍を打ち破ったという。これが「瓶割り柴田、鬼柴田」の伝説である。

勝家は１５７５年には越前を与えられ、信長の北陸方面司令官を担うようになる。その後上杉軍と戦うが、上杉謙信が病没したために撃退にかろうじて成功すると、加賀の一向一揆を平定し、能登や上杉領の越中へ侵攻した。

■信長の後継者争いに敗北して自害

「本能寺の変」で信長が49歳で死んだとき、勝家は61歳、秀吉は46歳であった。勝家には長年織田家に仕え、信長を支えて戦ってきた自負があったろう。しかし若手の出世頭である秀吉にとって、勝家は旧世代に属する老将であり、排除すべき対象だったのだ。

信長亡きあと、勝家は政権の継承を巡って秀吉と対立した。信長の後継者を選ぶ清洲城での会議では明智光秀を討ちとった秀吉に主導権を握られ、織田家筆頭の地位を秀吉に奪われてしまう。自分より15歳も若い秀吉に権力を奪われたのだ。

その後、秀吉が天下を狙う野心を明らかにし始めると、勝家は信長の三男・信孝を擁し、滝川一益や佐々成政、前田利家らとともに秀吉に戦いを挑む。

しかし勝家のいた北ノ庄が雪深い北陸に位置したため、勝家は有利に戦局を展開することができなかった。そして「賤ヶ岳の戦い」では利家が離反したこともあって、秀吉に敗れてしまう。本拠の北ノ庄城へ逃げ帰った勝家は、信長の妹である正室・お市の方とともに自害し、その生涯に幕をおろした。

勝家の施政からは、勇猛な武将であるとともに優れた民政家であったことがうかがわれ、美女の誉れ高いお市が再婚の相手に勝家を選んだことも、勝家の人柄をしのばせる。

柴田勝家と深い関わりを持つ武将たち

織田信長 P.14

１度は信長に歯向かった勝家だが、のちは信長に忠誠を示す。裏切者に厳しく報復する主を見るたびに、勝家は自分の行いを思い出し、恐怖したに違いない。

豊臣秀吉 P.40

重臣筆頭の勝家にとって秀吉は成り上がり者に過ぎなかった。秀吉のほうは「柴田」から一字をとった「羽柴」を名乗るなど勝家にとりいろうとしていた。

先を見る目をもった智将

丹羽長秀

にわ ながひで

■1535年生〜1585年没

かつての後輩に臣従しながらも、自らの御家の存続と繁栄の道を見事に読みきった切れ者。派手な武勲はなくても、その優れた察知力で戦乱の世を生き残る。

PROFILE

1535年	尾張の丹羽長政の次男として生まれる
1574年	「蘭著待切取り」の奉行を務める
1575年	安土城の普請奉行を務める
1581年	京での馬揃え（軍事パレード）で最初に入場するという栄誉を与えられる
1582年	「本能寺の変」後、明智光秀の娘婿である津田信澄（信長の実の甥）を討つ
同年	「山崎の戦い」で豊臣秀吉とともに明智光秀と戦う
1583年	「賤ヶ岳の戦い」で秀吉を支援

illustration：中山けーしょー

PARAMETER

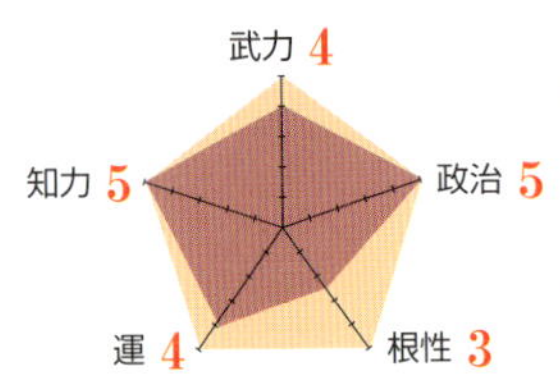

安土城築城のときには普請奉行を任せられるなど、内政面での功績が著しい。

「山崎の戦い」は信孝を擁しながらも、戦局を読んだのか秀吉に追従し生き残る。

NATIVE PLACE

出身地［尾張（おわり）］

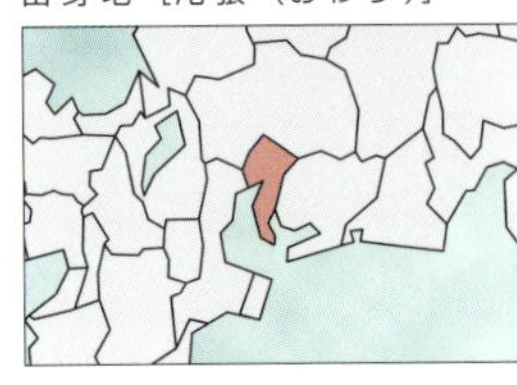

槍働きから築城までこなす有能な武将

■織田家きってのなんでも屋

織田家において、柴田勝家に次ぐ二番家老の席次をしめる重臣のひとりが丹羽長秀だ。また「本能寺の変」後の織田家中の内紛を秀吉につくことで生き残り、その宿老としての地位を保った目先のきく武将でもある。

この長秀には五郎左衛門という通称があり、それにひっかけて「鬼五郎左」「米五郎左」とふたつの異名があった。

このふたつの異名がなにを表しているかというと、「鬼」は戦場での勇猛果敢な働きぶりからきていて、「米」はどんな仕事でもそつなくこなす多才ぶりから、米のように欠かすことができないということを示している。つまり、長秀は実に使い勝手のいい、万能型の武将だったといえるだろう。

戦の面では、織田信長の美濃攻略にて功績をあげ、家中で台頭してからは、「長篠の戦い」や、越前の一向一揆の討伐に従軍。そして謀反した松永久秀を、信貴山城で攻め滅ぼしている。このほか丹波攻略、中国表攻略への参陣など各地を転戦した長秀は鬼五郎左の名に恥じない武将だった。

ただし、これらの戦で長秀は総大将に任命されていない。いくら長秀といえど織田家の猛者どもの中では、軍事面でかなわないところがあったようだ。実際、織田家中での知行高や兵力などの面で、後進にあたる豊臣秀吉や明智光秀、滝川一益に抜かれていく。

それでも、安土城築城という大事業で普請奉行を務めるなどして、内政面では抜群の功績をあげている。それがあっての京で行われた帝のご照覧ある中での馬揃えで最初の入場という厚遇を得ることができたのだ。

■自らの分をわきまえ、戦乱を生き延びる

この長秀にとって、ほかの織田家の重臣同様に「本能寺の変」は大きな転機となった。長秀は当時、織田信孝を総大将としての四国攻略軍を支援するため堺の町にいた。光秀の謀反を知った長秀は信孝とはかり、光秀の娘婿の津田信澄（信澄も四国討伐軍の一員だった）を討ち取ったのち、秀吉と合流する。

このとき万を超す兵力の豊臣軍に比べ、長秀、信孝が率いていた軍勢はわずかに3千。戦場では多くの兵力を率いる者の発言力が増す。手勢を集められない長秀は、後輩である秀吉を主将に「山崎の戦い」に参加した。

この戦いの前から、聡い長秀は次の天下は秀吉のものと思っていたのだろうか。「清洲会議」では終始秀吉を援護し、以降も秀吉が天下人への道を切り開くのを助け続けた。

その功あって、長秀は大幅に加増され大大名となる。その子孫は一度改易されるも復活し、丹羽家は明治維新まで生き残った。

本能寺の変という一大転機に、長秀は自家の存続と功名という戦国武将の命題を見事に果たした。戦場で総大将として采配を振るう派手さはなくとも、長秀は優れた戦国武将であると断言してよいだろう。

丹羽長秀と深い関わりを持つ武将たち

柴田勝家（しばたかついえ） P.16

信長が家督を継いだ当初、勝家は織田家の内紛で信長に敵対したことがある。このとき長秀は信長側であった。長秀は常に勝者の側にいたのである。

豊臣秀吉（とよとみひでよし） P.40

以前名のっていた羽柴の「羽」の字は、丹羽長秀の「羽」にあやかったといわれる。それほどふたりの地位は隔絶していたが、のちにふたりの立場は逆転する。

見よ！　天下無双の槍捌き

前田利家

まえだとしいえ

■1539年生～1599年没

赤き母衣を背に戦国の真っ直中を駆け抜けた「槍の又座（やりのまたざ）」。友や上司に支えられ、出世街道を歩むが、天下の大事件「信長の死」は、利家に最大の試練を与えるのだった。

PROFILE

1539年	尾張の土豪・前田利昌の四男として生まれる
1551年	織田信長に小姓として仕える
1559年	信長の縁者・拾阿弥を惨殺し、織田家から出奔
1561年	織田家に帰参
1583年	本能寺で倒れた信長の後継者の座を賭けて、豊臣秀吉と柴田勝家が激突。利家は勝家に味方するが、戦いの最中に撤退し、秀吉に降伏（賤ヶ岳の戦い）
1590年	佐々成政が能登に侵攻するが、これを撃破する（末森城の戦い）
1598年	五大老のひとりに任命される

illustration：虹之彩乃

PARAMETER

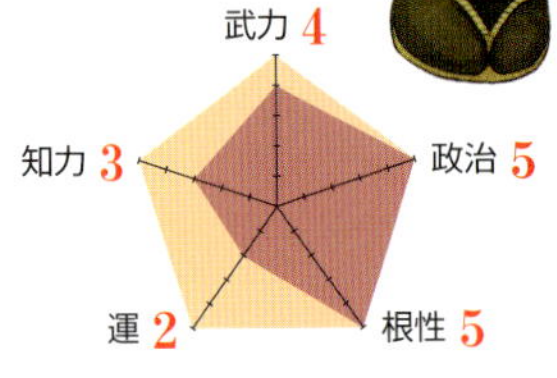

あだ名からも分かるよう、槍の名手であることは間違いないだろう。

信長の前でその親族を殺害するほどの肝力である。その後不屈の闘志で復活！

NATIVE PLACE

出身地［尾張（おわり）］

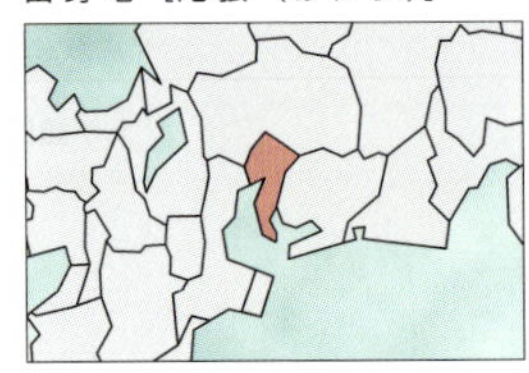

人間関係に苦しみ抜いた末に つかみ取った栄光

■豪快な活躍を見せた若者時代

加賀１００万石の礎を築いた大名として、地元石川県の人々から大いに慕われている前田利家。彼は若いころから奇抜で派手な格好を好む「かぶき者」として名を馳せており、ともにつるんでいた仲間の中には、あの織田信長もいたという。14歳になるとそのまま信長に仕える道を選び、信長が弟の織田信行と争った織田家の御家騒動では、自慢の槍を振るって活躍。元服後に前田又左衛門利家と名乗ったことから、いつしか「槍の又座」とあだ名され、一目置かれる男となる。その後、信長の親衛隊である赤母衣衆の筆頭に就任。まさに順風満帆な若者時代を送っていた。

しかし、利家は思わぬ苦労を味わうこととなる。織田家に仕える同朋衆（芸人のようなもの）の中に、織田信秀の側室の子・拾阿弥という人物がいた。彼は信長の配下に対し不遜な態度をとることが多かった。配下を軽んじるということは、内心ではその主君をも小馬鹿にしていることと同じである。利家はそれに怒り心頭となり、信長の目の前で拾阿弥を斬り捨てると、出奔してしまう。

浪人となった利家だったが、信長への忠誠心はまったく変わらず「桶狭間の戦い」や「森部の戦い」に無断で参戦。そのふたつの戦いで手柄を立てて禊をすませると、信長も利家を許し、織田家への帰参が叶った。そして、信長の計らいにより、正式に前田家の当主となったのである。

■秀吉と勝家の狭間で苦悩する

このころ、織田家ではひときわ頭角を現す新参の将がいた。その者の名は木下藤吉郎、のちの豊臣秀吉である。農民出身ながらも信長にうまくとり入ることで出世街道を進む秀吉を煙たがる者たちも多かったが、苦難を経験した利家とはウマが合い、ふたりは家族ぐるみのつき合いをするほどの仲となった。

とくに秀吉を嫌っていたのが、織田家に長年仕える重鎮・柴田勝家である。信長は利家を勝家の与力に据え、危ういながらも微妙にバランスのとれた関係を構築。しかし、信長が本能寺で倒れると事態は急変する。秀吉はいち早く信長の仇敵である明智光秀を討ち、信長の後継者として名乗りをあげた。これを勝家がただ黙って見ているいるわけもなく、両者の激突は決定的となってしまう。

友人である秀吉と、主である勝家のどちらにつくのか苦渋の選択を迫られる利家。そして利家が選んだのは勝家であった。織田家後継者の決定戦である「賤ヶ岳の戦い」にて、秀吉と刃を交える利家。だが、友と戦うのにためらう利家は、突然軍を引き上げてしまう。そして秀吉に降伏して臣下の礼をとると、続く「北ノ庄城の戦い」では先鋒となって勝家の軍と戦い、秀吉に勝利をもたらした。

その後、利家は豊臣家の繁栄に尽力。秀吉は見事天下人となり、利家は秀吉の後継者・豊臣秀頼の後見人である「五大老」という地位にまでのぼり詰めることとなる。

前田利家と深い関わりを持つ武将たち

柴田勝家（しばたかついえ） P.16

利家が織田家を出た際、信長に助命嘆願を行った。「賤ヶ岳の戦い」で利家が勝家側についたのは、その恩義に報いるためだったともいわれている。

豊臣秀吉（とよとみひでよし） P.40

織田軍で功を競い合った利家の同志。一度は敵対したものの、利家が秀吉に臣下の礼をとったあとは、ふたりの信頼関係が崩れることはなかった。

本能寺で信長を討った謀臣

明智光秀

あけち みつひで

■1526年生～1582年没

「本能寺の変」から悪役のイメージが強い光秀。近年では、哀れな心優しい人物像で描かれることもあるが、本当の姿とは一体どのようなものであったろうか……。

PROFILE

1526年	清和源氏の土岐氏の支流、明智光綱の子として生まれる
1559年	足利義昭の命で、織田信長の上洛に尽力
1571年	比叡山焼き討ちでの戦功により近江領を授かり、坂本城に入る
1579年	丹波攻略。丹波も領土となり、亀山城に入る
1581年	信長による京都での閲兵式の指揮をとる（京都御馬揃え）
1582年	中国遠征に向かう途上、本能寺急襲し信長を討つ（本能寺の変）
同年	豊臣秀吉と山崎で対戦。敗北し、農民に討ち取られる（山崎の戦い）

illustration：七片藍

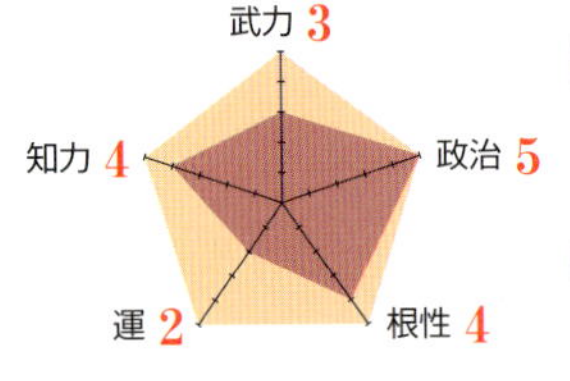

領土経営の手腕に優れ、善政を行っていた。民を愛し、民からも慕われていた。

本能寺の変のあと、細川藤孝、筒井順慶らの味方が得られず、秀吉に敗北。

出身地［美濃（みの）］

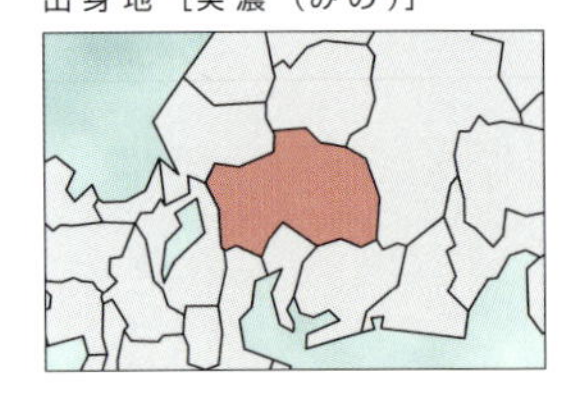

信長に才能を愛され、出世街道を駆けあがった謀臣

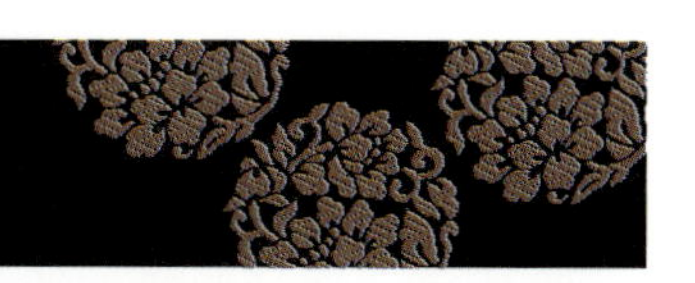

■信長陣営に突如現れた新星

明智光秀は優れた才能に恵まれ、織田信長家臣団の中でもトップクラスにまで出世した武将である。

信長に仕える以前は、朝倉義景、足利義昭らにつき従っていた。光秀は多くの学問に通じ、和歌や茶の湯も好む文化人で、朝廷の交渉役を務めるなど荒くれ者揃いの織田陣営にあって異彩な存在だった。

近年の小説やドラマの光秀は、繊細な教養人で、長年に渡る信長の理不尽な振る舞いに恨みを募らせ、最後には本能寺を襲撃するという姿で描かれることが多い。ところが、宣教師のルイス・フロイスの『日本史』に記された光秀の姿は大きく異なる。

光秀は信長の家臣団の中で、あとから入ってきた外様的な存在であり、ほとんどの者から嫌われていたという。性格は残忍で、裏切りや密会を好み、独裁的。また、自分を偽装することには抜け目がなく、謀略を得意とし、計略と策謀の達人であったそうだ。かなり辛辣な評価であるが、光秀の真の姿を知るヒントになると思われる。

信長は初めて光秀を見たときから才能を見抜いていた。出自が不明でも、能力があれば家臣にとり立てる信長の合理主義に、光秀の優れた才能がマッチした。光秀は計略と策略を駆使して、各地を転戦し戦功をあげていく。信長家臣団の出世レースに遅れて参加したのに、いつしか豊臣秀吉と肩を並べるまでになった。信長の厚い信頼に応えた光秀の将来はゆるぎないものであると思われた。

■敵は本能寺にあり！　信長を討つ

ところが、そんな光秀と信長の間に徐々に亀裂が生じ始める。「比叡山延暦寺焼き討ち」をはじめとする信長の常軌を逸した行動に、光秀は疑念を抱くようになった。そして、光秀に信長謀反を決心させる時が訪れる。

１５８２年、信長から出陣の命がくだされた光秀はその内容に愕然とした。「攻め取った毛利領を光秀の領地とし、近江・丹波は没収する」。これに憤慨した光秀は中国に向かう途中で進路を変え、本能寺に宿をとっている信長を急襲して、自害に追い込んだ。

信長を忌み嫌っていた者は少なくないはずなのだが、光秀に味方する者はいなかった。「山崎の戦い」で秀吉と激突。秀吉軍が優勢になると、明智軍は逃げ出す者があとを絶たず、戦線を維持できずに崩壊してしまう。落ち武者狩りの農民の手にかかったとき、孤独の光秀はなにを思ったのだろうか。民を思っての謀反ともいわれる光秀の行動は、結局民に受け入れられなかった。

先の日本史で描かれた光秀や、民に慕われる光秀など、相反する謎めいた人物像があるからこそ明智光秀に興味が尽きないのである。いずれにせよ光秀により時代は動いた。信長の天下布武に幕が下ろされ、秀吉による天下統一の時代を迎えることになる。

明智光秀と深い関わりを持つ武将たち

織田信長（おだのぶなが） P.14

信長が光秀の才能を認めていたのは確かで、石山本願寺との戦いでは、敵に包囲された光秀を救出するため、信長自ら兵を率いている。

豊臣秀吉（とよとみひでよし） P.40

一介の百姓から出世した秀吉にとって、光秀は最大のライバルだった。山崎の戦いで勝利したことで、信長の仇打ちを果たし、信長の後継者となることができた。

不遇な晩年を送った切れ者な武将

滝川一益

たきがわ かずます
■1525年生～1586年没

国をひとつ任せられるほど、織田家の中でもずば抜けて優秀な人材だったが、「本能寺の変」を境に、くだり坂を転げ落ちるように没落した。

PROFILE

1525年	近江国甲賀の土豪の家に生まれる
1561年	徳川家との同盟交渉を担当する
1567年	織田家での地位を確立し、北伊勢を攻める軍の総大将となる
1578年	謀反した荒木村重攻めで活躍
1582年	織田信忠の副将として、武田家を天目山に滅ぼす
同年	関東八州の警固役となる
同年	本能寺の変につけ込んだ北条氏に追われる
1584年	仏門に入り、出家

illustration：樋口一尉

PARAMETER

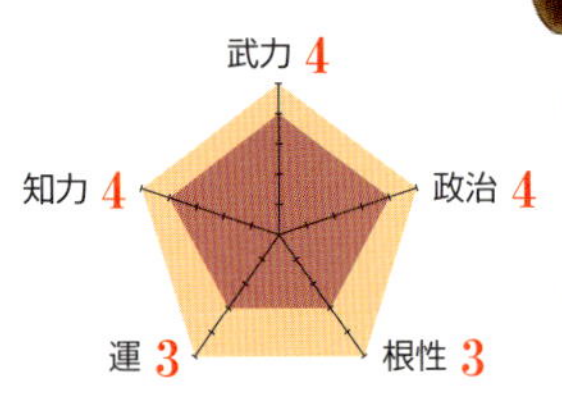

織田家の一方面軍を担う宿老的な存在であり、文武ともに秀でていた。

老体で遠く関東へ赴任させられ、さらにその任に失敗し下り坂の生涯となった。

NATIVE PLACE

出身地［近江（おうみ）］

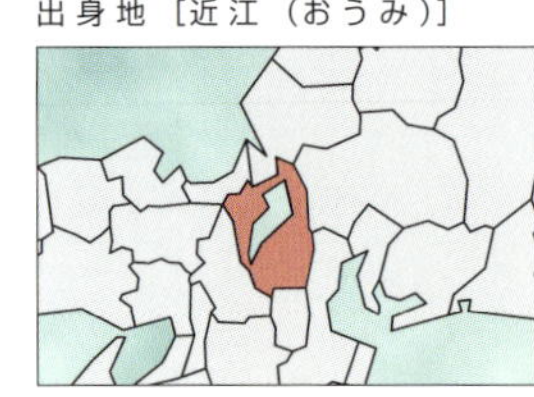

「本能寺の変」で 晩年の運命を狂わせられた武将

■文武に優れた外様武将

近江国甲賀の有力者の家に生まれた滝川一益は、織田家中では外様でありつつも、宿老の地位までのぼりつめた出世頭のひとりだ。

新参者の身でありながら、一軍の将、多くの領地を任されるくらい重く用いられたのは、ほかに明智光秀や豊臣秀吉くらいである。自分の期待に応えられないと見た家臣は、どんな功臣だろうが佐久間信盛のように容赦なくリストラ対象としたのが織田信長だ。その信長に認められていたというのは、一益が逸材だった証だろう。

一益がいつから織田家中にいたかは不明だが、美濃攻めのときには信長に従っていたとされており、わりと早くから織田家に仕官していたようだ。そして、１５６７年の北伊勢攻めの一軍の将となり功績をあげた。のちにそれに報いるかたちで一益は、北伊勢の五郡を領地として与えられている。

また一益は戦いの場でのみ優秀というわけではない。桶狭間以後の徳川家康との同盟交渉を担当したように、政治面でも優れていたと思われる。のちには関東の雄である北条家の取次ぎも任されているのだ。

■絶頂から、転がり落ちつづける

北伊勢を有し、織田家における重臣に出世した一益は、一軍を率いる将として織田家の様々な戦場へ参戦した。差し詰め遊撃部隊といったところだろう。

そして一益の生涯最大の見せ場は、武田攻めではないだろうか。信長の長男である総大将・織田信忠を補佐する副将として活躍し、強敵である武田家を攻め滅ぼしている。

その功績で一益は上野国と、信濃二郡が与えられ、関八州の警固番も務めた。つまり、当時の織田家の東方を睨む最前線という重要な役目を任されたのだった。

ただ、一益が心からこれを喜んでいたかは定かではない。彼自身は褒美としては名物の茶器を所望したとの逸話も伝わっている。年も高齢になり、片田舎に、しかも危険度の高い最前線に駐在するのは辟易することだったのかもしれない。一益はその後の没落する自分の将来を予感していたのだろうか。

やがて一益が上野国を治めてからまもなく、「本能寺の変」が起こる。織田家の混乱に乗じた北条氏が攻め込んでくると一度は追い返すも、二度目は防げずに一益は本領のある伊勢長島へ撤退を余儀なくされる。

その後の一益は、以前の輝きを失ってしまったかのようだ。秀吉と柴田勝家の争いでは勝家側につき、のちに秀吉に降伏。秀吉と家康が争った「小牧・長久手の戦い」では秀吉の家臣として、調略で小城を開城するも、守りきれずに再奪取されてしまう。

こうして、出来者だったはずの一益は世を儚んだのか出家、歴史の表舞台から姿を消す。一益は本能寺の変で大きく人生を狂わせられた悲運の武将だろう。

滝川一益と深い関わりを持つ武将たち

明智光秀（あけち みつひで） P.22

一益と同じく外様の身でありながらも、織田家の重臣になる異例の出世を見せた才人。「本能寺の変」にて謀反を起こし、一益の人生に転機を与える。

豊臣秀吉（とよとみ ひでよし） P.40

同じく外様として織田家中で頭角を表す。一益にとっては後輩であったが、秀吉が天下人となった以後は逆らえず、晩年の一益は臣従することになった。

信長、秀吉に仕えた忠義の士

池田恒興

いけだ つねおき

■1536年生～1584年没

織田家の譜代家臣で、通称は勝三郎。信長が尾張を統一する前から苦労をともにし、信長の主だった戦いに参戦。数々の戦功をあげ、信長を支えた勇将である。

illustration：TOHRU

PROFILE

1536年	池田恒利の子として生まれる
1580年	荒木村重を破り、村重の旧領を与えられる
1582年	豊臣秀吉に味方して、明智光秀を敗走させる（山崎の戦い）
同年	信長の後継者に嫡孫・三法師を擁立する（清州会議）
1583年	秀吉と柴田勝家が激突。摂津で西国武将を牽制（賤ヶ岳の戦い）美濃国を与えられ大垣城に入る
1584年	秀吉と徳川家康とぶつかった合戦で戦死（小牧・長久手の戦い）

PARAMETER

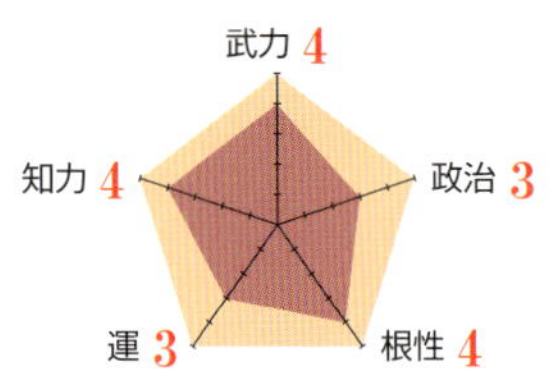

「山崎の戦い」で均衡を破るなど、用兵の腕は鮮やかの一言に尽きる。

ケガを押して陣を立て直そうとした剛毅の士。ただ、その自尊心が災すことも。

NATIVE PLACE

出身地［尾張（おわり）］

合戦の流れを読み、時流を読み、勝利をたぐりよせる勇将

■信長の乳兄弟で幼いころから仕えた

池田恒興は、織田信長の2歳下で、幼いころから小姓として織田家に仕えた忠臣である。織田家への忠誠心は厚く、また義理固い性格であった。母親の養徳院が信長の乳母だったので、信長とは乳兄弟となる。信長は乳母の乳を噛み切るため、何度も乳母が変わった。しかし、養徳院だけはなかったという。

恒興は武勇を買われて、信長の馬廻衆となる。信長も、物心ついたころから仕えている恒興に信頼をおいていたので、「桶狭間の戦い」、「美濃攻略」、「姉川の戦い」など主だった戦いに恒興を伴っている。信長あるところ、常に恒興の姿があり、もちろんただ参加しただけでなく、すべての戦において戦功をあげていた。戦いの流れを読むことに長け、任務を忠実にやり遂げる武勇と指揮能力を持っている恒興だからこそである。

信長の信頼の厚さは、嫡男・織田信忠の補佐を任されたことからもわかる。信長の離れた尾張をついだ信忠とともに、恒興は武田家を牽制し続け、「長篠の戦い」に参加し、武田家滅亡に大役を果たした。

■秀吉を信長の後継者として認める

信長の天下統一が目前となった1582年、恒興は中国攻めの豊臣秀吉の援軍を命じられる。だが、出発前に「本能寺の変」が起こり、信長は自害。畿内にいた恒興は、明智光秀から協力を要請されたが、頑として断った。そして、中国より急ぎ駆け戻った秀吉と合流。光秀との決戦となった「山崎の戦い」では、右翼の主力部隊を任される。

開戦当初は両軍一進一退で、秀吉も勝てるかどうかわからない情勢であった。この均衡を破ったのが恒興である。密かに渡河して光秀本隊の側面を突くと、恒興に続くように各隊が一斉に攻勢に転じ、明智軍は崩壊。戦の流れを読むことに長けた、恒興の戦術眼が勝利を導いたのだった。

恒興は信長の最古参の家臣であるが、秀吉、柴田勝家などと比べて実績の面で劣ることは否めない。信長亡きあとも領土を拡大していくには、秀吉に味方することが有利と読んだ。また秀吉とは対等の立場ではなく、下につくこともいとわなかった。恒興は先見の明に長けた人物であったといえるだろう。

2年後、家康と秀吉が覇権を争った「小牧・長久手の戦い」が、恒興最後の戦いとなった。初戦こそ犬山城の攻略に成功したが、家康軍の反撃にあい、両軍にらみ合いとなった。恒興は別動隊を指揮し、夜陰に紛れて三河を目指す。だが、家康にこの動きを察知され、恒興は銃弾を受けてしまう。プライドの高い恒興は怪我をおして軍の立て直しをはかった。だが、この焦りが恒興の運命を狂わせる。陣を襲撃され、秀吉の天下統一を見る前に戦死した。もし、恒興が生き残っていれば、尾張一国を与えられることになっていたともいわれている。信長と同じ49才で世を去った。

池田恒興と深い関わりを持つ武将たち

織田信長 P.14

能力のある者をとりたてる信長なので、乳兄弟というだけで恒興を重用することはない。重用されたのは恒興の能力が確かなものであったからだ。

豊臣秀吉 P.40

本能寺の変以降、恒興は秀吉と行動をともにしている。この蜜月関係には、以前から深い交流があったのだろう。秀吉も恒興の存在を重視していたのだ。

illustration：
藤川純一

伝説の山越えを果たした北陸の猛将

佐々成政

さっさなりまさ　■1536年生～1588年没

織田信長の黒母衣衆筆頭を務め、一国を預かるまでにのぼり詰めた猛将。最後まで信念を貫いた「北陸の孤狼」。

PARAMETER

武力 4
政治 4
根性 5
運 2
知力 3

NATIVE PLACE

出身地［尾張（おわり）］

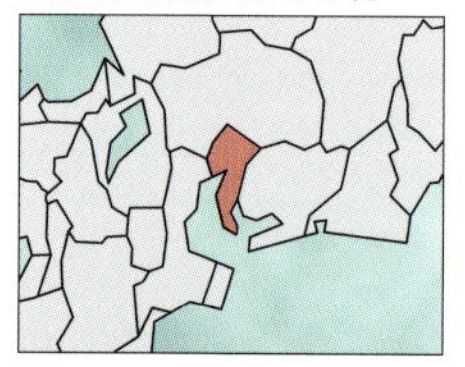

修羅への変貌を望んだ織田家の元エリート

■勇猛かつ政治力を備えた良将

佐々成政は父の代より織田家に仕え、馬廻から戦功を重ねて頭角を表し、織田信長の親衛隊である黒母衣衆の筆頭にまでのぼり詰めた豪の者である。その戦いぶりは高く評価され、「長篠の戦い」では前田利家、福富秀勝らとともに鉄砲隊を率いた。また猪突猛進なだけではなく、上杉景勝との戦いに備えるため越中に入国した際には、雪解け水による水害への対策として堤防建築などの治水事業に力を注ぐなど（通称、佐々堤）、政治力も備えていたことから、その後は当時の国主・神保長住に代わって富山城主として越中を治めるにいたった。しかし、織田家譜代のエリートとしての輝かしい栄光も、本能寺での信長の死をきっかけに断絶。その後は非業の後半生を歩むことになる。

豊臣秀吉と柴田勝家の実権争いが勃発すると、成政は一も二もなく柴田方についた。一説には、成政にとって狡猾な成り上がり者に映る秀吉は忌み嫌う存在だったから、ともいわれている。勝家の敗死後、成政は徳川家康・織田信雄の同盟に呼応し、秀吉と敵対していたが、突如、家康は秀吉と講和、戦いは終結してしまう。それでも成政は諦めず、家康に再挙を促すため、厳冬の飛騨山脈を横断して浜松への踏破を成し遂げた。現代においてさえ容易ではないこの横断は「さらさら越え」と呼ばれ、日本山岳史上にも残る快挙として語り継がれている。だが家康は動かず、ついに成政も秀吉へ降伏。その後は肥後一国を与えられるものの、失政を犯し、切腹にて生涯を終えた。

成政は、なぜ自害せずに秀吉に降伏したのか。それは最後まで秀吉打倒の機会を窺うという、不屈の根性の表れなのかもしれない。

鬼と呼ばれた剛直な武将

佐久間盛政

さくま もりまさ ■1554年生〜1583年没

illustration：
伊吹アスカ

「鬼玄蕃」佐久間盛政は、「賤ヶ岳の戦い」において柴田勝家に勝利をもたらすあと一歩のところまで詰め寄った。

PARAMETER

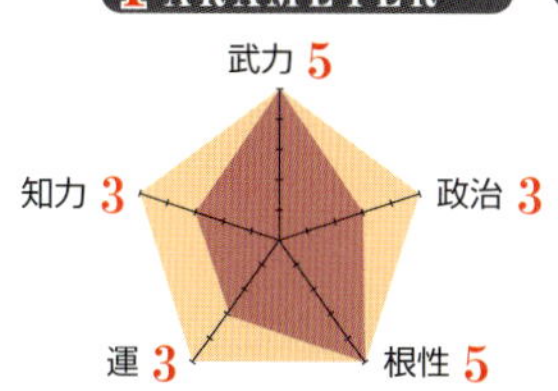

NATIVE PLACE

出身地［尾張（おわり）］

まさに超人「鬼玄蕃」
秀吉に最後まで降らなかった猛将

■「鬼」と呼ばれた偉丈夫

佐久間盛政は尾張の出身で、父・佐久間盛次とともに織田信長に仕えた。盛政は身長六尺（約182cm）もあり、当時の平均身長が160cmほどといわれている中で、ひときわ目立つ存在であった。武芸にも秀でていた盛政は、早くも14歳で六角攻めに参加して初陣を飾り、以降次々と戦功をあげていく。

母が柴田勝家の妹である盛政は、その後北陸攻めを担当していた柴田勝家につき従い、加賀の一向一揆を討伐する先鋒として奮戦する。その体躯と鬼神のような戦いぶりから、一向宗徒に恐れられ「鬼玄蕃」と呼ばれた。

1582年に「本能寺の変」が起こって信長が自害し、勝家と豊臣秀吉が争うようになると、盛政は柴田側に参じる。翌1583年、次第に勢力を拡大していく秀吉を座視できなくなった勝家は、居城北ノ庄から南下し、賤ヶ岳付近で秀吉軍と対峙。そこで盛政は勝家軍の副将を務めた。ある時、秀吉の不在を知った盛政はその間に秀吉方の大岩城を攻撃すべしと勝家に具申。勝家は攻撃後すぐに撤退することを条件として攻撃を許すが、鬼玄蕃がそれに甘んじるはずもなかった。盛政の攻撃は凄まじく、盛政の実弟で勝家の養子となっていた柴田勝政とともに秀吉方の陣を突き崩し、中川清秀を討ち取った。しかし敗報を聞いた秀吉が、美濃から短時間で引き返してきたため、盛政の軍勢はあと一歩のところで打ち破られてしまう。殿軍を務めた勝政は討ち死にし、盛政も越前の山中に隠れていたところをついに捕らえられてしまった。

秀吉は盛政の武勇を惜しんで配下にしようとしたが、盛政は断固拒否し、処刑された。30年の剛直な生き様を象徴するかのような最期であった。

前田慶次

まえだけいじ　■生年不詳〜没年不詳

隆慶一郎氏の小説『一夢庵風流記』で「かぶき者」として描かれた前田慶次。彼の生涯は魅力にあふれている。

illustration：
虹之彩乃

PARAMETER

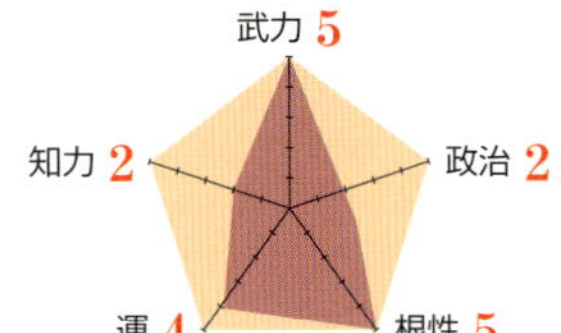

NATIVE PLACE

出身地［尾張（おわり）］

「かぶき者」を広く世に知らしめた風流を好んだ武人

■前田家を出奔して自由に生きる

前田慶次は派手な服装や奇抜な振る舞いを好む「かぶき者」で、また武辺者でもある。さらに連歌、文学、茶の湯などにも精通し、風流を好む、戦国武将のなかでも異彩を放つ存在であった。もとは滝川一益の一族だったが、母親が前田利久の後妻になったため、利久の養子となり、前田家に入る。だが、前田家の家督は利久の弟・利家が継ぐことになったため、利久親子は居城・荒子城を出た。

利家が加賀に入ると、慶次は利久とともに利家を頼ることに。利家の配下となったのは、年老いた養父・利久のためだったと思われる。利家にとって、慶次の存在は頭が痛かったようで、慶次の奇行をたびたび叱責している。利久が亡くなると、慶次は利家のもとから飛び出す。そのとき、利家を茶湯に誘い、水風呂に入れて逃げたという痛快な逸話もある。

■長谷堂撤退戦での鬼神ぶり

出奔後の慶次は、京都で直江兼続と運命的な出会いをし、兼続に求められ上杉景勝のもとに出仕する。「関ヶ原の戦い」と同時期に出羽の雄・最上義光へ攻め込んだ兼続に、慶次も従軍。上杉軍は最上の居城・山形城まであと一歩という、長谷堂城を包囲するにいたるが、関ヶ原で石田三成が敗北したとの報せが届き、退却。兼続は自害を試みるが、慶次は生きて上杉家を支える道を選ばせる。

伊達家の援軍を得た最上軍が、退陣する上杉軍の追撃に乗り出す。戦いは、敵の総大将・義光が兜に銃弾を受けるような大乱戦となるが、慶次の鬼神のような活躍により上杉軍は撤退に成功。これが慶次最後の大戦であった。関ヶ原の戦後処理で、上杉家は大減封されるが、慶次は兼続との友情のために上杉家に残り、最期まで、かぶき者を貫いた。

illustration：
哉井涼

信長に最も愛された俊才
森蘭丸
もりらんまる ■1565年生～1582年没

あの信長に「天下にも代えがたい」とまで言わしめた若者。生涯その信頼を裏切ることなく、信長に殉じた。

PARAMETER

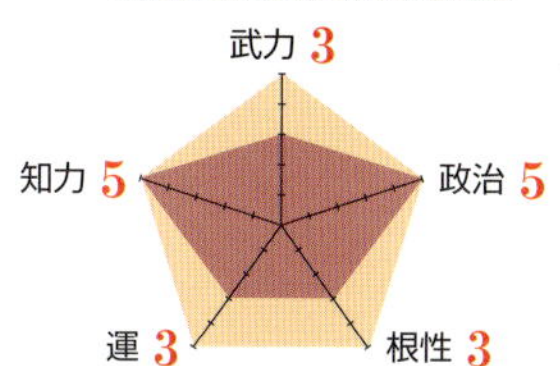

NATIVE PLACE

出身地［美濃（みの）］

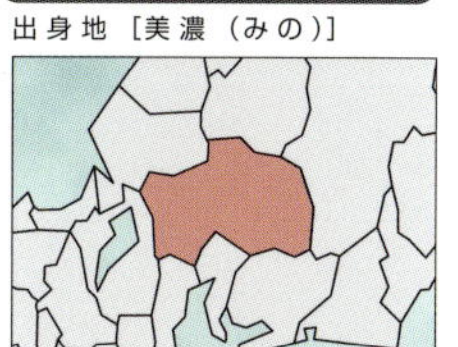

絶世の美少年にして有能なる若き事務官

■信長が敬意を払う美貌と才知

戦国武将随一の美少年として名高い森蘭丸(もりらんまる)は、少年期に信長の家臣に据えられた。信長は覇王ならではの卓越した眼力で、蘭丸の秘めたる才知を見抜いた。蘭丸は信長の小姓として家中での信長へのとり次ぎ、諸事奉行、加判奉行などの重責を担い、有能な事務官として奮闘。次第に誰からも支持を得るようになり、合戦の作戦会議でも意見を出せるほどにいたった。さらに、蘭丸は美濃国金山城の城主に命じられている。合戦で武功を立てたこともない若き事務官が、一城の城主となったのである。信長への進言など恐れ多く、家臣の誰もが容易にはなし得なかった中、蘭丸だけは歯に衣を着せず、信長の諫め役ともなっていた。それに対し信長も怒るようなことはしなかったという。蘭丸の裏表のない忠義ぶりが認められたがゆえの抜擢だった。

■一挙一動は信長様のために

蘭丸もまた、信長に対する情は深かった。たとえば蘭丸がみかん箱を運んでいたとき、信長が「その重さでは危ない、倒れるぞ」と心配し、蘭丸はその言葉の通りに倒れてしまった。そして後日、「信長様が倒れると言ったのに倒れなかったら、信長様の目利き違いになるので倒れた」と述べたという。また、信長に「障子を開けたまま来たから閉めてこい」と命じられたときのこと。障子は閉まっていたが、蘭丸はいったん障子を開けたあと、音を立てて再び閉めた。なぜか？　実は蘭丸、周囲に信長の勘違いだと知られないよう、わざと閉めた音を聞かせたのだ。これほどの機転を持つ蘭丸ならば、信長が蘭丸を天下と同価値に扱うのもうなずける。

蘭丸はわずか18歳で本能寺にて戦死。信長とともに死ねたことが至上の幸福だったであろう。

時代を生き抜いた確かな眼力

金森長近

かなもり ながちか　■1524年生～1608年没

数々の戦いで戦功をたてた金森長近は武人として活躍しただけでなく、実力者を見抜く眼力も兼ね備えていた。

illustration：伊吹アスカ

PARAMETER

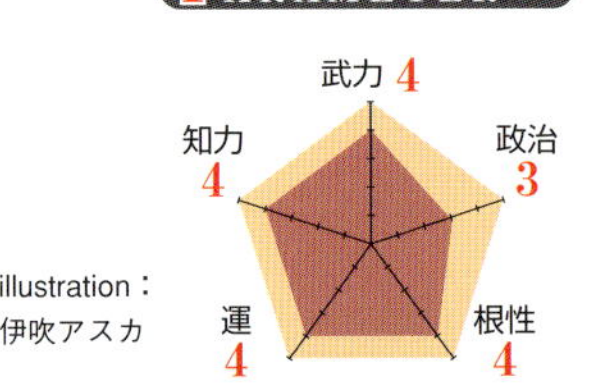

NATIVE PLACE

出身地［美濃（みの）］

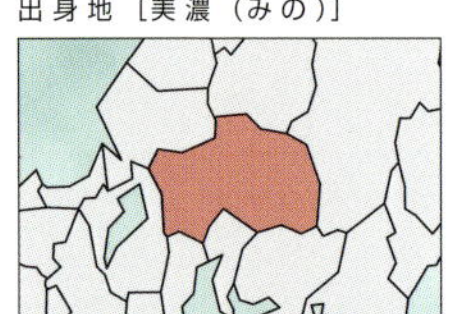

織田家の生え抜きから飛騨高山の初代藩主に

■赤母衣衆として数々の武勲に輝く

金森長近は、はじめは可近と称していたが信長から1字を与えられて長近を名乗るようになる。さらに赤母衣衆に抜擢されるなど、長近は織田信長から高く評価されていた。長近は「桶狭間の戦い」、「姉川の戦い」、「長篠の戦い」といった重要な合戦や、一向一揆の鎮圧などで武勲をたて、柴田勝家の傘下に配属されながら領地を与えられる出世を果たす。

長近の武勲のひとつ、鳶ノ巣砦攻めでは徳川家康の武将・酒井忠次とともに鉄砲５００丁と２千の兵をもって武田勢の背後をついた。この奇襲攻撃によって武田信玄の弟・武田信実を討ち取り、包囲下の長篠城を見おろす鳶ノ巣砦を奪った。武田軍は鳶ノ巣砦を奪われたことで背後をおびやかされ、決戦を急がざるを得ない状況に陥ってしまう。長近の武勲は、続く長篠の戦いの勝利に大きく繋がったといえるだろう。

■天下分け目の戦いに二度参戦

命ぜられるままに戦い、出世を果たした長近ではあったが、信長の死後は時代を生き抜く決断の連続であった。柴田勝家と豊臣秀吉が対立したときは当初柴田方に属し「賤ヶ岳の戦い」に従軍して秀吉と戦うが、その後勝家方を離脱して豊臣方につく。秀吉に赦免された長近は、秀吉にの命を受けて飛騨に侵攻、戦功を認められて、同国を領地として与えられる。「関ヶ原の戦い」では家康の東軍に参加して勝利に貢献し、所領を加増されて６万石の大名となり、飛騨高山藩の初代藩主となった。

長近は茶人としても有名で、秀吉とともに茶会に名を連ね、千利休に茶道を学んだ文化人でもあった。

リストラされた悲哀の武将

林秀貞

はやし ひでさだ ■生年不詳～1580年没

信長が織田家の家督を継ぐ以前からの重臣。だが、働きが認められず、晩年に追放されるという憂き目にあう。

illustration：鯵屋槌志

PARAMETER

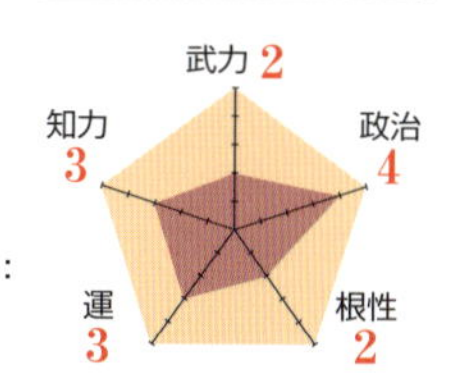

NATIVE PLACE

出身地［尾張（おわり）］

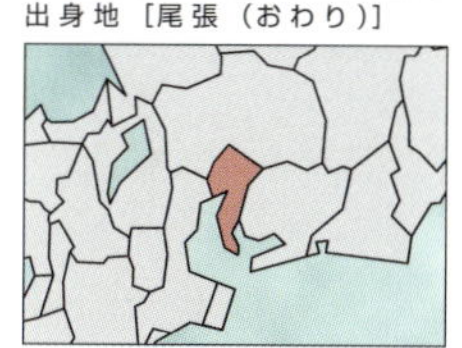

信長による織田家中の合理化により、家老の座を追われる

■二代に渡って仕えた織田家を放逐される

林秀貞は、織田信秀、織田信長の父子二代に渡って仕えた織田家の重臣で、林道勝という名前で広く知られている武将だ。

尾張の土豪の家に生まれた秀貞は、信秀に出仕して重臣となる。その後、嫡男の待遇であった信長に一番家老としてつけられている。

将来、織田家を継ぐであろう信長の一番家老という地位は、やがて次代の織田家中の家臣筆頭になる可能性が高い。非常に将来性のあるポジションであり、また秀貞はそれを任せられるほどの力量をもつ武将だったと思われる。

だが、秀貞は若い信長の奇抜な行動に不満を感じ、主君としての能力に疑問を感じるようになっていったようだ。

信秀の死により信長が家督を継いだ数年後、信長の実の弟である信行を柴田勝家らと擁立し、謀反を起こした。

北は斎藤道三、東は今川義元と強力な戦国大名に囲まれるという情勢から、秀貞はただ真摯に織田家の将来を案じたのだろう。

こうして信長と敵対することになった秀貞だが、「稲生の戦い」で自軍の半分ほどしかない信長勢の奮闘の前に敗れ去ってしまう。

惨敗して謀反を鎮圧された秀貞だったが、勝家とともに信長に謝罪し、謀反を許された。そして勢力を伸張させていく織田家宿老として内政や外交の場で活躍したと思われる。

しかし、その秀貞を青天の霹靂が襲う。かつての謀反の咎で織田家から追放されたのだ。これは言いがかりで、真意は能力に見合わない過大な利益を求める家臣のリストラだったといわれる。秀貞は信長の合理的な家臣団運営の前に犠牲となったのだった。

信長を怒らせてしまった重臣

佐久間信盛

さくまのぶもり　■1527年生～1581年没

PARAMETER

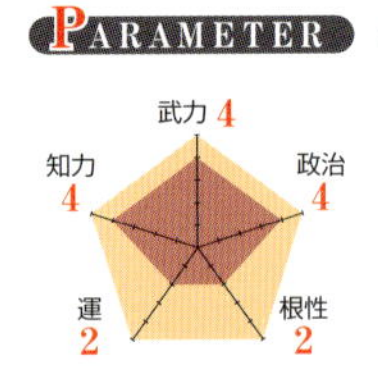

NATIVE PLACE

出身地［尾張（おわり）］

illustration：佐藤仁彦

信長の怒りに触れ追放の憂き目に

信長の父の信秀の代から織田家に仕えており、家臣団では筆頭格の扱いを受けていた。戦上手で退却戦が得意だったことから、「退き佐久間」の異名をとった。

六角家や浅井家、朝倉家との戦いで活躍した信盛は、やがて石山本願寺攻めの総大将という大役を任される。しかし、本願寺の頑強な抵抗の前に成果をあげることができず、結局織田家は朝廷の仲介で本願寺と和睦する。その後、信長から「十九か条の折檻状」を送られ、過去のミスも含めたさまざまな責任を問われて織田家を追放されてしまった。また、朝倉家との戦いの最中に、信長が家臣の戦いぶりを叱ったことがあった。このとき信盛は信長を諫めたが、これが追放の原因のひとつになったともいわれている。

妻と二人三脚で歩んだ愛妻家

山内一豊

やまうちかずとよ　■1546年生～1605年没

PARAMETER

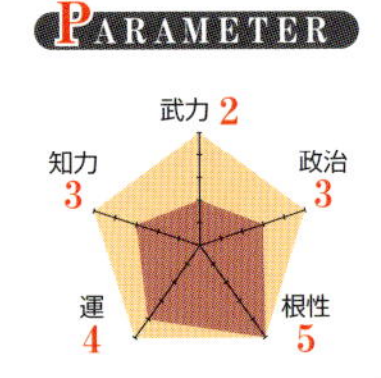

NATIVE PLACE

出身地［尾張（おわり）］

illustration：海老原英明

不遇な少年期から這い上がる

土佐大名にのぼり詰めた山内一豊は、流浪の末、23歳にして織田信長に仕官。信長が倒れると豊臣秀吉のもと着実に功績を積み重ね、秀吉死後は、いち早く徳川家康につき、自分の所領をすべて家康に預けることを表明。これに家康は大いに感激し、一豊を一挙土佐20万石の大名へと抜擢した。

また、一豊の活躍の陰には、妻・千代の内助の功がある。無名時代の一豊は、千代から渡された嫁入りの持参金で名馬を手に入れ、信長の歓心を得た。また、千代は石田三成の人質になった際、自分の安否より家康への忠誠を重視するよう進言。愛妻の決意に後押しされ、一豊も憂いなく家康に身を捧げたという。一豊も千代を心底愛し、山内夫妻は生涯足並みをたがえることなく、二人三脚で戦国を生き抜いていった。

民衆に愛された内政名人

堀秀政

ほり ひでまさ ■1553年生～1590年没

PARAMETER

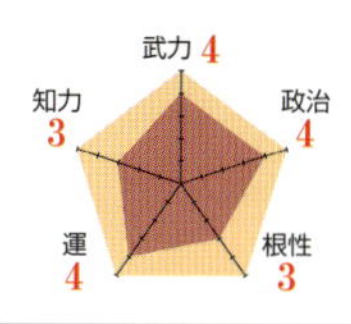

NATIVE PLACE

出身地［美濃（みの）］

illustration：伊吹アスカ

バランス感覚に優れた仁将

美濃（みの）の堀家に長男として生まれた堀秀政（ほりひでまさ）は、13歳のときに信長に側近としてとり立てられ、早いころから頭角を現している。やがて戦にも参加するようになり、越前（えちぜん）の一向一揆の討伐や、紀伊の雑賀衆の討伐、伊賀の攻略などに従軍。「本能寺の変」の際は信長の中国出陣を伝達すべく使者となり、豊臣秀吉の陣中にあった。このとき秀吉陣中にいたことが、のちの秀政の人生を大きく変える。「賤ヶ岳の戦い」や「小牧・長久手の戦い」などで戦功を立てると、越前国18万石の大名に抜擢。「小田原攻め」の最中に病にかかり、38歳で没した。

秀政は政治にも長け、民衆から政治を批判されると「誠にありがたい諫言である」として役人を集めて改善させた。亡くなった際は身分を問わず多くの人が悲しんだという。

信長に忠実な森一族の長

森可成

もり よしなり ■1523年生～1570年没

PARAMETER

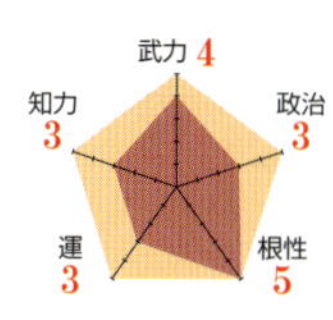

NATIVE PLACE

出身地［美濃（みの）］

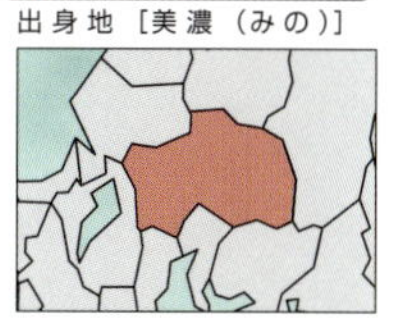

illustration：誉

数々の武功を立てた槍の名手

森一族は美濃国の住人だが、斎藤道三（さいとうどうさん）が国を奪ったときに尾張国（おわりのくに）に移った。可成（よしなり）は信長が弟の信行と家督争いをしていたころからの忠実な部下だった。信長からの信頼は厚く、信長の上洛後には重要拠点である近江国の宇佐山城を任せられている。

のちに信長の盟友・浅井長政（あざいながまさ）が裏切ると、宇佐山城は浅井・朝倉連合軍の猛攻を受ける。宇佐山城の兵力は少なく、可成は奮戦するが討ち死にしてしまった。しかし、可成が時間を稼いだおかげで浅井・朝倉の信長の背後をつく作戦は失敗。織田家は戦力を整えることができ、その後の反撃と織田家の勝利に繋がった。まさに可成は、一身をもって主君の窮地を救ったのである。

信長・秀吉に重用された将

蒲生氏郷

がもう うじさと ■1556年生～1595年没

PARAMETER

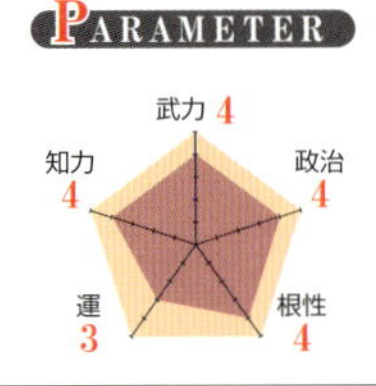

NATIVE PLACE

出身地［近江（おうみ）］

illustration：鯵屋槌志

家臣に手本を示し大切にした勇将

蒲生家が織田家に臣従したときに人質となった氏郷（うじさと）は、信長に才能を見込まれ、信長の娘・冬姫と結婚して織田一門になる。信長の眼力は確かで、氏郷は戦場では勇猛な武将として活躍。指揮官は先頭に立ってこそ家臣がついてくる、という考え方で、常に陣頭に立ち、ある戦いで兜に3発もの銃弾を受けたが考えを変えなかったという。領地経営でも優れた手腕を発揮し、また千利休（せんのりきゅう）の優れた弟子である「利休七哲」のひとりに数えられるほど、茶の湯の造詣も深かった。

信長の死後は豊臣秀吉（とよとみひでよし）に仕えて重用され、秀吉の天下統一後は東北地方の抑えとして伊達政宗を牽制する役を任された。そして会津（あいづ）で92万石の大大名となり、活躍が期待されたが、40歳の若さで病死してしまった。

鋼の艦隊を率いた海賊大名

九鬼嘉隆

くき よしたか ■1542年生～1600年没

PARAMETER

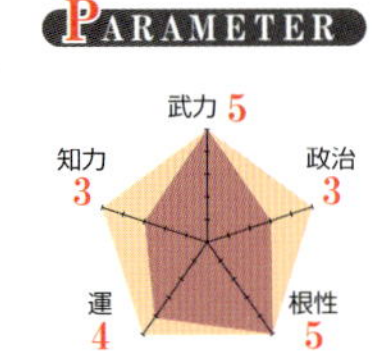

NATIVE PLACE

出身地［志摩（しま）］

illustration：中山けーしょー

海上での戦いでは敵う者なし

九鬼一族は国内の勢力争いに敗れて国を追われ、信長に仕えた。嘉隆は織田水軍の水軍統領となり、北畠（きたばたけ）家や一向一揆との戦いで活躍。当時最強と呼ばれた毛利（もうり）水軍とも死闘を繰り広げ、ついに打ち破る。毛利水軍との初対決で敗北を喫した嘉隆は、思案のあげく鉄の装甲をもつ船・鉄甲船を考えつき、それをもって毛利水軍を粉砕した。こうして最強水軍の名を勝ち取った嘉隆は、信長の死後も豊臣秀吉に重用され、水軍の主力となった。

その後、秀吉が死んで「関ヶ原（せきがはら）の戦い」が始まると、九鬼家では嘉隆が西軍に、息子の守隆が東軍につく。これはどちらが勝っても九鬼家を残すための策だといわれており、東軍が勝利して間もなく嘉隆は潔く自刃した。

信長に反逆した近畿の実力者

荒木村重

あらき むらしげ ■1535年生～1586年没

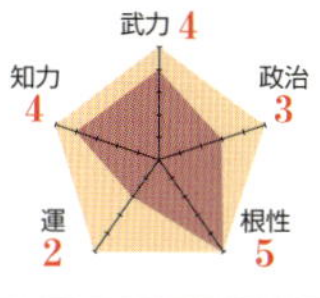

illustration：TOHRU

順調だったエリート人生からの転落

村重は、もと摂津の池田氏の家臣であったが、主家の内紛に乗じ、やがて主家をしのぐ実力者となる。その後、味方の少なかった信長の下へ馳せ参じたことから、信長を喜ばせ、その後は軍功を積み摂津一国を任された。ところが、1578年、中国地方にいた豊臣秀吉の陣から荒木村重が、突如織田信長に反旗を翻し、居城の有岡城へたて籠ったのである。敵対している本願寺に食料を送ったことが信長の疑惑を招いたなど諸説あるが、成算がなかったとは思えない。本願寺や毛利などと組んで、信長に対抗しようと考えたとも言われている。有岡城の包囲は１年に渡り、毛利は動かず、村重は単身城を脱出。残された村重の家族は信長によって惨殺された。「本能寺の変」ののち、秀吉に近侍し、堺で生涯を終えた。

実力十分な信長の後継者

織田信忠

おだ のぶただ ■1557年生～1582年没

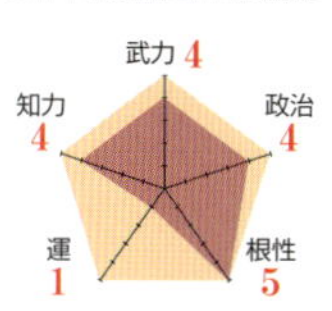

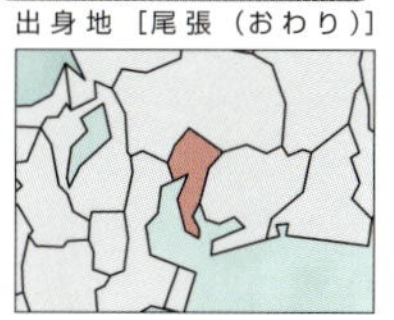

illustration：TOHRU

偉大な父とともに京の都に死す

信長の長男として生まれた信忠は、後継者にふさわしい実績と経験を積むために、若いころから各地を転戦。雑賀衆との戦いでは雑賀孫市を、信貴山城攻めでは松永久秀を破り、1582年には武田攻めの総大将となって長年の宿敵であった武田家を攻め滅ぼした。この時点で織田家に対抗できる勢力はすでにどこにもなく、織田家が天下を統一するのは確実と思われた。

しかし、父信長とともに京に宿泊していたとき、明智光秀の謀反が発生。信忠は二条城で明智軍を迎え撃ち奮戦したが、力及ばず自害した。すでに織田家の家督を継ぎ、二代目としての器量も十分な信忠が、もし脱出できていたら、秀吉や家康が天下を取ることはなかったかもしれない。

豊臣家 TOYO TOMI

秀吉とともに生まれ、消えていった

農民から天下人へのぼり詰めた豊臣秀吉。秀吉の活躍によって誕生した豊臣家は、秀吉が亡くなると没落していった。豊臣家は秀吉あっての家だったのである。

〈家紋：太閤桐〉

豊臣の姓とともに朝廷から賜り、豊臣家の家紋とした。

豊臣家の成り立ちとその系譜

■秀吉一代で築いた豊臣家

農民の子から天下人へと、わずか一代で駆け上がった豊臣秀吉。この出世物語は今なお多くの人をひきつけているが、秀吉以前の豊臣家の人物については不明である。

秀吉の出自については、尾張（現在の愛知県西部）の中村で百姓をしていた、弥右衛門の子として生まれたのは確かなようだが、この弥右衛門も長らく実像は知られていない。『甫庵太閤記』やルイス・フロイスの『日本史』は、有力な名主百姓や地侍として伝えている。木下弥右衛門として、織田信長の父・織田信秀に仕えていた鉄砲足軽という説もあるが、弥右衛門が没したのが鉄砲伝来と同年であることから信憑性が薄い。

木下という苗字も、秀吉が武士になってから使いはじめたことが判明しており、秀吉は零細農家を営んでいた弥右衛門の息子、というのが定説となっている。

さて、秀吉が天下人となったのちに名乗る「豊臣」だが、これは関白に就任する際に天皇から新たに本姓で、以後は一族も豊臣を名乗るようになったもの。よって、豊臣家の祖は秀吉ということになる。秀吉の死後、「大坂の役」で豊臣宗家の血筋は絶えてしまったが、正室の高台院の実家は明治まで豊臣の本姓を名のり続けており、氏族としての豊臣氏自体は存続していた。

なお、本姓は本来苗字とは異なるものだが、秀吉が本姓と苗字の両方として使用していたため、豊臣秀吉の名で呼ばれている。

【豊臣家略系図】

木下弥右衛門（きのしたやえもん）
- ❶豊臣秀吉（とよとみひでよし）
  - 秀勝（ひでかつ）（側室方）
  - 鶴松（つるまつ）
  - ❷秀頼（ひでより）
- 秀長（ひでなが）

戦国時代における豊臣家の興亡

■一時は天下を掴むも、徳川家に追い落とされる

農民の子として生まれた秀吉は、18歳のときに信長に仕えるようになった。当時、秀吉の名は藤吉郎で苗字もなかったが、25歳でおね（のちの高台院）と結婚した際、おねの実家が木下氏の出であったことから、木下の苗字を使い始めたといわれる。

１５７３年、信長が浅井氏を滅ぼすと、秀吉は長浜城城主となる。このとき、家中の重鎮だった丹羽長秀と柴田勝家から１字ずつもらい、羽柴秀吉を名乗った。「本能寺の変」で信長が横死すると、秀吉は後継者の座を巡る争いに勝ち残り、１５８５年には関白の宣下を受ける。

豊臣の本姓を賜った秀吉は、豊臣秀吉と改名。そののち、関東の北条氏をくだして天下統一を成し遂げた。

だが、秀吉が亡くなると重鎮たちのあいだに積もっていた因縁が噴出。「関ヶ原の戦い」が起こると、勝利した徳川家康が実権を握る。

「大坂の陣」のころには、豊臣恩顧の大名も徳川家には逆らえず、豊臣方が敗北して宗家は断絶となった。

1583年ごろの豊臣勢力

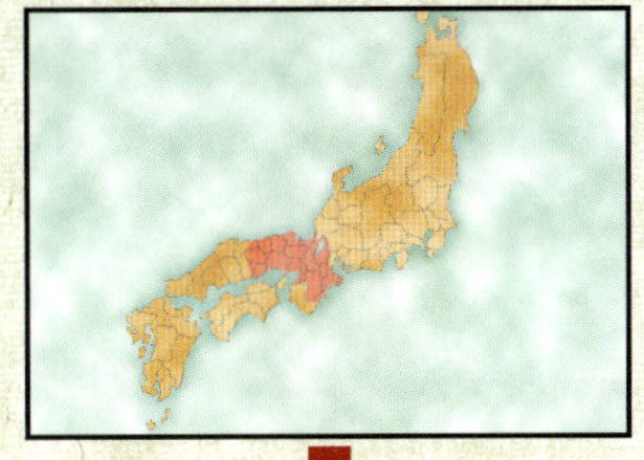

1598年ごろの豊臣勢力

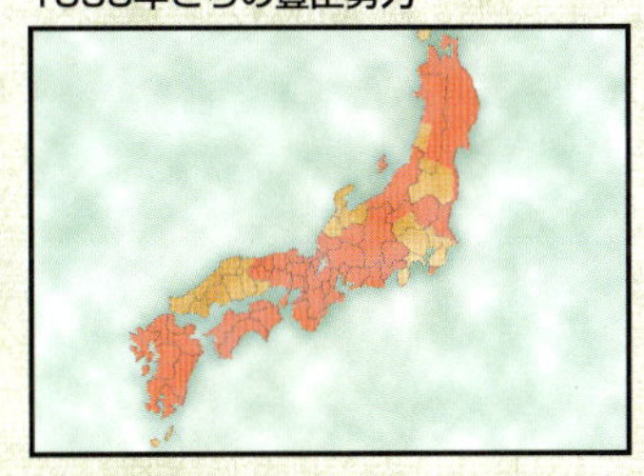

豊臣家の対立勢力

柴田家 P.16
信長の死後に後継者の座を争うが、北国という地勢の不利もあって敗北。

徳川家 P.62
一時は秀吉に臣従したが、秀吉の死後に再び台頭。天下人の地位を奪取。

北条家 P.104
徳川や伊達を頼みに秀吉に最後まで逆らうが、「小田原の役」で敗北。

豊臣家の居城　大坂城

豊臣家の居城として有名な大坂城は、もともと信長と対立していた石山本願寺があった場所に建てられた。本願寺は１５８０年に焼失したが、北を淀川の本流に守られた天然の要害で、また川をさかのぼれば京都へ通じるという交通の要地でもあった。

この地に着目した秀吉は、１５８３年から築城を開始。大坂城は、安土城を越える豪華さと、西洋の技術をもとり入れた堅固さを兼ね備える巨大な城となった。とくに、城下町ごとすっぽり覆っている外堀の効果は高く、内部に城下町を有しているため、籠城しながらも通常の生活を送ることが可能というものだった。

現在の大坂城は、大坂の陣で焼失した城跡に土を盛り、新たに築いた城の石垣を使用して復元したものだ。

OHSAKA CASTLE
DATA

所在地：大阪府大阪市中央区
別名：錦城、金城
文化区分：特別史跡、重要文化財13件
築城者：豊臣秀吉
築城年：1583年
構造：輪郭式平城

その手に掴んだ「天下人」の座

豊臣秀吉

とよとみひでよし
■1536年生〜1598年没

農民から天下人という、壮大な夢を勝ち取った豊臣秀吉。信長から「猿」の愛称で親しまれ、お調子者というイメージが強いが、本当の秀吉の姿は野心の固まりだった。

PROFILE

1554年	織田信長に仕える
1566年	墨俣に一夜城を築城
1582年	本能寺の変で信長横死。山崎にて明智光秀を討伐（山崎の戦い）
1583年	柴田勝家と賤ヶ岳で激突（賤ヶ岳の戦い）
1584年	織田信雄と結託した徳川家康と激突。（小牧・長久手の戦い）
1585年	関白に就任
1590年	小田原攻め。これにて天下統一を達成
1591年	朝鮮に軍を向ける（文禄の役）
1597年	二度目の朝鮮出兵（慶長の役）
1598年	63歳で死去

illustration：藤川純一

PARAMETER

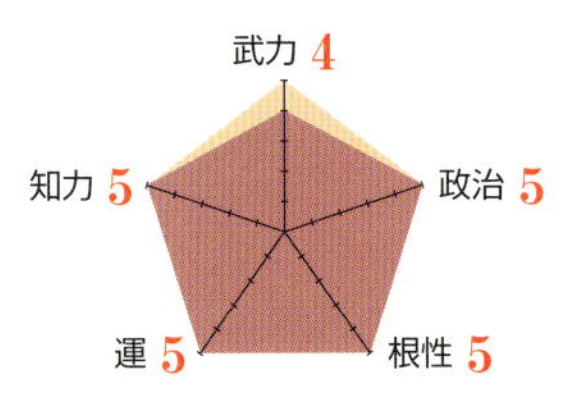

知力 5

恐るべき知力を発揮しなければ、類を見ない大出世は見込めないだろう。

信長配下時には、危険を厭わない任務を自ら志願。戦いに没入していた。

NATIVE PLACE

出身地［尾張（おわり）］

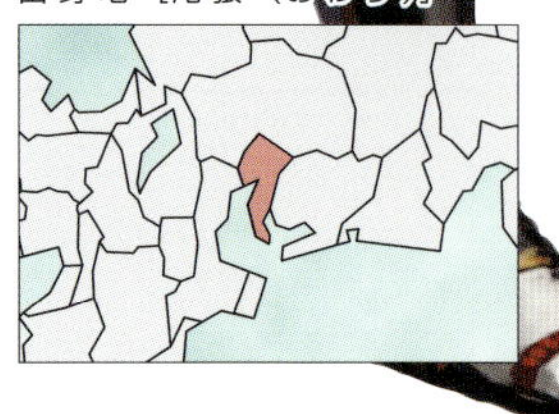

信長のあとをつぎ、見事に天下統一を成し遂げた戦国一の出世人

■信長のもとで才能を発揮

誰もが己の才覚ひとつで成り上がることができた戦国時代。尾張中村出身の農民だった豊臣秀吉は、槍ひとつでの立身出世を夢見てその身を戦へと投げ打ち、見事な戦果を見せて大名へと成り上がった。そして「織田信長の死」という大事件をきっかけに秀吉の野望はさらに増大し、ついには天下統一までをも成し遂げたのである。

秀吉の才覚は若いころから抜きんでており、信長に仕えるとすぐさま頭角を現した。信長配下時代の秀吉でもっとも有名な功績としてあげられるのは、墨俣にて一夜城を築いたことではないだろうか。実際は多数の死者出しながら数日かけて完成させたようだが、秀吉は織田家譜代の猛将たちがことごとく挑んでは失敗した難行を見事に成し遂げたのである。秀吉はこの働きによって織田家での地位を確立すると、のちに重鎮の仲間入りを果たした。

新参者の台頭を煙たがる者たちも多かったが、「金ヶ崎の戦い」での撤退戦にて秀吉が殿軍を志願した際には、反秀吉派の急先鋒だった柴田勝家もその覚悟に感銘を受け、配下の兵を貸し出したという。また、秀吉が大名になった際に名のった羽柴秀吉の名字は、勝家と丹羽長秀から1字ずつとったともいわれており、秀吉とほかの家臣たちはそこまで不仲というわけでもなかったようである。

■ついに天下統一……そして

だが、本能寺で信長が死ぬと状況は一変する。いち早く信長の敵・明智光秀を討った秀吉は、信長の後継者筆頭となった。

そして、旧織田家が二分したことで敵となった勝家を討ち果たすと、四国、九州を平らげ、最後まで抵抗を続けた北条家をも兵士20万動員という前代未聞の包囲網で屈服させると、ついに天下統一を成し遂げた。

苦労の末につかみ取った覇者の座。普通の人ならここで落ち着きそうなものだが、秀吉は違っていた。その野心はまったく衰えることなく、広く国外にまで目を向けるようになる。そして実施された二度に渡る「朝鮮出兵」。秀吉は63歳という年齢で死ぬまで、野望という内なる炎を燃やし続けたのであった。

豊臣秀吉と深い関わりを持つ武将たち

織田信長 P.14

秀吉の主。利発な面を見せて側に置かれるようになる。信長を日の本の王にするため、秀吉も粉骨砕身して働くが、明智光秀の謀反にあい、本能寺で落命。

明智光秀 P.22

織田家臣時代の秀吉のライバル。外様同士ということで功績を競い合い、両者とも織田家の重鎮に食い込んだ。信長に反旗を翻すが、山崎にて秀吉に討たれる。

柴田勝家 P.16

織田家に古くから仕える家老のひとりで、ことあるごとに秀吉と反目した。信長が死ぬとその溝はさらに深くなり、後継者争いで激突する。

徳川家康 P.64

織田家と同盟を結んでおり、秀吉とも旧知の間柄であったようだ。「小牧・長久手の戦い」で一度だけ秀吉と戦うが、その後は臣下の礼を取る。

戦国時代を代表する若き天才軍師

竹中半兵衛

たけなか はんべえ
■1544年生～1579年没

若くして家督を継ぎ、信長軍の侵攻を防ぎ、主君を諌めるため16名で城を占拠した謀略の士。容姿端麗で物静かな男は、秀吉の軍師として無血開城を行った。

PROFILE

1544年	不破郡岩手城主・竹中重元の子として生まれる
1560年	重元の死去により家督と継ぎ、斎藤義龍に仕える
1561年	義龍が死去し、龍興があとを継ぐ
1564年	一夜のうちに龍興の居城・稲葉山城を占拠。城を明け渡すと、浅井長政の客将となる。のち、秀吉に請われて直臣に
1579年	播磨三木城攻めの最中に病に倒れる。戦線に復帰するも病没

illustration：虹之彩乃

PARAMETER

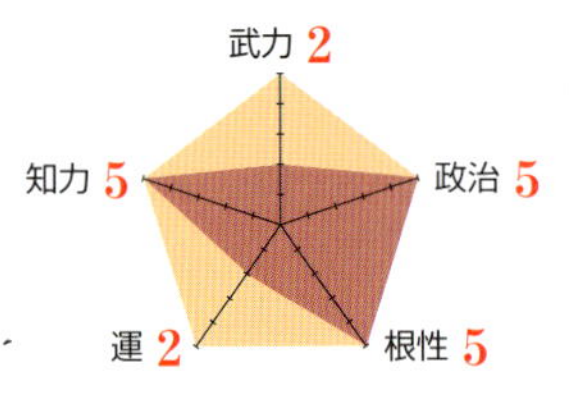

黒田官兵衛と双璧をなす存在で、天才軍師と称されるほどの知力の持ち主。

自分の死期を悟ると、戦場で死ぬことを望んで秀吉に復帰を懇願したほど。

NATIVE PLACE

出身地［美濃（みの）］

細身で物静かな天才肌、参謀として秀吉の陣営を支える

■若くして策謀に優れ信長を苦しめる

豊臣秀吉のもとに「両兵衛」と呼ばれるふたりの軍師がいた。ひとりが黒田官兵衛、もうひとりが若き天才軍師・竹中半兵衛である。外見は女性のようだったと記録されており、性格も穏やかで冷静沈着、出陣に際しても静かに馬に乗っていたという。

半兵衛は、いつも貧相な馬に乗っていた。あるとき、見かねた秀吉が「身分にあった馬に乗ったらどうか？」とすすめると、「名馬に乗っていたら惜しむ気持ちが出てしまう」と答えたという。効率や実利を重視した半兵衛らしさが見てとれるエピソードである。

半兵衛は早くから天才としての片鱗を見せている。美濃の斎藤氏に仕えていたときのこと、時の当主・斎藤義龍が死去し、その子・龍興があとを継ぐと、国政を顧みない主に家臣団は大きく揺らぐ。この状況のなか、織田信長が美濃へ進攻。圧倒的な劣勢を救ったのが半兵衛である。鮮やかなゲリラ戦を展開し、織田軍を二度に渡り追い返したのであった。

■秀吉に無血開城の戦い方を伝授

半兵衛の名を世に知らしめたのは、20才のときである。半兵衛は、弟の竹中重矩ら16名で、なんと一夜のうちに主の龍興の居城・稲葉山城を占拠したのだ。これを聞いた信長は、半兵衛に破格の恩賞を持って稲葉山城の明け渡しを求めた。だが、半兵衛はこれに応じない。城を落としてみせることで、龍興に態度を改めてもらうという意図があっての行動だったからだ。その後龍興に城を返すと、美濃を出て浅井長政の客将となる。

信長は半兵衛の才能と人格を認め、秀吉に家臣として迎えるように命じた。だが、わざわざ訪ねてきた秀吉に対し、半兵衛は断っている。だが、半兵衛の力を認めている秀吉もあきらめない。何度断られても、半兵衛のもとに通い続けた。そして7回目、半兵衛は秀吉の直臣となることで了解した。半兵衛が信長に追従しなかった理由はわからないが、秀吉は半兵衛を軍師として迎える幸運を得た。

秀吉は中国討伐の際に、半兵衛と官兵衛のふたりの天才軍師を従えて遠征に出た。半兵衛は備前八幡山城を調略で落とすなど、鮮やかなお手並みを披露している。謀反を起こした荒木村重が有岡城にて籠城したときは、開城の説得にあたった官兵衛が捕らえられてしまう。裏切りとカン違いした信長が、官兵衛の嫡男・黒田長政の処刑を秀吉に命じた。官兵衛の信頼を失いたくない秀吉に、半兵衛は偽者の首を信長に届けるよう進言し、長政と秀吉を助けている。

しかし、天才軍師も病には勝てなかった。半兵衛は播磨三木城攻めの途中で倒れてしまう。秀吉は京都で療養生活を送らせたが、己の死期を悟った半兵衛は戦場で死にたいと戦線に復帰し、死に際して秀吉に兵糧攻めを進言する。半兵衛は三木城の無血開城を見れずに、享年36歳と短い人生をまっとうした。

竹中半兵衛と深い関わりを持つ武将たち

豊臣秀吉（とよとみひでよし）

P.40

秀吉は七度も半兵衛のもとを訪れて説得に成功。秀吉の直臣となった半兵衛は、水攻め、兵糧攻めを駆使した無血開城させる戦いかたを確立する。

黒田官兵衛（くろだかんべえ）

P.44

官兵衛が荒木村重の人質となったとき、信長は官兵衛の嫡男・長政の処刑を命じる。半兵衛は偽の首を信長に送り、長政の命を救った。

豊臣秀吉の名参謀

黒田官兵衛

くろだかんべえ

■1546年生～1604年没

竹中半兵衛と双璧をなす、豊臣秀吉陣営の天才軍師。秀吉にさまざまな策を授け、天下を取らせたこの男もまた、戦国の覇者となる野望を胸に秘めていた。

PROFILE

1546年	小寺氏重臣・黒田職隆の子として生まれる
1567年	家督を継いで姫路城代に着任
1575年	織田信長に謁見、秀吉の参謀となる
1582年	本能寺の変にて信長死去。官兵衛は秀吉に明智光秀討伐を進言
1586年	従五位下勘解由次官に叙任
1589年	子・長政に家督を譲る
1604年	京都伏見藩邸にて死去

illustration：藤川純一

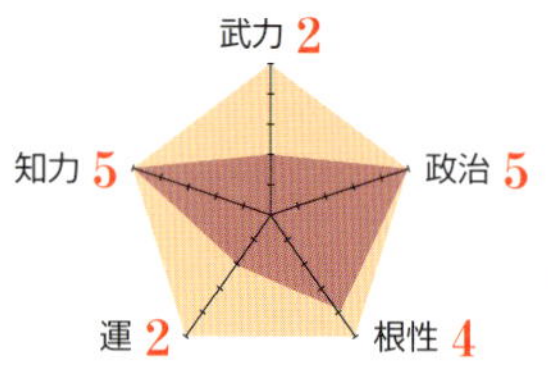

知力 5

戦では柔軟な対応を見せ、圧倒的な兵差であっても苦にせず勝利を収めてきた。

天下を取れる実力がありながら、タイミングに恵まれなかったといえる。

出身地［播磨（はりま）］

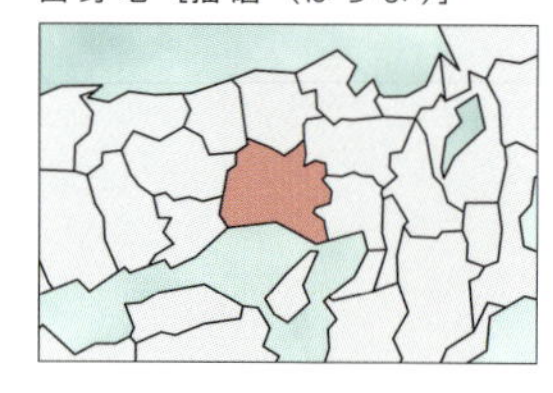

天下取りの実力を備えた稀代の辣腕軍師

■早咲きのエリート

黒田氏は黒田官兵衛の祖父・重隆の代に、播磨の大勢力である小寺政職に仕官。黒田氏の評判は極めて高く、重臣として早くに姫路城代を任され、官兵衛の父・職隆は小寺の姓を与えられるほどであった。名門の出とはいえ、決して親の七光りではない。家督を継いでわずか２年、姫路城を襲撃した３千の兵を奇襲攻撃により３００の兵で撃退する。このときすでに、天才軍師の片鱗を振りまいていたのだった。

官兵衛は強い自負心を持つためか、野望多き人物であった。台頭した織田信長に仕えるようになり、存分に名をあげようと奮起していたことだろう。ところがその意気込みが仇となったのか、荒木村重が謀反を起こした際、積極的に説得役を買って出るも交渉は決裂。１年間に渡って牢に幽閉された末、脚の関節が不自由になってしまった。以来、合戦では輿に乗って指揮をとったという。しかし、そこでくじける官兵衛ではなく、次々に妙計を献策し豊臣秀吉の躍進に大いに貢献していく。

■秀吉を畏怖させた幻の天下人

「本能寺の変」にて信長が倒れたとき、官兵衛は秀吉に対し、交戦中の毛利家と和平をとりまとめ、迅速に明智光秀を討つように意見した。それにより秀吉は「中国大返し」を成功させ、天下統一の礎を築いたのである。つまり、秀吉が天下に君臨できたのは、ひとえに官兵衛の手柄といっても過言ではない。

秀吉も大いに感謝しただろうが、その反面、信長の死にとり乱すことなく天下取りを示唆した官兵衛の鬼謀を怖れるようにもなった。以後も重要な戦で手柄を立てながら、秀吉が与えた恩賞は大坂から遠く離れた豊前国のわずか12万石。これだけの功績に対してあまりの仕打ちだが、秀吉は官兵衛の力を抑えておく必要があると判断したのだ。側近には「官兵衛がその気になれば、この秀吉が存命中であっても天下を取る」と漏らしたという。

そんな秀吉の心中を察し、官兵衛は警戒を解くべく家督を子・長政に譲り隠居する腹づもりでいた。しかし、怖れを抱きつつも、秀吉は官兵衛の手腕をまだまだ必要とした。結局、秀吉が死すまで関係は続いたのだった。

秀吉が世を去ると、ついに官兵衛は天下取りの野望を体現する。関ヶ原の激突をよそに九州で第三勢力をつくり上げたのである。それは、東西決戦の長期化を見越し、その隙を突いて九州全土を掌握するという計画。

だが戦は早期決着し、官兵衛の野望ははかなく散った。とはいえ、流れを読み違えたがやはり官兵衛は非凡な知将であることは間違いない。堂々と第三勢力を名乗らず、表向きは家康のための行為と見せかけていたのだ。

官兵衛は家督を譲った際、名前を「如水」と号している。清流かと思えば時として激流にも化す、まさに水の如き人生であった。

黒田官兵衛と深い関わりを持つ武将たち

竹中半兵衛 P.42

官兵衛が幽閉されたとき、信長は子の長政の処刑を命令。が、半兵衛の妙案によりことなきを得る。その半兵衛の死を聞いた官兵衛は崩れるように号泣した。

北条氏直 P.113

小田原征伐にて、官兵衛は北条の説得に成功し無血開城させた。このとき、秀吉との間をとった礼として、氏直から国宝刀「日光一文字」を与えられている。

打倒家康！　豊臣家への忠義を貫いた義将

石田三成

いしだ みつなり

■1560年生〜1600年没

幼いころから豊臣秀吉に仕えた石田三成は、秀吉亡きあと豊臣家を守るために奮闘するも、豊臣恩顧の諸将をまとめることができずに「関ヶ原の戦い」で敗死する。

PROFILE

1560年	石田正継の次男として近江に生まれる
1574年	秀吉に仕官する
1585年	秀吉の関白就任にともない従五位下治部少輔に叙任。近江水口4万石城主に
1592年	文禄の役で船奉行を務める
1595年	五奉行の一員となり、近江21万石を与えられて佐和山城主に
1600年	「関ヶ原の戦い」に敗北。伊吹山中で捕らえられ、京都に送られて斬首される

illustration：藤川純一

PARAMETER

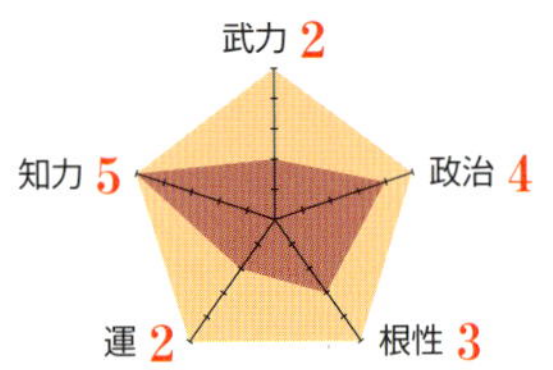

三成の戦場での活躍はわずかで、小田原征伐時の忍城攻めは手際の悪さで有名。

太閤検地を実現し秀吉の天下統一にはなくてはならない人材だった。

NATIVE PLACE

出身地［近江（おうみ）］

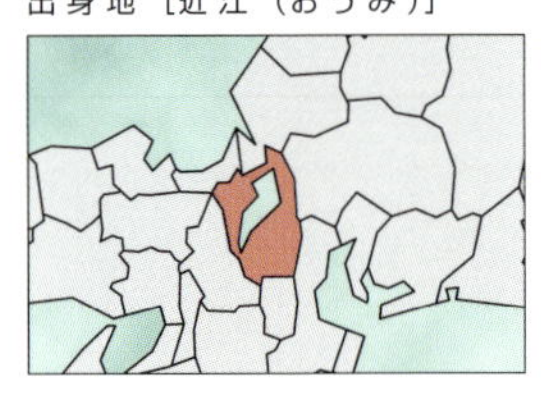

忠と義を重んじ
理想に生きた

■優れた能力を発揮するも、多くの敵をつくる

豊臣家に尽し、打倒徳川家康を志すも敗北した石田三成。切れ者で忠義を重んじていた三成は家康になぜ敗れてしまったのか。

少年のころから豊臣秀吉に仕え、その寵愛を受けた三成は年を重ねるにつれ頭角を現してゆく。秀吉に従って中国各地を転戦し、秀吉の天下取りに繋がった「山崎の戦い」、「賤ヶ岳の戦い」、「小牧・長久手の戦い」などに従軍した。やがて秀吉が関白に就任すると、従五位下治部少輔に叙任。以後、奉行として堺奉行、検地奉行など行政官としてその手腕を発揮した。しかし戦場で派手な働きをしていない三成が重要な役職を得てゆくのを見て、織田家家臣時代から秀吉とともに戦ってきた武将たちの中に三成への反感が生まれた。さらに三成は規律を重んじ、不正に対しては激しく糾弾する。こうした三成の性格は、反感を持つ者たちに傲慢とみなされ対立を加速させたのだ。

対立が決定的になったのは「朝鮮出兵」だった。前線に十分な兵糧が届かず、苦戦する加藤清正、福島正則ら武断派の武将たちから船奉行を務める三成が恨みを買ったのである。

しかしこれまでの三成は、兵站や行政に優れた能力を示しており、朝鮮出兵の失敗は海を越えての戦役の無謀さを示すものにほかならない。三成は現場の不満のこじつけにされ、つまりは犠牲者だったともいえるのである。

三成に秀吉の半分ほどでもカリスマ性、懐柔能力があればなんとかなったかもしれないが、融通の利かない三成にとって状況は不利に傾いてゆく。

■豊臣家のために忠義を貫く

秀吉の死後、三成は大老の家康と対立を深める。味方だった前田利家も死に、さらには１５９９年、武断派の清正や正則らに襲撃されるという事件まで起こった。この騒動で三成は奉行の任を解かれ、佐和山城に引退を余儀なくされる。

しかし、豊臣家への思いが朽ち果てることはく、また家康の専横が激しくなるのを見かねた三成はついに兵をあげることを決意する。

三成はかねてから親交の深かった上杉家の直江兼続と協力し、上杉家で軍備増強の動きがあるように見せかけると、家康はこの誘いに乗り上杉征伐の軍を起こす。この隙に三成が挙兵するという作戦は見事にはまり、家康許すまじの声に呼応した勢力を結集させた。この時代これだけ大規模な戦略を練ることができたのは三成と家康しかいなかっただろう。

豊臣方の西軍と家康方の東軍は「関ヶ原の戦い」で激突する。しかし三成の作戦には誤算だらけであった。総大将とした毛利輝元は戦場に行かずに大坂城にとどまり、三成を嫌う諸将も多く、三成の思うようには戦局は動かない。しまいには小早川秀秋が突如裏切り、西軍は敗北する。三成は捕らえられ、豊臣家の行く末を案じながら処刑された。

石田三成と深い関わりを持つ武将たち

直江兼続 P.94

上杉家の兼続と三成が親交を結んだのは「賤ヶ岳の戦い」ののちで、「関ヶ原の戦い」では上杉家と三成のあいだで、戦国史上最大の協同作戦が企てられた。

島左近 P.250

近江水口の領主だった三成は、浪人中の島左近を登用。このとき、三成は己の知行の半分である２万石を左近に与え、破格の待遇で左近を迎えた。

石田三成との友情に殉じる

大谷吉継

おおたに よしつぐ
■1559年生～1600年没

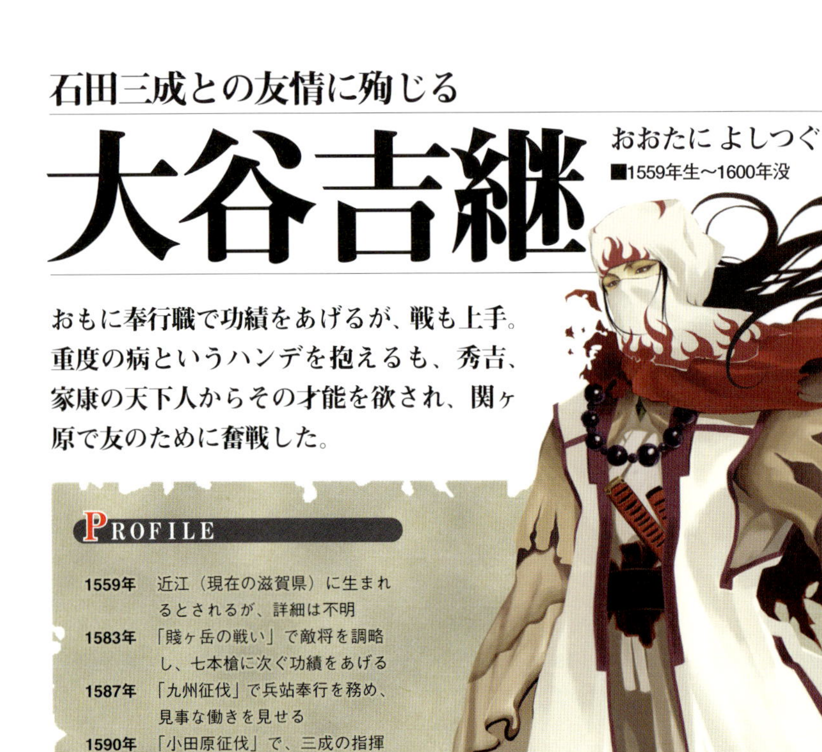

おもに奉行職で功績をあげるが、戦も上手。重度の病というハンデを抱えるも、秀吉、家康の天下人からその才能を欲され、関ヶ原で友のために奮戦した。

PROFILE

1559年	近江（現在の滋賀県）に生まれるとされるが、詳細は不明
1583年	「賤ヶ岳の戦い」で敵将を調略し、七本槍に次ぐ功績をあげる
1587年	「九州征伐」で兵站奉行を務め、見事な働きを見せる
1590年	「小田原征伐」で、三成の指揮下に参陣
1592年	文禄の役にて後方支援を任され活躍
1600年	「関ヶ原の戦い」で奮戦むなしく自害

illustration：丞悪朗

PARAMETER

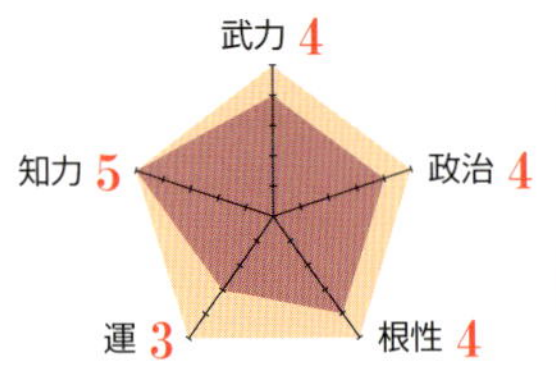

調略を巧みに操り、さらに大軍の兵站管理という面倒な作業もそつなくこなした。

己の最後の戦いとなった「関ヶ原の戦い」で、東軍を大いに苦しめた戦術家。

NATIVE PLACE

出身地［近江（おうみ）］

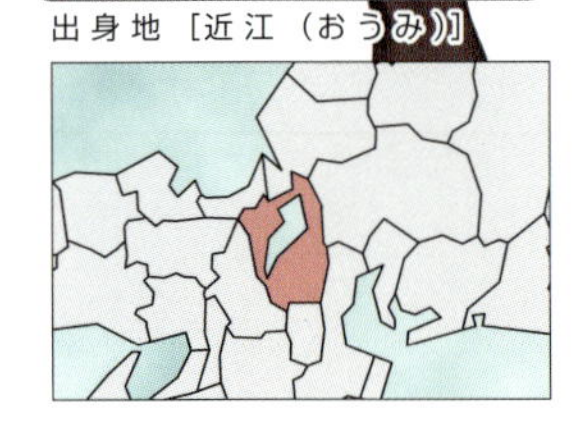

友との友情のため、関ヶ原に散る

■石田三成との厚い友情

大谷吉継は、石田三成との友情を守るために「関ヶ原の戦い」で西軍につき、死地に赴いた武将だ。もともと豊臣秀吉の小姓として仕えていた吉継は、その能力を認められ、奉行職といういわば豊臣政権のエリート官僚に抜擢される。そして九州征伐や「朝鮮出兵」では、大軍を支える兵站部門の管理で多大な功績をあげて有能さを証明した。

この吉継ほどの逸材を東西両軍が欲しないわけがない。関ヶ原にいたるまで、徳川家康も三成もお互いに諸大名に対して自分の派閥に加わるよう多数派工作をかけたが、もちろん、家康は吉継のもとへも好条件で誘いをかけたという。

そもそも、吉継は関ヶ原で戦うことになる家康とも良好な関係を築いており、前田利家と家康のあいだに緊張が走ったときは、家康邸の警固に駆けつけたほどだ。

また三成が打倒家康の西軍に参加するよう吉継を説得したとき、吉継は家康の上杉征伐に参加するため行軍中であったという。

吉継は逆に三成に兵を起こす不利を説いたが、折れない三成を前に、ついに吉継は生涯無二の親友である三成との友情をとって西軍についたのだった。

親子、兄弟ですら相争うことの珍しくなかった戦乱の世で、このふたりの堅い絆は稀に見るものだったといえるだろう。

これには吉継が難病を患っていたため、白い頭巾をかぶって顔を隠すほど、醜い容貌をしていたことが関係したようだ。その容貌のために、吉継を敬遠する同輩たちが多い中、三成は友人として真摯に接したのだ。

あるときの茶の湯の席で、難病をもつ吉継が茶碗の中に膿を垂らしてしまったことがあったという。次に茶碗を回しても、気味が悪く誰も飲みたがらない。しかし、三成は平然とその茶を飲み干し、吉継を感激させたという。三成は容貌ではなく、その人格や能力を見ていたという美談である。

■関ヶ原での奮戦

西軍の一員となった吉継はまず、北陸で前田利長勢を相手に前哨戦を戦い、調略で利長の大軍を足止めする活躍を見せた。

いよいよ関ヶ原を迎えた吉継は、戦闘に先立って見事な野戦築城を行い、西軍に有利な状況をつくる。そして東軍の猛攻の中、自身は少数の手勢で、裏切ると読んだ小早川秀秋の軍勢に備えていた。予想通りに秀秋は東軍に寝返り、吉継に襲い掛かるも逆に押し返す。だが、ここで予想もしなかった別の軍勢の裏切りにあい、さしもの吉継勢も壊乱した。

吉継は病のため輿に乗った姿で必死に采配を振るうも大勢はほぼ決していた。そして首を取られ、容貌をさらされるのを避けるため、自分の首を地中深く埋めるよう言い残して自害したという。友情に殉じた男の、義士らしい潔い最期であった。

大谷吉継と深い関わりを持つ武将たち

豊臣秀吉（とよとみひでよし）

P.40

吉継の能力を見込んで小姓の身から大名にまでとり立てた。「百万の大軍を任せたい」とまで天下人に言わせしめるほど吉継の才能は秀でていたという。

石田三成（いしだみつなり）

P.46

豊臣家のエリート官僚で、吉継と深い友情で結ばれた武将。「九州征伐」の折には、ふたりで兵站奉行を務め、10万を超す未曾有の大軍を背後から支えた。

大陸でも恐れられた名将

加藤清正

かとう きよまさ

■1562年生～1611年没

虎退治の伝説が生まれるほど、武勇に優れ、無類の戦上手であった。領土運営にも優れた名将で、三成と対立するも、豊臣家への忠誠は生涯変わることがなかった。

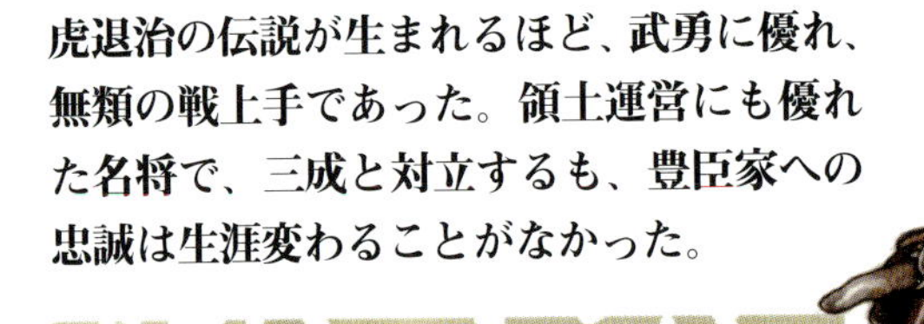

PROFILE

1562年　尾張の鍛冶屋・加藤清忠の子として生まれる

1583年　賤ヶ岳で敵将・山路正国を討ち、七本槍に数えられる（賤ヶ岳の戦い）

1588年　肥後19万5千石の大名となる

1592年　対馬経由で釜山上陸。わずか1ヶ月で漢城陥落（文録の役）

1600年　東軍として従軍して勝利に貢献（関ヶ原の戦い）

1611年　二条城で豊臣秀頼と徳川家康の会見を実現。帰りの船内で病没

illustration：佐藤仁彦

PARAMETER

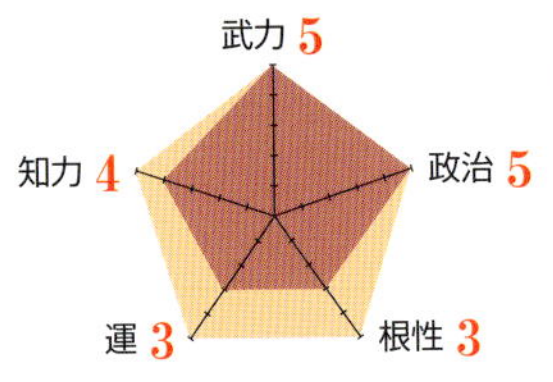

文禄・慶長の役において主力として7年間戦い続け、数多くの戦功をあげた。

工事は農閑期に集中させ、人夫に給金以上の働きを要求することはなかった。

NATIVE PLACE

出身地［尾張（おわり）］

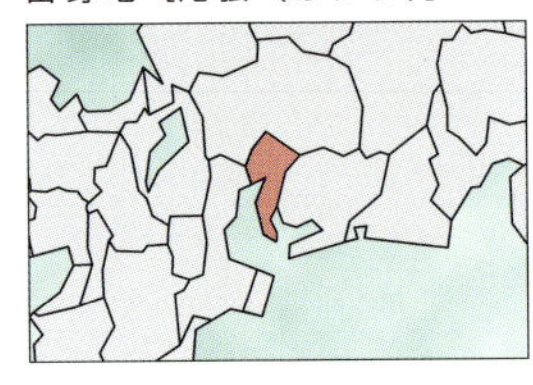

賤ヶ岳七本槍に数えられる勇将は内政にも優れていた

■秀吉との出会いが人生を変える

加藤清正といえば、「朝鮮出兵」において朝鮮や明の軍から恐れられた猛将としての顔と、荒れ果て貧しかった肥後を、積極的な灌漑工事と新田開発によって豊かにした名君として顔がある。ともに優れた業績を残しているところが、清正の非凡さを示している。

幼いころから秀吉に目をかけられた子飼い武将だが、秀吉に会うまでは厳しい人生を歩んでいた。清正が3歳のころに父が亡くなり、母とふたりきりになった。戦国の世で彼らがどれだけ苦労したかは想像に難くない。清正が13才になったとき、清正の母は、秀吉の母と遠縁であることを頼りに、当時近江の長浜城主であった豊臣秀吉を訪ねる。尾張から長浜までは、かなりの距離があり、険しい峠も越えなければならない。幸いにして、秀吉は清正親子を喜んで迎えてくれた。清正も秀吉の好意に強く恩義を感じ、生涯を通じて豊臣家に忠義を貫いていくことを誓う。

「山崎の戦い」では秀吉から感状を受けるほどの働きをみせ、「賤ヶ岳の戦い」では敵将・山路正国を討ち取り、「賤ヶ岳七本槍」のひとりとして、誰もが認める重臣となった。

■最後まで豊臣家に忠誠を尽くす

佐々成政が肥後の統治に失敗し、改易、切腹となると、清正と小西行長があとを任された。当時の肥後は、国人が割拠し、荒廃した難治の国であった。

清正は洪水を頻繁に起こしていた川に堤防を築き、痩せた土地を肥沃なものに変えていく。清正の堤防は、石刎と呼ばれる突起をつくって水流を中央に押し出したり、石組を二重につくって激流に備えるなどの工夫がしてあった。現代の堤防が決壊しても、清正の時代の堤防が守ったという例もあるほど、しっかりとしたものである。これらの工事は、きちんと給金を支払ったので、領民たちは進んで工事に参加した。清正は、幼い日の苦労から領民のための国づくりを目指したのだ。

秀吉の朝鮮出兵が始まると、清正と行長は先鋒を任せられる。漢城を落とし、さらには朝鮮のふたりの王子を捕らえた。１９０センチを超える長身の清正が、大きな愛馬・帝釈栗毛にまたがり、片鎌の長槍を振るいながら戦場を駆ける姿は、大陸の人々を恐れさせるに十分で、清正が虎を退治したという伝説が生まれるぐらいのインパクトを与えた。

清正の目覚ましい活躍はあったが、膠着状態が続くと講和の雰囲気が高まり、行長は石田三成とはかって、捕虜を引き渡してしまう。さらに三成の讒言により、清正は秀吉から謹慎・蟄居を命じられる。清正はこの行為をよほど許しがたかったのか、三成の暗殺を計画している。やがて、徳川家康と縁戚を結び、関ヶ原では東軍に味方した。だが、豊臣家への忠誠を失ったわけではない。清正は家康と豊臣秀頼の会見を実現させている。徳川家と豊臣家の共存を夢見ながら、50歳で死去した。

加藤清正と深い関わりを持つ武将たち

豊臣秀吉 P.40

この天下人に清正は生涯忠誠を尽くした。謹慎中に大地震が起こったときは、処分を恐れず、秀吉の救出に駆けつける。感激した秀吉は清正の謹慎を解いた。

石田三成 P.46

「文禄の役」で講和の進め方について対立する。もともとふたりは犬猿の仲で、関ヶ原で西軍の三成に清正が加勢するはずもなく、敵として対峙している。

戦国武将らしい剛直さが仇となった武闘派大名

福島正則

ふくしま まさのり

■1561年生〜1624年没

豊臣秀吉の天下統一を支えた猛将。秀吉死後は、徳川家康を主君とするも、あまりに一本気な気質は幕府に警戒されて、改易されるという悲劇に見舞われた。

PROFILE

1578年	三木城攻めで初陣を飾る
1583年	「賤ヶ岳の戦い」で一番槍の武功
1587年	「九州征伐」の恩賞で11万石の大名となる
1590年	「小田原征伐」で、韮山城を落とす
1592年	「朝鮮出兵」に参加
1600年	「関ヶ原の戦い」で奮戦
1619年	徳川幕府から改易される

illustration：米谷尚展

PARAMETER

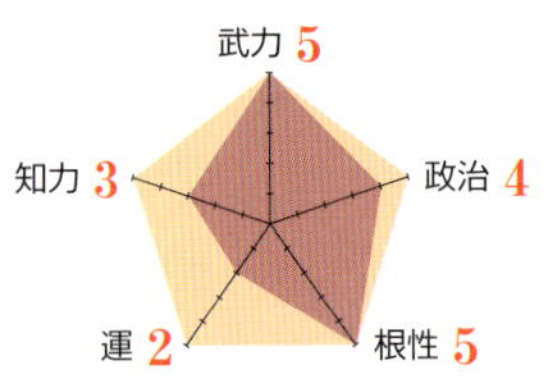

「賤ヶ岳の戦い」で一番槍の功をあげ、多くの戦いで先陣を務める。

関ヶ原直後に西軍の大名の助命嘆願など、物怖じしない気骨の持ち主。

NATIVE PLACE

出身地［尾張（おわり）］

武勇の誉れも、平和な時代では危険視されて改易となる

■武勇だけでない大名としての力量

豊臣家中でも福島正則は1、2を争う武勇の誉れ高い武将である。正則は豊臣秀吉と縁戚だったため、幼少のころから秀吉に仕えた。17歳の三木城攻めの初陣で見事に首級をあげ、正則は早くから武勇の片鱗を示している。

これ以降も正則は秀吉につき従って多くの戦いに参加し、功績をあげた。その中でももっとも有名なのは「賤ヶ岳の戦い」だろう。この戦いで正則は一番槍の誉れだけでなく、敵将を討ち取るという類まれな武功を見せた。最終的に秀吉が死去するときには、24万石を有する大名にまで出世している。

もっぱら武張った印象ばかりが先立つ正則だが、領国経営や家臣団の統率にも優れていた。「関ヶ原の戦い」以後、広島49万石に加増・転封となったが、検地や特産品の奨励、治水、干拓などで大幅に石高を増加させている。

さらに、正則は義に厚い性格で、家臣たちに慕われていただけでなく、武家社会においても大きな信頼を得ていた。鷹揚な正則には、相手に理があることに気づけば、自分の非を認めるすなおさがあったのも大きいだろう。

正則が改易された際には、留守を守る家臣たちは城に立て籠り、正則の書状によりようやく幕府に城を明け渡すという一幕もあった。この忠義心のため、正則の旧臣たちへは仕官の誘いが引く手数多だったと伝えられている。この一糸乱れぬ家臣の統率は、並みの武将には真似のできるものではない。

■関ヶ原以後の暗転

秀吉の死後、正則、加藤清正らと石田三成ら豊臣家の官僚団とのあいだに軋轢が生じる。またそのころ徳川家康は、急速に自分を排除しようと画策を始めた三成へ対抗するため、不満を抱える大名たちへ接近。そして三成と対立していた正則は、我れ先にと家康への協力を宣言したのである。

豊臣政権内部の主導権争いは徐々に激しさを増し、関ヶ原の戦いにいたる。東軍に従軍した正則は宇喜多秀家勢の精鋭相手に奮戦し、勝利に大きく貢献。毛利輝元の大坂城退去の交渉にもあたり、戦後処理にも活躍した。

しかし、すでに福島家の破綻は始まっていた。関ヶ原直後、正則の家臣が家康の直臣の伊奈図書の手の者に主命を妨害され、面目を失った家臣団は自身の切腹と仇討ちを願い出たのだ。これを許した正則は、家康に伊奈図書の首を討たせ、遺恨を残したのだった。ただでさえ正則は豊臣恩顧の大名で、警戒される存在である。実際、「大坂の陣」では江戸屋敷に軟禁状態にされた。正則自身も豊臣家に対する思慕があり、大坂方へ兵糧の融通もしていた。

そして徳川幕府が開かれて、最初の改易第一号は正則だった。広島城の無断修理を咎められたのだ。戦国武将らしい剛直さを失わなかったのは正則らしいが、徹底的な恭順の姿勢を見せない正則は、自ら招いた災いで寂しい晩年を送ることとなったのだった。

福島正則と深い関わりを持つ武将たち

石田三成 P.46

正則が加藤清正らとともに、三成を襲撃するほどふたりの仲は悪かった。ちなみに正則は、関ヶ原で石田軍との対陣を願い出ている。

加藤清正 P.50

正則の同輩で、家康と秀頼が二条城で会見した際は、正則を大坂城留守居役に置いた。豊臣滅亡を見ることなく死去したのはある意味幸運だったかもしれない。

illustration：米谷尚展

豊臣政権の礎に秀長あり

豊臣秀長

とよとみひでなが　■1540年生～1591年没

兄の秀吉を支えた豊臣家屈指の名補佐役。彼がいなければ、秀吉の天下統一は実現しなかったという声も多い。

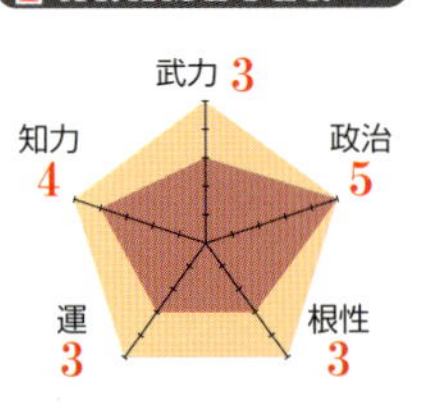

NATIVE PLACE

出身地［尾張（おわり）］

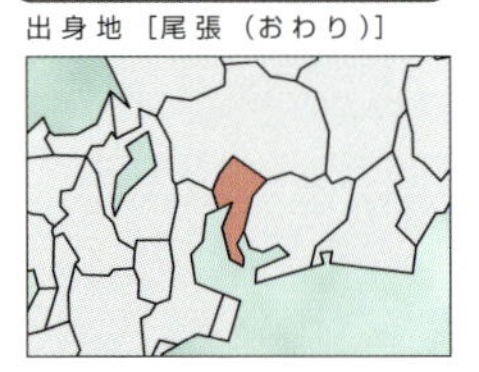

秀吉の天下統一を陰でしっかり支え続ける

■諸大名も瞠目する涼やかな人格

豊臣秀吉政権を盤石にした功労者をあげるとすれば、豊臣秀長が最右翼となるだろう。もともとは農民生活を送っていた秀長だが、20歳を超えてから、織田信長家臣であった異父兄・秀吉に誘われて仕えるようになった。以後、秀吉の片腕としてつき従い、軍政両面で秀吉の天下統一に絶大な貢献を果たすことになる。

信長の越前討伐時に浅井家から挟撃を受けた際には、殿軍を担った秀吉とともに尽力。秀吉が長浜城主となったころには城代を務めるようにもなった。その後は、但馬平定戦、四国侵攻、九州侵攻などの指揮官として手腕を発揮。秀吉が信頼の代名詞として秀長の名を用いるほどに成長したのだった。

ただし、秀長は温厚かつ謙虚な人格者であり、決して前に出ようとはしなかった。あくまで、秀吉を陰から支える補佐役に徹していた。この時代、多大な功績を残した武将は気が強くなったり、武勇伝を吹聴するのが常であったが、秀長に限っては一切そのような素振りがない。ただひたすら秀吉の分身として、誠実に任務をこなしていたのである。

悪くいってしまえば影の薄い人物だが、それでも秀長は人格、能力ともに高い評価を受け続けた。曲者ぞろいの豊臣家において折衝や内政を滞りなく遂行することは、秀長でなければ困難を極めたに違いない。また、無益な争いを好まず、類いまれな人徳をもって長宗我部元親を説得で降伏させたり、神社仏閣勢力を平和裏におさめることにも成功した。

秀長の死が豊臣家に与えた影響ははかり知れず、豊臣政権はわずか10年で崩壊してしまう。もし秀長が存命だったならば、徳川でなく豊臣が天下を握り続けたかもしれない。

秀吉の謀臣として活躍した土豪出身の武将

蜂須賀小六

はちすか ころく ■1526年生～1586年没

尾張の豪族出身の蜂須賀小六は、秀吉の謀臣として、敵将を篭絡して寝返らせたり、講和の折衝などに活躍した。

illustration：佐藤仁彦

秀吉の天下取り伝説の実行者

■土豪の出から、阿波一国を与えられる

蜂須賀小六正勝は、尾張蜂須賀村の土豪の子として生まれた。土豪や木曽川周辺で働く川並衆を率いて蜂須賀党と称する。

始めは斎藤道三に仕えたが、のちに岩倉城主・織田信賢に従い、転じて犬山城主・織田信清に属した。１５６０年ごろ織田信長に仕え、今川義元を討ち取った「桶狭間の戦い」で早くも戦功をあげた。

美濃攻めでは、信長に墨俣に築城を命じられた豊臣秀吉が、小六に助けを求めたと伝えられる。小六が川を使って築城に必要な資材を夜のうちに墨俣へ運び一夜にして城を完成させたというものだ。小六が秀吉に仕えるようになったのはこのころで、以後ともに戦場を駆け巡る。秀吉の手柄話となった１５７０年の「金ヶ崎の退き口」において殿軍を率いたのは実は小六だったことも知られる。１５７３年秀吉から近江長浜で所領を与えられたのち、播磨竜野城主となる。

しかし小六は戦場よりも敵将を籠絡して寝返らせたり、講和の折衝や城地の受け取りなどが得意だった。そして秀吉の謀臣として「山崎の戦い」「賤ヶ岳の戦い」「小牧・長久手の戦い」や四国征伐に従軍し、毛利氏との講和条件による領地境界決定で活躍した。つまり秀吉が得意とした分野そのまま小六の得意分野ということで、まさに小六なくしては秀吉の天下統一はなかったであろう。

四国制圧後１５８３年には秀吉より阿波一国を与えられるが自分は領主の柄ではないとして固辞し、蜂須賀家嫡子の家政に譲った。秀吉は代わりに養生分として摂津に５千石を与えた。

１５８５年に従四位下修理大夫に叙任、翌年大坂で没した。

追放されるも帰参を許された

仙石秀久

せんごく ひでひさ ■1552年生～1614年没

出世の最大のチャンスだった九州征伐に失敗し改易されるも、「小田原攻め」にて不屈の根性で再起を果たした。

illustration：米谷尚展

PARAMETER

武力 4
政治 3
根性 5
運 3
知力 3

NATIVE PLACE

出身地［美濃（みの）］

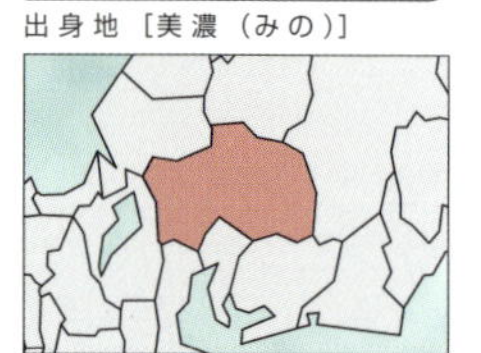

秀吉最古参の家来で、波乱万丈の生涯を送る

■秀吉から四国を任される

戦国武将の中でもひときわ浮き沈みが激しかったのは、仙石秀久であろう。

秀久は、豊臣秀吉古参の家来である。勇ましい顔つきで、秀吉の家臣団にあって一目置かれる存在であった。中国征伐をはじめ、十文字槍を振るって次々と戦功をあげ、「賤ヶ岳の戦い」に勝利した秀吉は、これまでの秀久の功績を認めて、姫路に5万石を与えた。四国の諸大名の監視と、九州の島津氏に対する備えという重要な役割を任されたのである。

そんな中、島津家久は九州を平定すべく、大友義統の豊後攻略に乗り出した。そこで秀久に白羽の矢が立つ。

秀吉は長宗我部元親、信親の親子、十河存保らを援軍として派遣。秀久は軍監として彼らの統括にあたることになった。九州攻めの初戦となる大事な戦を任されたわけだが、援軍は寄せ集めであり、戦意は決して高くなかった。

秀久は元親、存保らが反対する中、独断で兵を進める。だが、家久の伏兵によって壊滅し、信親、存保らは戦死。豊後は家久の手に落ちたあげく、秀久は真っ先に逃走するという大失態をみせる。見事に失敗した秀久は改易追放処分を受けるが、このままでは終わる秀久ではなかった。

徳川家康の口添えにより、「小田原攻め」で陣借りという形で参戦を認められる。秀久は、白い陣羽織に鈴を一面に縫いつけ、紺に白く「無」と書かれた馬印を掲げて戦った。自分にはなにも残っていない、手柄をあげるしかないという不退転の覚悟の表れである。自ら先陣となり、手柄をあげて帰参を許された。一風変わったサクセスストーリーを歩んだ武将である。

後藤又兵衛

ごとう またべえ　■1560年生～1615年没

かつての主君、黒田長政に仕官を邪魔されて流浪の末、「大坂の陣」で死に場所を見つけた又兵衛は壮絶な最期を遂げる。

illustration：
三好載克

PARAMETER

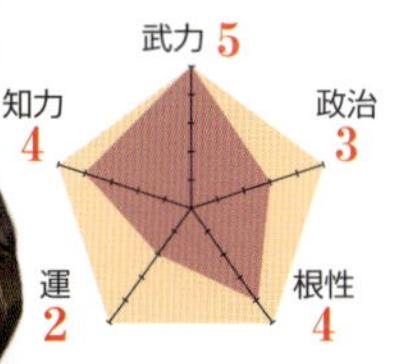

NATIVE PLACE

出身地［播磨（はりま）］

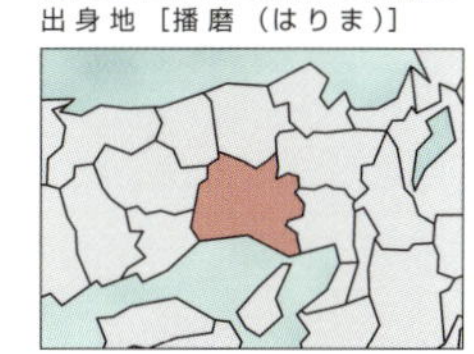

牢人時代に受けた豊臣の恩を返すために戦う

■戦国最後の戦いで壮絶な最後を遂げる

徳川幕府による天下統一の最後の戦い「大坂の陣」。大坂城に拠って頑強に抵抗する豊臣勢の中にひときわ輝く采配をみせる武将がいた。それが後藤又兵衛である。

又兵衛は幼くして父をなくし、父の友であった黒田官兵衛によって養育された。そして黒田家に仕え、数々の戦で手柄を立てている。「関ヶ原の戦い」でも功績をあげた又兵衛は、大隈城１万６千石を有する重臣となる。しかし、官兵衛のあとを継いだ黒田長政との折り合いが悪く、さまざまな軋轢の末、ついに出奔。このとき、主家に迷惑がかからない迅速な退去を見せたのは、又兵衛の人格であろう。

しかし、功名を広く知られていた又兵衛の再仕官は、ことごとく長政によって妨害される。それでもいくつかの大名家は又兵衛に扶持米を援助していた。そのひとつが斜陽の豊臣家である。

徳川家との戦雲が高まり、豊臣家が浪人衆を集めると、又兵衛は豊臣家に身を投じる。高齢の身ながら見事な戦場働きを見せて、潔く散ろうとの気概だったのか……。

大坂城に入った又兵衛は、長い戦場働きの経験で、寄せ集めの浪人衆の手勢を見事に鍛えあげた。さらに人品も優れた又兵衛は、経験の浅い武将をサポートし、手柄のお膳立てをする度量の広さも持ち合わせていた。

そして豊臣家の滅亡となる「大坂夏の陣」を迎える。もはや家康の狡猾な策略により、大坂城に籠城はできなかった。

大軍に対して野戦を強いられた又兵衛は、訓練不足で行軍速度の遅い味方から突出する形になり、圧倒的劣勢のなか壮絶な討ち死にを遂げる。浪人として朽ちるより、戦場での華々しい死を選んだ将の散り様であった。

商家出身の異色の名将

小西行長

こにし ゆきなが　■生年不詳～1600年没

PARAMETER

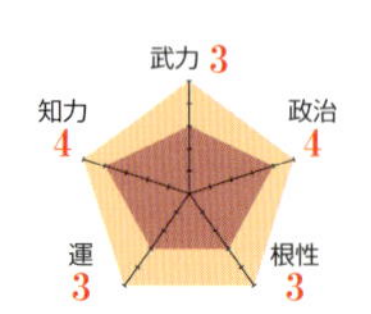

NATIVE PLACE

出身地［和泉（いずみ）］

illustration：米谷尚展

武勇・才知ありのキリシタン武将

キリシタン大名として知られる小西行長は、出身は商人。青年期は宇喜多直家のもとで外交に勤しんでいたが、直家が織田信長に降伏してからは豊臣秀吉の家臣へと転身した。

水軍の将として頭角を表し、九州征伐や肥後国人一揆の討伐で功をあげ、肥後の南半国20万石を獲得。「朝鮮出兵」では加藤清正とともに先陣を担い、見事に清正を出し抜いて数々の武功を収めるが、本心では平和な外交を望む行長は、秀吉亡きあと石田三成とともに和平交渉に尽力する。この行動は清正ら武断派との軋轢を深めた。

「関ヶ原の戦い」では一も二もなく三成に呼応し、西軍の主力として奮闘。しかし因縁の清正に城を落とされるなど善戦むなしく敗北を喫し、三成とともに斬首の最期を迎えた。

謀才と武勇を併せもつ名将

黒田長政

くろだ ながまさ　■1568年生～1623年没

PARAMETER

NATIVE PLACE

出身地［播磨（はりま）］

illustration：三好載克

「関ヶ原の戦い」最大の功労者

黒田官兵衛の長男で、幼名は松寿丸。このころは織田家の人質であった。荒木村重が織田信長に謀反した際に、官兵衛が村重の説得に失敗して捕らえられると、官兵衛の寝返りを疑った信長に殺されかけた。しかし、竹中半兵衛の機転のおかげで、命を救われている。

成長後は豊臣秀吉に仕え、多くの戦いに参戦。朝鮮出兵では先鋒として活躍したが、石田三成と対立し、秀吉の死後は徳川家康に近づいた。「関ヶ原の戦い」では西軍諸将の内応工作を担当し、戦場でも島左近を討ち取るなど奮闘。東軍一の功労者として筑前52万石を与えられた。また戦後、諸将は捕らえられた三成を侮辱した。しかし長政は馬から降り、羽織を脱いで三成に着せたという逸話が伝わっている。

誕生が遅すぎた悲劇の後継者

豊臣秀頼

とよとみ ひでより　■1593年生～1615年没

PARAMETER

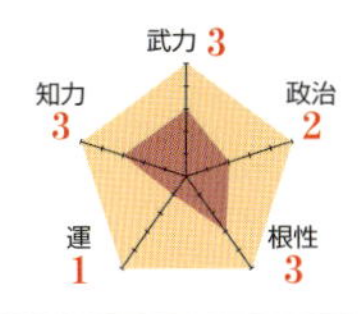

NATIVE PLACE

出身地［摂津（せっつ）］

illustration：誉

豊臣家の崩壊を招いた二代目

豊臣秀頼が生まれた5年後に、豊臣秀吉が亡くなる。幼い秀頼には徳川家康の台頭も、家臣団の対立も止めることはできなかった。征夷大将軍となった家康は、形だけであっても主である豊臣家の存続を容認できなくなり、やがて強引に戦端を開き、秀頼は炎上する大坂城で自害に追い込まれる。

秀頼は弱々しいお坊ちゃまというイメージが強いが、書物では身長は197cm、体重は161kgと伝えられ、堂々とした体躯である。家康が秀頼を見て怖れ、討伐を決意したという伝承も残る。書物において秀頼は、民を憐れみ、聖賢の気風を持ち合わせていたと書かれている。また加藤清正など多くの武将が秀頼のために尽力したのは、秀頼自身が父から受け継いだカリスマを持ち合わせていたからかもしれない。

冷静かつ合理的思想の持ち主

加藤嘉明

かとう よしあき　■1563年生～1631年没

PARAMETER

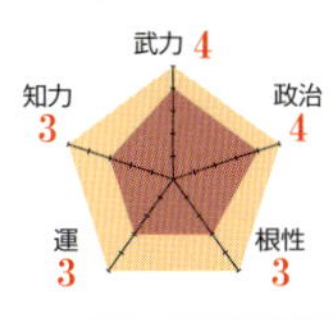

NATIVE PLACE

出身地［三河（みかわ）］

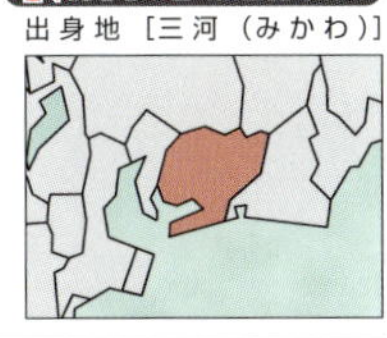

illustration：米谷尚展

海戦を得意とした「七本槍」のひとり

徳川家康の家臣だった父の加藤教明が一向一揆に参加したため一家で国を追われ、流浪の末に豊臣秀吉に仕えた。最初は秀吉の養子・秀勝（織田信長の実子）の小姓を務めたが、出世を焦ったのか秀勝の許可をもらわずに勝手に出陣し、職を失いそうになる。しかし、秀吉はその意欲を気に入り、自分の配下に取り立てた。

その後、正式に初陣を飾った嘉明は、秀吉配下の有力武将として名をあげ、「賤ヶ岳の戦い」では「賤ヶ岳の七本槍」に数えられる。秀吉の死後は家康に仕えて伊予国の領主となり、のちに会津43万石の大名になった。

家臣が10枚ひと組の皿を割ったとき、それを咎めず、残り9枚もすべて割ってしまったとの逸話が伝わっている。

信仰に殉じたキリシタン大名

高山右近

たかやま うこん ■1552年生～1615年没

PARAMETER

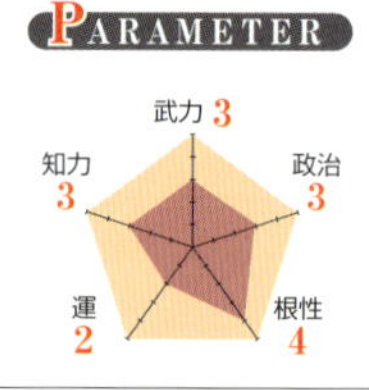

NATIVE PLACE

出身地［摂津（せっつ）］

illustration：米谷尚展

大名の地位を捨てた男

キリシタン大名として、また「利休七哲」の高名な茶人のひとりとして有名な高山右近。松永久秀、和田惟正、荒木村重、織田信長、豊臣秀吉と主君を次々と替え、豊臣政権下で安定した人生を送る。だが、突如として「バテレン（キリスト教の宣教師）追放令」が敷かれ、右近は難しい立場に立たされる。熱心なキリスト教徒であった右近は信仰を捨てることができず、小豆島に隠れ住んで信仰を守った。その後、幸いなことに前田利家の庇護を受け、加賀で平穏な余生を送るはずであった。だが1614年、今度は徳川幕府による「キリスト教禁止令」が発令され、ついに右近は海外への退去を強いられることになる。その後は、渡航先のフィリピンのマニラで没したと伝えられている。

裏方で活躍した秀吉の親族

浅野長政

あさの ながまさ ■1547年生～1611年没

PARAMETER

武力 3
政治 5
根性 3
運 4
知力 4

NATIVE PLACE

出身地［尾張（おわり）］

illustration：米谷尚展

秀吉、家康から信頼された武将

豊臣政権下の五奉行のひとりで、筆頭を任されたのが浅野長政だ。豊臣秀吉の妻・高台院と、長政の妻・ややは姉妹であり、秀吉とは血縁関係にある。長政は軍監役として家臣団を監督したり、秀吉不在の時の城を守るなど、後方支援で秀吉を支えた。卓越した内政能力から、京都奉行をはじめ畿内の秀吉の直轄地の代官を任されたこともある。

性格は温厚であったが、同じく五奉行の石田三成とは普段からそりがあわず、秀吉の死後、長政は東軍につき、三成を追い落とす。徳川家康も長政に信頼をよせ、たびたび囲碁や茶をしながら相談した。長政は囲碁の名手で知られ、家康は長政と囲碁を打つのを楽しんでいた。隠居後も家康の信頼は変わらず、生涯現役であった。

一流の文化人にして戦場の猛将

細川忠興

ほそかわ ただおき ■1563年生〜1646年没

PARAMETER

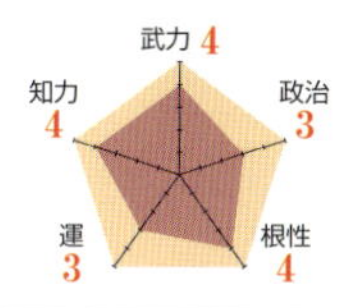

NATIVE PLACE

出身地［山城（やましろ）］

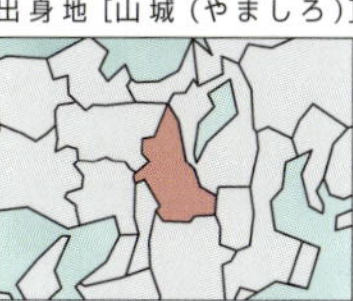

illustration：米谷尚展

細川家を繁栄させた名君

細川藤孝の長男で、織田信忠の配下としておもに畿内の戦いに参戦。元服したときに信忠から1字をもらい、忠興と名乗る。戦上手で勝つためなら苛烈な手段も採用し、敵を騙し討ちにするなど容赦のない性格だった。

妻は明智光秀の娘・玉子（洗礼名ガラシャ）で、「本能寺の変」が起きると光秀に協力を求められたが、拒否して中立を保つ。以後は豊臣秀吉に仕えるも石田三成と対立し、「関ヶ原の戦い」では東軍についた。このとき、大坂城にいた妻の玉子が西軍の襲撃を受けて亡くなったが、徳川家への忠節は変わらなかったという。

幅広い芸道に精通する教養人でもあり、茶は千利休に学び、「利休七哲」のひとりに数えられている。

天下の決戦の最重要キーマン

小早川秀秋

こばやかわ ひであき ■1582年生〜1602年没

PARAMETER

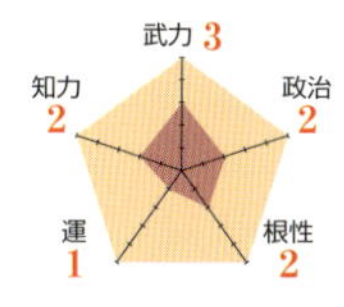

NATIVE PLACE

出身地［播磨（はりま）］

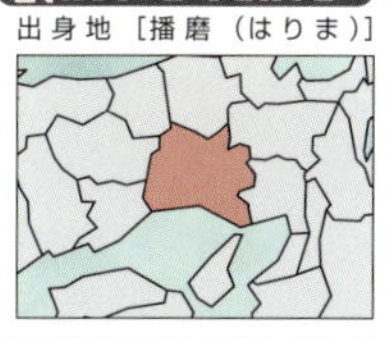

illustration：中山けーしょー

御家問題に翻弄された青年武将

小早川秀秋は豊臣秀吉の正室であった高台院の兄・木下家定の五男で、秀吉の養子となり羽柴秀俊と名乗る。しかし1593年に豊臣秀頼が生まれると、秀秋は小早川隆景の養子に出されてしまった。やがて筑前・筑後を領すのと前後して、秀秋は「朝鮮出兵」へと参陣。多くの戦功をあげたが、命に背いた軽挙な行動があったとして秀吉の怒りを買い、越前へ移封されてしまう。秀吉の死後、徳川家康の口添えもあって再び筑前・筑後の領国を与えられる。秀秋はこの一件から家康に接近し始めた。そして「関ヶ原の戦い」では、当初西軍につきながらも、合戦中に寝返り、東軍の勝利の大きな要因となる。戦後岡山城主となり備前・美作を領すが、そのわずか2年後21歳で死し、小早川家は断絶となった。

徳川家
TOKUGAWA

乱世を生き延び太平の世を支配した将軍家

一度は没落しかかりながらも、松平家から徳川家となり天下に号令する家となった徳川家。乱世をくぐり抜けて頂点へ立つまでに、どのような苦難を乗り越えたのか。

〈家紋：三つ葉葵〉

もとは京都賀茂神社の紋で、本多氏なども使用していた。

徳川家の成り立ちとその系譜

■松平家の祖と徳川家康の誕生

徳川幕府を開いた徳川家。始祖である松平親氏は、もともと徳阿弥と名乗り全国を旅する遊行僧で、三河（現在の愛知県東部）の長者だった松平信重に認められて入婿となり、親氏と名乗るようになったという。

三代・信光のとき、「十四松平」といわれる分家を起こし、勢力を拡大していった松平家は、近隣の国人衆からの攻撃や今川氏の侵攻とたびたび戦火に見舞われた。

しかし、これらをすべて跳ねのけ、七代・清康のころには、三河東部へ勢力を拡大。松平家は隣国・尾張（現在の愛知県西部）の織田氏と争うほどに成長していた。

ところが、清康が家臣に刺殺される事件が起き、内訌が生じて松平家の力は大きく低下。織田氏に対抗できなくなった八代・広忠は、竹千代（のちの家康）を人質に出して今川氏の援助を受けざるを得なくなる。さらに、広忠が織田氏の刺客に暗殺され、当主不在となった松平家は今川家の家臣とされてしまった。

今川氏のもとで元服した竹千代は元信と名乗り、のちに「桶狭間の戦い」で当主の義元が討たれたことを機に独立。一転して織田信長と「清洲同盟」を結んで名を家康と改め、東部の今川勢力を駆逐して三河を統一した。

三河を統一した家康は、三河守護職になりたいと考えたが、松平姓のままでは家格の関係で守護職になれない。そこで、本姓を藤原と称して松平から徳川へ姓を改め、ここに徳川家が誕生したのである。

【徳川家略系図】

松平親氏——泰親——信光——長親——信忠——清康——広忠——❶徳川家康——❷秀忠——❸家光-----

戦国時代における徳川家の興亡

■豊臣秀吉の死後、天下人となる。

1561年ごろの徳川勢力

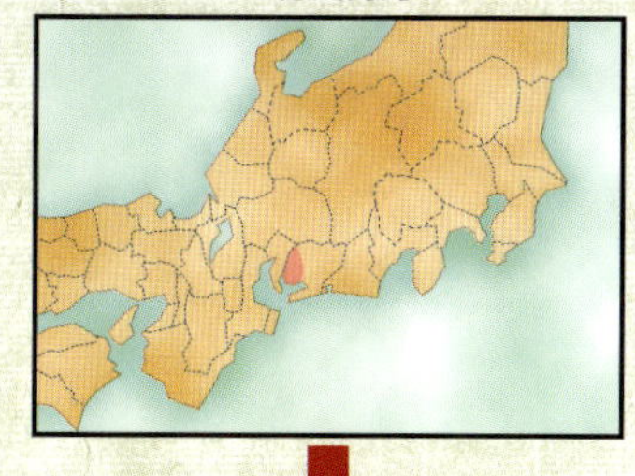

1585年ごろの徳川勢力

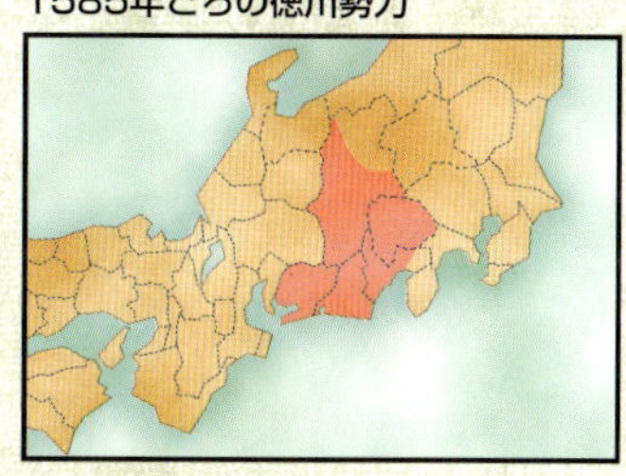

今川氏からの独立を果たし織田氏と結んだ徳川家は、織田氏の盟友として浅井・朝倉連合軍との戦いや武田氏との決戦などで活躍。領国を着実に広げていった。

しかし、信長が「本能寺の変」で横死すると状況は一変。信長の家臣だった羽柴秀吉（のちの豊臣秀吉）が、信長を倒した明智光秀をいち早く破って発言力を強め、後継者争いをも制した。

西国をすでに制覇した秀吉には家康も抗しがたく、臣従の道を選んで「小田原攻め」に全面協力。のちに、北条氏の領国であった関東へと移る。家康は、秀吉のいち臣下に徹することで信頼を得ていき、名実ともに秀吉に次ぐ実力者としての地位を確立した。

秀吉が亡くなったのち、武将たちの軋轢から「関ヶ原の戦い」が勃発。勝利して反徳川勢力をほぼ一掃することに成功した家康は、将軍となって徳川幕府を開く。そして、のちの「大坂の陣」で秀吉の遺児・秀頼を滅ぼし、２５０年にも及ぶ徳川政権時代がはじまるのである。

徳川家の対立勢力

織田家 P.12

徳川家を存亡の危機に追い詰めた信秀は一番の強敵だったといえる。

豊臣家 P.38

信長の死後に主導権を争うが、秀吉の政治力で家康を臣従させた。

武田家 P.114

武田信玄は、家康を敗退させた数少ない武将のひとりであった。

徳川家の居城　江戸城

徳川将軍の居城として知られる江戸城は、もともと扇谷上杉氏の家臣だった、太田道灌によって築かれた。小田原征伐が終わったのちに家康が入城したのは、築城から約１００年後で、当時は砦程度の規模だったという。

その後、征夷大将軍になった家康が本格的な改築をはじめ、秀忠・家光と三代に渡って天下普請による改築が続けられた結果、将軍の居城にふさわしい壮大な城へと生まれ変わった。

明治維新のときに皇室が京都御所から移り、現在まで皇居として機能している。また、桜田門、田安門、清水門などが、国の重要文化財として現存。いくつかの櫓や番所なども復元されているほか、中心部は皇居東御苑として開放されている。

EDO CASTLE

DATA

所在地：東京都千代田区
別名：千代田城
文化区分：国指定特別史跡
築城者：太田道灌
築城年：1457年
構造：輪郭式平城

戦国時代を終わらせた真の勝利者

徳川家康

とくがわいえやす

■1543年生～1616年没

信長、そして秀吉の時代を生き抜き、長き雌伏の時を経て晩年に目覚めた眠れる獅子。天下分け目の戦にて勝利を掴み、戦国の世に終演をもたらす。

PROFILE

1549年	人質として今川家へ入る
1560年	桶狭間にて今川義元死去。家康三河にて独立
1570年	織田軍とともに浅井、朝倉連合軍と姉川にて対峙（姉川の戦い）
1584年	織田信雄と手を結び、豊臣秀吉と戦う。（小牧・長久手の戦い）
1598年	豊臣秀吉死去
1600年	日本全土を巻きこんだ東西に別れた大戦に勝利。大名の頂点に君臨する（関ヶ原の戦い）
1603年	江戸幕府を開く
1614年	豊臣家に恩義ある武将が決起（大坂冬の陣）
1615年	豊臣家に恩義ある武将が再決起し、これを鎮圧。豊臣秀頼は切腹（大坂夏の陣）

illustration：藤川純一

PARAMETER

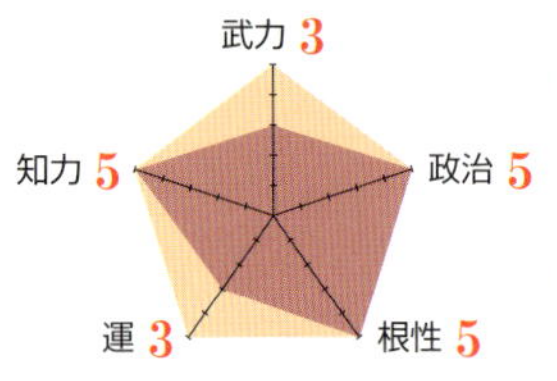

信長、秀吉と時の権力者に近寄ることができた政治力は特筆するものがある。

辛抱に辛抱を重ねてついに天下を取った。その気力は誰よりも勝るであろう。

NATIVE PLACE

出身地［三河（みかわ）］

「人間長生きはするものである」と思わせるだけの老齢に入ってからの華麗なる大逆転劇

■50年に及ぶ不遇の時代

「関ヶ原の戦い」、そしてのちに続く「大坂の陣」で勝利を収め、１００年以上もの長きに渡る戦国時代に終止符を打った徳川家康。だが、家康が本格的に天下取りに乗り出したのは50歳を過ぎてからのことで、それまでは不遇の時代を送っていたのである。

家康は幼少期を今川家の人質となって過ごしており、今川義元が織田信長に討たれたことによりようやく三河で独立を果たす。その後信長と同盟を結ぶのだが、「金ヶ崎の戦い」での撤退戦の殿軍や「姉川の戦い」では列強の朝倉勢にぶつけらるなど損な役回りばかりを押しつけられ、それはまるで属国のような扱いともいえた。しかも武田家との内通まで疑われてしまい、結果、長男の徳川信康を切腹に追いやられるという仕打ちまで受けてしまう。家臣からは信長との盟約を破棄するよう進言する者もいたが、時の勢いは信長にありと、家康はじっと我慢を続けていく。

■信長の死に家康立つ！

「本能寺の変」で信長が死ぬと、これを好機と見た家康はすぐに動き出す。豊臣秀吉と柴田勝家が信長の後継者の座を争う一方で、旧武田領を吸収して勢力を拡大。信長の次男・織田信雄と手を結び、織田家を簒奪した不届き者として、勝家との戦いに勝利した秀吉と刃を交える。この戦いであと一歩のところまで秀吉を追い込んだが、信雄が家康に無断で秀吉と和睦してしまう。こうして戦の大義名分を失ってしまった家康は、撤退を余儀なくされ、次の機会を待つこととなる。

秀吉の死。周囲に敵はなし！

家康が真に目覚めるときがついに訪れた。そのきっかけとなったのは秀吉の死である。ふと周りを見渡すと、戦国の厳しい世を駆け抜けた猛者たちは皆死んでおり、残ったのは御し易き者たちばかり。また二度に渡る「朝鮮出兵」で、実際に現地で戦った武断派の大名と政治的面を支える文治派の大名たちの関係がこじれ始めていたのも家康にとっては都合が良かった。武断派のトップであった家康は、禁止されていた大名たちとの縁戚関係を次々に結んでいき、権威を徐々に強めていく。

石田三成をトップとする文治派の面々がこれを見過ごすわけもなく、豊臣に仇為すものとしてこれを弾劾。こうして両者は「関ヶ原の戦い」で雌雄を決することとなる。家康率いる東軍は数の面では劣っていたが、事前の調略により、西軍から裏切り者を出すことに成功。内側からの切り崩しで、わずか半日でこの戦いに勝利を収めた。

こうして邪魔者をすべて排除した家康は征夷大将軍の座に就き江戸幕府を設立。「大坂の陣」で豊臣家を滅亡させ、完全に争いの芽を摘んだ。耐えに耐え続けた男が、晩年に見せた驚異の巻き返しで、見事頂点にのぼり詰めたのである。

徳川家康と深い関わりを持つ武将たち

石田三成（いしだみつなり） P.46

「関ヶ原の戦い」の首謀者のひとり。豊臣家に対する忠義の深さから家康と反目するが、老獪な家康には及ばず敗北。捕縛され打ち首となってしまう。

本多忠勝（ほんだただかつ） P.68

家康に仕えた猛将で、過ぎたる者といわれたほどの武威の持ち主であった。家康が参戦した主な戦にはつねに帯同し、見事な戦果をあげた。

「徳川四天王」筆頭と呼ばれた譜代最古参

酒井忠次

さかい ただつぐ
■1527年生〜1596年没

徳川家康を幼いころから支え続けた酒井忠次は「徳川四天王」に数えられ、そのなかでも筆頭格とされており、譜代のなかでも最古参の武将であった。

PROFILE

1527年	松平（徳川）家譜代の家臣酒井忠親の子として三河に生まれる
1549年	徳川家康とともに駿府へ
1563年	三河一向一揆を鎮圧
1570年	「姉川の戦い」で先鋒を務める
1572年	「三方ヶ原の戦い」に敗れる
1575年	「長篠の戦い」で戦功
1596年	京都で病死

illustration：よじろー

PARAMETER

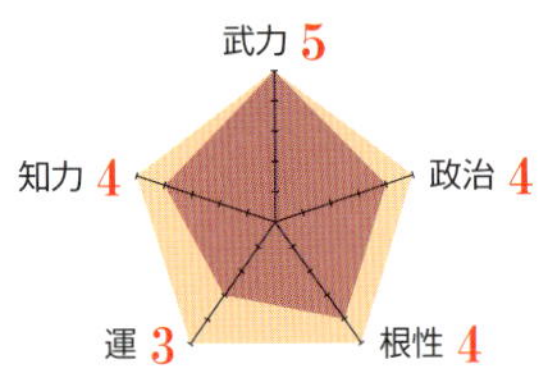

徳川家康を苦しめ続けた武田方を打ち破った「鳶ノ巣砦の戦い」は見事。

あえて憎まれ役も引き受け、家康の不信を買ってまでも己の意思を貫いた。

NATIVE PLACE

出身地［三河（みかわ）］

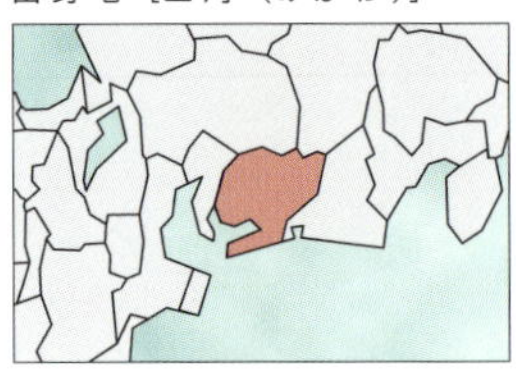

徳川家のために あえて憎まれ役を買ってでた老将

■家康の人質時代から仕えた譜代の武将

「徳川四天王」の筆頭として知られる酒井忠次は、石川数正らと並んで三河統一時代から徳川氏の宿将として仕えた武将である。徳川家康より15歳も年上の忠次は、家康の父・徳川広忠の代に仕官した。

今川義元が織田信長に討ち取られ、家康が独立すると、数正とともに家康の左右にあって補佐し、三河の一向一揆にて奮闘。家康が三河一国を統一したときに吉田城主となり、東三河の諸士の旗頭となる。これらの戦いを通じて家康と家臣たちは血縁以上の揺るぎない関係で結ばれ、忠次ら「三河以来の家臣」は徳川一門の団結を象徴する存在となった。

■数々の戦いで家康を補佐する

その後忠次は「姉川の戦い」「三方ヶ原の戦い」「長篠の戦い」などで戦功をあげ、家康を軍事面で補佐した。中でも長篠の戦いでは武田方の背後にあった鳶ノ巣砦を攻め、この奇襲攻撃によって武田信玄の弟・武田信実を討ち取り、包囲下の長篠城を見下ろす鳶ノ巣砦を奪った。武田軍が長篠の戦いにおいて壊滅的な打撃を受けた背景には、武田方は鳶ノ巣砦を奪われたことで背後をおびやかされ、決戦を急ぐ必要があったことから、短期決戦にもちこんだ忠次の功績は大きいだろう。

戦場で剛勇の名を馳せる一方、ユーモラスな一面もある。長篠の戦いを前にし、家臣たちは沈鬱な空気に包まれていた。そのとき忠次は突然「海老すくい」を踊り始めたのだ。一同は驚き、やがて爆笑の渦に巻き込まれていったという。いかにも老練な武将らしい機知といえよう。

■信康切腹事件のきっかけをつくる

さまざまな戦いに活躍した忠次であったが、晩年過酷な運命に巻き込まれる。

家康と正室、築山御前のあいだには嫡男・徳川信康があり、知勇兼備の若武者として家臣たちから将来を期待されていた。

信康は信長の長女・徳姫を妻としていたが、この徳姫が、築山御前と信康が共謀して武田方に内通しているとする書状を父・信長に送ったのである。その書状の持参役が忠次だったのだ。書状の事実を問う信長に対し、忠次は弁解や釈明をしなかったという。

信長は信康母子の自決を言い渡し、家康は無念の涙をのみながら築山御前を殺し、信康に切腹を命じる。

ほかの家臣たちは忠次に対し厳しい意見を浴びせた。「忠次が巧みに信長の質問をかわしたら」「忠次は主君を徳姫にかえたのか」などと非難されたのである。

家康との関係もこの一件以来冷却し、不遇の晩年を過ごすことになった。この事件は忠次の失策だったのだろうか？　いや、信長の恐ろしさを知る忠次があえて憎まれ役を引き受けたのではなかっただろうか。宿老であったがゆえの苦渋の選択であったに違いない。

酒井忠次と深い関わりを持つ武将たち

徳川家康

P.64

忠次は、家康が今川家の人質となっていたころから仕えており、若い家康をよく補佐し、家康の天下統一を実現する動輪となって働いた。

石川数正

P.74

忠次と同様に人質時代から家康に仕えていた。忠次が東三河を制圧する一方、数正は西三河を制圧するなど、激しいライバル関係にあった。

家康に過ぎたるものと賞賛された猛将

本多忠勝

ほんだただかつ
■1548年生～1610年没

生涯を通じて家康に忠義を尽くし、名槍・蜻蛉切を手にその戦いのほとんどに参加。家康の天下取りに貢献し、のちに「徳川四天王」のひとりとして賞賛される。

PROFILE

1548年	松平（徳川）家の譜代家臣、本多忠高の長男として三河に誕生
1560年	家康の大高城兵糧入れで初陣
1561年	今川との三河長沢の戦いで初の首級をあげる
1563年	三河一向一揆で家康を裏切らず、鎮圧で功績をあげる
1572年	一言坂の戦いで活躍し、敵の武田側からも賞賛される
1584年	「小牧・長久手の戦い」で、少数の手勢を率いて秀吉の大軍に対し奮戦

illustration：樋口一尉

PARAMETER

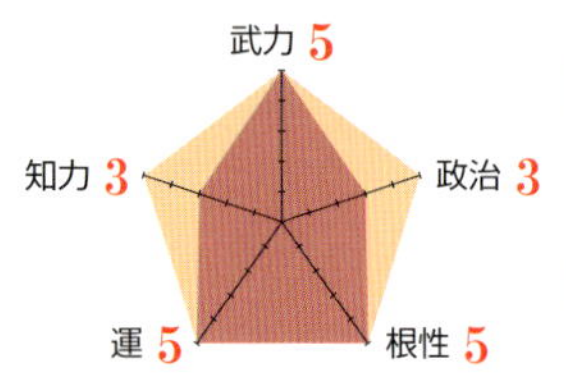

先手や殿など、重要な部署何度も受けもった忠勝は、見事に期待に応えている。

57回の合戦にて傷ひとつ負わなかった忠勝は、武勇に加えて強運も持っていた。

NATIVE PLACE

出身地［三河（みかわ）］

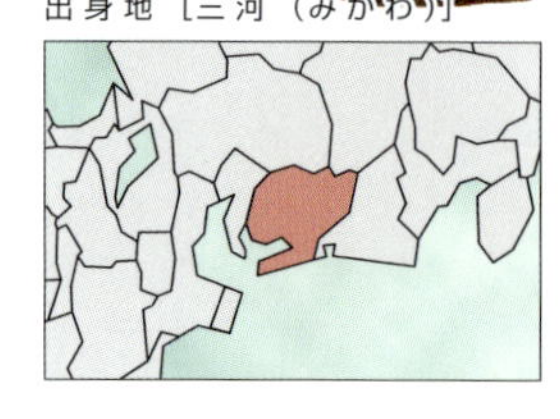

徳川譜代きっての勇猛な武将

■家康にはもったいないとまでいわれた武将

50回以上も合戦に参加しながらも、傷ひとつ負わなかったという伝説的な戦国武将が本多忠勝だ。それも、先鋒や殿軍など危険な役目を任されることも多かったというから、一度も負傷しなかった忠勝の武勇の誉がいかに高かったかわかるというものだろう。

その功績で、徳川家の譜代家臣では第2位となる10万石を領し、酒井忠次や榊原康政、井伊直政とともに「徳川四天王」に数えられるようになっている。忠勝の初陣は「桶狭間の戦い」の前哨戦となる大高城への補給活動だった。そして翌年には今川勢との戦いで、初めて首級をあげるという武功を立てている。

その後、19歳で忠勝は徳川家康の旗本部隊の先鋒を任され、戦場で武功を立て続ける忠勝は、家康にとって戦国の世を生き抜くためには欠かせない武将となっていった。

忠勝の勇名を一躍世に知らしめたのは、徳川領へ侵攻してきた武田家とのあいだに起きた「一言坂の戦い」だ。

このとき、大軍を有し万全の態勢で行軍してきた武田勢に徳川勢は不意を突かれ、忠勝は自ら殿軍を務めて家康を逃すことにした。

不利な状況のもと、さらに本隊が撤退する時間を稼ぐために殿軍という困難な任務を志願した忠勝の行動は、まさに主君に対する忠義と勇気なくしてはできないだろう。

だが、さしもの忠勝の軍勢も優勢な武田勢に散々に攻め込まれ、さらに退路まで断たれて窮地に陥った。このままでは包囲殲滅されるだけとなった忠勝は大胆にも敵中突破を決意する。そして坂の下で退路を断っていた武田勢に決死の突撃を敢行したのだ。決死の勢いに気を飲まれたのか武田勢は道をあけ、忠勝は無事生還することができたのだった。

その後、戦場となった一言坂には、忠勝は家康にはもったいないくらいの武将だという意を記した落書きが落ちていた。それは敵方の武田家の武将が書いたもので、つまり忠勝の見事な戦いぶりは、敵にまで賞賛されるほどのものだったのだ。

■徳川の天下取りには不可欠の存在

信長が去り豊臣に勢いがあったころ、豊臣家と徳川家のあいだに「小牧・長久手の戦い」が起きる。ここでも忠勝はわずか500の手勢で万を超す豊臣勢に立ち向かい、その行動を阻害している。この戦で負けていれば、のちの徳川幕府はなくなっていたかもしれない大戦でも忠勝は大きな貢献を果たしたのだ。

その後、徳川家中から重臣の離反者が出るも、忠勝は家康にゆるぎない忠誠をもって従い、「関ヶ原の戦い」まで戦場に立ち続けた。

槍の穂先に止まっただけのトンボが両断されてしまったという逸話から「蜻蛉切」と呼ばれた名槍を携え、鹿の角を脇立てにしたかぶった忠勝の勇姿は、味方を奮え立たせ、敵を恐れさせるものだっただろう。忠勝なくして、徳川の天下取りはなかったかもしれない。

本多忠勝と深い関わりを持つ武将たち

徳川家康 P.64

三河一向一揆のとき、徳川家中から離反者が続出したが、忠勝は家康を裏切らなかった。また、秀吉からの誘いも拒み、家康への奉公を選んでいる。

井伊直政 P.150

「徳川四天王」のひとり。忠勝とは対照的に戦場での向こう傷が絶えなかった。「関ヶ原の戦い」では忠勝とともに、西軍の諸大名の切り崩し工作を行った。

三河が誇る知勇と胆力

榊原康政

さかきばら やすまさ

■1548年生〜1606年没

「徳川四天王」のひとりとして英雄視される榊原康政。晩年、官吏派の台頭により発言権を失いはしたが、徳川幕府の屈強な屋台骨となった事実は揺るぎない。

PROFILE

1548年	松平家臣・榊原長政の次男として三河で出生
1560年	徳川家康に仕官
1570年	「姉川の戦い」で朝倉軍を撃破
1584年	従五位下式部大輔を叙任
1590年	上野館林10万石を拝領
1600年	「第二次上田城の戦い」に参戦

illustration：よじろー

PARAMETER

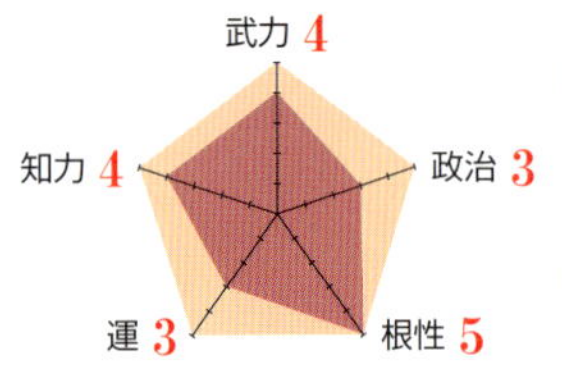

軍法に関しては突出。家康は秀忠に、康政の軍法を守るように申しつけていた。

徳川の一家臣でありながら、あの秀吉に堂々と喧嘩を売るほど胆の座った男。

NATIVE PLACE

出身地［三河（みかわ）］

子・秀忠を任せる家康の信頼

■家康から「康」の字を頂戴

徳川幕府の創業に尽力し、多大な功績が現在もなお賞賛される「徳川四天王」。そのひとりに数えられるのが榊原康政である。康政は幼くして徳川家康の小姓となるや、初陣である三河の一向一揆にて敵勢をひるませる豪勇ぶりを披露する。その武功を大変喜んだ家康から直々に「康」の字を与えられ、康政を名乗るにいたった。その後は兄・榊原清政を差し置いて家督を相続したのだから、器の大きさは並外れたものといえよう。

なお、当時の三河はまだまだ貧しく、康政の家にしても、せっかくの仕官でありながら鎧を買う余裕がなかった。そこで、一向一揆戦には、兄弟子から与えられた使い古しのボロの鎧を着用したのであった。以後、康政はその鎧を縁起物とし、厚情の証でもあるとして大切に保管。出世してからも、出陣の際は最初にボロの鎧を身にまとったという。

家康が天下取りの有力候補となった「関ヶ原の戦い」では、東軍主力である徳川秀忠軍軍監として進軍を開始。悲願の達成が間近に迫り、康政の足取りも軽やかだったであろうが、道中で一行は真田家の抵抗という不測の事態に遭遇してしまう。

戦闘回避を重視した康政の進言もむなしく両者は激突、秀忠軍は攻めあぐねたあげくに合戦に遅参する大失態を演じた。この事態において康政自身が責めを受けることはなかったが、秀忠が家康の激怒を買ったことに責任を感じ、命を張ってふたりをとりなして秀忠を救ったのだった。

これまでに康政は幾多の手柄を立て、目につく失策も見られない。だが関ヶ原の戦い以後、所領の加増もなく家康から遠ざかっていった。それは冷遇などではなく、秀忠つきの老中に任命された際にも、「関ヶ原での戦功もない老臣が権力を得るのは亡国の兆し」として康政自身が拒絶したのである。その言に家康はひどく感銘し、康政に借りがあることを証文として残したという。

■秀吉さえも手玉にとる胆力

康政は穏やかなだけでなく、時として大いなる胆力を世に轟かせた。家康と秀吉との「小牧・長久手の戦い」では、大恩ある織田家に弓を引く豊臣秀吉に対して「神は秀吉に天罰を加えるだろう」と声高に非難したのである。これには、家康もさぞかし肝を冷やしただろうが、当の康政は涼しい顔。秀吉は康政の首に10万石の賞金をかけるほど激昂したが、それでも一向に動じなかった。

また、織田信長が釣った鯉を家康に贈ったときのこと。家康が鯉を過剰に大切にするのを見た康政は、あろうことか鯉を食してしまった。家康は烈火のごとく怒り、ついに刀を抜くが、康政はこう言った。「殿と信長は五分の同盟関係なのに、まるで家臣のようで情けない」と。康政の命懸けの諫言に真実を見た家康は、静かに刀を収めたのであった。

榊原康政と深い関わりを持つ武将たち

本多忠勝 P.68

「徳川四天王」のなかでは本多忠勝のほうが格上と認識されているが、ふたりは同年齢であったことから、康政とは親友関係であった。

徳川秀忠 P.75

「関ヶ原の戦い」に遅参した件で康政に恩義を感じた秀忠は、「榊原家を断絶させない」と確約。榊原家に嫡子が途絶えた際、大須賀家から嫡子を入れて家を守った。

徳川家重臣より奸臣と呼ばれた参謀

本多正信

ほんだ まさのぶ　■1538年生〜1616年没

歴史の表舞台から一時姿を消した名参謀は、徳川家の頭脳となるべく復活し見事に家康を支えた。

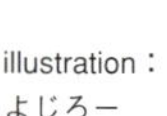

illustration：よじろー

PARAMETER

武力 1
政治 5
根性 4
運 3
知力 3

NATIVE PLACE

出身地［三河（みかわ）］

家康の名参謀は徳川幕府の基礎をつくった

■家康のもとを出奔する

武勇に優れた徳川家康の家臣団にあって、参謀を務めたのが本多正信だ。戦功はほとんどなく、家康の知恵袋というべき存在で、さまざまな謀略を献策した。正信がなにを言っているのか理解できなくても、ただひとり家康だけは理解したといわれるほど、ふたりの絆は固かった。家康は正信を友と呼んでいたという。単なる主従ではなく、友情に近い感情で結ばれていたと思われる。

正信はずっと家康のもとにいたわけではなく、一時出奔していた時期がある。三河で一向一揆が起きたとき、正信は断腸の思いで一向一揆側についた。また、友に去られた家康も同じであったろう。一揆が鎮圧されると、正信は松永久秀のもとに仕え、高く評価された。だが、秀久のもとを去り、しばらくのあいだ、歴史の舞台から姿を消す。

■武功派と対立しても揺るがぬ忠誠

正信は、旧知である大久保忠世を通じて家康に帰参を懇願する。忠世の懸命の働きもあり、帰参が許されると、以前のように参謀として家康を支えた。豊臣秀吉死後、家康が覇権を握るまでの数々の謀略は、正信によるものといわれている。

江戸幕府が開かれると、家康の側近として幕政を主導した。秀忠の代には顧問となり、強い権限を持つようになる。政権内において、武人と官吏が対立するのは宿命のようなもので、徳川政権も例外ではなく、正信は本多忠勝らの反感を買い、何度となく意見がぶつかった。忠勝は正信を「腰抜け」と言い、両者の亀裂は相当深刻なものであったが、家康からの信頼は揺らぐことはなかった。

正信は自分の立場をわきまえていたようで、2万2千石以上の所領は辞退したという。

主君のために死をも厭わぬ三河武士の鑑

鳥居元忠

とりいもとただ ■1539年生～1600年没

「関ヶ原の戦い」の大義名分となった、「伏見城の戦い」で壮烈な散り様を見せた家康の側近。

主君のために戦いの前から死ぬことは決まっていた

■伏見城で壮絶な討ち死にを遂げる

家康の幼少のときから仕えた忠臣が鳥居元忠だ。それは家康がまだ今川家に人質として預けられていたときに小姓として仕えたというから、家康とは一生の付き合いだったといってもいいだろう。以後、家康に従って戦場往来を重ね、武功をあげた元忠だったが、「長篠の戦い」では武田軍の鉄砲に撃たれて負傷し、歩行に支障をきたす重傷も負っている。

この家康との長い付き合いは「関ヶ原の戦い」の前哨戦となった「伏見城の戦い」で終わりを迎える。石田三成に家康との戦端を開かせるきっかけをつくるためには徳川家の血が流れることが必要だったのだ。

それは上杉討伐のために大坂城を離れる家康に対して、三成が反徳川軍を起こす決心をさせ、なおかつ家康がその報せを聞いて戻ってくるまで、反徳川軍を一定期間拘束するというものだった。

その囮役を務める者には、敵に囲まれて負けは決まっているうえに、家康が三成討伐の大義名分を得るためには降伏などは問題外。まさに死が待っていた。

この捨石ともいえるその役目を粛々と果たすには、並大抵の人物では務まらない。家康への忠義に厚く、また戦場での武功も多い元忠こそは、その適任者だったのだ。

元忠も自分の役割を良くわかっており、1千800の兵で伏見城に籠ると、降伏勧告を拒否。城兵とともに大軍相手に奮戦して壮絶な討ち死にを遂げ、三河武士の鑑と人々に賞賛されることになった。

旧知の仲の元忠にこのような役目を負わせたことに、家康をはじめ徳川家中は負い目を感じていたに違いない。のちに元忠の子は24万石の大名にとり立てられている。

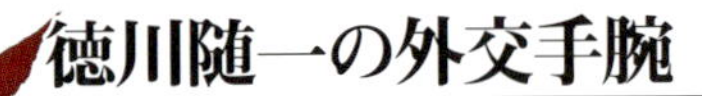

徳川随一の外交手腕

石川数正

いしかわ かずまさ　■生年不詳～1592年没

徳川譜代の家臣でありながら豊臣秀吉へ寝返った波乱の人生。数正は裏切り者の汚名を背負い、出奔を決意した。

illustration：よじろー

PARAMETER

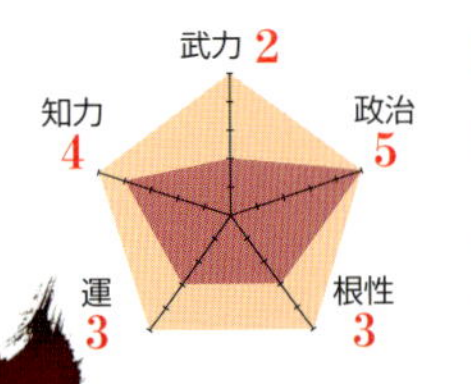

NATIVE PLACE

出身地［三河（みかわ）］

豊臣秀吉との交渉が人生を変えた

■家康の幼少時代からの重臣

初代藩主として信濃松本藩の礎を築いた石川数正。松本は豊臣秀吉より与えられた恩賞だが、もとは徳川家譜代の家臣である。徳川家康が今川家の人質となっていた幼少時代から、遊び相手を兼ねた近侍として仕えた重臣中の重臣だったのだ。

家康と付き合いが古いというだけでなく、軍人としての才覚も長けていた。今川家の失脚により徳川家が独立すると、人質にとられていた家康の嫡男・信康と、家康の正室・築山御前の奪還に成功。その決死の覚悟は賞賛を浴び、徳川家における立場を決定づけた。

そうして家康から絶対的な信頼を得た数正は、酒井忠次らと並んで家老に抜擢され、内政、外交ともに重用されることになる。さらに元服した信康の後見人を任され、のちに西三河旗頭の地位をも獲得。とくに外交手腕は徳川随一ともいわれ、秀吉の台頭後は秀吉との交渉を一手に担うほどであった。

■徳川から出奔した真意とは

愚直なまでに三河魂を宿し、徳川に骨を埋めることを数正自身、疑う余地もなかっただろう。ところがある日、数正は突如として出奔し、驚くべきことに秀吉のもとへ向かってしまう。徳川の機密を知り尽くした数正の出奔には、家康のみならず徳川全体が震撼した……。こうして徳川家が長年培った軍制は、改正せざるを得なくなるのだった。

家康と不仲になった、恩賞に目がくらんだなど、出奔の理由には多様な憶測が飛び交っている。しかし、離縁するほどに家康への憎しみがあるとは思えず、恩賞目的などなおさら考えにくい。数正の真意は依然闇の中だが、そこには彼なりの正義があったのだろう。

徳川幕府の権力を確かなものにした守成の人

徳川秀忠

とくがわ ひでただ ■1579年生～1632年没

徳川家康の三男として生まれた徳川秀忠は、家康が築いたものをしっかりと守る「守成の人」として評価される。

illustration：誉

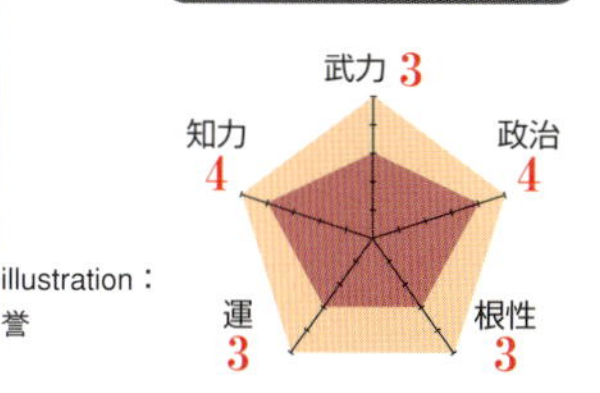

家康の三男として生まれるも徳川幕府2代将軍に

■武運には恵まれぬものの徳川家の世継ぎに

徳川家康の三男だった徳川秀忠は長兄・徳川信康が自害、次兄・徳川秀康が豊臣秀吉の養子となったために、世継ぎの地位が転がり込んできた。家康の陰に隠れて、今ひとつ脚光を浴びることの少ない秀忠だが、徳川幕府の礎を築く上で重要な政策を実行している。

秀忠の青年時代は徳川家と豊臣家の外交と深く結びついている。１５９０年、秀吉の聚楽第において元服、秀吉から１字をもらい秀忠と名のり、秀吉の養女で織田信雄の娘である小姫と祝言をあげるが、信雄が追放されると破談になる。１５９４年には再び秀吉の意向により、やはり秀吉の養女で浅井長政の三女・江与と結婚する。長女・千姫が生まれると、秀吉の子・秀頼と婚約させ、豊臣家との姻戚関係の中心にあった。

「関ヶ原の戦い」においては家康の本隊と離れて東山道を西上したが、信州上田城の真田昌幸にさえぎられ、決戦に間に合わなかったために家康の叱責を受けた。

１６０５年に将軍の座を継ぐが、実権は家康に握られる。在京時以外は主として江戸城にあって、政務に奔走する家康の留守を支え、駿府の大御所家康との二元政治のもと、東国を中心とした大名の統率にあたった。

「大坂の陣」にて豊臣家滅亡の翌１６１６年に家康が死去、秀忠は外交権などを将軍のもとに吸収、はじめて大名領知宛行状を発するなど、独自の政治を実施した。

一門・譜代を含む39大名の改易を行って大名を統制し、五女・和子を後水尾天皇のもとへ入内させるなどの対朝廷政策、キリシタン禁令の強化と貿易の統制・管理を結合させた外交政策など、徳川幕府の強化に果たした役割は大きい。

家康最大の危機を救った功臣

服部半蔵

はっとり はんぞう　■1542年生～1596年没

PARAMETER

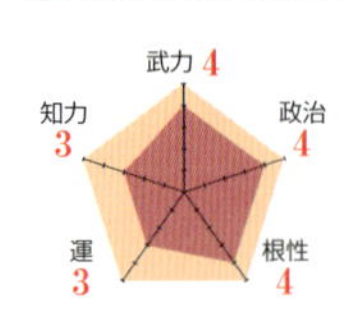

NATIVE PLACE

出身地［三河（みかわ）］

illustration：NAKAGAWA

家康の護衛だけが任務ではない

伊賀忍者の頭領というイメージが強い服部半蔵だが、その実像は槍の名手で、「鬼半蔵」とも呼ばれた武辺者であった。半蔵は鬼の名に恥じず、戦場での槍働きで功績をあげていた武将だったが、半蔵最大の功績は天下を揺るがせた「本能寺の変」後に徳川家康が伊賀越えをしたときの活躍だろう。

光秀謀反の報せは、わずかなお供を連れて堺の町で遊覧中だった家康にとっても青天の霹靂で、このままでは信長の同盟者ということで、光秀から討手をさしむけられる恐れもあった。なんとしても本国・三河へ一刻も早く、辿り着かなくてはならない。そのために父親が伊賀出身の半蔵は縁故を辿り、道中となる伊賀や甲賀の地元有力者達の協力を得ることに成功。主君を無事にかつ迅速に帰国させる大手柄を立てた。

戦場で輝きを見せた槍働き

渡辺守綱

わたなべ もりつな　■1542年生～1620年没

PARAMETER

武力 4
政治 3
根性 4
運 3
知力 3

NATIVE PLACE

出身地［三河（みかわ）］

illustration：よじろー

家康の信任も厚い、武功の臣

渡辺守綱は松平家（のちの徳川家）代々の譜代家臣の出身で、「槍半蔵」の異名をもつほど槍を得意としたという。その勇ましい異名からも戦場での働きぶりが窺え守綱は、姉川、三方ヶ原、長篠と、家康に従って各戦場で奮戦している。

なお、姉川では旗本一番槍の戦功をあげ、三方ヶ原では急追してくる武田勢を追い払った。また長篠では山本勘介の嫡子・山本勘蔵を討ち取ったという伝承も残っているほどで、まさに守綱が猛者中の猛者である証拠だろう。

多くの戦いで先鋒や殿軍など重要な持ち場で務めてきた守綱は、家康からの信任の厚さもひとしおだったのだろう。のちに徳川御三家のひとつ、尾張藩の付家老となり、最終的に1万石以上を有する大名並の大身となっている。

12万石まで出世した二代目前橋城主

酒井忠世

さかいただよ　■1572年生～1635年没

PARAMETER

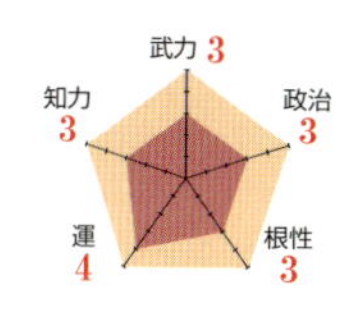

NATIVE PLACE

出身地［三河（みかわ）］

illustration：哉ヰ涼

秀忠の重臣として幕府を支える

徳川家康に仕えた酒井忠世は、家康の三男・秀忠つきの家老となった。関ヶ原では秀忠に従い、真田昌幸、幸村親子の守る上田城を落とせず、本戦に間に合わないという失態を犯し、家康の怒りを買ってしまう。だが、忠世は筆頭家老として誠心誠意で秀忠を支えた。秀忠にとっても忠世は腹心と呼べる存在で、家康に仕えたときには3千石だった忠世の所領が、最終的に12万石にまで加増されたのは、秀忠が深く信頼を寄せていたことの証であろう。

秀忠の上洛に随伴したり、名代として駿府城の家康に賀詞を述べるなどの記録が多いので、儀式や式典に詳しかったようだ。「大坂の陣」では敵の首30級を討ち取るなど、内政だけでなく、武勇でも秀忠を支えている。

将軍家剣術指南役にして行政官僚

柳生宗矩

やぎゅうむねのり　■1571年生～1646年没

PARAMETER

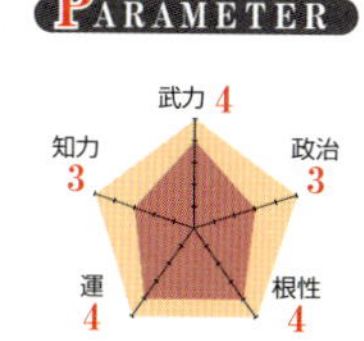

NATIVE PLACE

出身地［大和（やまと）］

illustration：哉ヰ涼

柳生旧領を回復するため仕官

柳生宗厳の五男で、柳生の里で父より新陰流の刀技を学んだ。柳生宗矩は24歳のとき、徳川家康のもとに赴き、極意「無刀取り」を実演。家康に気に入られ仕えることになる。

宗矩は少年のころ、秀吉の太閤検地により柳生領2千石をとりあげられた。宗矩にとって旧領をとり戻すことが悲願となり、宗矩は家康に仕える道を選んだのである。「関ヶ原の戦い」で、西軍の後方をかく乱する命を受ける。柳生家が隠密行動をすることに反対の者もいたかもしれない。だが、宗矩はこのときの功により旧領を回復し実績を示した。宗矩の歩みは、これで終わりではなく、やがて秀忠、家光と将軍家の剣術指南役となり、幕閣で重用された。家光からは総目付も任され、1万石の大名となった。

大名たちのサイン 花押

家紋と同列に並べて紹介されることが多い「花押」。この模様はいったいどんな意味を持つのかを解説しよう。

芸術的に文字を崩し、己の証明として使われた「花押」

花押とは、書状の最後に本人から出されたものであるという証拠として、差出人が直筆で入れた象形文字のようなサインのことである。

その歴史は古く、日本では平安時代から用いられており、漢字文化の東アジア圏で広く使用されていた。最初のころは自分の名前を崩して書くことが多かったが、やがて名前のなかの一文字のみを使用するようになる。そして戦国時代になると、名前にもこだわるこはなくなり、自分をイメージする言葉や好きな漢字を用いた花押を使うことが多くなった。この言葉遊びともいえる行為は、知的な人物としての証明とも考えられ、複数の花押を使うことも珍しくなかったようだ。なお、花押の文化は民衆にも根づいていたが、やがて使い勝手のよい印鑑へと変わっていき、今ではごく一部でのみ使用されている。

武田信玄▶

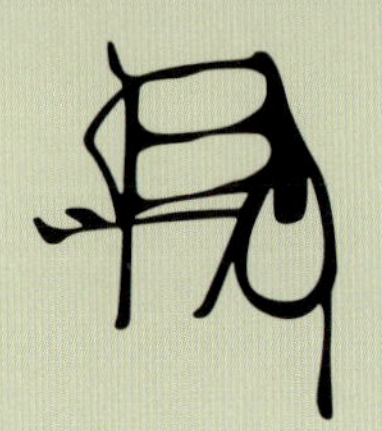

◀真田幸村

上杉謙信▶

◀毛利元就

伊達政宗▶

◀長曾我部元親

第二章

一時代を築いた群雄たち

武田信玄や上杉謙信、長宗我部元親らといった、有力大名たちの勢力とその配下たちを紹介。その活躍はどれをとっても主役級ともいえる華々しい活躍を見せている。

伊達家 DATE

奥州の厳しい環境でつちかわれた反骨精神

奥州に古くから勢力を張った伊達一族は、政治の中心地から離れた奥州という地域性を生かし、中央の命令といえども、納得いかない要求ははねつける気骨があった。

〈家紋：仙台笹〉

伊達稙宗の母方である上杉氏から贈られ、正式な紋となる。

伊達家の成り立ちとその系譜

■東北地方の雄となるも内紛で一時衰退

伊達家の始祖は、常陸（現在の茨城県）出身の伊達朝宗で、藤原山蔭の子孫といわれている。１１８９年に源頼朝が行った奥州征伐に従軍し、その功績で伊達郡を拝領。伊達朝宗を名乗ったのが、伊達家のはじまりである。

鎌倉時代には各地に地頭職を得て、多数の分流が誕生して繁栄。しかし、南北朝の動乱で南朝についたことから、室町幕府誕生後に幕府に降伏している。

こうした背景からか、室町幕府が鎌倉に置いた鎌倉公方が、九代・政宗に領地の割譲を要求してきた。しかし、政宗はこれを拒否すると、差し向けられた討伐軍を逆に討ち破って領国を守っている。

伊達家は公儀と事を構えてしまったわけだが、独自の動きをする鎌倉府と京都の幕府が対立するようになると、伊達家は将軍との結びつきを強め、十一代・持氏のころには将軍から偏諱（名前の１字を授かって自身の名に組み込むこと）を受けるまでになった。

家格をあげた伊達家は、十四代・稙宗が陸奥（現在の東北地方東部）守護職に任ぜられる。稙宗の代には、近隣の豪族と血縁関係を結んで勢力を広げ、奥州探題職の大崎氏を傘下に組み込むなど大いに飛躍した。

ところが、十五代・晴宗と稙宗の確執から、奥州の諸豪族を巻き込んだ「天文の乱」が起きてしまい、伊達家の勢力は一時衰退。新たな繁栄は、十七代・政宗の登場を待つこととなった。

【伊達家家系図】

❶伊達朝宗―❷宗村―❸義廣―❹政依―❺宗綱―❻基宗―❼行宗―❽宗遠―❾政宗―❿氏宗―⓫持宗―⓬成宗―⓭尚宗―⓮稙宗

⓮稙宗
- ⓯晴宗―⓰輝宗
  - ⓱政宗
    - 五郎八姫
    - ⓲忠宗
    - 宗綱
    - 竹松丸
  - 政道
- 実元―成実

戦国時代における伊達家の興亡

■天下は狙えずも大藩として存続する

1580年ごろの伊達勢力

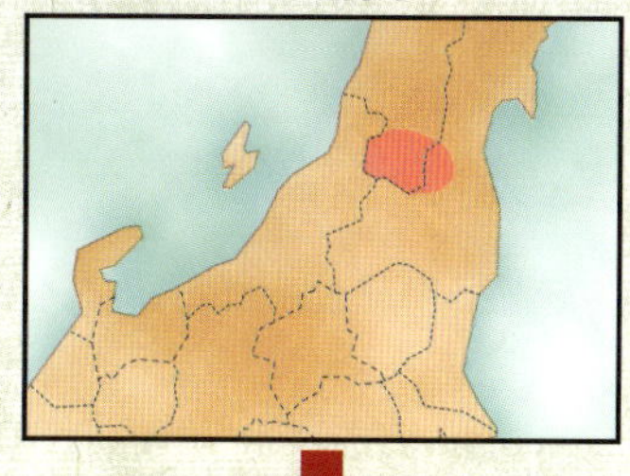

1589年ごろの伊達勢力

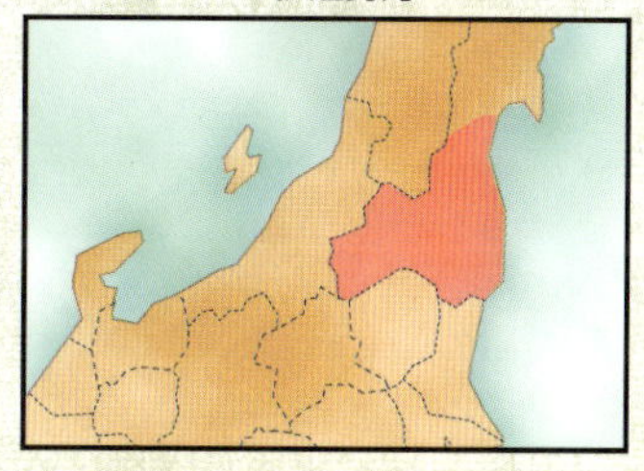

世が本格的に戦国時代へ突入したころ、伊達家では6年にもおよぶ天文の乱が始まっていた。この影響で、それまで傘下にあった相馬氏や最上氏、蘆名氏といった諸勢力が独立したほか、家中の統率に長い時間を要することになる。

1584年、長らく対立していた相馬氏と和睦が成立し、伊達家は以前の領土をほぼ回復。当主は十七代・政宗へと移ったが、政宗と敵対した畠山義継が、政宗の父・輝宗を拉致する事件が起こり、輝宗が落命したことから近隣の諸大名との関係が一気に悪化した。

政宗はこれらの危機を乗り切って逆に勢力を拡大したが、当時すでに豊臣秀吉が全国の統一を目前にしていた。さすがの政宗も秀吉に臣従するほかなく、さらに葛西大崎一揆を先導した疑いで58万石に減らされ転封となった。

しかし、秀吉の死後におきた「関ヶ原の戦い」で徳川方についたことから、伊達家は62万石に加増。米沢に戻り、仙台藩として存続することになったのである。

伊達家の対立勢力

豊臣家 P.38

天下統一を目前とする巨大な勢力を背景に、伊達家を臣従させた。

佐竹家 P.192

蘆名氏の後継者問題で伊達家と争い、勝利して蘆名氏を併合した。

相馬家 P.307

独立後、要衝である丸森城をめぐって伊達家と何度も争い苦しめた。

伊達家の居城　仙台城

仙台城は、この地に移った政宗が家康の許可を得て、1600年から2年がかりで築城した。千代城があったと伝わる青葉山に築かれた仙台城は、広瀬川や断崖に囲まれた天険の地に建てられており、築城された時期にしてはあまりに実用的な城といえる。政宗には、家康を倒して天下を狙うつもりがあったという説もあるが、時期にそぐわぬ仙台城の堅固さも、その根拠のひとつとなっているのではないだろうか。

大半の建物は明治時代に破却され、残っていた大手門なども戦火にあって焼失。近年では本丸の調査が進み、北面の石垣が修復されたほか、大手門脇櫓が復元されているが、本丸跡には護国神社、二の丸跡には東北大学が入っている。

SENDAI CASTLE

DATA

仙台城

所在地：宮城県仙台市青葉区
別名：青葉城
文化区分：国指定史跡
築城者：伊達政宗
築城年：1600年
構造：連郭式平山城

政宗のためすべての舞台を整える

伊達輝宗

だて てるむね
■1544年生～1585年没

22歳で家督を譲られるが、実権は父の晴宗、中野宗時らに握られていた。専横する家臣を追放し、伊達家を立て直すと、嫡男の政宗に奥州統一、天下の覇者への夢を託す。

PROFILE

1544年	伊達晴宗の次男として生まれる
1564年	最上義守の娘、義姫を娶る。兄の親隆が岩城重隆の養子になっていたので家督を譲られる
1567年	嫡男・政宗誕生
1570年	中野宗時の居城を攻める。宗時は相馬に出奔する
1583年	丸森城を奪還。旧領を回復
1584年	相馬家と講和。政宗に家督を譲り、隠居する
1585年	畠山義継に捕らえられる。人質になるのをおそれ、政宗に命じて射撃させ、義継とともに死去

illustration：よじろー

PARAMETER

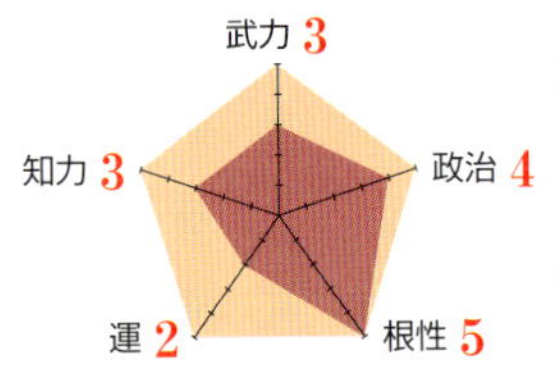

専横する寧臣を追放し、天文の乱以来対立していた家臣団をまとめあげた。

畠山義継に捕らわれたとき、政宗に命じて自分もろとも義継を討たせた。

NATIVE PLACE

出身地［出羽（でわ）］

存亡の危機にあった伊達家を立て直して失地を回復する

■政宗の教育に熱心であった

奥州の独眼竜、伊達政宗の父。政宗が奥州随一の武将となり、豊臣秀吉、徳川家康ら天下人と渡りあえたのは、伊達輝宗の存在なくして語ることはできない。

輝宗が家督を譲られた当時の伊達家は内憂外患の状態にあった。父の晴宗と祖父の植宗が、周囲の国人衆を巻き込んで「天文の乱」と呼ばれる6年に渡る戦争を起こしていた。この内紛は、植宗が隠居し、晴宗に家督を譲ることで決着したが、伊達家は大きく疲弊することになる。晴宗は、このとき功のあった中野宗時、牧野久仲に特権を与え、家内はこのふたりに専横されていた。さらに、相馬家に攻め込まれ、かなりの領地を失ってしまう。

輝宗は、宗時に謀反ありとして、居城を攻め落とすと、反輝宗の家臣を一掃して、実権を握ったのだ。対外的には、蘆名家との同盟を維持しながら相馬家と対決姿勢をとり、失地回復に努めた。傾きかけた伊達家を立て直した手腕は鮮やかといえよう。

伊達家の立て直しを目指す輝宗は、世つぎにも大きな期待を寄せた。輝宗は教育熱心でもあり、政宗の教育係として、甲斐から名僧・虎哉を迎えている。政宗の文化人、風流人としての下地は幼いころより築かれたのかもしれない。また、将来有望な若い家臣をとりたて、政宗に仕えさせた。そのとき輝宗に見出されたのが、のちに政宗の右腕となる片倉小十郎である。

■政宗に後事を託し、壮絶な最期を

政宗元服のころには、分列していた家臣団も輝宗のもとに統一された。これまでは内政に力を注いできた輝宗だったが、相馬家への逆襲に転じる。相馬家との戦いで、政宗は初陣を迎え、輝宗に従って転戦している。政宗の勇猛ぶりは目を見張るものがあり、「伊達に政宗あり」と奥州に広く知らしめた。

輝宗は、政宗の将来性に伊達家の命運をかけることにした。相馬家に奪われた旧領をすべて奪回すると、輝宗は政宗に家督を譲る。このとき、輝宗41才、政宗18才である。

だが、これには事情がある。輝宗の正妻・義姫は次男の小次郎を溺愛し、輝宗のあとをつがせたいと思っていたのだ。家臣の中には小次郎を推す者も現れ、出羽の最上義光も巻き込んで、家内が二分する恐れがあった。輝宗は内紛の愚を痛いほどわかっている。家臣団の分裂を避けるために、自らの引退を急いだのであった。内外ともに問題を解決し、世つぎ争いを起こさないように、すべての舞台を整えて政宗に託した。親子の固い絆により、輝宗の思いはしっかりとつがれた。

だが輝宗は、政宗の偉業を見ることはできなかった。輝宗のもとを訪れた畠山義継の妙計によって、輝宗は捕らえられてしまい、輝宗は自分を人質にしてはならないと、政宗に自分ごと撃つように命じたのである。政宗は断腸の思いで、父と一緒に義継を銃撃する。輝宗の最期は、これ以上ない悲劇であった。

伊達輝宗と深い関わりを持つ武将たち

伊達政宗 P.84

輝宗は早くから政宗の器量、武将としての将来性を認め、後事を託す。政宗は、輝宗の進めていた蘆名氏との同盟を破棄。これがのちに伊達家の危機を招く。

最上義光 P.190

輝宗の正室である義姫の兄。出羽国において義光と最上義守が抗争を起こすと、輝宗は義守に加担。しかし、義姫が撤兵の懇願をしたため、手を引いた。

奥州を制した独眼竜、天下を狙う

伊達政宗

だて まさむね
■1567年生〜1636年没

隻眼であったことから、「奥州の独眼竜」と呼ばれる名将。優秀な家臣を多数抱え、知勇兼備、謀略にも長け、文化人としても一流。天下人たる力量の持ち主であった。

PROFILE

1567年	伊達輝宗の長男として生まれる
1584年	輝宗から家督を譲られる
1585年	畠山義継が輝宗を拉致したため、輝宗ともども義継を射殺。佐竹・蘆名連合と人取橋で激突（人取橋の戦い）
1589年	摺上原で蘆名を破り、黒川城に移る（摺上原の戦い）
1590年	小田原参陣で秀吉に謁見
1600年	家康の上杉景勝討伐に参戦
1613年	慶長遣欧使節を派遣
1636年	江戸屋敷で死去。享年70才

illustration：誉

PARAMETER

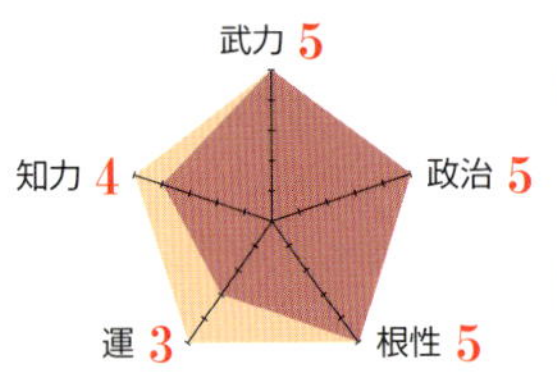

18歳で家督を継いで、わずか6年のあいだに南奥州を制覇した力は本物だ。

秀吉に申し開きをする際、死装束など奇抜なアイデアで周囲の度肝を抜く。

NATIVE PLACE

出身地［出羽（でわ）］

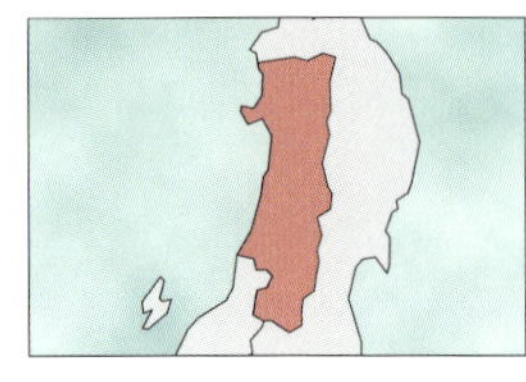

18歳で家督を譲りうけた隻眼の若者は、戦国の世を駆ける竜となる

■独眼竜、奥州の覇者となる

4歳のとき疱瘡にかかり右目を失い、古代中国の隻眼の英雄・李克用に習って、「独眼竜」という異名を持つ。独特の風貌に加え、もし早く生まれていたら天下を取ったかもしれないと思わせるズバ抜けた能力の持ち主で、絶大な人気を誇る戦国武将である。

伊達政宗は遅れてきた英雄といわれる。真田幸村などと同い年であり、政宗が生まれたのは、織田信長が美濃を奪い、「天下布武」を唱えた年だ。天下の勢力図がほぼ決した時期に初陣を迎えたのである。

家督を継いだのは18歳と若く、24歳のときに、「摺上原の戦い」で宿敵・蘆名家を滅ぼし、奥州随一の勢力となった。いよいよ関東に討って出ようというときに、豊臣秀吉による「小田原攻め」が始まる。政宗は、軍師・片倉小十郎に従い秀吉に臣従するが、納得いかなかったに違いない。のちに旧領・大崎葛西地方で自らが鎮圧の命を受けた一揆を逆に扇動し、秀吉への謀反ともとれる行いをした。結局、蒲生氏郷により証拠の書状を押えられ、政宗は黄金の磔柱を先頭に死装束で上洛し、秀吉に許されている。また、豊臣秀次の謀反に加担したとして謹慎もくらった。政宗は、ずっと天下を狙っていたのである。

だが、申し開きを繰り返した秀吉に対して、政宗は母親への手紙に「父親のようだ」と書いている。宿敵ではあったが、秀吉個人に対しては好意を持っていたのだった。

■独眼竜、仙台藩を繁栄させる

秀吉が死去すると、政宗の長女・五六八姫と徳川家康の六男・忠輝と縁組を行い、家康と同盟を結んでいる。「関ヶ原の戦い」では東軍にて参戦。家康から49万石を加増する「１００万石のお墨つき」の証書をもらっている。これは戦後、反故にされたとされるが、家康は、政宗が攻め取った刈田郡は加増している。

時代が徳川幕府に移っても、政宗の野心が消えることはなかった。スペインへ使節団を派遣し、通商条約を結ぼうとしている。結局失敗に終わるが、これは通商条約だけでなく、倒幕に向けた軍事同盟が目的であったといわれている。遣欧使節が失敗に終わったことで、さすがの政宗も天下を諦めた。

だが、その情熱は領地経営に向かう。治水灌漑工事を積極的に行って石高をあげ、河川を改修して、江戸に米を運びやすくするなど、政宗のもと仙台藩は大きく発展を遂げた。

政宗は古典的教養が豊かで、茶の湯、能にも通じ、和歌を好むなど、文化人としても一流であった。秀吉、家康と比べても遜色ない存在で、天下を取っていたら……という夢にかきたてられる。政宗本人は「奥州探題」としての地位に誇りを持っていたようで、小田原で秀吉に申し開きする際には、奥州探題としての正当性を解いている。かつての奥州の大名、国人の多くを家臣として召し抱えたのも奥州探題としての矜持からだろう。

伊達政宗と深い関わりを持つ武将たち

豊臣秀吉（とよとみひでよし） P.40

大崎葛西一揆、秀次謀反に加担した疑いなど、政宗は常に不穏な動きを見せる。秀吉は、政宗に非があっても許すなど、政宗を服従させようとした。

徳川家康（とくがわいえやす） P.64

家康は秀吉政権下で仲介や根回しをして、政宗に協力的であった。だが、政宗が力を持つことには危機感を抱いていたようで牽制を忘れなかった。

政宗が最も信頼を寄せた軍師

片倉小十郎

かたくらこじゅうろう

■1557年生～1615年没

剣術の師として、軍略家として、政宗に仕え知勇兼備の軍師。秀吉や家康も家臣に欲しがったほどの逸材で、政宗との強い絆は終生変わることなかった。

PROFILE

1557年	片倉景長の次男として生まれる
1575年	遠藤基信の推挙により、政宗の近侍となる
1581年	政宗の初陣に従う
1585年	蘆名、佐竹ら南奥州連合と戦う（人取橋の合戦）
1589年	摺上原にて蘆名家を破る（摺上原の戦い）
1590年	政宗を説得して小田原に参陣し、秀吉に恭順させる
1602年	白石城の城主となる
1615年	病のため死去。享年59歳

illustration：七片藍

PARAMETER

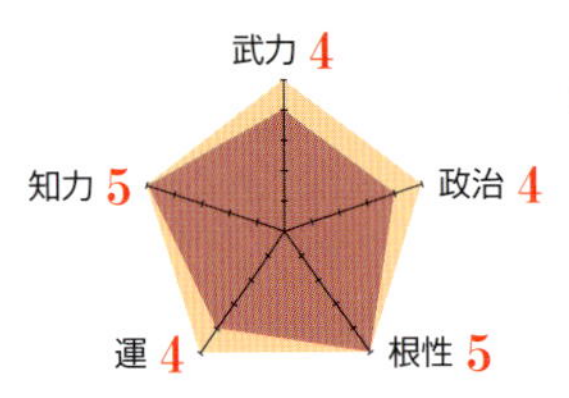

数々の戦や政治的な判断を必要とする場面で何度も政宗の危機を救っている。

秀吉や家康からの直臣の誘いを断り、政宗の側を離れることはなかった。

NATIVE PLACE

出身地［出羽（でわ）］

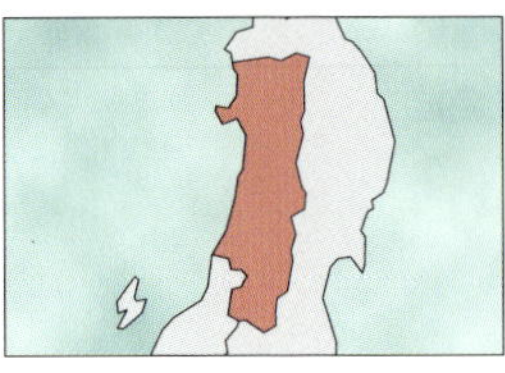

幼いころから政宗と苦楽をともにし、戦国の世を駆けた名軍師

■若き竜と結ばれた固い絆

伊達家の軍師として伊達政宗を支えた片倉小十郎。輝宗の小姓として仕えていたが、才を感じとった遠藤元基の推挙を受け、幼い政宗の近侍となる。また、剣術に優れていたので、政宗の剣術の指導にもあたった。

政宗は近侍の中で小十郎が波長が合ったようた。小十郎もどんなに倒されても立ちあがってくる政宗に、仕えるべき主として、頼もしさを感じていた。

利発で才能にあふれた政宗だったが、5歳のときに疱瘡にかかる。一命はとり留めるが、右目を失明してしまった。しかも目玉が醜く飛び出してしまったので、政宗はその醜い容姿から、塞ぎこむようになってしまう。政宗の将来を不安視した小十郎は一大決心し、政宗に右目の切除を進言。政宗の目から飛び出した目玉は、小十郎により切り取られた。なんとも信頼関係の強い主従である。これを機に、政宗からコンプレックスが消え、同時に、政宗と小十郎のあいだに生涯変わることのない固い絆が結ばれることになった。

政宗の初陣の際には、小十郎も従っている。政宗の勇猛ぶりは目を見張るものがあったが、敵を深追いしてしまい、敵兵に囲まれてしまう。小十郎は「我こそが政宗なり」と声をあげ、敵を引きつけるという機転をみせ、政宗の危機を救っている。これ以後、小十郎は政宗の主だった戦に従い、政宗の片腕として勝利に導いていく。

■命がけの説得で小田原に参陣させる

政宗最大の危機は、豊臣秀吉による「小田原攻め」の際である。秀吉から小田原への出陣を要請された政宗は、徹底抗戦を主張。城を枕に討ち死にする覚悟であり、多くの家臣たちも支持していた。だが小十郎は、伊達家が生き残るには秀吉に臣従すべきと考える。小十郎は命を懸けて「太閤の兵はハエのようなもので、何度追い払おうと、うるさく群がってくる」と政宗を説得。伊達家にとって、北条氏は輝宗時代からの盟友であり、政宗は見捨てることをためらった。だが、小十郎の、秀吉をハエに例える痛快な諫言によって、遅れながらも小田原への出陣を決めたのだった。

小十郎の才能を認めたのは政宗だけではなかった。秀吉は奥州仕置の際に、小十郎を大名にとり立て、直臣にしようとした。だが、小十郎は政宗への忠義から、これを固辞している。また、一国一城の図式が基本であった江戸時代に、例外として仙台藩には政宗の青葉城と小十郎の白石城のふたつが特別に認められている。家康もまた小十郎を高く評価していたのだった。天下人ふたりの評価は、小十郎は大名の器という高いものだが、それでも小十郎は政宗の軍師であることを望んだ。

小十郎の名は、本人も父から受け継いだように、代々片倉家の当主に受け継がれていった。息子・重長は「鬼の小次郎」と恐れられるなど、代が変わっても「伊達に片倉小十郎あり」と褒め称えられ続けていく。

片倉小十郎と深い関わりを持つ武将たち

豊臣秀吉（とよとみひでよし）

P.40

秀吉は奥州仕置において、小十郎に三春5万石を与え、とり立てようとした。しかし小十郎は、政宗への忠誠が変わらないことを伝え、これを固辞した。

伊達政宗（だてまさむね）

P.84

政宗のコンプレックスであった右目を、小十郎は小刀で切り取るという荒治療をした。すべてを任せた政宗には、小十郎に対する絶対的な信頼があった。

「武の成実」と呼ばれた猛将

伊達成実

だて しげざね ■1568年生～1646年没

PARAMETER

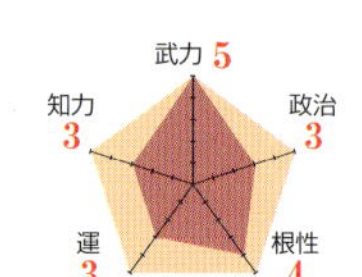

NATIVE PLACE

出身地［出羽（でわ）］

illustration：よじろー

伊達政宗の右腕として戦場を駆ける

伊達政宗の一門出身で、自ら「武勇無双」と公言していた勇将。18歳で参戦した「人取橋の戦い」では味方が崩れかかるなかで奮戦して政宗の危機を救い、「摺上原の戦い」では敵軍の横から突撃して流れを変えるなど、伊達家の武の要として活躍した。

しかし、政宗が豊臣秀吉に臣従したあと、成実は突然伊達家から出奔する。出奔の理由は不明で、出奔中には上杉景勝や徳川家康から誘いがあったようだが、成実はこれを断っている。その後、片倉小十郎らのとりなしで伊達家に復帰し、政宗の死後は息子の忠宗にも仕えた。

成実は前進するのみで後退しない毛虫の習性に感心し、毛虫をかたどった飾りのついた兜を愛用していたという。

「伊達三傑」に数えられた行政官

鬼庭綱元

おににわ つなもと ■1549年生～1640年没

PARAMETER

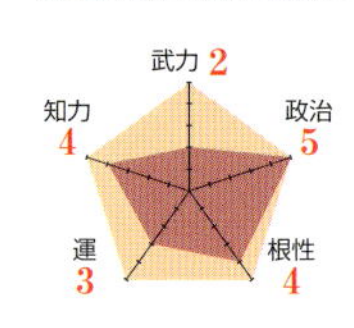

出身地［出羽（でわ）］

illustration：よじろー

伊達家随一の政治官僚

伊達家の重臣・鬼庭左月斎の長男。左月斎は73歳という高齢で「人取橋の戦い」に参戦し、殿軍を務めて討ち死にした豪傑だったが、綱元はどちらかといえば軍事より政務を得意とした。

豊臣秀吉の天下統一後、伊達政宗が大崎・葛西の一揆を扇動したと疑われたとき、綱元は主君の弁明を行った。これに感心した秀吉は褒美を与え、綱元は断り切れず受け取ってしまう。しかし、主君に断りなく褒美を受けたため政宗の怒りを買い、やむなく伊達家を出奔した。5年経ってほとぼりが冷めたころ、ようやく帰参している。

綱元は領地の経営や軍隊への補給など、内政面で活躍し、片倉小十郎や伊達成実と並び「伊達三傑」と称されている。

豪勇を誇った「伊達者」の勇士

原田宗時

はらだ むねとき ■1565年生～1593年没

PARAMETER

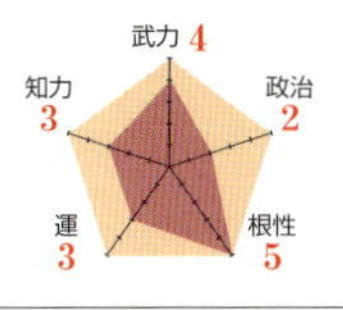

NATIVE PLACE

出身地［出羽（でわ）］

illustration：よじろー

「文禄の役」で人々を仰天させる

伊達家の家臣・原田宗政（はらだむねまさ）の甥で、宗政が戦死したときに子がいなかったため、原田家の家督を継いだ。武勇に優れ、伊達政宗配下の勇将として活躍。「摺上原の戦い」では菅原城（すがわらじょう）を陥落させる手柄を立てた。しかし、「朝鮮出兵」のとき風土病にかかってしまい、帰国途中に亡くなった。

同僚の後藤信康（ごとうのぶやす）をライバル視しており、あるとき信康の態度に腹を立てて、決闘を申し込んだ。しかし、信康に「自分たちが争うのは伊達家のためにならない」と諭されて和解し、親友になったという逸話がある。

「朝鮮出兵」のとき、伊達軍は派手な格好で身を固め、宗時は長さ2.7mの太刀を下げ注目を集めた。これを見た人々は派手好きな彼らを「伊達者（だてもの）」と呼んだという。

ヨーロッパまで渡った政宗の使者

支倉常長

はせくら つねなが ■1571年生～1622年没

PARAMETER

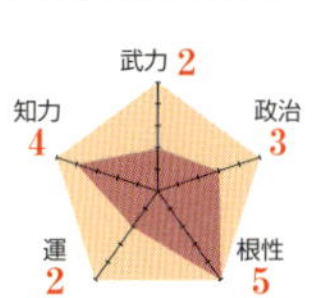

NATIVE PLACE

出身地［陸奥（むつ）］

illustration：中山けーしょー

スペインと通商条約を結ぶため渡欧

伊達政宗に仕えた武将。スペインとの交流を望んだ政宗の命令で、太平洋を渡ってスペイン領・メキシコへと旅立った。政宗は世界最強の海軍国だったスペインの軍事力を利用して、天下取りを狙っていたといわれる。

しかし、常長（つねなが）は通商条約を結ぶことができなかったため、今度は大西洋を越えてヨーロッパへ渡る。そしてスペイン国王に謁見し、キリシタンに改宗してローマ法王にも謁見するが、ここでも交渉に失敗して帰国した。

常長が帰国したとき、日本ではキリスト教は禁教となっており、常長も改宗を命じられる。7年にもわたる航海が無駄になったことに激しく落胆した常長は、2年後にさびしく亡くなったという。

第二章　一時代を築いた群雄たち【上杉家】

上杉家 UESUGI

没落した関東管領家から生まれた新たな上杉家

戦国時代に謙信が山内上杉家の家名を継いで誕生した上杉家。実力がありながら、守護大名の立場を守って領土をほとんど広げなかった、稀有な大名家である。

〈家紋：上杉笹〉

山内上杉家の紋で、祖先・勧修寺家の紋を簡略化した形。

上杉家の成り立ちとその系譜

■山内上杉家を継いで新たに誕生した上杉家

単に上杉家といった場合、上杉謙信を思い浮かべる方が多いと思うが、謙信はもともと長尾氏の一族である。ここでは、関東管領を務めた上杉一族と、謙信が上杉を名乗るにいたった経緯を解説したい。

南北朝の動乱を経て、新たに室町幕府を開いた足利尊氏は、関東を支配する行政府・鎌倉府を設置して、一族をトップに据えた。当時、鎌倉府へ赴任した足利氏の執事を務めていたのが上杉氏で、同時に関東へ移ったのち、足利氏の補佐役として関東管領となった。

上杉一族は4つの家に分かれ、そのうちの山内家と犬懸家が関東管領職を交互に分担したが、のちに犬懸家が謀反を起こしたため、関東管領職は山内家の独占となる。

ところが、「永享の乱」を契機に関東は乱れ、「享徳の乱」を経て戦乱の時代へ突入した。上杉氏では内紛が起こって弱体する一方で各地に戦国大名が台頭し、越後（現在の新潟県）では守護職の越後上杉氏を倒した長尾氏が伸張した。

のちに、房総地方を押さえた北条氏が山内上杉氏の上野（現在の群馬県）へ攻め寄せると、当主の上杉憲政は越後の長尾景虎（のちの謙信）のもとへ亡命した。憲政から山内家相続と関東管領移譲の話を受けた景虎は、幕府へ働きかけて内示を得たのちに関東へ出陣。その帰りに鶴岡八幡宮で関東管領就任式を行い、同時に山内家を継いで上杉を名乗るようになったのだ。

【上杉家略系図】

上杉重房—頼重—憲房—憲顕—憲方—憲定—憲基＝憲実—房顕＝顕定＝憲房—憲政＝❶景虎（謙信）＝❷景勝

—為景—能景—重景—頼景—景房—高景—景恒—景為—？—？—長尾定景

戦国時代における上杉家の興亡

■動乱の戦国時代を乗り切りなんとか存続

関東管領に就任した上杉謙信は、関東管領の権威を利用して越後をほぼ完全にまとめあげた。

この後、謙信は信濃（現在の長野県）の豪族たちの要請で、武田信玄と争う一方、北条氏に対抗する関東の諸大名の依頼で、関東へ進出して北条氏とも戦った。

謙信は数多くの合戦に出陣したが、あくまで幕府に忠誠を誓う臣下の立場を崩さず、常に大儀を重んじた。このため、唯一の例外である越中（現在の富山県）を除いて、上杉家の領土に大きな変化はない。

謙信が亡くなったのち、「御館の乱」を制した景勝が当主となる。「本能寺の変」ののち、景勝は豊臣秀吉の信任を得ることになり、秀吉の晩年には徳川家康と並ぶ東国の抑えとして、五大老に名を連ねた。

しかし、秀吉が死んだのち、会津（現在の福島県西部）へ転封となっていた景勝は越後回復の動きをみせ、上杉征伐の軍が起こされる。この結果、上杉家は大幅な厳封処分を受けたが、上杉家自体は存続を許された。

1557年ごろの上杉勢力

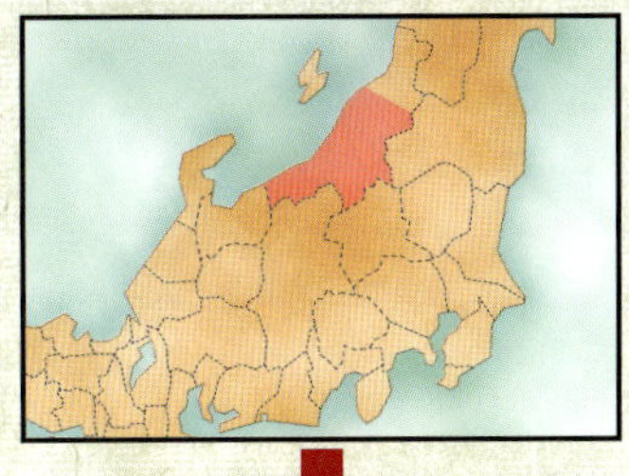

1576年ごろの上杉勢力

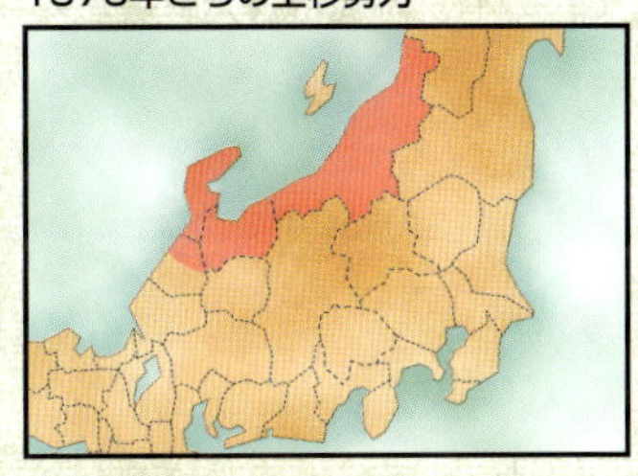

上杉家の対立勢力

徳川家 P.62
関東の政治的権限を手に入れたため、目の仇にされた可能性もある。

武田家 P.114
信濃は越後と隣接していたこともあり、川中島で数度に渡って戦う。

北条家 P.104
関東の覇権を目指したために、関東管領の謙信から介入を受けた。

上杉家の居城　春日山城

戦国時代有数の、難攻不落の城として知られる春日山城。当初の築城者は不明だが、南北朝時代に越後守護となった越後上杉氏が築城したのがはじまりともいわれる。

このののち、謙信の父である長尾為景が上杉定実を擁立して守護の上杉房能を追放すると、以後は長尾氏の居城となり、謙信、景勝と三代に渡って本拠地として使用された。この間、為景や謙信が本格的に整備・強化したことで、より堅固な城になっていったようだ。

春日山城は、戦国時代中期くらいまでは標準的だった、石垣を使用しない城で、春日山全体に曲輪や屋敷を配し、土塁や空堀で周囲を覆った大規模な城だった。１６０７年に廃城となり遺構が残るのみだが、近年になって毘沙門堂のほか、水堀や番小屋などが整備されている。

KASUGAYAMA CASTLE
DATA

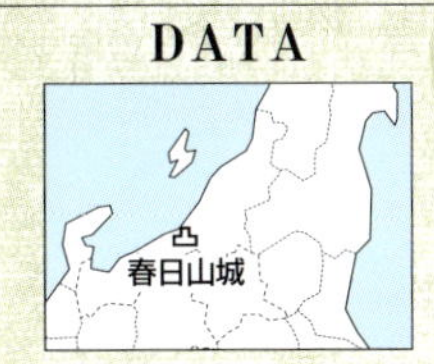

所在地：新潟県上越市中屋敷字春日山
別名：蜂ヶ峰城
文化区分：国指定史跡
築城者：不明
築城年：1346年～1370年ごろ
構造：連郭式山城

戦国最強と謳われた越後の龍

上杉謙信

うえすぎけんしん
■1530年生～1578年没

数多い戦国大名の中でも一、二を争う人気の上杉謙信。仏の道を歩んだからこそ宿した、秩序や義理を重んじる精神が人々を魅了してやまない。

PROFILE

1530年	越後守護代・長尾為景の末子として生まれる
1548年	長尾家の家督を相続
1550年	越後の国主となる
1553年	「川中島の戦い」が勃発
1561年	関東管領職に就任
1564年	「川中島の戦い」が終戦

illustration：誉

PARAMETER

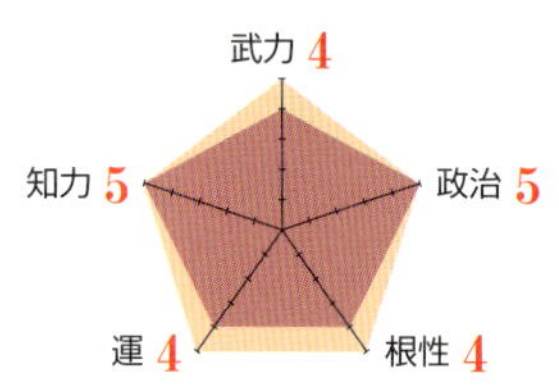

「川中島の戦い」のなか、敵本陣に乗り込んで武田信玄を斬りつけたという。

金山運営や海上交易で莫大な利益をあげ、越後民衆の生活水準を向上させた。

NATIVE PLACE

出身地［越後（えちご）］

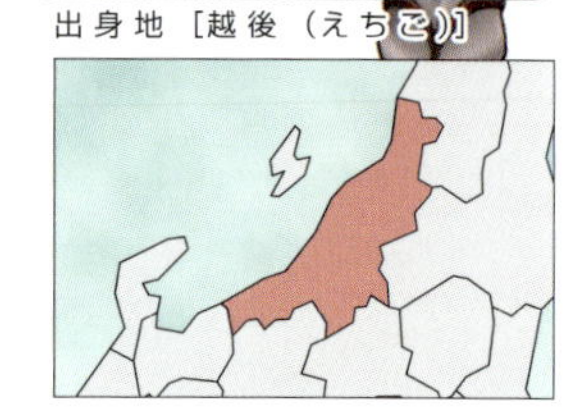

私利私欲を捨てた義なる聖将

■義なくして人の上に立たず

上杉謙信は勇敢にして廉潔な精神を少年期に培った。預けられた寺で学問や書道に打ち込み、御仏の心に触れることで土台を築く。その精神は戦国の苛烈な風にあたってもすくすくと育ち、群雄割拠の時代にあって私欲や野心は見られない。

敵軍の侵攻は抵抗するものの、領土拡大のための戦いは最小限にとどめている。私欲に駆られて血を流す諸大名とは、根本的な部分で違っていたのである。

そして謙信は、なによりも義を重んじた。それを端的に表したのが、「川中島の戦い」にて宿敵・武田信玄が今川氏真によって塩止めを受けたときの対応。普通の大名ならば、これ幸いと小躍りするだろう。敵の資源を絶つことは、兵法において至極当然の策なのだから。だが、公平な戦いを望む謙信のとった行動は、氏真の行為を卑劣と批判し、武田方に塩を援助するというものだった。後世に続く名格言「敵に塩を送る」は、その義なる行為から生まれたのである。

信玄の死を伝えられた際も謙信は号泣し、喜ぶ家臣団を大人げないと戒めたという。一方の信玄も、人を見る目は確かなものを持っていた。信玄は、敵であれど謙信の人格を称えており、死の直前には子の勝頼に「自分の死後は義理堅い謙信を頼れ」と遺言したのであった。幾度も刃を交えたもの同士、互いに通ずるものがあったに違いない。

■織田信長も畏怖する「毘沙門天の化身」

上杉軍は大戦力を有するわけではないが、いざ直接戦闘となると強力無比を誇り、「手取川の戦い」では織田信長軍をも軽々と撃破。その秘訣は、大名の謙信そのものにある。

戦場では自らが先頭に立ち、名軍師も舌を巻くほどに迅速かつ的確な用兵を采配したのである。その姿は「毘沙門天（四天王の一尊に数えられる武神）の化身」と畏怖され、天才の名をほしいままにした。事実、生涯数十回の戦いにおいて敗戦らしい敗戦は見あたらない。

そして当の謙信も自分を毘沙門天の生まれ変わりだと信じ、いかなる逆境にも果敢に立ち向かっていった。

上杉謙信と深い関わりを持つ武将たち

織田信長 P.14

謙信に一目置いていた信長は同盟関係の維持を望んでいたが、武田信玄の病没後、謙信は同盟を破棄。自らが盟主となって信長包囲網を築き上げた。

山本勘介 P.118

「第四次川中島の戦い」では、武田軍の名軍師・山本勘介が立てた策を謙信は完璧に看破。見事に敵の裏をかき、武田軍を崩壊に追い込んだ。

上杉景勝 P.98

謙信は生涯独身を貫き、4人の子はすべて養子であった。毘沙門天あるいは飯縄権現信仰の妻帯禁制を守ったことが理由ともいわれる。

北条氏康 P.106

「信玄と信長は頼みごとをするほど信頼を置けない。ただし謙信だけは、一度請け負ったら骨になっても義理を通すだろう」と氏康も謙信を賞賛した。

凛として爽やかな心意気

直江兼続

なおえ かねつぐ
■1560年生～1619年没

誰もが目先の利のみに飛びつく戦国の世にあって、義を貫くにはどうすればよいか、領民や家臣に対する愛をとは何なのかということを、正面から大真面目に考えた男。

PROFILE

1560年	長尾政景家臣・樋口兼豊の嫡男として生まれる
1581年	上杉景勝の家老職を務める
1583年	山城守を叙任
1598年	米沢30万石を賜る
1600年	「長谷堂城の戦い」で退却
1601年	徳川家康に臣従、米沢城下の事業にとり組む

illustration：すずき ちぇるな

PARAMETER

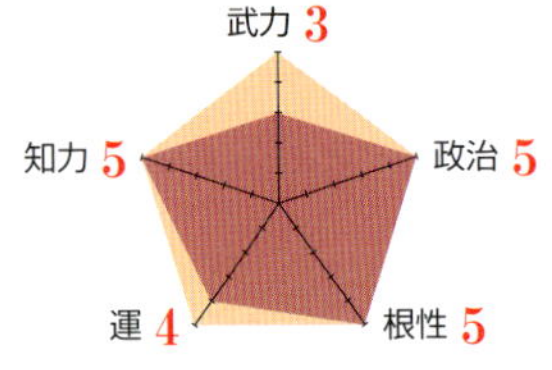

第九代米沢藩主・上杉鷹山は兼続の手腕に感服し、藩政改革の手本とした。

そこに義があるかぎり、天下の家康に喧嘩を売ることすら辞さない。

NATIVE PLACE

出身地［越後（えちご）］

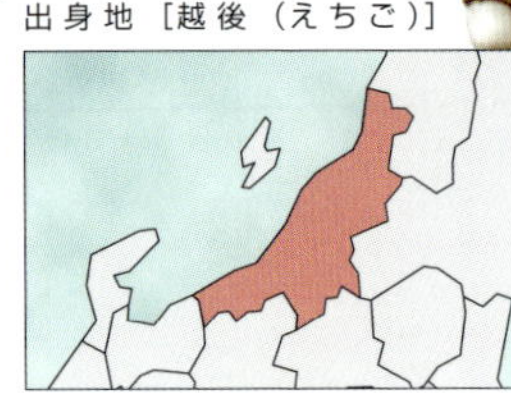

秀吉もうらやむ才気は義を貫くためにある

■天下の仕置きを任せられる男

前立に輝く「愛」の守護を受け、戦国の世に爽やかな風を吹き込んだ直江兼続。その才気は幼少から芽吹き、上杉謙信の実姉・仙桃院の推挙により上杉景勝の近習にとり立てられた。

仙桃院の眼力に狂いはなく、ほどなく景勝も兼続の資質に惚れ込んでいく。景勝の重臣・直江信綱が他界した際には、名門直江家の断絶を惜しみ、兼続を婿入りさせて直江家を継がせるほどであった。その後、兼続は内政・外交の大半を担当。内乱に揺れる越後が安定を迎えたのは、常に兼続が先頭に立って采配を振るった成果である。

そのような日本でも屈指の切れ者を、豊臣秀吉は「天下の仕置きを任せられる男なり」と評し、喉から手が出るほど欲していた。

そこで秀吉は豊臣姓や米沢30万石、山城守の地位などを提示し、家臣に据えようと策を弄した。だが、私欲と縁遠い兼続にとって、秀吉の引き抜き行為は悩むほどの案件ではない。かたくなに拒み続け、最後まで主君である景勝の補佐を務めたのである。

もし秀吉が兼続欲しさに景勝を暗殺したら、兼続は秀吉に臣従しただろうか？　きっと、景勝のあとを追って命を絶ったか、弔い合戦となったに違いない。

■徳川家康に敢然と立ち向かう

秀吉死後に徳川家康が台頭すると、兼続は家康との対立を決意する。豊臣家をこけにする家康を不義とし、謙信公より伝わる義の信念によって挑戦状を叩きつけた。

上杉家は軍備増強や領内の整備、城の改築に勤しみ、家康からの上洛要求を拒んだ。そして、謀反の兆しと家康が詰問したことに対し、兼続は強い意思を込めて返書した。「直江状」と呼ばれるその内容は「くだらないことで言い訳に出向く気はない。とがめたいのであれば、いつでも相手をする」といったものであり、露骨に喧嘩を売ったのである。

気丈なこの時代に武将はいくらでもいたが、家康にここまで言い切れるのは兼続ただひとりといえよう。

とはいえ家康の力は絶対的なものであり、ついには兼続も屈服を余儀なくされる。だが、最後まで上杉家を守るべく政治工作に尽くした。家康を激怒させたにもかかわらず、上杉家の処分が米沢30万石への移封で済んだのも、兼続の尽力あってこそである。

米沢においては譜代の家臣でさえ禄高が激減したが、兼続の人望は少しも色あせず、家臣のほとんどは上杉家を去らずに米沢へ移っていった。

家康に歯向かいさえしなければ、上杉家は大大名の地位を維持できただろう。しかし、兼続の心に後悔など微塵もなかったに違いない。義の人生をまっとうしたことが、兼続にとってどのような利にも代えがたい幸福だったからだ。

直江兼続と深い関わりを持つ武将たち

前田慶次（まえだけいじ）

P.30

最上義光軍との交戦時、「関ヶ原の戦い」での西軍敗北を聞いた兼続は自決を覚悟。だが慶次の説得で思いとどまり、無事生還を果たした。

石田三成（いしだみつなり）

P.46

上杉家・豊臣家の外交役として縁を持った兼続と三成。同年齢であり、出身の境遇が似ていたことから親密に。秀吉死後は志をともにし家康に牙を向けた。

越後流軍学の始祖

宇佐美定満

うさみ さだみつ

■1489年生～1564年没

紆余曲折の末、謙信に仕えたことが宇佐美定満の賢明な判断であった。「上杉四天王」の地位にのぼり詰めた定満は兵法の真髄を謙信に託し、怪事件とともに世を去る。

PROFILE

1489年	上杉定実家臣・宇佐美房忠の子として生まれる
1542年	長尾晴景に仕える
1548年	上杉謙信に仕える
1561年	第四次「川中島の戦い」に出陣
1564年	野尻池（現在の大源太湖）にて長尾政景とともに溺死

illustration：すずき ちぇるな

PARAMETER

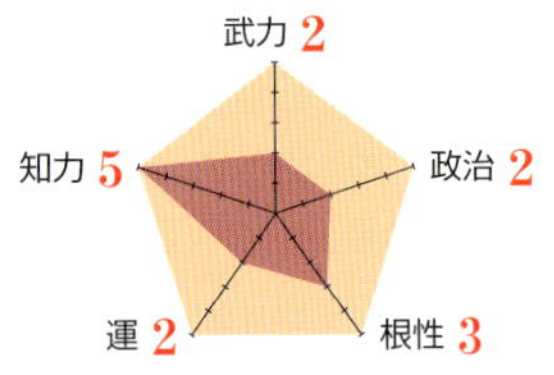

知力 5
目立つ功績は残していないものの、謙信の参謀を務めるだけの才知を備える。

運 2
謙信以前の主君はことごとく失墜し、溺死したことからも強運とは呼びがたい。

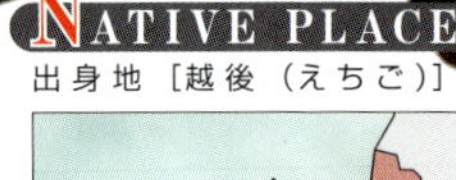

NATIVE PLACE

出身地［越後（えちご）］

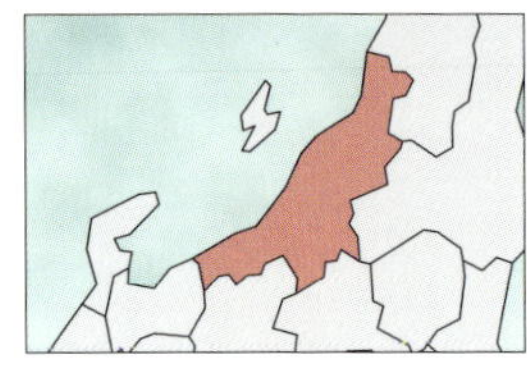

幼少より磨きをかけた兵法で上杉謙信を支える

■宇佐美定行のモデルは定満

宇佐美定満は「上杉四天王」に名を連ねる有能な軍師だが、定満に関する文献が少ないため、動向が明らかでない部分も多い。しかし、歴史ドラマなどでも人気を博す有名人で、そのきっかけは「宇佐美定行」という人物。17世紀、紀州藩に仕える軍学者の宇佐美定祐が、上杉謙信の軍法として越後流軍学を唱えた。その際、定祐は自身の先祖と称して宇佐美定行をつくり上げ、突出した才知を世に広く伝えていった。そのモデルになった人物こそが宇佐美定満なのである。

■謙信との出会いが人生を変える

もともと、宇佐美家の本拠は伊豆にあり、越後守護・上杉憲顕に従うため南北朝期に越後へ入国した。だが、戦国時代に突入すると上杉家の力は著しく落ち込み、長尾家が台頭の兆しを見せる。その土台を築いたのが、謙信の父・長尾為景であった。定満の父・房忠は兵法家として上杉家を支援するが、為景の猛攻撃により大敗。房忠も自害に追い込まれてしまう。そしてこのとき、命に別状なく逃げ延びたひとりの少年が定満であった。数年後、態勢を整えた定満は上条定憲に仕官。上条上杉家を再興すべく、また、父の仇をとるべく為景に挑んでいく。惜しくも結果は敗北に終わるが、為景の嫡男・長尾晴景に仕えることで新たな人生を踏み出した。

しかし、厚遇を受けられない不満からか、晴景と謙信が跡目争いを開始すると謙信に加担。父の盟友であった上杉政景が反乱を起こした際も、一貫して謙信の支持を続けた。そうして謙信の信頼も高まり、外様衆の中でも高い地位に位置づけされたのである。

その時期を境に、以後は目立った功績を残した様子がない。数多の越後武士の中でも才知は抜きん出ていたが、謙信の参謀になったがゆえに辣腕を活かしきれなかったのだろう。

■戦国史上に残る謎の溺死

定満の最期は戦死でも病死でもなく、池で溺死という珍しいものであった。水没事故の可能性もあるが、政景が一緒に命を落としたことから、定満が無理心中をはかったとされている。政景は謙信との対立を経て配下となり、以後は春日山城留守役を務めるなど忠誠していたように見えた。だが、謙信は政景に対してずっと、何らかの不安を抱えていたともいう。となると謙信による暗殺命令の線も浮上するのだが、寛大な謙信がそこまでするには明確な理由が必要なはず。つまり、政景が大事を起こす前に葬ってしまおうという、定満独断の謀殺が考えられるのである。

定満は所領も少なく、これから武功を立てようにもすでに70を超える高齢であった。そこで最後に華を咲かせるべく、命と引き替えに最後の秘策を打って出たのかもしれない。もはや誰も真実は解明できないが、定満はなにを思いながら沈んでいったのだろうか。

宇佐美定満と深い関わりを持つ武将たち

上杉景勝（うえすぎかげかつ） P.98

政景は景勝の実父であり、政景の妻は謙信の実姉であった。溺死事件が原因で、景勝は当主になったあと、宇佐美家を冷遇したという。

柿崎景家（かきざきかげいえ） P.100

定満は柿崎景家・甘粕景持・直江景綱とともに上杉四天王と呼ばれた。そのなかでも兵法に精通したのは定満だけで、四天王中でも貴重な存在といえる。

いぶし銀は多くを語らず

上杉景勝

うえすぎ かげかつ

■1555年生～1623年没

上杉謙信の養子として当主のあと目を継ぎ、上杉家を会津１２０万石にまで繁栄させた上杉景勝。絵に描いたようなエリート街道だが、その実は波乱にも満ちていた。

PROFILE

1555年	長尾政景の次男として出生
1564年	上杉謙信に養子入りする
1579年	「御館の乱」を制して上杉家当主となる
1595年	豊臣家五大老のひとりに任命
1600年	「関ヶ原の合戦」で東軍に属した最上義光や伊達政宗と交戦
1601年	米沢30万石に減移封される

illustration：すずき ちぇるな

PARAMETER

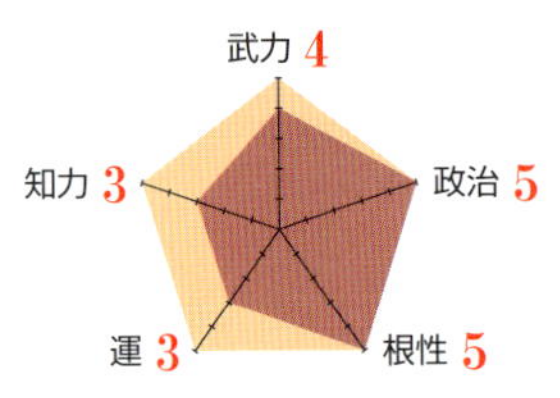

関東管領の位置づけで、豊臣政権と北関東諸領主の重要な橋渡しを担った。

「御館の乱」での劣勢に屈せず、権力者の徳川家康にも真っ向から立ち向かう。

NATIVE PLACE

出身地［越後（えちご）］

上杉家の繁栄と凋落を味わった確固たる信念

■名実ともに謙信の後継者

上杉景勝は坂戸城主・長尾政景と上杉謙信の実姉・仙桃院のあいだに生まれた子であり、確かな血筋を有していた。そして政景の死去により、春日山城に入って謙信の養子となったのである。ただし、政景は存命時に謙信と因縁があった。長尾家で長尾晴景と謙信の派閥抗争が起こった際、政景は晴景についていた。さらに、政景は謙信が家督を継いだことに不満を感じ、謀反を起こしたのである。最終的に政景は謙信に許されたが、景勝にしてみれば、父は芳しくない経歴を持つことになる。そこを謙信が温かく扱ってくれたのだから、この上ない恩義を感じただろう。確固たる意思をもって、忠誠を誓ったに違いない。

その後も強い意思で軍政に励み、謙信政権下で重役を担う景勝。375人の軍役を負担し、ほどなく上杉一門衆筆頭にも任命された。もちろん、謙信の養子という威光の影響ではなく、実力で勝ち獲った地位である。

順当にいけば謙信の後継者は景勝で文句のないところだが、謙信の養子の中には上杉景虎という有力者もいた。景虎は実績こそないが、北条氏康から送られた背景があった。その上、謙信は突然死だったために後継者を定めていなかったのである。そこで上杉家では、景勝と景虎のあいだで「御館の乱」なる熾烈な後継者争いが勃発。当初は北条のうしろ盾もある景虎に押されはしたが、上杉を継ごうという意気では景勝がはるかに勝っていた。豊富な資金を頼りに武田勝頼との同盟を実現させ、華麗なる逆転勝利を収めたのである。

かくして、めでたく上杉家の当主に収まると、景勝は名執政官・直江兼続と二人三脚で上杉家の安定を促す。豊臣秀吉が天下を握ったあとは数々の戦で大きく貢献をし、ついには会津120万石に君臨していった。

■上杉家の凋落を覚悟した意地

しかし秀吉病没後に、徳川家康が権力を握ったことで情勢は風雲急を告げる。そもそものきっかけは、家康が景勝の領内政策に不穏な動きを感じたことにある。家康は釈明の上洛を要求したが、上杉側に非がないことを主張する景勝は断固拒否。それを受け、家康は会津上杉征伐と称して打倒景勝を掲げたのである。景勝は己の義を主張し、徹底抗戦の構えを見せたのであった。

家康が「関ヶ原の戦い」に進路を変更したため直接対決はいたらなかったが、関ヶ原での家康勝利により景勝は観念し、家康に恭順する。その際、会津120万石から米沢30万石へ大幅な減封を申しつけられたが、最後まで義を通した景勝に未練はなかった。

天才の跡目を継いだ重圧からか、景勝は常に眉間に筋を立て、一度しか笑うことがなかったという。しかし、人心の掌握にかけては決して謙信に劣らず、義の心が欠けることもない。そうでなければ、兼続が心底惚れ抜く主君にはなれなかったはずだ。

上杉景勝と深い関わりを持つ武将たち

前田慶次 P.30

仕官を嫌った前田慶次だが、景勝と兼続の人柄に惹かれ、兼続の与力として上杉家に仕官。「天下に我が主は景勝のほかにはひとりもなし」と公言したという。

徳川家康 P.64

一時は敵となって討伐を決めたものの、家康も景勝の力は認めている。「大坂の陣」で景勝が大功をあげたとき「さすがは謙信公の血をひく武将」と賞賛した。

越後七郡に並ぶ者なし

柿崎景家

かきざき かげいえ　■生年不詳～1575年没

上杉謙信をして越後第一と言わしめた豪傑。謙信の膝元で一層の躍進が期待された矢先、景家に向けられた疑惑とは……。

illustration：
すずき ちぇるな

PARAMETER

武力 5
政治 4
根性 4
運 2
知力 3

NATIVE PLACE

出身地［越後（えちご）］

周辺諸国を震撼させた無双の将は不義の汚名を着て没す

■泣く子も黙る謙信麾下随一の猛将

柿崎家に生まれた柿崎景家は、長尾晴景に仕えたのち上杉謙信に仕官。３００騎の大将として重用され、あらゆる戦に出陣し武功を荒稼ぎしていった。いつしか、景家の名を聞いただけで敵は逃げ出すようになったという。

「第４次川中島の戦い」では先鋒の大役を務め、漆黒に彩られた景家軍団は武田軍を震え上がらせた。さらには敵本陣にまで斬り込み、屈強な武田軍本隊を壊滅寸前に追い詰めたのである。このとき、武田家軍師・山本勘介も討ち取っており、上杉軍きっての猛将として異を唱える者はもはやひとりもいなかった。

また、戦闘でこそ猪突猛進の景家だが、奉行職として政治駆け引きの手腕も発揮。その証拠に、北条家との同盟締結が穏便に済んだのも、景家の功績によるところが大きい。必然的に謙信からの信頼も厚く、ふたりの絆は永遠であると思われた。ところが……。

■謙信の疑心を招く信長への書信

景家の悲運は、上方へ馬を売りに出したことに始まる。その馬を織田信長が購入し、景家に礼品を送ったのである。このとき、一言でも謙信に報告すればよかったのだが、時として軽率でもあった景家はそれを怠った。そうして縁を持った景家と信長は、密やかに書信をやりとりして親交を深めていった。

しかし、ついに景家の行動は謀反の怖れとして謙信に伝わってしまう。景家にしてみれば謀反の意など毛頭なかっただろうが、事態を重く見た謙信はこれを内通と断定。有無を言わさず景家を死罪に処したのであった。普段は寛大な謙信が、なぜ景家に限って処刑を断行したのか。その謎は謙信の胸に秘められ、誰も知ることはできない。

illustration：
すずき ちぇるな

謙信公を支え続けた鬼神

斎藤朝信

さいとう とものぶ ■生年不詳〜没年不詳

「越後の鍾馗」と称えられる猛将は、政務にも秀でる知恵者であった。その功績は文句なく「上杉二十五将」に相応しい。

PARAMETER

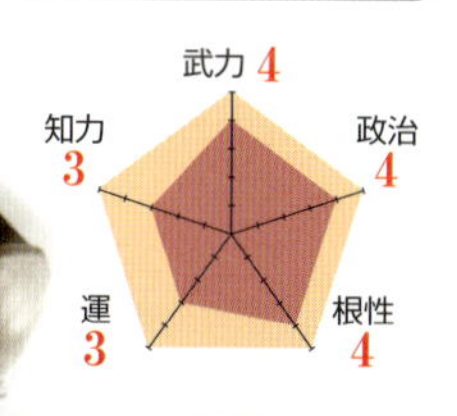

NATIVE PLACE

出身地［越後（えちご）］

謙信から勝ち得た信頼は景勝に引き継がれる

■政務軍務の両面から上杉家を支援

越後斎藤家は室町時代から赤田城を本拠に代々「下野守」を称し、奉行人として越後守護・上杉家に勤務。上杉家臣団の中では古い家柄であり、一度も離反することなく上杉家を支援し続けていた。その由緒ある家系の中、とりわけ有名なのが斎藤朝信である。朝信は上杉謙信政権下で政務奉行を務め、信頼度は家中でも最上に位置した。それは謙信の関東管領職就任時、柿崎景家とともに名誉の太刀持ちを任せられたほどであった。

政治手腕に長けると同時に武勇の誉れも高く、軍制上では隊頭も兼務。その勇姿は「越後の鍾馗」の異名をとり、戦を重ねるごとに諸国へ名を轟かせていった。「鍾馗」とは伝承上の鬼神を指し、前田利家や本多忠勝が旗印に用いたほどに偉大な象徴。その「鍾馗」に例えられることは、朝信にとってこの上ない名誉といえよう。その異名を汚すことなく、「川中島の戦い」や越中侵攻、関東出兵などの大舞台において、朝信はことごとく武功をあげた。越中侵攻時には２００の兵を率いているが、これは家臣団上位の規模であり、軍の中核を担っていたことを物語っている。

謙信が死去すると、上杉景勝と上杉景虎の家督争いが勃発した。その際、朝信は迷うことなく景勝を支持。持ち前の武勇をいかんなく発揮して景勝軍を勝利に導き、感状を頂戴することになる。さらに、武田勝頼との和平交渉をまとめ、景勝からも不動の信頼を得た。

織田信長の侵攻を受けたときも、朝信は名将の柴田勝家らを見事に迎撃し、その手腕が健在であることを示す。しかし、「本能寺の変」のころには老齢を理由に潔く隠居。その後は表舞台に立つことなく、栄光の思い出に浸りながらひっそりと暮らしたという。

激動に激動を重ねた反逆児

本庄繁長

ほんじょう しげなが ■1539年生～1613年没

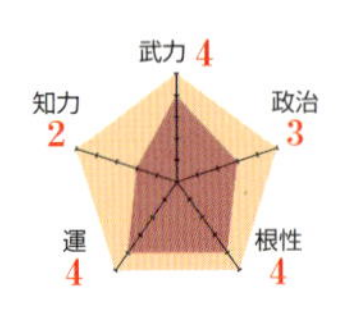

出身地［越後（えちご）］

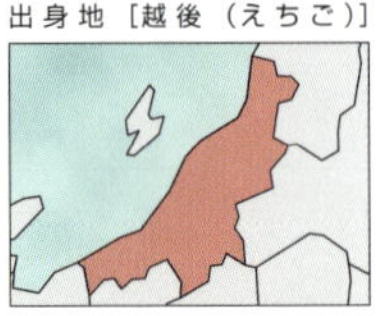

illustration：すずき ちぇるな

裏切りの人生を歩んだ阿賀北一の剛勇

上杉謙信（うえすぎけんしん）のもと関東出兵や「川中島（かわなかじま）の戦い」で幾多の功績を残した本庄繁長（ほんじょうしげなが）。「関ヶ原（せきがはら）の戦い」においては伊達政宗（だてまさむね）軍を一蹴したほどの武人であった。繁長には謙信も一目置き、事実、外様（とざま）国衆としては十分な優遇を受けていた。だが繁長は心から謙信を敬服していなかったようで、謙信を軽んずる発言が目立つようになる。そうして謙信の不興が高まる一方、自立の傾向が強いせいもあり、釈然としない日々を送っていた。

そんな折、武田信玄（たけだしんげん）の呼びかけに応じて反旗を翻す。とはいえ謙信には及ばず、絶体絶命の危機に陥る繁長であったが、寛大な謙信は繁長の帰参を許した。これで繁長は真の忠誠を誓うであろうと思われたが……。懲りない繁長は、今度は織田信長（おだのぶなが）の策略によって再び反旗を掲げてしまったのである。

華々しい出世を飾った上杉四天王

甘粕景持

あまかす かげもち ■生年不詳～1604年没

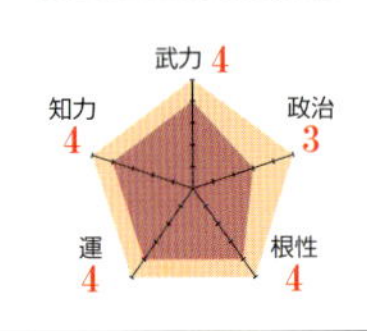

出身地［不詳］

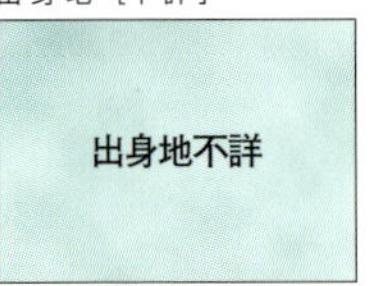

illustration：すずき ちぇるな

1万2千の武田騎馬隊を鮮やかに翻弄

もともと低い家柄の甘粕景持（かんかすかげもち）は、農兵に混ざりながら出世を夢見て戦働きに励んでいた。その勇敢な姿が上杉謙信（うえすぎけんしん）の目に止まり、努力のかいあって道が開かれたのである。そして、初名は長重（ながしげ）といったが、謙信（当時、長尾景虎（ながおかげとら））から1字を拝領し景持と改名。通常、国主の名を拝領できるのは重臣のみだが、景持はそれだけ高い評価を受けていたのである。

景持の名を広く知らしめたのは武田軍との「川中島（かわなかじま）の戦い」。劣勢を強いられた上杉軍が退却するなか、迫り来るのは高坂昌信（こうさかまさのぶ）率いる別動隊1万2千。それはいわずと知れた、戦国史上最強の武田騎馬隊であった。だが無名の景持がわずか1千の兵で抑え、鮮やかに殿軍（しんがり）をこなしたのである。その見事さに武田信玄（たけだしんげん）も「殿軍に謙信がいるのか」と舌を巻いたという。

三代に渡る長尾家の頭脳

直江景綱

なおえ かげつな　■1509年生～1577年没

PARAMETER

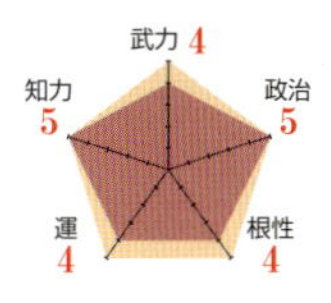

NATIVE PLACE

出身地［越後（えちご）］

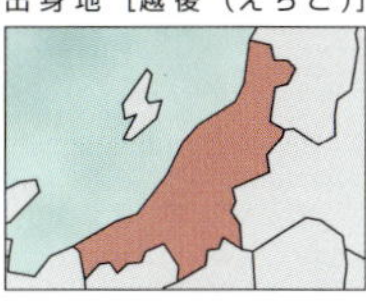

illustration：哉ヰ涼

老練な政治手腕で上杉家繁栄の礎を築く

直江兼続の義父として高名な直江景綱。兼続に劣らぬ政治手腕を誇り、長尾三代に仕えていた。とくに上杉謙信旗下では筆頭家老として政権の中枢を担い、一番の家臣と評されるまでにいたった。無骨者が多い長尾家にとって、景綱のような卓越したブレインは極めて貴重な存在だったのである。

ただし脆弱な頭でっかちではなく、武にも優れることが景綱の重要性を増した。七手組の隊頭として各地で従軍し、軍事においても謙信を力強く補佐したのである。「川中島の戦い」で武田信繁軍を敗走させ、殿軍を務めたことからも、その勇姿が窺えよう。老いには勝てず享年69にて病没を遂げるが、景綱はわずかな未練も残さなかった。己の才気を兼続が立派に引き継いだのだから。

越後に散った悲運の貴公子

上杉景虎

うえすぎ かげとら　■1554年生～1579年没

PARAMETER

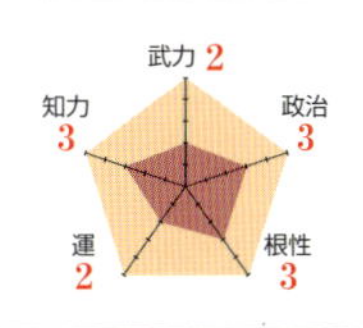

NATIVE PLACE

出身地［相模（さがみ）］

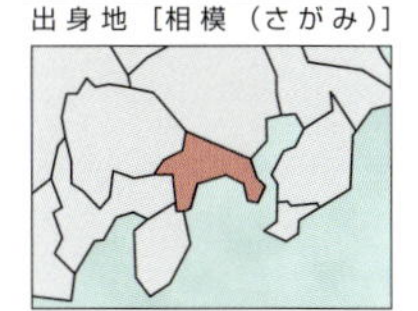

illustration：哉ヰ涼

関東覇権を争ったふたりの大名を父に持つ

上杉景虎は上杉謙信の養子のひとりだが、もとを正せば北条氏康の実子。上杉家と北条家が同盟が結んだ際に、人質として越後へ送られたのである。しかし謙信は自身の旧名「景虎」を名乗らせたり、春日山城に住居を与えるなど養子として手厚く迎えた。かくして、両国の同盟が破棄されたのちも、景虎は謙信のもとにとどまったのである。

人質とはいえ恵まれた境遇に満足していたが、謙信が没すると事態は急変。上杉景勝とのあと目争いにて死闘を余儀なくされるのである。本庄秀綱や北条高広といった有力者の支持を得た景虎は、北条家のうしろ盾もあって当初は勝利を確信した。だが、武田勝頼を味方につけた景勝の前に打つ手がなく敗れ去ってしまう……。享年26、早すぎる死であった。

北条家

HOU JYO

豊臣秀吉に最後まで抵抗した関東の覇者

今川氏の一家臣から将軍家を踏み台に独立勢力となり、関東に覇をとなえるまでになった北条家は、戦国乱世における下克上の、代表例のひとつといわれる。

〈家紋：三つ鱗〉

鎌倉時代の北条氏が使った紋をのちの北条氏が受け継いだ。

北条家の成り立ちとその系譜

■伊勢盛時が築いた北条氏の基盤

北条氏の祖といえば北条早雲が有名だが、これは後世になってつけられた呼び名で、本名は伊勢盛時という。

伊勢氏は備中（現在の岡山県西部）に領国をもつ一族で、盛時は室町幕府九代将軍足利義尚に仕え、将軍の直属軍を構成する奉公衆を務めるまでになっていた。

このころ、盛時の姉が今川義忠に嫁いでいたが、義忠が亡くなったのち後継者問題が浮上。盛時は、義忠と姉の子である竜王丸（のちの今川氏親）を支持して介入し、当主となっていた小鹿範満を討ち果たし、今川家中において氏親を支える中心的存在となった。

１４９１年、伊豆を分国とする堀越公方が亡くなると、家督を巡って内訌が発生。盛時は、幕府中央の次期将軍を巡る争いと連動して伊豆に乱入すると、堀越御所を攻略して堀越公方を簒奪した茶々丸を追放し、韮山城に入って本拠地とした。こののち、盛時は茶々丸を追い詰めて滅ぼすと、６年をかけて伊豆を平定したのである。

この間、盛時は扇谷上杉氏と縁があったことから扇谷、山内両上杉氏の内紛に介入し、山内側についた大森氏の小田原城を攻略して相模（現在の神奈川県）へと進出。以後、小田原城を拠点に相模一帯へ領土を広げていった。

このころ、関東一円では次々と争乱が起き、盛時は独自の路線を歩みはじめる。盛時が亡くなって氏綱が当主となると、本拠地を相模の小田原城へ移して領国支配を強化。改姓して、新たに北条氏が誕生したのである。

【北条家家系図】

伊勢盛継――盛経――教経――教久

盛経――盛定――盛時――❶北条氏綱

❷氏康―❸氏政―❹氏直

戦国時代における北条家の興亡

■広大な版図を築くが豊臣秀吉に敗れる

1516年ごろの北条勢力

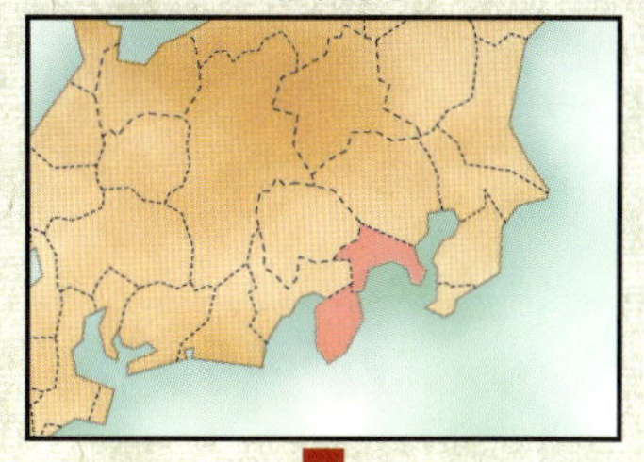

1570年ごろの北条勢力

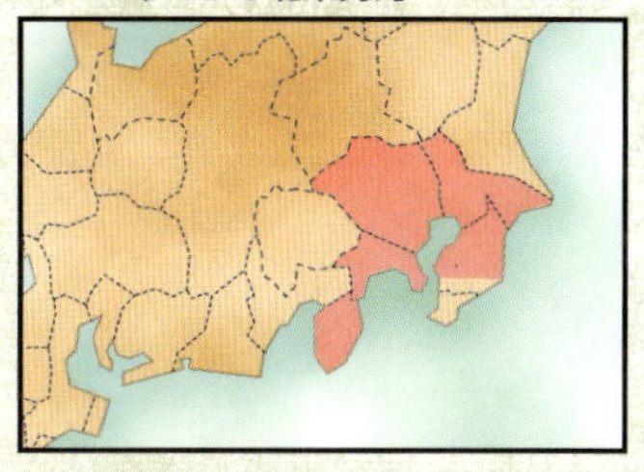

氏綱は領国支配の強化を行って地盤を固めたのち、次第に両上杉氏の領国を侵食。相模と武蔵（現在の埼玉県と東京都）周辺の豪族を徐々に服従させ、扇谷上杉氏の拠点である江戸城や本拠地の川越城を攻略する。さらに関東足利氏の内紛に介入して関東管領の地位も手に入れ、名実ともに関東最大の戦国大名となった。

氏綱のあとを継いだ氏康は、「河越合戦」で扇谷上杉氏を滅亡させ、山内上杉氏を追い詰めて上野（現在の群馬県）から追い落とした。さらに、近隣の武田氏や今川氏と三国同盟を結び、関東の諸勢力へ影響力を強めた。

こののち、北条家の領国は氏政や氏直へと継承されていくが、「本能寺の変」を契機に状況は急速に変化し、豊臣秀吉が西国の統一を果たした。

北条家は秀吉に臣従を表明したが、真田氏との領土問題を発端に「小田原攻め」が起こり、戦国大名北条家は滅亡。しかし、氏直はのちに豊臣家旗本として再出発し、北条家自体は明治維新まで生き残った。

北条家の対立勢力

上杉家 P.90

ともに唯一の関東管領であるとして譲らず、長く対立関係にあった。

足利家 

支配力を強める北条家に抵抗したが、戦いに敗れて従属する。

山内上杉家

上杉家の内紛時代から北条家と敵対したが、没落して越後へ逃れる。

北条家の居城　小田原城

北条家の居城である小田原城は、15世紀ごろに大森氏が築いたと考えられている。こののち、伊勢盛時が大森氏から奪取して、以後は北条氏の居城となる。

これに際して、小田原城には大規模な強化が施され、戦達者で知られる上杉謙信や武田信玄の侵攻すら退ける堅固な城となった。

最終的には豊臣秀吉の侵攻に備え、長期の籠城戦に耐えられるよう、全長9キロにも及ぶ大規模な総構えが構築されたが、圧倒的な物資を用意した秀吉の大包囲にあって開城を余儀なくされた。

江戸時代には規模を縮小され、明治時代に城内のほとんどの建物が解体されたが、のちに江戸時代末期の姿へ戻す計画が持ち上がり、復元が進んでいる。

ODAWARA CASTLE
DATA

所在地：神奈川県小田原市城内
別名：小峯城
文化区分：国指定史跡
築城者：大森頼春
築城年：15世紀中ごろ
構造：平山城

名門の地盤を築いた関東の雄

北条氏康

ほうじょう うじやす

■1515年生～1571年没

激動の関八州において、いかなる強敵とも対等以上に渡り合った北条氏康。「氏康の向疵」と称される勇猛の将は、家臣や領民を慈しむ人心の将でもあった。

PROFILE

1515年	北条家当主・北条氏綱の嫡男として出生
1541年	家督をついで北条家当主となる
1546年	「河越野戦」にて奇襲に成功
1554年	「甲相駿三国同盟」を締結
1559年	子・氏政に家督を譲って隠居、氏政との両頭体制を築く

illustration：藤川純一

PARAMETER

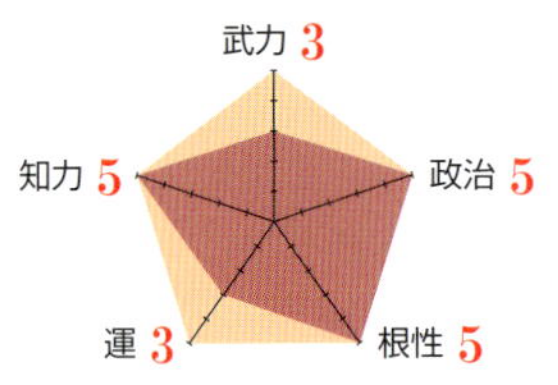

近代的な行政機構を確立し、領民からの評価も高い善政を打ち立てていった。

合戦時は生涯で一度も敵に背を見せず、受けた傷はすべて向こう傷であった。

NATIVE PLACE

出身地［相模（さがみ）］

家訓を大切に守ることで領土と人心を勝ち獲った

■ひときわ輝かせた北条家の栄光

「戦国時代の先駆者」と呼ばれる北条早雲から始まった、北条家の輝かしい歴史。早雲は伊豆に討ち入り、小田原城を攻め落とした。そして、その勢いに乗じた早雲の嫡男・氏綱は、小田原城を足がかりに関東に勢力を拡大する。その偉大なふたりの当主の意志を継ぎ、北条家に確固たる繁栄をもたらしたのが第三代目当主・北条氏康である。

氏康は元服すると早くも将たる才能を放ち、扇谷上杉家との攻防にて初陣を勝利で飾る。そして甲斐山中合戦、河越城攻略などで功を重ね、第一次国府台の戦いでは敵軍総大将・足利義明を討ち取るという値千金の大功をあげた。その後、氏綱の死去により家督を継ぐが、氏綱はわずかの懸念もなく氏康に北条家を託せたであろう。

当主となった氏康の知勇はますますの冴えを見せた。その代表が、後世に語り継がれる「戦国三大奇襲作戦」のひとつ「河越夜戦」である。山内・扇谷の両上杉氏と足利晴氏の連合軍が北条領に侵攻した際、敵軍８万に対して北条軍は１万にも満たず、圧倒的に劣勢であった。祖父と父が築き上げた栄光を捨てるわけにはいかない——そう奮起した氏康は起死回生の策を練り、領土を明け渡すという偽りの屈服を演出。そうして油断した敵軍に夜襲をかけ、ついには扇谷上杉氏を滅亡に追い込んだのである。

その後も卓越した先見力と政治手腕を振るい、武田家・今川家との「甲相駿三国同盟」を締結。武蔵、下総、上野などを手中に収めた氏康は、関東における北条家の地盤を揺るぎないものにした。また、45歳になると嫡男の氏政に家督を譲って隠居するも、まだまだ精力が尽きることはなかった。引き続き軍政の実権を掌握し、上杉謙信や武田信玄と熾烈な戦いを繰り広げていったのである。

■領民に誠実である善政の数々

誉れ高い武勇もさることながら、民政上の功績も氏康を語る上で欠かせない。全国の諸大名に先駆け、画期的な経済政策をいくつも施行したのである。まず、当主となった年から12年かけて相模、武蔵、伊豆方面で大規模な検地を展開。この「代替わり検地」により、広大になった北条領下で効率よく徴税することができた。また、当時は家臣個々の領地や所領高が明確でなく、軍役として負担すべき人数や物資に混乱が生じていた。そこに目をつけ、綿密な所領役帳を作成することで円滑な統制を可能にしたのである。

その他、税を段銭・懸銭・棟別銭の３種類に整理し、それ以外の税は徴収しないと明言。通貨の統一も進めるなど、氏康の政策はのちに諸大名がこぞって手本にしたほどであった。

北条家には「領民に対し誠実であること」が家訓として代々伝わり、氏康はそれを強く示した。氏康の死を聞いた領民の多くは、死を惜しむばかりに泣き崩れたという。

北条氏康と深い関わりを持つ武将たち

上杉謙信 P.92

謙信が小田原城を包囲した際、籠城戦で抵抗し撃退させた。その後、川中島にて疲弊した上杉軍を打ち破り、上杉軍の野戦における無敗記録に土をつけている。

今川義元 P.206

「甲相駿三国同盟」は、義元への侵攻を武田家の援軍により阻まれたことで考案。氏康は娘を義元の子・氏真に嫁がせ、信玄の娘を嫡男・氏政の正室に迎えた。

天下人に抗う関東最後の雄

北条氏政

ほうじょう うじまさ
■1538年生〜1590年没

北条家の繁栄に尽くした氏政は、決して愚君ではなかった。ただ一度、時勢を読み違えただけであった。そして氏政はすべての罪を背負い、無念の切腹を遂げる。

PROFILE

1538年	北条家三代当主・北条氏康の次男として生まれる
1559年	家督をついで四代当主になる
1580年	北条氏直に家督を譲るが、両頭体制として実権を握り続ける
1585年	下野や常陸に手を足を伸ばして勢力拡大に努める
1590年	「小田原征伐」にて豊臣秀吉に降伏、切腹の沙汰を受ける

illustration：藤川純一

PARAMETER

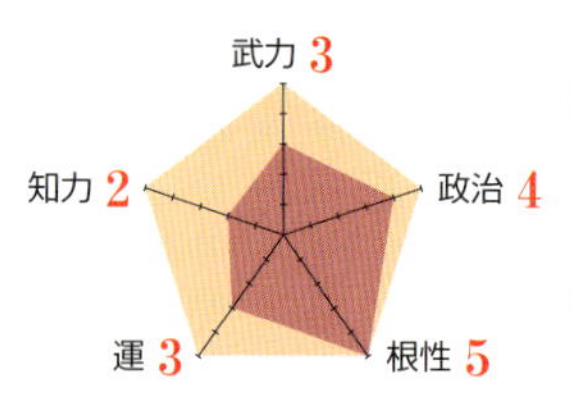

北条氏康の命ではあるが、民意を重視して検地や徳政を迅速にこなしている。

天下人となった豊臣秀吉の要求を足蹴にするとは、やたらと胆が座っている。

NATIVE PLACE

出身地［相模（さがみ）］

豊臣秀吉の力を見抜けず北条家の歴史が閉じる

■栄華と滅亡を両方手にした男

北条氏康のあと目を継ぎ、北条家の勢力を最盛期に導いた四代当主・北条氏政。立派な名君と呼べる功績にもかかわらず、世間における氏政の評価は低い。北条家が滅びたのは五代当主・北条氏直の時代だが、実質的には氏政が実権を握っており、滅亡を招いた直接的な人物として認識されるからであろう。

氏政は21歳にして家督を譲られるが、氏康はすぐに実権を放棄せず、存命中は父子の両頭体制を築き上げた。そうして氏政は氏康主導のもと、隣国の名だたる大名と肩を並べ、外交・軍事両面で対等に渡り合っていった。

氏康没後、嫡男の氏直が成長すると家督を譲るが、氏康に習い実権を掌握して氏直を牽引。臣従した織田家を一転して攻めたり、下野の侵攻に乗り出したりと、勢力拡大に積極的であった。その野心は実り、下野・常陸・駿河などを領国に加え、過去最大の２４０万石に達したのである。

しかし、豊臣秀吉が台頭すると氏政は時勢を見誤ることになる。秀吉から聚楽第行幸への列席を求められたが、秀吉を軽んじる氏政はこれを拒否。弟の北条氏規が名代として上洛し、どうにか事なきを得るが、秀吉の心証に大きく影響した。そしてついに、北条家臣・猪俣邦憲による真田家領の名胡桃侵攻が秀吉の敵意を表面化させる。秀吉はこれを反意とみなし、「小田原攻め」に乗り出したのだ。

なんといっても相手は天下人、戦力差は歴然だったが、氏政はいわゆる強硬派ゆえに徹底抗戦の構えを見せた。だがしょせんは多勢に無勢。重臣・松田憲秀の裏切りもあってあえなく全面降伏を迫られ、北条家の輝かしい歴史は幕を閉じる……。このとき、当主の氏直は助命されたが、氏政は北条家の討伐を招いた責任者として切腹を申しつけられた。

後世の創作ともいわれるが、氏政を表すとしてこのような逸話がある。食事の際に氏政が汁を飯に一度かけたが、足りなかったためにかけ足した。これを見た氏康は「汁の量も判断できない者が、領国や家臣を推しはかることなど無理である」と嘆いたという。

■妻を慈しむ温かい心

さんざんな評価を浴びる氏政だが、人間性には間違いなく温かみがあった。氏康が武田信玄と同盟を結んだ際、氏政は信玄の娘・黄梅院を嫁に迎えた。北条家は愛妻家が多いといわれるが、氏政も例外ではなかった。政略結婚とはいえ夫婦仲は極めてよく、多くの子をつくって仲むつまじく暮らしたのである。

だがある日、同盟の破綻を機に氏康はふたりに離婚を命じてしまう。当然氏政は抗議したが、当主として国家の情勢を無視するわけにはいかず、渋々と承諾。せめてもの気持ちとして、黄梅院に慰謝料を渡したという。のちに武田家との同盟が復活した際、すでに黄梅院は他界していたが、氏政は黄梅院の名で寺院を建立して手厚く弔ったのだった。

北条氏政と深い関わりを持つ武将たち

織田信長 P.14

武田勝頼と対立した際、上野・下野国衆が武田傘下に収まって劣勢に陥った。そこで、勝頼と信長の同盟を阻止すべく、氏政は先手を打って信長に臣従する。

上杉謙信 P.92

謙信が上野に進出すると、それを撃破すべく利根川で対陣。一向衆の問題から決戦を避けたい謙信を尻目に、氏政は上杉傘下の居城を攻め落とした。

illustration：七片藍

北条家繁栄の陰に風魔あり

風魔小太郎

ふうまこたろう ■生年不詳～1603年没

冷徹な暗躍で北条家を支えた風魔忍者の頭領・風魔小太郎。徳川家の服部半蔵と並び、戦国屈指の実力と人気を誇る。

PARAMETER

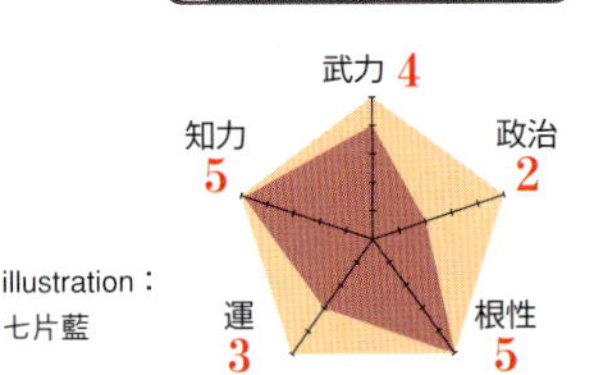

NATIVE PLACE

出身地［不詳］

出身地不詳

北条家断絶とともに道を失った最強の忍

■芸術の域に達した攪乱戦法

風魔小太郎とは特定の人物ではなく、北条家お抱えの忍者集団・風魔衆を率いる頭領に、代々継がれる名称である。風魔衆は相模足柄郡に拠点を持ち、北条早雲の時代から諜報・攪乱活動で大きく貢献した。その風魔の歴史においてもっとも名を馳せたのが、北条氏政・氏直父子に仕えた五代目小太郎であろう。

武田勝頼との激戦が繰り広げられた「黄瀬川の戦い」では、武田軍本陣の攪乱により北条軍を快勝へ導いた。常に発想の裏をかかれた武田軍は夜も落ち着いて眠れず、疑心暗鬼のあまり同士討ちまで引き起こされたのである。一方の武田軍も、小太郎を討つべく忍者集団の甲州乱破を風魔衆に紛れ込ませたが、「立すぐり居すぐり」という戦法を編み出した小太郎に隙はない。その戦法とは、小太郎が合言葉を発したとき、部下が対応した行動をとるもの。敵味方を瞬時に判別することで、無敗の攪乱戦を成し得たのだった。

■幾多の伝説を生み出した正体

小太郎は変装の名人でもあり、本当の姿は風魔衆の仲間であっても大半は見たことがないという。世間一般に伝わる描写は「身長約2.2メートルで筋肉隆々、目は吊り上がり、大きく裂けた口には4本の牙がある」というもの。明らかに人間とかけ離れた姿だが、小太郎に対する畏怖の念が、結果的にこのような想像をかき立てたということだろう。あるいは、正体をひた隠しにする小太郎が、情報操作のために流布させたのかもしれない。

北条家が滅亡し、豊臣秀吉の天下が到来すると、小太郎は風魔衆の生きる道が閉ざされたことを痛感する。江戸時代に入ると盗賊に成り下がり、処刑されたのであった……。

北条家臣最大の権力者

松田憲秀

まつだのりひで ■生年不詳〜1590年没

筆頭家老として北条家に尽くした松田憲秀。裏切り者の烙印を押されたこの男もまた、時代に飲み込まれた哀将であった。

illustration：ue☆no

PARAMETER

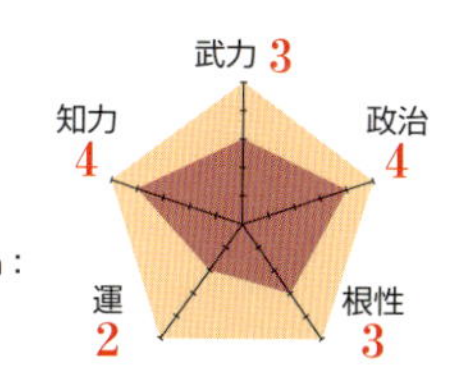

NATIVE PLACE

出身地［相模（さがみ）］

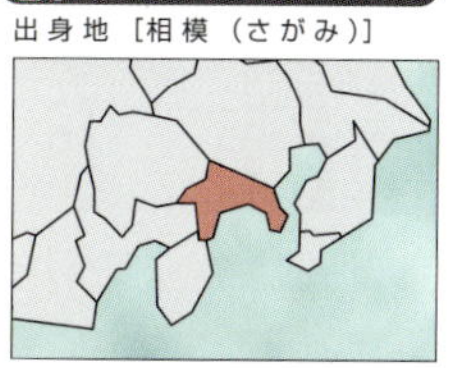

主君を裏切り 北条家滅亡の引き金を引く

■秀吉の権力に潰された筆頭家老

藤原鎌足を遠祖とする相模松田家は、代々北条家の宿老を担う名門。その第十代にあたる松田憲秀は、松田家史上最大の権力を握っていた。北条家臣の中で唯一、文書に印章を用いたことも、一国の大名に等しい格式を持つ裏づけといえよう。関東ではそれほどの評価を得ていた憲秀だが――関東を手中に収めようとする豊臣秀吉が彼の運命を変えた。

秀吉連合軍が「小田原攻め」を敢行した際、野戦で勝算が薄いことに憲秀はいち早く気づく。そして、有力者の北条氏邦ら野戦主張派に反対し、徹底的な籠城策を唱えたのである。確かに小田原城は、上杉謙信や織田信長さえ撃退せしめた実績があり、憲秀の判断は十分に賢明なものといえよう。事実、当主の北条氏政は籠城策を起用した。だが、秀吉の恐ろしいところは、武力行使だけでなく、北条家中に調略を忍ばせたところにあった。

多くの家臣が疑心暗鬼になり家中が揺れる中、これ以上の抵抗は無意味だと察した憲秀は苦悩する。そして憲秀がたどり着いた結論は、領地を手みやげにした秀吉との和平交渉。戦況を考えれば本来適切な策ではあるのだが、なにぶん独断で裏工作しようとしたのだから、目論見が露見するやいなや周囲が黙っていない。内通の意図はなかったにせよ、あえなく裏切り者の烙印を押されてしまう。

憲秀の内通疑惑は北条家の結束を崩壊させる決定打となり、北条家の全面降伏という形で小田原攻めは終止符を打った。かといって、憲秀の行為が北条家の敗北につながったわけではない。どのみち、とても勝ち目がなかったことは事実である。見方によっては、いたずらに味方の被害を増やさずに済ませた功労者ともいえよう。

「地黄八幡」の荒武者

北条綱成

ほうじょう つなしげ ■1515年生〜1587年没

PARAMETER

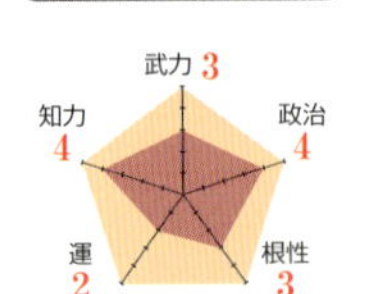

NATIVE PLACE

出身地［駿河（するが）］

illustration：ue☆no

8万の兵を相手に一歩も引かず

「八幡」と書かれた黄地の軍旗を掲げ「勝った！　勝った！」と怒号しながら突撃する北条綱成の勇姿は「地黄八幡」と称えられ、敵勢からは脅威の的となった。もとは今川家臣である福島家の一族だが、父・福島正成らの戦死により北条氏綱へ仕官。その勇猛さに氏綱はいたく惚れ、娘に婿入りさせると同時に、名の１字を与えるほどの気に入りようであった。

北条氏康の時代においても、氏康の親衛隊「北条五色備え」のひとりに任命されるなど、綱成は変わらず重用された。そして綱成も期待を裏切ることなく、「河越夜戦」では敵軍８万の猛攻を耐え抜き、氏康政権確立の立役者となっている。その際、綱成は討ち死にする覚悟もあったが、氏康は「綱成を死なせるわけにはいかん」と声を大にしたという。

教養と才気あふれる名政治

板部岡江雪斎

いたべおか こうせつさい ■1536年生〜1609年没

PARAMETER

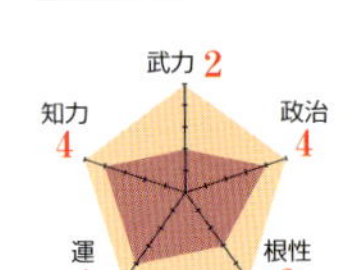

出身地［不詳］

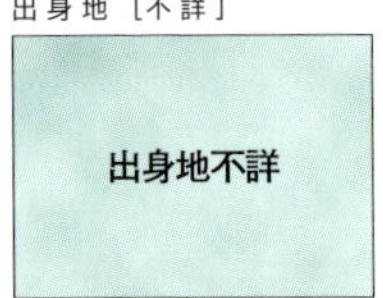

illustration：ue☆no

北条家滅亡を苦にせず活躍

和歌や茶湯にも通じた教養豊かな板部岡江雪斎は、才気を見出されて北条家重臣・板部岡康雄の後継者となった。そして北条氏康のもと内政・外交に手腕を発揮し、名奉行と評された有能な政治家である。

豊臣秀吉に拝謁した際には優れた外交能力を尊敬され、秀吉自ら茶を振る舞ったという。それが縁となり、北条家滅亡後は姓を岡野と改めて秀吉の御伽衆に転身。しかし秀吉没後、賢明な江雪斎は迷わず、豊臣家ではなく次代の権力者である徳川家康についた。その変わり身の早さはさすがだが、決してたんなる小判鮫ではない。「関ヶ原の戦い」で西軍の小早川秀秋に寝返りを決断させるなど、優れた知謀は最後まで失われていなかった。

由緒正しき軍政の達人

大道寺政繁

だいどうじ まさしげ　■1533年生～1590年没

PARAMETER

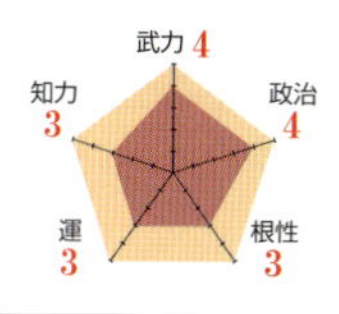

NATIVE PLACE

出身地［相模（さがみ）］

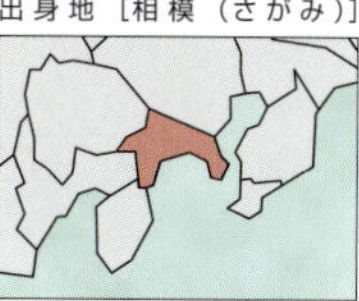

illustration：ue☆no

豊臣方に寝返った「御由緒家」

北条家には「御由諸家」と称される、北条早雲の盟友6人の家柄がある。その末裔である政繁は重臣中の重臣として氏康、氏政、氏直の三代に仕えた。軍政両方に長ける器用者で、政治面では河越城代として治水事業に励んだほか、掃除奉行という役職を新たにつくって町の美観にも貢献した。また、軍事面においては屈強な軍団である河越衆を統率。主要な合戦に必要不可欠な存在となった。

豊臣秀吉の「小田原攻め」が始まると要所の松井田城に籠城するも、前田利家らの大軍に押されて奮闘むなしく開城降伏。その後、政繁はあろうことか豊臣軍への参加を決意した。どのような考えがあったのかは知るよしもないが、御由諸家が敵方に寝返ろうとは運命の皮肉としかいいようがない。

戦国の荒波に飲まれた穏健派

北条氏直

ほうじょう うじなお　■1562年生～1591年没

PARAMETER

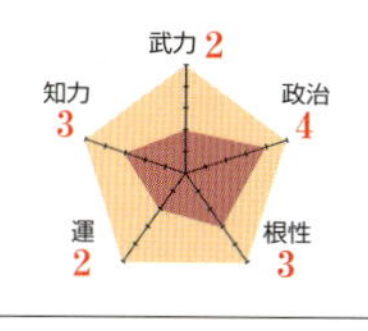

NATIVE PLACE

出身地［相模（さがみ）］

illustration：三好載克

御家の存続を第一に考えた外交戦略

父・北条氏政の隠居により北条家第五代当主に任命された北条氏直。氏直は争いを好まず外交戦略に重点を置くも、依然実権を握る氏政ら強硬派のあいだで北条家存続の道を模索した。武田家の遺領争いで徳川家との対立が深まると、徳川家康の娘・督姫を正室に迎えて同盟を結んだのがいい例である。

しかし、豊臣秀吉が私戦を禁じる「関東惣無事令」を発した際、家臣が真田家の支城を奪取し「小田原攻め」を招いてしまう。これは氏直にとって不本意な結果であり、全力をあげて釈明に奔走するも、事態は重く戦は避けられなかった。

秀吉への降伏後、家康の娘婿でもある氏直は助命され、高野山にて謹慎生活を送ることになる。このとき氏直は、自身の切腹と引き換えに家臣の助命を秀吉に嘆願したという。

武田家

TAKEDA

全国に名を轟かせた甲斐の名族

武門の一族として名高い清和源氏を祖とする武田家は、代々甲斐の地を根拠地とした名族である。「甲斐の虎」信玄を生んだ、武田家の興亡をみていこう。

〈家紋：割り菱〉

菱紋は清和源氏義光の流れを組む甲斐源氏でよく使われた。

武田家の成り立ちとその系譜

■清和源氏の流れを組む武門の名家

戦国の世には数多くの戦国大名が台頭したが、武田家は古くから甲斐（現在の山梨県）に根づく名門であった。1028年、房総地方で「平忠常の乱」が起きると、清和源氏一門の源頼信が甲斐守に任ぜられて鎮圧にあたり、武門の源氏として名を上げた。この後、頼信の一族は陸奥（現在の東北地方東部）で起きた1056年からの「前九年の役」や1083年からの「後三年の役」で奮闘。すべての反乱がおさまったのち、頼信の孫である義光が甲斐守に任ぜられて甲斐源氏が誕生する。

甲斐武田氏の祖はこの義光だが、武田を名乗るのは義光の曾孫・信義の代からである。信義が武田庄に館を構え武田太郎と号したことから、武田を名乗るようになるため、武田家としてみれば甲斐源氏四代目の信義が初代当主ということになるのだ。

信義は源平合戦で活躍し、鎌倉幕府の成立にも貢献。鎌倉時代が終焉を迎えると、時代は動乱を経て室町時代へと移る。第七代の武田信武は、足利尊氏の忠実な部下として活躍し、甲斐守護に任じられて甲斐武田氏の基盤が整った。しかし、十代・信満は1714年の「上杉禅秀の乱」に加担し、幕府から追討を受けて守護職を追われてしまう。この後、十一代の信重が再び守護として甲斐に戻るが、新興勢力の台頭や一族内での争いもあって武田家は弱体。影響力の低下は著しく、武田家による領国の統一は、十五代の信虎まで待たなければならなかった。

【武田家家系図】

源義光――義清――清光――❶武田信義――❷信光

❸信政――❹信時――❺信綱――❻信宗――❼信武

❽信成――❾信春――❿信満――⓫信重――⓬信守

⓭信昌――⓮信縄――⓯信虎――⓰晴信――⓱勝頼
（信玄）

戦国時代における武田家の興亡

■信虎に始まり勝頼で終わった武田興亡記

戦国時代へと突入したころ、十三代・武田信昌のもとでは後継者争いが生じ、隣国の駿河（現在の静岡県中央部と北東部）をおさめる今川氏や、伊豆を制した北条氏の侵攻を受けるなど、武田家をとり巻く状況は厳しかった。

しかし、十五代の信虎はこれらを見事に跳ねのけ、躑躅ヶ崎館を拠点に甲斐の統一をはかる。宿敵だった今川氏親が病死すると、信虎は和議を結んで脅威をとり除き、信濃（現在の長野県）攻略に着手。しかし、この戦が長引いたことから領民の心が離れ、息子の晴信（のちの信玄）によって追放された。

新たに当主となった信玄は、今川、北条と三国同盟を結ぶと、村上氏や小笠原氏の激しい抵抗にあいながらも信濃を攻略していった。今川義元が織田信長に討たれて今川家が衰退すると、武田家は駿河をも併呑して勢力を拡大する。しかし、信玄が病没し、あとを継いだ勝頼が「長篠の戦い」で大敗すると、一族の結束が崩れはじめて１５８２年に滅亡した。

1531年ごろの武田勢力

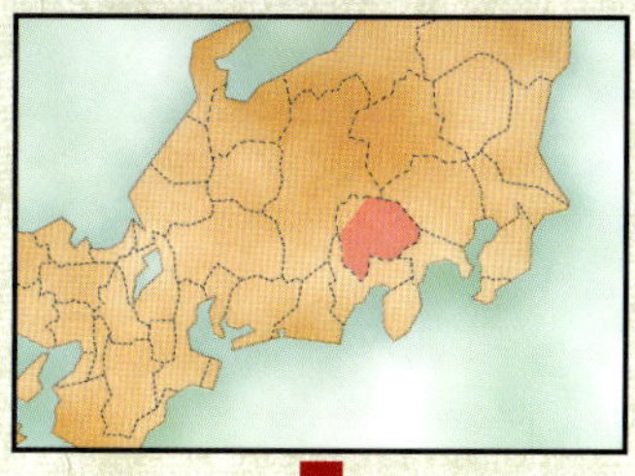

1573年ごろの武田勢力

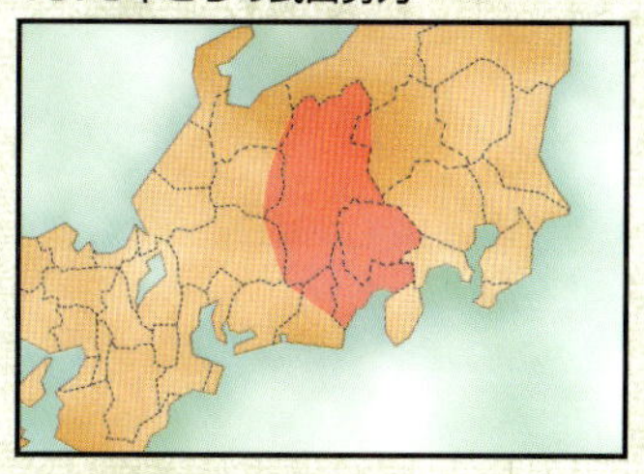

武田家の対立勢力

徳川家 P.62

信長と組み、進攻してきた武田勝頼を「長篠の戦い」で討ち破る。

上杉家 P.90

信玄のライバルとして、信濃北部を巡って川中島で何度も戦った。

村上家 

小笠原氏と組んで、信濃へ進出した信玄に抵抗。大いに苦しめた。

武田家の居城　武田氏館

歴史書などでは「躑躅ヶ崎館」の呼び名が一般的だが、国指定の史跡としての名称が「武田氏館跡」となっているため、ここでは武田氏館とする。

武田家は、鎌倉時代から甲府盆地の中心に位置する岩和を本拠地としていたが、笛吹川が氾濫するたびに水害にあうほか、平地で攻め込まれやすいことが難点だった。

このため、十五代の信虎は新たに武田氏館を築城して移り住み、以後63年ものあいだ、武田家の本拠地となった。

武田氏館は、甲府盆地が一望できる高台に建てられ、背後に要害山を抱えて防衛にも適していた。周囲には家臣の館や寺社が建てられていたほか、館を機軸に城下町も形成されていた。現在は武田神社が建てられており、中世の城郭跡として国の指定史跡となっている。

TAKEDASHI YAKATA

DATA

所在地：山梨県甲府市古府中

別名：躑躅ヶ崎館

文化区分：国指定史跡

築城者：武田信虎

築城年：1519年

構造：連郭式平城

戦国最強の軍団を率いた甲斐の虎

武田信玄

たけだ しんげん

■1521年生～1573年没

その悪政を見かねて父を追放して自ら甲斐の領主となった武田信玄は、「人は石垣、人は城」と呼ばれた人心掌握によって戦国時代最強の軍団をつくりあげた。

PROFILE

1521年	清和源氏の流れを汲む名門武田家に生まれる
1536年	元服、初陣
1541年	父・信虎を追放し、家督を継承する
1542年	諏訪を平定する
1547年	「甲州法度」を制定
1553年～1564年	越後の上杉謙信と五度に渡って激突
1564年	飛騨を攻略する
1572年	西上開始、「三方ヶ原の戦い」で徳川家康を破る
1573年	信濃駒場で病死

illustration：立澤準一

PARAMETER

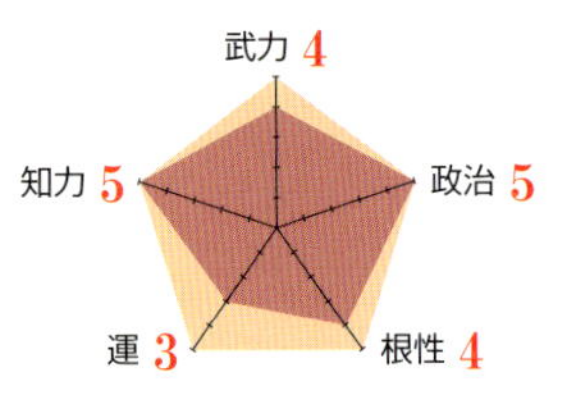

内政・外交とも戦国時代の武将のなかでトップクラスの能力を持っていた。

順調に信濃や上野などを手中に収めたものの、志半ばにして病に倒れた。

NATIVE PLACE

出身地［甲斐（かい）］

軍事力は国力の整備と、隙のない外交関係から築きあげた

■父を追放して家督を継ぐ

最強と謳われた甲斐の武田軍団を率いて織田信長をも恐れさせた武田信玄。その強さの秘密は領地経営と、家臣団の結束させたカリスマ性にあった。

元服した信玄は、甲斐の地盤固めが終わって信濃攻略を開始した父・武田信虎に従い、佐久郡の攻略で初陣を飾る。

才能を開花させていく信玄を見た信虎は、利発で自分に似ていない信玄を次第に疎ましく思うようになる。また、領内ではたび重なる軍役に対する不満が高まっていった。そしてついに１５４１年、信玄は家臣の協力のもと信虎を姻戚関係にあった駿河の今川義元のところへ追放し、自ら当主となったのである。

領内の人々に無理を重ねて功を急いだ父と違い、信玄は内政に力を注いだ。治水事業として「信玄堤」を築き、「甲州法度」によって領地の法秩序を整え、金山開発によって財政を固めた。内政に手腕を発揮することにより、国力を高め、武田24将をはじめとする家臣団の信頼を得ることができたのである。

また外交では駿河の今川氏、相模の北条氏と同盟関係を保ち、婚姻関係を結んでいた。信玄の外交は、背後を安全にし勝利を確実にしてから戦いを挑むというものであった。信玄はこうして信濃、諏訪、飛騨などを手中に収めることに成功し、兵法書『孫子』からとった「風林火山」を馬印とした軍勢は戦国最強軍団とされ、その名を轟かせたのである。

■上杉謙信との激闘

信玄に信濃を制圧された村上義清は越後の上杉謙信に援助を求め、謙信は信濃へ出兵して信玄と対決する。これが有名な「川中島の戦い」の発端であり、12年のあいだに主な対戦だけでも五度におよんだ。両雄の激突は犠牲も多く、「第四次川中島の戦い」では片腕の武田信繁や山本勘介が討ち死にした。信玄は、謙信のただならぬ強さを認識し、可能な限り正面からの戦いを避けている。そして周辺の豪族を合戦と調略をによってとり込み、ついに北信濃をほぼ手中に収めたのであった。信玄と謙信は北関東でも対決したが、ここでも信玄は優位にたち、上野を領有した。

■徳川軍を打ち破るも無念の病死

その後信玄は駿河へ侵攻して今川氏を滅ぼし、北条氏と対決するも和睦したのちは、いよいよ上洛に乗り出すことになる。遠江、三河への出兵を繰り返し、ついに信長および徳川家康と対決するにいたった。１５７２年には、信玄みずから大軍を率いて、西上を開始。家康の居城である浜松に近づき、「三方ヶ原の戦い」で信長・家康連合軍を蹴散らし、三河へ侵攻して徳川氏の諸城を攻め落とした。しかし翌年4月、三河野田城包囲の陣中で病床に伏し、甲府へ帰陣する途中の信濃駒場にて53歳で病死する。死後、信玄の遺言に従った信玄の子・武田勝頼によって喪は3年間隠され、本葬が営まれた。

武田信玄と深い関わりを持つ武将たち

上杉謙信

P.92

信玄と謙信は、信濃や上野で幾度も対決。速戦即決で臨む謙信に対し、信玄は長期戦を選択。「第四次川中島の戦い」では両雄が一騎打ちを演じたと伝えられる。

北条氏康

P.106

信玄は北条氏康と今川義元との三者で「三国同盟」を結び、南の安全をはかったうえで信濃を攻略。巧みな外交で北条氏が脅威とならないようにした。

謎に包まれた隻眼の天才軍師

山本勘介

やまもと かんすけ

■生年不詳〜1561年没

武田家の天才軍師・山本勘介は、身分に捉われない武田信玄にとり立てられ、足軽大将、軍師に重用されてゆく。その恩に報いるため、勘介は壮絶な最期を迎える。

PROFILE

？年	三河に生まれる
1536年	今川家へ仕官を望む
1543年	板垣信方の推挙で武田家に仕官
1546年	諏訪平定に尽力
1550年	砥石崩れ
1553年	海津築城
1561年	川中島で戦死

illustration：誉

PARAMETER

武力	3
政治	4
根性	5
運	3
知力	5

知力 5　諸国を回って兵法をものにし、武田信玄の軍師となった知力は並ではない。

根性 5　苦しい境遇から身を起こし、不自由な体で最期まで戦った根性は見事。

NATIVE PLACE

出身地［三河（みかわ）］

「風林火山」の旗のもと、数々の武勇と伝説を残す

■謎の出身と経歴

武田軍の軍師として知られる山本勘介は、江戸時代にまとめられた『甲陽軍鑑』で活躍が描かれているものの、あまりに謎が多く、実在すら疑う説まである。というのも出身から武田家に仕官するまでの経歴など不明な点が多いのだ。

先祖は今川家の旧臣で勘介は浪人して帰農していたともいわれる。若くして京都など諸国を回って築城術や陣法を学び、楠木流の兵法も会得していたという。諸国を修行していた勘介は、色黒で隻眼のうえ足も不自由。今川家に仕官しようとしたが、その形相から受け入れられることはなかった。

勘介が次に頼ったのが武田信玄であった。勘介の能力を見抜いた信玄は、その場で２００貫、兵卒25人を与えたという。勘介はその能力を発揮し足軽大将を任され、数々の合戦で活躍。海津城、小諸城の普請を手がけ、信玄が信濃へ侵攻した際には、９ヶ所の城を陥落させる功をあげる活躍を見せた。

勘介は兵法に秀でていたことから、信玄の軍師としても重用されるようになる。京から離れた甲斐にあって、諸国の事情を知る勘介が信玄の良き相談相手になったことは想像に固くない。

■天才軍師の最期

１５６１年の「第四次川中島の戦い」では妻女山に陣どった上杉軍を攻撃するために勘介は「啄木鳥戦法」を提案する。啄木鳥戦法とは軍勢を二手に分けて夜間のうちに別働隊を妻女山にいる上杉軍の裏手に接近させ、夜明けとともに攻撃を仕掛けるものである。奇襲に驚いた上杉軍が山をおりたところを、待ち構えていた信玄の本隊とともに挟み撃ちにして撃破してしまうというわけだ。

ところが上杉謙信は奇襲を察知し、武田軍の別働隊がまだ移動を終えていないうちに密かに妻女山をくだり、逆に信玄の本隊へ奇襲を加えてきたのである。武田軍は各個撃破の危機に陥った。

猛攻を加える上杉軍の前に、武田軍は劣勢となり、勘介は自分の作戦の失敗を悟る。自分を犠牲にして本隊を守ることを決意した勘介は、不自由な体にもかかわらず上杉軍に駆け入り、前後左右に近づく敵を切りまくり、敵陣の中で壮絶な戦死を遂げたといわれる。自分をとり立ててくれた信玄に対する勘介のけじめだったのだろう。

■謎の軍師の正体は？

甲陽軍鑑は資料性に疑問も多いため、勘介の行動や、実在までもが疑われるようになった。しかし「山本管助」の名が別資料にも登場することから、実在はしたのだろう。しかし、甲陽軍鑑に登場する「山本勘介」と同一人物なのか、あるいはそこに描かれているような活躍をしたのかはまったく謎で、今後の研究に期待したい。

山本勘介と深い関わりを持つ武将たち

武田信玄
P.116

人を大事にし、能力主義だった武田信玄は勘介の能力を見抜き、召し抱えることにした。以後勘介は水を得た魚のように死ぬまで信玄のために戦い抜いた。

今川義元
P.206

勘介の仕官を断ったとされる義元はさぞ悔しがったろう。しかし、すでに強力な勢力であった義元にしてみれば、浪人を召し抱える必要はなかったのだろう。

信玄も愛した美貌の青年武将

高坂昌信

こうさか まさのぶ

■1527年生～1578年没

農民の出ながら武田信玄にその能力を認められて出世を続けた高坂昌信は、その美貌から信玄に愛された。武勇・知力にも優れた名将は信玄最後の出陣に臨んだ。

illustration：鯵屋槌志

PROFILE

1527年	有力な農民の子として生まれる
1542年	信玄の奥近習衆となる
1552年	150騎を与えられ、侍大将に抜擢される
1556年	このころ海津城代に抜擢
1561年	「第四次川中島の戦い」にて上杉軍を崩し、苦戦に陥った信玄本隊の窮地を救う
1572年	信玄の西上に参陣する
1578年	謙信の死後上杉家との和平交渉にあたる最中に病死

PARAMETER

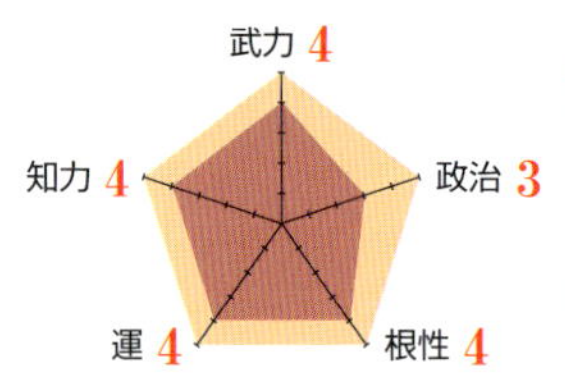

上杉謙信の越後に接した海津城にあって、時に越後に侵入する豪胆さがあった。

美貌に生まれたのは運だが、とり立てられてからは己の才覚で出世した。

NATIVE PLACE

出身地［甲斐（かい）］

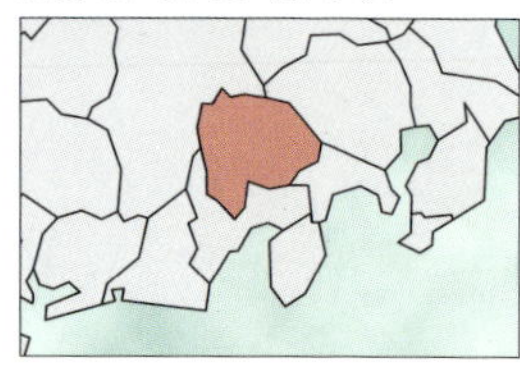

信玄のすべてを理解していた男

■信玄と身も心も通わせた青年武将時代

「武田の四名君」のひとりに数えられ、高坂昌信の通り名で知られる春日虎綱は、武田信玄・勝頼の二代に仕えた重臣であった。出自は有力な農民の春日大隅の子であったが、身分にこだわらない信玄が登用したのだ。

16歳で奥近習衆に選ばれた昌信は美しい少年で、信玄の寵愛を受けたといわれる。この時代、男が男を愛する衆道は決して珍しいものではないが、信玄の寵愛ぶりを証明するものとして、信玄が昌信に宛てた「ラブレター」が発見されている。

むろん昌信が有能、勇敢な人物であったことは間違いなく、信濃の平定において頭角を現し、１５５２年には侍大将にとり立てられて、重臣の仲間入りを果たす。のちに北信濃にあった海津城代に任ぜられ、対上杉謙信戦の最前線につくようになった。４５０騎から７００騎の手勢を率い、あるときには謙信の勢力下にある越後に侵攻して刈田狼藉を行うなどただならぬ武勇が伝えられている。

勇敢なだけではない。昌信は「逃げ弾正」の異名を持つが、これは決して無理な戦いはしないという意味だった。また、昌信は男にも女にももてたらしく、彼らの誘いから逃げていたことが由来という説もある。

１５６１年の「第四次川中島の戦い」では、妻女山を攻める別働隊の中心部隊を率いた。謙信が武田軍の計略を見抜いたために武田軍本陣は謙信の猛攻の前に危機に陥った。昌信は妻女山に置かれた上杉軍の殿軍をなんとか攻め崩し、武田軍の窮地を救った。

■上洛を開始した信玄と最期までともに

その後海津城主として謙信の動きに目を光らせ、長いあいだ北信濃の領国経営に務めていた弾正は、信玄とともに戦う機会が減っていた。

しかし、信玄が待望の上洛を開始することになると、北にあった昌信も、信玄の西上に参加することになった。信玄はこの大勝負に臨むにあたって、弾正をそばに置きたくなったのかもしれない。また、信玄と身も心もかよわせた昌信のこと、すでに信玄が病に冒されていることを察して最期までつき従う覚悟であったろう。

武田軍が「三方ヶ原の戦い」で徳川軍を蹴散らしたあと、浜松城に籠る家康を攻めるか、西上を続けるか判断しなければならなかった。このとき昌信は家臣の中で唯一西上を主張したという。これも信玄の死が近いことを察し、信玄の望みをまっとうさせるためであったのかもしれない。

■『甲陽軍鑑』の原書を遺す

江戸初期に集成された軍書である『甲陽軍鑑』は昌信の遺記を基に、書き綴られたといわれる。信玄の功績をたたえ勝頼に厳しいといわれる同書だが、それも昌信の信玄への想いからきているのかもしれない。

高坂昌信と深い関わりを持つ武将たち

武田信玄（たけだしんげん） P.116

武田軍団にあって、もっとも信玄と関係の深かったのが昌信だった。病をおして上洛を開始した信玄は昌信を呼び寄せて、昌信も信玄の死までつき添った。

武田勝頼（たけだかつより） P.126

昌信は信玄死後の武田家の将来を案じ、勝頼に諌言書を送るが、聞き入れられなかった。勝頼は、昌信を疎んじ、遠ざけていたとされている。

「赴くところ敵なし」武田軍団最強の男

山県昌景

やまがた まさかげ

■1529年生～1575年没

武田家譜代家臣の家に生まれた山県昌景は武田信玄の最重要の家臣のひとりとしてその力を発揮した。信玄の死後は勝頼を支え「長篠の戦い」にて壮絶な戦死を遂げる。

PROFILE

1529年	室町時代以来の武田家譜代家臣の家に生まれる。
1550年	使衆にとり立てられる
1565年	兄・飯富虎昌が謀反の疑いで処刑。飯富家は廃絶され、山県の名跡を継ぐ
1569年	尻城代に抜擢
1572年	「三方ヶ原の戦い」に参陣。家康軍を蹴散らす
1575年	「長篠の戦い」で戦死

illustration：三好載克

PARAMETER

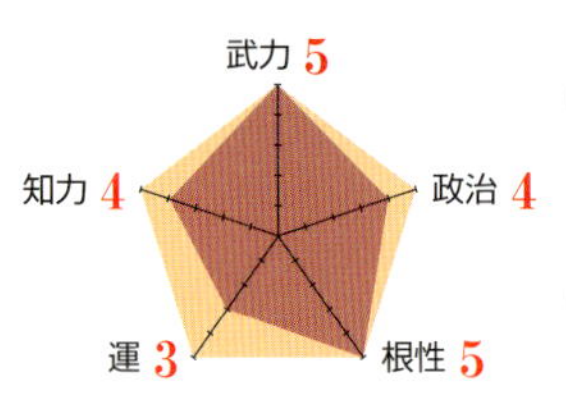

家康に死を覚悟させた男はそういない。家康は昌景の死後もその武勇を惜しんだ。

「長篠の戦い」では17発の銃弾を浴びるまで壮絶に戦った。

NATIVE PLACE

出身地［甲斐（かい）］

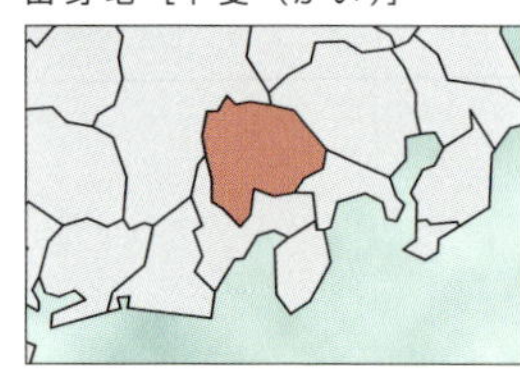

赤備えの騎馬軍団を率い、家康を最も震えあがらせた武将

■家康に死の恐怖を与えた男

主君武田信玄に「源四郎の赴くところ敵なし」と称えられた山県昌景は、武勇のみならず内政や外交など多岐に渡って活躍し、いわば信玄の分身ともいえる武将であった。

もとは飯富源四郎を名のっていたが、信玄と嫡子の武田義信の対立にて、兄・飯富虎昌が謀反の疑いで処刑され、以降山県の姓を名のるようになった。兄の謀反を信玄に伝えたのはほかならぬ昌景であったといわれる。

その後は信玄の片腕となって活躍。侍大将、譜代家老衆に列し、さらには武田家の重職である「職」を務め、内政で手腕を発揮する一方、駿河や相模などへの侵攻戦でも活躍した。

昌景は小柄な上に容姿も劣っていたといわれる。高坂昌信のような容姿の優れた武将には多少なりともライバル意識があったに違いない。昌景は信玄への忠義に燃え、戦場では全員が朱色の甲冑で揃えた「赤備え」と呼ばれた最強軍団を率い、鬼神のごとく戦った。

徳川家康と戦った「三方ヶ原の戦い」では、昌景率いる軍勢が徳川軍を散々に打ち破り、家康本陣に肉薄。のちに家康は「さても恐ろしきは山県」と昌景の猛攻ぶりを評したのである。信玄は直後に病に倒れるが、死に際して昌景、馬場信房、内藤昌豊ら 3 人の老臣に武田家のあとを託したのだった。

■小昌景最後の戦い

信玄の死後、昌景は武田家を継いだ若い武田勝頼を支えるが、武勲を焦る勝頼は昌景らの諫言を聞かず、織田・徳川軍に戦いを挑み、侵攻を開始する。

これを迎え撃った織田・徳川連合軍とのあいだに起こったのが、織田信長が無数の鉄砲で武田軍を打ち破ったといわれる「長篠の戦い」である。左翼に陣どった昌景は、織田・徳川連合軍の兵力が自軍より多く、しかも馬防柵に守られているのを見て、自軍が圧倒的不利であることを悟り、勝頼に退却を進言する。

しかし、勝頼の返事は「命が惜しいのか」という蔑みの言葉だった。これを聞いた昌景は激怒し、「我らは討ち死にするために出撃する」と言って織田・徳川連合軍の鉄砲隊に突撃したのである。

戦場となった設楽原は狭い平地であり、馬が駆け回れるような場所ではなかった。しかも季節は梅雨時にあたっており、地面はぬかるみ、人馬ともに脚をとられて自由に動けない。武田軍は圧倒的に不利な状況である。それでも昌景は敵の陣に対し九度突撃を敢行した。その間、17発の銃弾を浴びながら戦い続け、ついに壮絶な戦死を遂げた。

昌景の死は武田家の滅亡を10年早めたともいわれ、その死は敵味方を問わず惜しまれた。とくに家康は、昌景の旧臣を井伊直正の麾下とし、赤備えを復活させ、家臣の本多信俊の男子には本多山県という名を与えた。昌景の武勇が真のものであった証拠であろう。

山県昌景と深い関わりを持つ武将たち

武田信玄（たけだしんげん） P.116

重臣として信玄に仕えた昌景は、信玄の死に途方にくれた。「長篠の戦い」における戦いぶりは、信玄のもとへ急ごうとする昌景の想いがなさせしめたものか。

武田勝頼（たけだかつより） P.126

信玄の死後、昌景は駿府を任される。これは勝頼が重臣であった昌景を遠ざけるためであった。若い勝頼は功を焦るあまり、重臣の諫言を聞き入れなかった。

武田家三代を支えた宿老

馬場信房

ばばのぶふさ

■1514年生～1575年没

馬場信房は武田家三代に仕えた武将で、30年以上に渡り家老職を務めた。信濃・上野・駿河を転戦し、最後の戦いとなった「長篠の戦い」では老いた体で殿軍を統率。

PROFILE

1514年	甲斐教来石村の教来石氏に生まれる
1546年	譜代家老衆に列せられ、侍大将に抜擢。このころから馬場姓を名乗る
1550年	深志城代を任ぜられる
1559年	美濃守を称するようになる
1562年	牧之島城代に任ぜられる
1575年	「長篠の戦い」で戦死

illustration：鯵屋槌志

PARAMETER

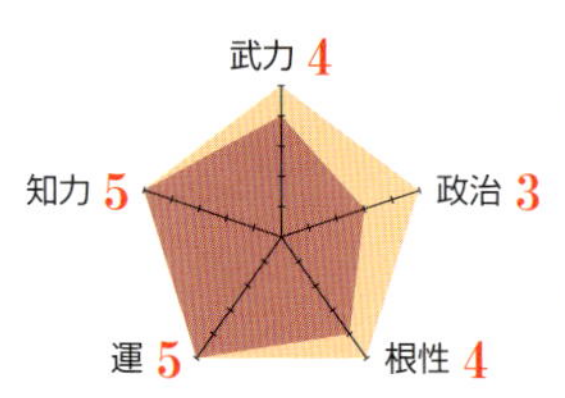

「武田の四名君」と呼ばれただけあって経験と、知恵はトップクラスだった。

生涯一度も負傷しなかった信房は武運に恵まれていたとしかいいようがない。

NATIVE PLACE

出身地［甲斐（かい）］

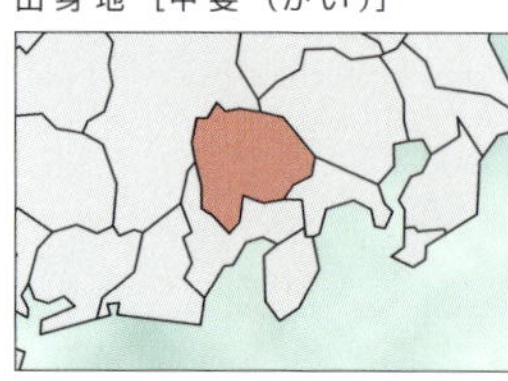

「長篠の戦い」に
死を覚悟して臨んだ62歳の老将

■武田三代に仕える

馬場信房は、武田家三代に仕えた譜代の家臣だった。とくに知謀に優れた名将といわれ、「武田の四名君」にも数えられる。その才能は「一国の太守の器量人」とまで称された。

もともと土岐氏の一族だった教来石氏の出身で、信虎が追放されて信玄が家督を継ぐことになると信玄によって侍大将に抜擢され、この際に、馬場姓を名乗るようになる。

家督を継いだばかりの信玄にとって、自分より７歳年上の信房は大いに頼りになる存在となった。その後信玄が戦った多くの戦役においても、信房は信玄が最も信頼を寄せた武将のひとりである。

信濃攻略に功をあげ、一説によると諏訪に３年潜入して情勢を探るようなこともしたという。その後の上杉謙信との戦いにおいても目覚しい戦いぶりを見せ、１５５０年には深志城代に抜擢、１５５９年からは美濃守を称するようになる。１５６２年には北方最前線の牧之島城代となり、謙信に対し、にらみをきかせる役目を命じられる。

こうした数多くの戦いに参陣したにもかかわらず、信房は負傷したことがないどころか、かすり傷すら生涯一度も負ったことがなかったという。信房の武勇もさることながら、類まれな武運にも恵まれていた証拠である。

■軍規に厳しい宿老

のちに信玄と嫡子の武田義信が対立し義信が死においやられた「義信事件」が起き、飯富虎昌が亡くなると、信房は山県昌景とともに武田家宿老衆の中の両輪となった。

信房は武人として厳格で名誉を重んじる性格であった。信玄が今川家勢力下の駿河に侵攻した際、信玄は今川家が収蔵していた貴重な美術・工芸品を奪うよう命じる。ところが信房は、「敵の宝物を奪う行為は武士にあるまじきことで、野党・盗賊の類のすることだ」と言ってすべて火の中に放り込んでしまった。報せを聞いた信玄もこれには苦笑いを浮かべるしかなかったという。

勝頼が武田家の家督を継ぐと、信房は昌景とともに勝頼を支え、さまざまな諫言を試みた。しかしすでに老齢に差し掛かっていた信房の諫言を勝頼は聞き入れることなく、家臣たちの反対を押し切り、織田・徳川との交戦を決意。信房も62歳という老齢に達していたにもかかわらず参陣を決めた。

運命の「長篠の戦い」は武田軍の大敗北となり、死を覚悟した信房は、殿軍を引き受ける。信房は前進と後退を繰り返して追っ手を食い止め、老骨に鞭打って奮戦するものの織田軍の勢いに負け、やがて力尽きる。勝頼が戦場から逃げ延びたのを見届けた信房は丘にのぼり、「われは馬場美濃守信房である。討って手柄にするがいい」と叫んだ。敵勢が押し寄せるが、信房は刀を抜くこともなく、敵に討ち取られた。のちに織田信長は信房を「世に類なき名将」と称えたのだった。

馬場信房と深い関わりを持つ武将たち

山県昌景

P.122

信玄より７歳年上の信房と、８歳年下の昌景は武田家の両輪となって働いた。堅物の信房と、強面の昌景の存在は武田家になくてはならないものだった。

武田勝頼

P.126

自分より30歳も年上だった信房の諫言や忠告は勝頼には小言のように感じられたのだろうか？勝頼はすなおに従う長坂光堅らを重用してしまう。

武田家と滅亡した悲運の武将

武田勝頼

たけだ かつより

■1546年生～1582年没

信玄のあとを継いだ武田勝頼は、信玄を支えた旧家臣団との信頼関係に悩んだ。偉大な父を超えなければという勝頼の焦りは、武田家を滅亡に導いてゆく。

PROFILE

1546年	武田信玄の四男として生まれる。母は信濃の豪族であった諏訪頼重の娘・諏訪御寮人
1562年	諏訪の名跡を継ぎ、諏訪勝頼を名乗る
1571年	武田家の嫡子となる
1573年	信玄の病没にともない武田家の家督を継ぐ
1575年	「長篠の戦い」で敗北
1582年	天目山にて自刃

illustration：誉

PARAMETER

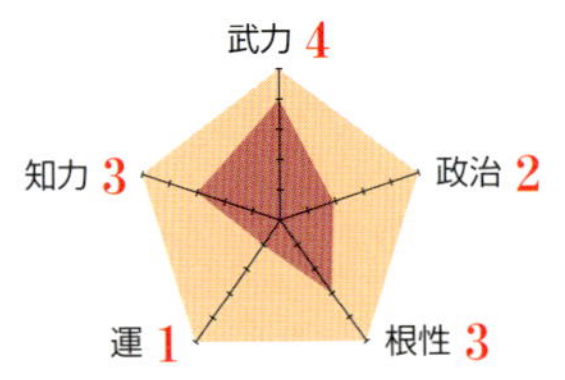

重臣の心配をよそに一騎駆けで突進する勝頼の武者ぶりは勇ましかった。

勝頼が家督を継いだのは運がよかったのではなく、悲運を背負うためだった。

NATIVE PLACE

出身地［甲斐（かい）］

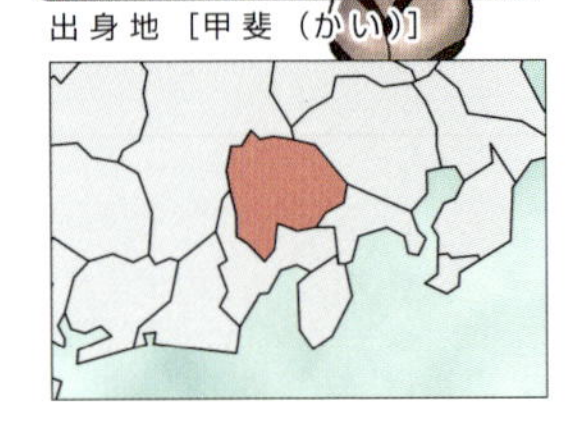

偉大な父を追って墜落した悲運の青年武将

■ピンチヒッターで武田家を継ぐ

武田勝頼は武田信玄の四男として生まれた。母は信玄が滅ぼした諏訪頼重の娘・諏訪御寮人である。そもそも四男である勝頼が信玄の後継になる可能性は小さかった。かつての敵であった諏訪家の血を引く勝頼が、武田家に復讐するのではと心配されていたからである。勝頼は元服を済ませると、諏訪姓を名のるが、これは信玄が征服した諏訪衆に武田家に忠節を誓わせようというものだった。勝頼の名前に「信」が使われておらず、頼重の「頼」が入っているのも、勝頼が諏訪衆を継ぐためのものだった。

一門として武田本家を支えるのが使命だった勝頼の運命を大きく変えたのが「義信事件」である。信玄の嫡男であった義信が謀反を企んだとして幽閉され、のちに死に追いやられたのだ。信玄の次男・信親は盲目であり、三男・信之はすでに早世していた。こうして勝頼は武田家の嫡子となる。

突然の変化に勝頼が十分適応したとはいいがたい。そして若さゆえの力み、認められたいという焦り、すぐに信玄と比較する古くからの家臣たちへの反発といった勝頼の複雑な感情が武田家に亀裂を生んでゆく。

■築けなかった旧家臣たちとの信頼関係

１５７３年、信玄が上洛の途中病死する。信玄は自分の死を３年隠せと遺言するが、信玄の死はたちまち諸国に知られることとなり、三河の長篠城を徳川家康に奪い返される。勝頼もおとなしくしている気はなかった。

翌年には、美濃に侵攻して織田方の諸城を攻め落とし、次に遠江に侵攻して信玄も攻略できなかった高天神城を攻め落とした。

勝頼はこれに自信を持ったに違いない。むしろそれは自信から過信へと変わった。その後三河に侵攻して長篠城を奪回しようとする。

織田信長と家康はただちに長篠城救援に出陣する。織田・徳川の連合軍と武田軍は設楽原で対峙した。兵力は圧倒的に織田・徳川連合軍が勝っていた上、三河に突出してきた形の武田軍は後方もおびやかされていた。

勝頼はこの戦局を打破するためには織田・徳川本隊と決戦し短期で勝敗をつけるしかないと考えた。なにより、ここで兵を引いたら周囲は自分をどう思うであろうか？

しかし勝頼は織田軍の鉄砲隊の威力を見くびっていた。突撃する武田軍は織田軍が設置した馬防柵に阻まれ、そこに織田の鉄砲隊が次々と弾丸を放つ。山県昌景、馬場信房、内藤昌豊など武田家を支えたそうそうたる武将たちが野に屍をさらしてゆく。重臣たちの多くを失った武田家は求心力を失い、徐々に家中も分裂。謙信の死後上杉家の家督を継いだ上杉景勝と同盟するも、北条とは敵対関係に陥るなど、外交もうまく回らない。

やがて家臣の裏切りが相次ぎ、織田・徳川に攻められた勝頼は、最後は小山田信茂の裏切りにあい、天目山の戦で自刃した。

武田勝頼と深い関わりを持つ武将たち

武田信玄（たけだしんげん） P.116

軍事・内政・外交すべてに才能を発揮した信玄だが、後継者問題には苦労した。義信を死に追いやり、勝頼を後継にしたものの、教える間もなく世を去った。

内藤昌豊（ないとうまさとよ） P.130

勝頼が家督を継ぐと、家臣たちは、二派に分裂する。勝頼は、旧家臣をないがしろにする気はないという内容の起請文を昌豊に送った。

主君への裏切りの末に訪れた悲劇

小山田信茂

おやまだ のぶしげ ■1539年生～1582年没

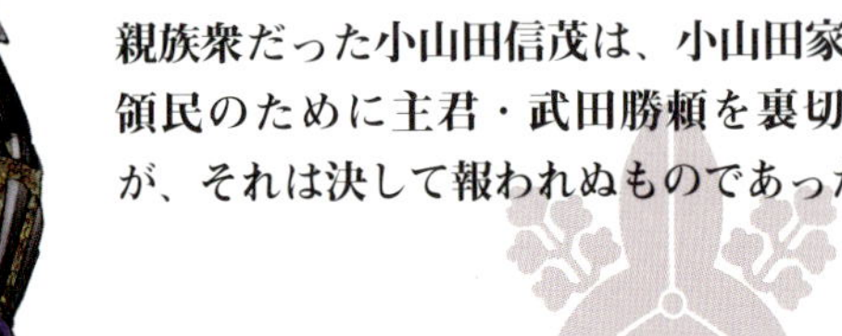

親族衆だった小山田信茂は、小山田家と領民のために主君・武田勝頼を裏切るが、それは決して報われぬものであった。

illustration：海老原英明

PARAMETER

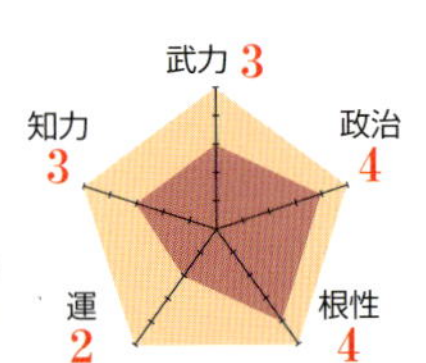

NATIVE PLACE

出身地［甲斐（かい）］

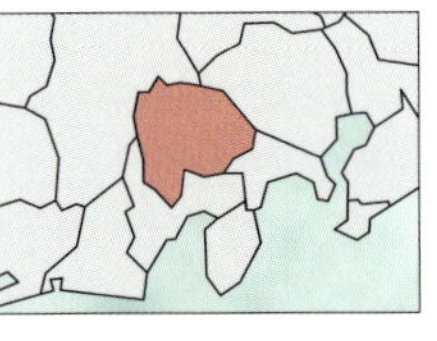

信玄・勝頼の二代に仕えるも、最後は裏切らざるをえなかった武田家親族

■苦悩の末に勝頼に謀反

衰退激しい武田家にあって武田勝頼を最後に裏切ることとなる小山田信茂。その苦悩は並大抵のものではなかった。

小山田家は関東平氏の流れを汲む家系で、ある程度武田家を独立した存在だった。武田氏とは南北朝時代から姻戚関係を結ぶなど深い縁で結ばれており、信茂の母も武田信虎の妹であったので武田信玄とは従兄弟になる。信茂は信玄、勝頼の二代に仕え、親族衆の中でも実力者と見られるようになった。

信玄の死後は勝頼を支え、さまざまな諫言を行う。そして「長篠の戦い」に出陣するのである。山県昌景ら、次々と仲間の重臣たちが討ち死にしてゆくなかで、信茂は死ぬわけにはいかなかった。信茂は郡内の家臣や領民を預かる身であったからだ。

信茂は長篠の戦いのあとも勝頼を支え続け、武田家が上杉家と同盟を結ぶ際には交渉役にも抜擢される。しかし１５８２年、信長の甲斐侵攻が始まると、勝頼に反旗を翻す家臣も現れ始める。窮地に陥った勝頼に、信茂はまだ忠誠を尽そうとした。そして勝頼に、新府城を捨てて自分の居城である岩殿城に入るよう勧めたのである。このとき真田昌幸が上州への逃亡を進言したが、勝頼は信茂の意見に従った。

ところが一足先に岩殿城に戻った信茂を待っていたのは親族や家臣たちの反対であった。勝頼を城に受け入れては、小山田家が滅びるというのだ。信茂は苦悩し、悩みぬいた末に決断した。郡内の入り口である笹子峠で勝頼を裏切ったのだ。その後信茂は、織田信忠に和を乞うが、相手にされなかった。そして信茂ははりつけにされ、無残な最期を遂げる。裏切ったことへの報いであったろうか。

illustration：誉

武田家に仕えながらも牙を磨ぐ
木曽義昌
きそよしまさ ■1540年生～1595年没

名門木曽氏に生まれ、武田信玄に降伏した木曽義昌は、武田家に仕えながらも反逆のときを待っていた。

PARAMETER

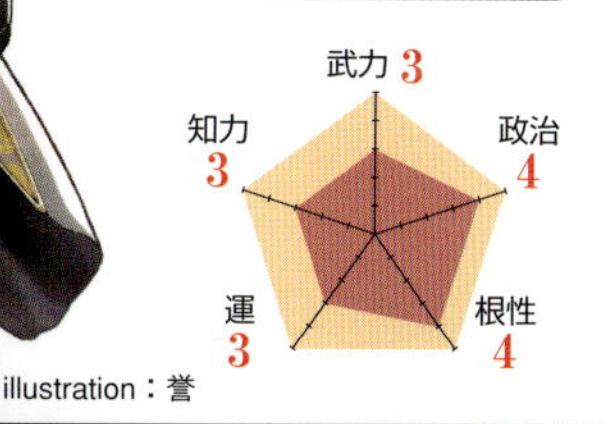

NATIVE PLACE
出身地［信濃（しなの）］

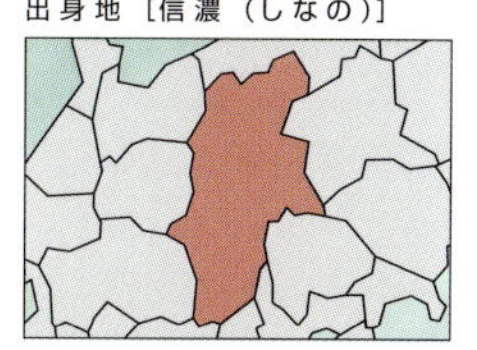

信玄に征服されるも勝頼に謀反

■かつて信玄に征服された一族
「長篠の戦い」に敗れた斜陽の武田家を裏切り、織田家に寝返った反逆の将・木曽義昌。なぜ義昌は、長年仕えた武田家に反旗を翻したのであろうか。

義昌は木曽谷の領主・木曽義康の嫡子で、木曽氏は木曽義仲の流れを汲む名門であった。父とともに武田信玄の信濃侵攻に抵抗したが、のちに降伏。信玄の娘・真理姫を娶り、武田家一門の処遇を与えられる。しかし実際には親族を人質に差し出しており、武田家の属国として信濃西方の最前線を担当させられたというところが実情であった。

それでも義昌は武田家の一員として以後飛騨・美濃方面の最前線で活躍する。

■ついに武田家に反旗を翻す
信玄の死後、義昌は凋落しはじめた武田家の行く末に不安を抱くとともに、勝頼による新府城造営の賦役と重税に不満を募らせ、織田と盟約を結んで勝頼に対し反旗を翻した。

勝頼は武田信豊を将とする討伐軍を木曽谷に向けて派遣するが、義昌は地の利と織田信忠の援軍を得て信豊を鳥居峠で撃退する。

今度は義昌が織田方につき、信忠の軍勢が信濃に侵攻すると武田家の家臣は浮き足立つ。ついには武田家の重臣で親族でもある穴山梅雪までもが寝返ると、もはや織田軍を押しとどめられず、義昌が織田方についてわずか2ヶ月で武田家は滅亡したのである。

義昌はこれで仇をとったことになるが、代償もあった。武田家に人質として送られていた母、嫡男、長女が新府城にて処刑されてしまったのだ。義昌はその後木曽から下総阿知戸に移封され、同地で死を迎えるが、家族を犠牲にした復讐はなにやら寂しい気がする。

最後の一兵まで戦った最後の武田武士

仁科盛信

にしな もりのぶ　■1557年生～1582没

PARAMETER

武力 4
政治 3
根性 5
運 2
知力 3

NATIVE PLACE

出身地［甲斐（かい）］

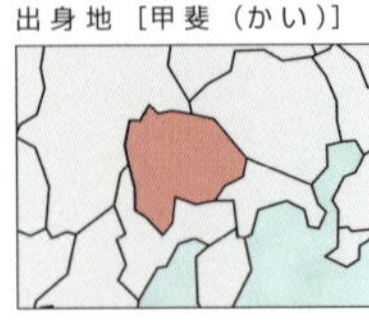

illustration：藤川純一

最後まで武田に尽くした若き将

武田信玄の五男で、勝頼の異母弟の仁科盛信。信州安曇郡の名門だった仁科の名跡を継ぐ。仁科氏の居城である森城に入り、仁科領を支配した。信玄の死後は兄・勝頼の良きサポート役となった。１５８１年には叔父・武田信廉に代わって、重要拠点である信濃高遠城主となる。このときすでに勝頼に従う家臣は少なく、盛信は城を死守することを決意する。

織田信忠の大軍が押し寄せ、降伏を勧告するが、盛信は応じようとはしなかった。やがて信忠軍の総攻撃が開始されると、城に籠る仁科勢は激しく抵抗した。

仁科勢は最後まで抵抗し、全員が討ち死に。盛信は腹を十文字に切って壮絶な自害を遂げた。勝頼を見捨て、寝返る武将の多いなか、盛信の奮戦は武田武士の最後の輝きとなった。

勝頼も認めた「甲陽の副将」

内藤昌豊

ないとう まさとよ　■1522年生～1575年没

PARAMETER

武力 4
政治 4
根性 4
運 3
知力 4

NATIVE PLACE

出身地［甲斐（かい）］

illustration：鯵屋槌志

信玄・勝頼に仕えた「武田の四名君」

「武田の四名君」のひとりと称えられた内藤昌豊は、武田信虎の家臣だった父・虎豊が信虎の不興をかって誅殺されたために甲斐を離れ相模に逃れていた。

信虎を追放して家督を継いだ武田信玄が、能力があれば身分を問わず優遇すると聞き、信玄のもとへ参じることとなり、信玄の期待にたがわず信濃攻略などに活躍した。昌豊は沈着冷静で、常に全軍的視野に立った判断できる武将で、山県昌景も「真の副将なり」と絶賛したという。

信玄のあとを継いだ勝頼も昌豊を買っており、旧家臣をないがしろにする気はないという内容の起請文を昌豊に送っている。最後の「長篠の戦い」にて、死を覚悟した昌豊は敵部隊に突撃するが、数発の弾丸に体を貫かれて戦死を遂げた。

信長の逆鱗に触れた男

秋山信友

あきやま のぶとも　■1527年生～1575年没

PARAMETER

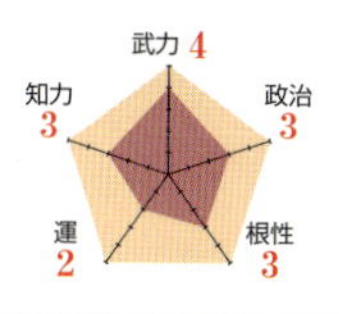

NATIVE PLACE

出身地［甲斐（かい）］

illustration：藤川純一

織田家の女人を妻とした悲劇の武将

秋山信友は甲斐源氏の流れを汲む秋山信任の子で、早くも20歳で同心衆50騎を与えられて侍大将となり、譜代家老衆に加わった。１５４７年の福与城攻めで敵将・藤沢頼親を捕らえる手柄をあげ、木曽福島城攻めでも活躍、信濃伊那郡代に抜擢され、高遠城代、飯田城代を歴任する。

武田信玄の五女と織田信長の嫡男・信忠の婚約の際は使者となり、武田家中で信長に接した唯一の人物となった。

信玄の西上の際には、織田方の美濃岩村城を攻略、このとき信長の叔母であった城主の妻を奪い、自分の妻とした。これが信長の逆鱗に触れる。「長篠の戦い」ののち、岩村城で信長軍に包囲された信友は降伏するが、夫人ともども処刑される。しかも籠城していた者たちもすべて殺されてしまった。

武田家滅亡の最後のきっかけとなった男

穴山梅雪

あなやま ばいせつ　■1541年生～1582年没

PARAMETER

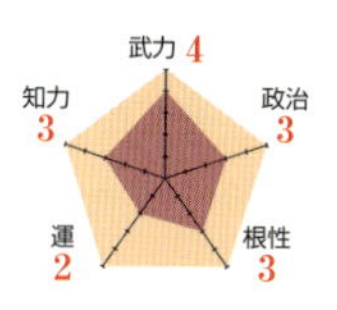

NATIVE PLACE

出身地［甲斐（かい）］

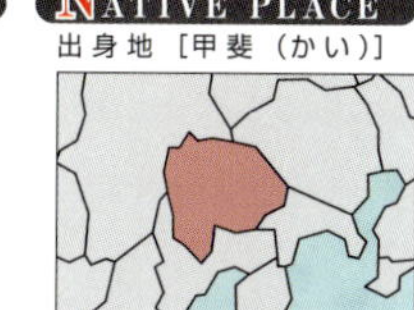

illustration：佐藤仁彦

武田家親族ながら勝頼に不満を持つ

穴山梅雪は武田信玄の姉を母とし、自身は信玄の娘を妻にするなど、親族衆の筆頭格の存在であり、武田姓の使用すら許されていた。２００騎の侍大将として川中島はじめ数々の戦いに参陣し、駿河の江尻城主となる。

梅雪は信玄のあとを継いだ勝頼を認めなかった。信玄との血縁の濃い梅雪のことだ、自分が武田家の家督を継ぐことを考えていたのかもしれない。そして「長篠の戦い」では苦戦を強いられる自軍を見て、退却を開始したのである。戦後梅雪に切腹を迫る家臣もいたが、多くの重臣を失った勝頼はとがめなかった。その後梅雪は徳川家康を介して織田信長に降伏してしまう。親族の裏切りはほかの家臣にも動揺を誘い、武田家滅亡の最後の引き金となった人物ともいえよう。

真田家
SANADA

小大名ながら天下に名を轟かす

清和源氏の発祥で、信濃の豪族。吹けば飛ぶような小勢力ながら、策謀に長けた当主を輩出し、大勢力の間を遊泳しつつ家名を存続させ、その武勇は天下を震撼させた。

〈家紋：真田六文銭〉
銭紋の一種。三途の川の渡し賃という意味がある。

真田家の成り立ちとその系譜

■清和天皇の血を引く滋野氏の一族

戦国大名としての真田家は真田幸隆から始まっているが、それ以前の真田氏については、諸系図によってまちまちであり、不明な点が多い。

江戸時代に作成された「真田家系図」によれば、真田氏は清和源氏の発祥で、信濃国小県郡（現在の長野県東御市）の真田幸隆が小県郡真田郷を領して真田庄の松尾城に居住して以後、真田姓を名乗ったというが、その幸隆自身が海野棟綱あるいは真田頼昌の子と言われており、父親がはっきりしない。しかし信濃国に移り住んだ清和天皇の第4皇子、貞保親王から始まる滋野氏の一族、海野氏の出であることだけは、確実なようである。

「大塔物語」には、1400年に信濃守護・小笠原氏に対する国人領主の抵抗として起こった大塔合戦において、滋野三家の一つ禰津氏の禰津遠光の配下に「実田」の名が見られ、これが「真田」の当て字とする説が有力である。また吉沢好謙が1744年に著した「信陽雑志」によれば、1440年の「結城合戦」に参陣した禰津遠光の配下には、真田源太・源五・源六の名が見られる。そのため真田氏は名族滋野三家（海野・望月・祢津）の一つ祢津氏の支流だったであろうと考えられている。

幸隆自身は、海野の一族であるが、真田氏は祢津の一族だとすると、「幸隆」と「真田」がつながらなくなる。しかし大元の滋野氏の血を引くことは確かなようであり、真田氏は海野氏の「嫡流」を「自称」している。

【真田家略系図】

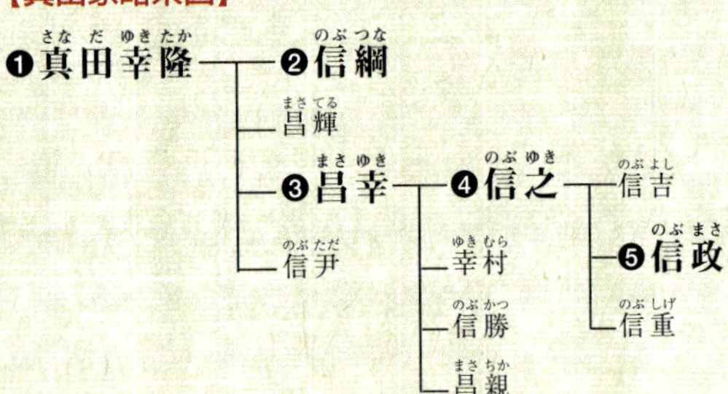

戦国時代における真田家の興亡

■2家体制により動乱を乗り切った真田家

戦国大名としての真田家は真田幸隆より興る。1541年の「海野平の戦い」によって全所領を失った幸隆は、武田信玄に仕え領土を回復。以後は繁栄の一途を辿る。

幸隆のみならず2人の息子、信綱・昌輝も活躍するが、2人は1575年の「長篠の戦い」で討ち死にしてしまったため、家督は三男の昌幸が継ぐ。

1582年に武田家が滅亡すると、織田信長に恭順。その信長が卒すると昌幸は次々と主家を変え、最終的に豊臣秀吉の臣下に入る。その後は秀吉の命により、敵対関係である徳川家康の与力となった。これにより豊臣の家臣である昌幸と次男・幸村の真田家と、徳川に仕える信之との2家体制となる。

昌幸の真田家は1600年の「関ヶ原の戦い」で家としては滅び、信之の真田家のみが残った。信之は上田藩を興し、1622年には松代藩へ加増転封となる。信之の嫡男・信吉、その長男の熊之助が相次いで死すると、信之の次男・信政が藩を相続し、真田家は江戸時代を通じて存続した。

1541年ごろの真田勢力

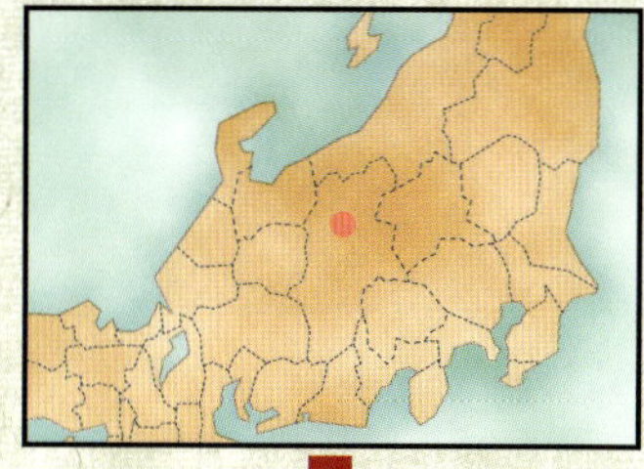

1600年ごろの真田勢力

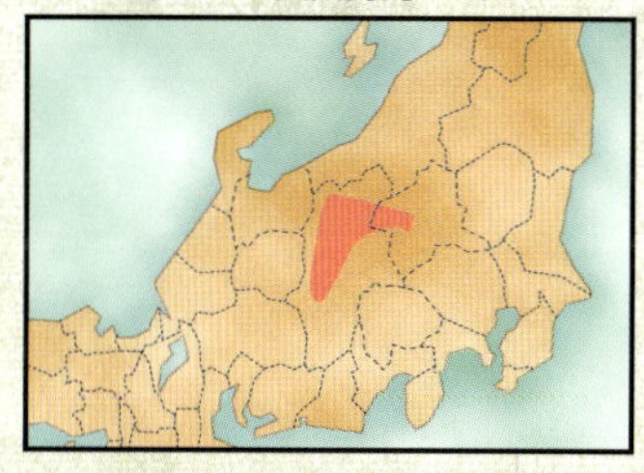

真田家の対立勢力

織田家 P.12

「長篠の戦い」で幸隆は息子2人を失ってしまう。その後降伏した。

北条家 P.104

昌幸は上野沼田城を巡って北条、そして上杉と数次に渡って戦った。

徳川家 P.62

信之は徳川に仕えたが、昌幸と幸村にとっては不倶戴天の敵だった。

真田家の居城　上田城

真田家の居城となった城はいくつかあるが、ここでは戦国期の中心であった上田城を取り上げる。上田城は、真田昌幸により1583年に築城された。信濃国上田盆地の北部に位置し、千曲川の分流である尼ヶ淵に面する。二度にわたる「上田合戦」の舞台で知られるが、昌幸と幸村が九度山に配流となると、1601年に城は破却された。

江戸時代には上田藩の藩庁が置かれた。信之は三の丸跡地に屋敷を構えた。後に1626年上田に移封された仙石忠政により再建が開始されたが、忠政の死により中断され、以降本格的な再建は行われなかった。昭和期になって移築されていた本丸の櫓2棟が復元され、平成期には櫓門や塀などが木造復元されている。今後は二の丸の土塁や塀なども復元されることになっている。

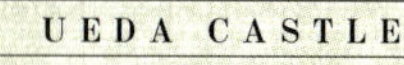

DATA

所在地：長野県上田市二の丸
別名：－
文化区分：長野県宝
築城者：真田昌幸
築城年：1583年
構造：梯郭式平城

真田家の礎を築いた神算鬼謀の人

真田幸隆

さなだ ゆきたか
■1513年生～1574年没

信濃の小県郡を根拠にしていた豪族だったが流浪の身であった真田幸隆は、武田信玄に仕官すると知略で信玄を助け領土を回復。有り余る謀才を発揮した。

PROFILE

1513年　信濃国に生まれる
1541年　「海野平合戦」によって上野に逃れる
1551年　砥石城攻めで城を1日で攻略
1559年　武田晴信が出家して信玄と名乗ると、自身も一徳斎と号す
1561年　上杉氏との「第四次川中島の戦い」で妻女山の夜襲に加わる
1567年　病気のために隠居
1574年　砥石城で病没

illustration：藤川純一

PARAMETER

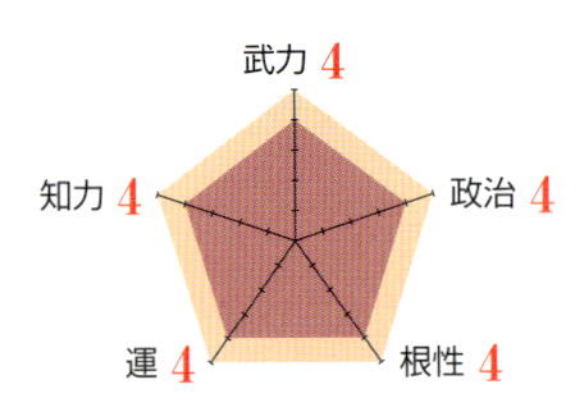

調略を得意とし、落とした敵城は枚挙に暇がない。武田家への貢献は大きい。

運 4

領地を失うも明君に仕え失地を回復。天運に恵まれていたと言えるだろう。

NATIVE PLACE

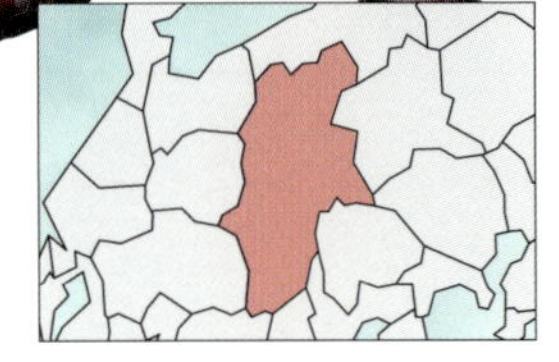

謀略の才でのし上がり
漂泊の身から武田家の重臣へ

■失地回復し真田家の礎を築く

真田幸隆は幼名を次郎三郎、通称は源太左衛門、剃髪して一徳斎と号す。息子昌幸、孫の幸村の活躍によって天下に武名を轟かせた真田氏だが、彼らが雄飛する土台を作り上げたのがこの幸隆だ。謀才があり、敵城を次々と攻略し仕えた武田家の領土拡大に貢献。「武田二十四将」の一人にも数えられる。

幸隆は、真田頼昌あるいは海野棟綱の子とされるが、海野一族であることと、先祖伝来の所領を失って漂泊していたことに間違いはない。領土は信濃国小県郡真田郷であったが、武田信玄の父・武田信虎に、1541年の「海野平の戦い」によってその所領を追われ、上野に逃れたとされている。

信虎は同年に信玄によって追放されるが、甲州を継いだ信玄は、身分にこだわらず広く人材を募っていた。幸隆は、時期には諸説あるものの、信玄に仕える道を選ぶ。その際、身命を賭して仕える覚悟で、三途の川を渡るための船賃という不吉な意味合いのある「六文銭」の旗印を用いたとされる。

信玄は信濃進出を開始し、1550年猛将として知られる村上義清と対決。しかし要衝・砥石城を攻めた際、堅守する城に手こずる信玄は義清に背後を突かれ、「砥石崩れ」と呼ばれる大敗北を喫し信濃攻略は頓挫する。

しかし翌1551年、信玄は復仇を期し、再び信濃に出兵。再度砥石城攻めが行われるが、このとき幸隆は同じく真田の一族・矢沢氏を内通させることに成功し、信玄が落とせなかった砥石城をわずか1日であっさりと陥落させてしまう。

これにより幸隆は旧領を完全に回復し、また信玄の信頼を勝ち得ることに成功する。幸隆は対上杉氏の最前線に置かれることとなり、引き続き真田本城を本拠地とし、また砥石城番を兼ねた。

■西上野進出で活躍

上杉謙信が義清に動かされ北信濃に出兵して行われた「川中島の戦い」では、幸隆は嫡男・真田信綱とともに、妻女山の上杉本陣への夜襲に加わる。

その後、信玄は西上野侵攻を開始するが、幸隆はここでも上杉方の岩櫃城、獄山城、白井城を攻略し活躍。武田氏の上野攻略の拠点・箕輪城を任されたとされる。

幸隆は1567年、病気のために家督を信綱に譲って隠居する。このため信玄の駿河侵攻や西上作戦には加わらず、もっぱら北信濃及び西上野の抑えとして活動した。信玄は1573年に病死するが、その翌1574年、あとを追うように病死する。

幸隆のあとは嫡子・信綱が継ぎ、武田勝頼に仕えたが1575年の「長篠の戦い」で次男・昌輝とともに討ち死にした。そして真田家の家督は三男・昌幸が継ぎ、その昌幸が幸隆から受け継いだ謀才をもって、真田家の家名をさらに高めていくことになる。

真田幸隆と深い関わりを持つ武将たち

真田昌幸

P.136

初陣は幸隆とともに出陣した「川中島の戦い」と言われる。真田の武名を天下に轟かせたが、その謀略の才は親の幸隆から受け継いだものだ。

真田信尹

P.142

幸隆の四男。武田家が駿河国深沢城を陥落させたのは、信尹の武功によるところが大きかったと伝えられる。大名・真田家とは別に、分家である旗本真田家を興す。

真田家の知略を受け継いだ「くわせもの」

真田昌幸

さなだ まさゆき

■1547年生〜1611年没

豊臣秀吉に「表裏比興（ひょうりひきょう）の者」と評される。「くわせもの」という意味だが、これは武将としては褒め言葉であった。比類なき戦略眼と知略で徳川軍に二度までも苦杯を飲ませた。

PROFILE

1553年	甲斐武田家への人質として７歳で甲斐へ下る
1561年	「第四次川中島の戦い」で初陣を飾る
1572年	武田信玄の西上作戦に参加
1575年	「長篠の戦い」で兄二人が戦死し、真田家の家督を継ぐ
1585年	「第一次上田合戦」で徳川軍を撃破
1600年	「第二次上田合戦」で徳川秀忠軍を撃破
1611年	九度山の配流地で病没

illustration：中山けーしょー

PARAMETER

知力 5　優れた戦略で武田家滅亡後の危機を乗り切り、真田家を後世まで存続させた。

武力 4　寡兵をもって上田城に籠り、地形を巧く利用しながら徳川の大軍を阻止した。

NATIVE PLACE

出身地［甲斐（かい）］

優れた戦略と戦術眼で 武田家の滅亡後を乗り切り自立する

■信玄の両目のごとき者

真田昌幸は真田幸隆の三男として生まれ、武田家の人質として甲斐国へ下り、武田信玄の奥近習衆に加わる。その後、武田家譜代の武藤家の養子となり、武藤喜兵衛を称した。

信玄は昌幸の能力を高く買っており、「信玄の両目のごとき者」とまで評し、昌幸も忠誠を誓っていた。信玄死後は武田勝頼に仕え、兄の信綱・昌輝が戦死すると真田家を継ぐ。

1582年、織田信長による甲州征伐で、武田家はついに滅亡。昌幸は織田政権に組み込まれる。ところがわずか3ヶ月後、本能寺で織田信長は横死。甲信は騒然とし、徳川・上杉・北条らが熾烈な領土争いを繰り広げた。

周囲を大勢力に囲まれる昌幸は諸勢力を渡り歩く。家康についた際、昌幸は上田城を安堵されたが、家康は北条氏直に真田領の沼田城を与えようとした。昌幸はその際の代替地が不明瞭だったことに反発、上杉に寝返る。

怒った家康は上田城を7千の兵で攻めるが、昌幸と2千の兵は戦力差を覆し撃退に成功。「第一次上田合戦」に勝利する。これを機に昌幸は信濃の独立勢力として認知されるようになった。1585年、豊臣秀吉に臣従。

秀吉の命令で、昌幸は家康の与力となった。秀吉の沼田問題の裁定が行われると、昌幸は代替地として伊那郡箕輪領を得る。1590年、小田原征伐が行われると、家康は関東に移され、関東の周囲には豊臣系大名が配置されて家康を牽制。昌幸もその一端を担った。なお沼田領は嫡子の信之に与えられ、信之は家康配下の大名として昌幸から独立する。

秀吉が死去すると家康が台頭。1600年、家康は上杉景勝に討伐軍を起こして関東へ下り、昌幸も従う。その際に石田三成が上方で挙兵、その勧誘状を昌幸は下野国で受け取る。この時、昌幸は信之・幸村と軍議を開き、昌幸は幸村と共に西軍に、信幸は東軍に与し、真田家存続のために父子訣別した。

家康の息子・徳川秀忠が率いる3万8千の部隊が江戸を発し、上田城攻略を開始。昌幸は2千の兵で迎え撃つ（「第二次上田合戦」）。昌幸は籠城策を取り、奇策を用いて秀忠軍を翻弄。秀忠は手を焼き撤退する。その後西軍の敗報が届き、昌幸は降伏・開城に応じた。

■死してなお家康を恐れさせる

昌幸・幸村父子には死の裁定が下るが、東軍に属した信之の助命嘆願で許され、高野山へ蟄居となる。上田領は信之に与えられた。高野山での昌幸の配所は九度山で、流人生活は昌幸の気力を萎えさせ病気がちになる。そしてついに1611年、病死してしまう。

家康は「大坂の陣」で真田が大坂城に入城したと聞くと「親の方か？　子の方か？」と訊ね、手を震わせたという。

九度山で朽ち果てた昌幸の無念は、いかばかりであったか。しかし彼の志は息子たちに引き継がれ、信之は真田の家を全うし、幸村は家康の首に鋭刃を突きつけることになる。

真田昌幸と深い関わりを持つ武将たち

徳川家康
P.64

昌幸に二度までも上田城で煮え湯を飲まされる。昌幸との関係が悪かったのは、徳川家と武田家が信玄時代に争っていたためとも言われる。

真田幸村
P.140

昌幸が父の幸隆から受け継いだ軍略の才は、子の幸村へと受け継がれる。幸村もまた家康の不倶戴天の敵となり、家康の覇道を脅かすこととなる。

父・弟と敵味方に分かれるも、義を貫く

真田信之

さなだのぶゆき

■1566年生～1658年没

父・弟と敵対することになりながらも、義を貫いて徳川家康への忠義を全うする。戦国大名の最大の使命である家名の存続を果たし、かつ父・弟の命をも救った。

PROFILE

1566年	真田昌幸の長男として生まれる
1579年	元服し、武田信玄の１字を賜って信幸と名乗る
1585年	父・昌幸に従い、「第一次上田合戦」で徳川軍と戦う
1589年	徳川氏の与力となる
1590年	「小田原征伐」にて戦功をあげ沼田城主となる
1658年	93才にて死没

illustration：藤川純一

PARAMETER

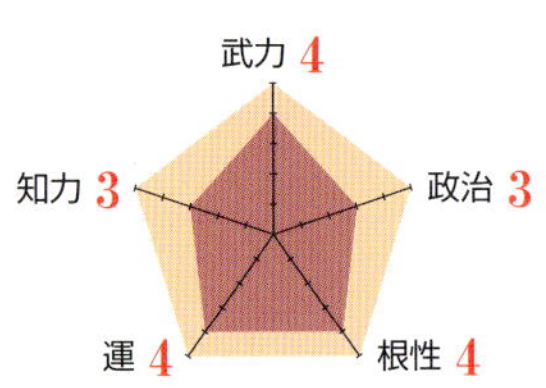

軍功を徳川家康に認められ、本多忠勝の娘・小松姫を娶ることを許されている。

迷うことなく徳川へ忠節を全うし家名を存続。領地の加増をも賜る。

出身地［甲斐（かい）］

武名を残した父と弟と争いながらも、時勢に惑わされず家名を残す

■混乱の関東甲信で武名を上げる

真田信之は、1566年に真田昌幸の長男として生まれた。江戸期の大名としての真田家を興したことで知られている。

真田家の属する甲信地方は、1582年の「本能寺の変」で信長が横死すると、権力の空白地帯となり、上杉・徳川・北条の勢力が侵入しこの上なく混乱する。そこで信之は活躍する。信之は叔父の真田信尹らの誘いにより、かつて真田家の所有だった上州沼田城を北条方から奪還、これにより北条家と敵対する。このとき17歳の信之は手勢8百を率い、北条方の富永主膳軍5千が防衛する手子丸城をわずか1日で落とし、武功を挙げる。信之は温厚な人柄であったが戦の際は常に先陣を切って進んだと言われている。

北条が沼田へと軍を向けると、手勢8百で手子丸城救援のために駆けつける。しかしこれは間に合わず、手子丸城は北条の手に落ちる。信之は北条軍を挑発、伏兵によりこれらを掃討する。北条軍は篭城したが、信之は城中を攪乱し、自らも槍を取って突入、落城させた。後年、徳川家臣となっていた富永主膳は信之の采配を絶賛し、昔話として幾度も語ったという。

1585年、「第一次上田合戦」では昌幸に従い、徳川軍と戦い、勝利に貢献。

1589年真田家は豊臣秀吉の裁定で徳川家の与力大名となる。信之の才能を高く評価した家康は重臣の本多忠勝の娘・小松姫（家康の養女）を娶らせた。1590年の小田原征伐でも信之は松井田城攻めで戦功をあげ、戦後に沼田領が真田家の所領として確定すると、沼田城主に抜擢される。以後、信之は徳川の忠実な配下としての道を歩むことになる。

■明治まで続く信州松代藩の祖となる

「関ヶ原の戦い」では父・弟と別れ、家康らの東軍に参加し、徳川秀忠軍に属して上田城攻めに参加する（「第二次上田合戦」）。

戦後、昌幸の旧領に加え、加増されて9万5千石の上田藩主となる。信之は昌幸・幸村の助命を嘆願し、二人は助命され高野山九度山へ流罪となる。信之が上田領を継いだ頃、「第二次上田合戦」や浅間山の噴火で領内は荒廃しており、信之は領内の再建に努め、城下町の整備や用水の開削、年貢の減免など様々な政策を行った。信之の政治力を示すエピソードである。さらには倹約家としても知られており、蓄えた財で九度山にいる父や弟への援助を続けていた。

1614年からの「大坂の陣」では病気のために出陣できなかった。1622年、信濃国松代藩に加増移封され、13万石となる。1658年に死去、享年93。真田家は江戸時代を通じて存続し、明治維新後に子爵（後に伯爵）家となった。

信之は、戦国大名の最大の使命である家名の存続と子孫の繁栄を果たした。また謀将昌幸と幸村の陰に隠れがちだが、自身は勇敢な槍武者だったのである。

真田信之と深い関わりを持つ武将たち

徳川家康 P.64

侍大将としての信之の才を高く評価した。家康は大将の中の大将であり、カリスマを備えていたからこそ信之も忠誠を誓ったのであろう。

真田幸村 P.140

幸村は信之とは立場を違え、家康を生涯の仇敵とすることになる。なお信之は父や弟の真田家との訣別を示すため、元の「信幸」の名を捨て「信之」に改めた。

武名を遺した戦国時代最後の闘将

真田幸村

さなだ ゆきむら
■1567年生～1615年没

江戸時代においてその名が忌み嫌われたという、戦国最後の闘将。柔和で辛抱強く物静かな男だったというが、徳川家康が自害を口走るほど、彼を追い詰めた。

PROFILE

1567年	真田昌幸の次男として生まれる
1585年	人質として上杉氏のもとへ
1587年	秀吉の人質として大坂城へ
1600年	関ヶ原へ向かう徳川秀忠軍を上田城で足止め。戦後、高野山に流される
1614年	「大坂冬の陣」。真田丸で奮戦
1615年	「大坂夏の陣」。家康本陣に突撃を敢行するも茶臼山で戦死

illustration：藤川純一

PARAMETER

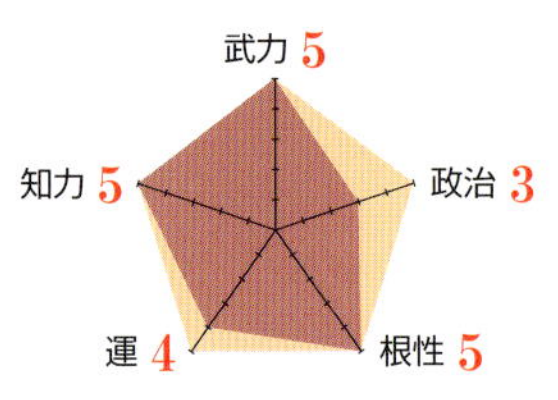

合戦に参加した機会は少ないものの、すべての戦いにおいて抜群の戦功を残した。

あえて敗色の濃い豊臣方につき最後まで意地と名誉を全うしたのは見事だ。

NATIVE PLACE

出身地［信濃（しなの）］

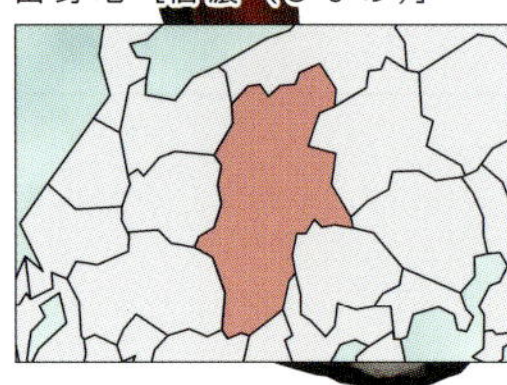

戦国最後の突撃。赤備えの真田軍、徳川本陣に突進す

■従五位下に任じられ、豊臣姓を賜る

真田幸村、通称は左衛門佐。その前半生は人質の連続であった。真田家の属す武田家は1582年に滅んでしまうが、その後真田家の従属対象が変わるたびに、織田、上杉、豊臣と所在を転々とする。戦歴は「第一次上田合戦」「小田原征伐」などであるが、1600年の「関ヶ原の戦い」では幸村は父・昌幸と共に西軍につく。その際昌幸と幸村は上田城に籠り、西上を目指す徳川秀忠の大軍を阻止、秀忠軍の関ヶ原参着を阻んだ（「第二次上田合戦」）。しかし西軍は敗北、昌幸と幸村は流罪となり、高野山九度山に流される。

■不落の出城「真田丸」

蟄居中の1611年に昌幸は死去。その後徳川家と豊臣家の関係が悪化し、1614年、「大坂冬の陣」が勃発。幸村は九度山を脱出、大坂城に入る。

大坂方は籠城戦を展開。幸村は真っ先に大坂城の最弱部とされる城の東南の隅に「真田丸」と呼ばれる出城を築く。幸村の挑発に乗ってむやみに突撃を繰り返す徳川軍に対し、幸村は効果的に鉄砲を撃ちかけ、徳川軍の損害は増すばかりであった。さらには混乱したところを真田丸から出撃した隊がかき回し、ついに徳川家康に大坂城を武力で落とすことを諦めさせる。家康は、和平交渉により真田丸と大坂城の堀を取り除く策に出た。こうして真田丸は撤去されてしまう。

■「関東勢百万と候え、男は一人もなく候」

家康は豊臣方の弱体化を謀り、使者として幸村の叔父・真田信尹を派遣。「信濃一国を与える」と説得に出たが、幸村は退ける。

翌1615年の「大坂夏の陣」では、堀を埋められた城方は籠城できず、野戦となる。幸村は「道明寺の戦い」で、伊達政宗隊の先鋒を銃撃戦の末、後退させた。その後、幸村も大坂城に撤退するが、警戒して攻めてこない敵を見て、「関東武者は百万あっても、男子は一人も居ないものだな」と徳川軍を嘲笑しながら悠然と退いたといわれる。

翌日の戦闘は、両軍とも大混乱に陥った。その混乱の中、家康の本陣を見て取った幸村は3千余の兵を率いて突撃。真田隊は並みいる徳川勢と交戦しつつ、親衛隊・旗本勢を蹂躙、家康本陣に突入した。

幸村は必死で守る旗本衆に押し戻されては突撃し、三度に及ぶもついに力尽きた。何しろ前日から戦い続けているのである。安居天神の境内で、「わしの首を手柄にされよ」との言葉を残して討ち取られた。享年49。

「幸村」は江戸時代に流布した呼び名であり、本来は「信繁」という。その名は蛇蝎のごとく忌み嫌われ、芝居や軍記物で使用が禁じられたため幸村と呼ばれたとされる。しかし名が封印されるというのも、裏返しの男の名誉ではないだろうか。そして幕府も封印し切れなかったその事績は、幸村という名とともに、歴史に消えない刀痕を残したのである。

真田幸村と深い関わりを持つ武将たち

後藤又兵衛 P.57

幸村は又兵衛とともに大坂城に参じた人々の中心となった。「大坂夏の陣」で幸村と又兵衛は、押し寄せる徳川軍を迎え撃ち、大軍を相手に最後まで戦った。

真田昌幸 P.136

昌幸は秀吉に「くわせもの」と呼ばれ、機略・知略を用いて徳川の大軍を寄せ付けなかった。その才を継いだ幸村は、そのすべてを大坂の陣で発揮する。

illustration：
中山けーしょー

常勝将軍・北条綱成を破った男
真田信尹
さなだのぶただ ■1547年生～1632年没

「それがしにはよく分かりませぬ」。真田幸村の首実検でそう言い張ったとされる。真田本家を陰に陽に支えた分家の将。

PARAMETER

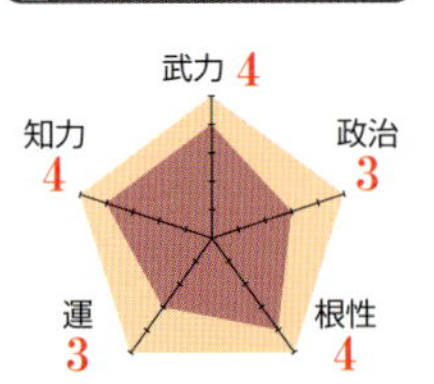

NATIVE PLACE

出身地［甲斐（かいい）］

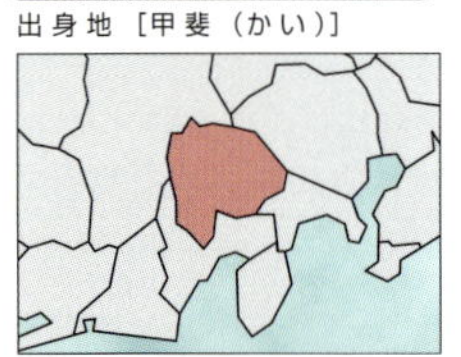

一時漂泊の道を選んだ誇り高き武将

■旗本真田家を興した、昌幸の弟

武田家家臣・真田幸隆の四男として誕生。幼名は源次郎。兄に信綱、昌輝、昌幸がいる。幼少時から人質として甲府に出仕。武田勝頼に近侍して槍奉行を務めた。

1571年、武田信玄が北条家の豪将・北条綱成の守る駿河深沢城を陥落させたが、これは信尹の功によるところが大きかったと伝えられる。この際綱成の旗指物を奪い取り、それは今も現存する。

1582年の武田家滅亡後、真田姓に復姓。その後は北条家に属し、1584年から徳川家康に仕えた。兄・昌幸が北条家から徳川家に乗り換える際には間を取り持った。徳川家では5千石を与えられ、後に1万石に加増されるが「それだけの働きをしていない」として浪人してしまう。

その後、池田輝政を介して会津の蒲生氏郷に5千石で仕える。1595年に氏郷が死去して蒲生騒動が起こったため、1598年に再び徳川家康に4千石を与えられて帰参した。

1600年の「関ヶ原の戦い」、1614年の「大坂の陣」で御使番・軍使として功績を挙げ、それにより加増を受け5千2百石になる。

真田本家とは別行動を取っていたが、絶えず昌幸に情報を送り続け、本家が生き残るための助力を惜しまなかったと伝えられる。

「大坂の陣」では、信尹が家康に命じられ「信濃国を知行する」と言って豊臣側についた真田幸村を誘ったが一蹴された、という逸話がある。また、幸村の首の確認を行った際、幸村であるかどうかよく分からないと言い張ったと伝えられる。

その後は幕臣として徳川家に仕え、1632年に病死。子孫は代々旗本として幕府に仕え、そのうち2家が明治まで存続した。

義にも篤かった甲州忍者の棟梁

出浦昌相

いでうらまさすけ ■1546年生～1623年没

信濃村上家から武田家へ、そして真田家へ。行く先々で重用され続け、子孫は真田家の家老となった。

illustration：
中山けーしょー

PARAMETER

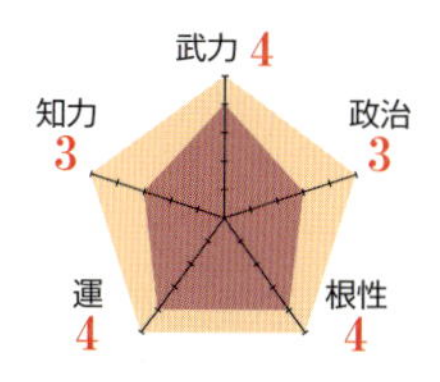

NATIVE PLACE

出身地［信濃（しなの）］

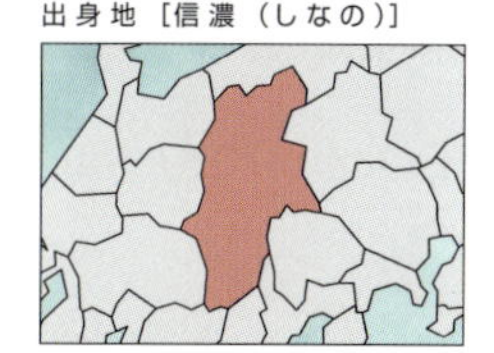

霧隠才蔵のモデルとも言われる甲州忍者の棟梁

■村上から武田へ

出浦昌相は真田氏の家臣。信濃国埴科郡出浦の生まれ。信濃の清和源氏村上氏の一族である出浦清種の次男とされる。江戸時代後期に松代藩の家老を務めた河原綱徳の記によれば、甲州忍者の棟梁とある。

村上義清が武田信玄に敗れ、越後に逃れると武田家に臣従し、この時から甲州忍者を統率した。

武田氏滅亡後は織田信長家臣の森長可に属した。この長可、「鬼武蔵」と呼ばれる剛将で、ささいなことで人を槍で突き殺したりしたという。嫌われ者だったであろう。本能寺の変後、長可が海津城から撤退を図った際には、配下の信濃国衆たちはほぼ全員が長可を裏切った。しかし昌相だけは撤退に協力した。長可は深く感謝し、別れる際に脇差を与えたという。

■子孫は松代藩の家老に

その後、1583年から真田昌幸・真田信之に仕え、吾妻奉行を拝命した。上平城主を務め、岩櫃城では城代を務めている。横谷左近とともに吾妻忍び衆を統率して活躍。1590年、豊臣秀吉の関東平定では北条方の忍城攻めでも活躍した。

敵城へ配下の忍者を潜入させる際、それより先に自分が忍びに入って探索し、配下の報告の正確度を確認するといった逸話が残されている。

松代藩では忍者の頭領となり、武者奉行にもなった。この頃出浦対馬守を称している。関ヶ原合戦後は、上州吾妻郡に住み、1623年78歳で死去。子の出浦幸吉は、松代藩で1千石を領する家老となっている。

なお、かの「真田十勇士」の忍者・霧隠才蔵のモデルになったという説もある。

井伊家

徳川幕府譜代筆頭となった家

遠江国井伊谷の豪族。平安時代からの歴史を誇る家ながら、規模は小さく、歴史の荒波に翻弄され続けた。井伊直政を生み出すにあたり、ようやく大名としての道を歩む。

井伊家の成り立ちとその系譜

■平安時代より続く由緒正しい家柄

井伊家は遠江国・井伊谷の領主。中世に約600年間、同地を治めたとされる。

その始まりは約千年前。平安時代の1010年に、龍潭寺門前の井戸から誕生したといわれる共保を初代とする。井伊家は現在に至るまで続いているため、その後の系図は他家に比べればはっきりしている。

同じく平安時代の「保元の乱」では、源頼朝に従う遠江の武士に、「井の八郎」がいた。

南北朝時代、井伊道政は、遠江介であるゆえに井伊介とも称した。道政は南北朝の騒乱時、比叡山延暦寺の座主である宗良親王の元に参じて南朝方として挙兵、遠江の居城に招いて保護し、一大勢力を誇ったとされる。また宗良親王の子・尹良親王も井伊城に生まれていると伝承されている。しかし、北朝方の高師泰・仁木義長らに攻められ、井伊城は落城した。

室町時代以来、藤原北家の後裔を称する。江戸時代の「寛永諸家系図伝」以来、その称は公式となる。

北朝方、駿河守護今川氏と対立していたが、やがて今川氏が遠江の守護職を得るとその支配下に置かれる。今川義元が尾張の織田信長に敗れた桶狭間の戦いの際に、井伊直盛は義元に従い討ち死にしたが、戦後まもなく謀反を企てたとされ井伊直親は今川氏真に討たれている。

この、一族を多く失った「遠州錯乱」時に、直盛の娘の井伊直虎が領主となり、勢力は衰退したが家は保った。

【井伊家略系図】

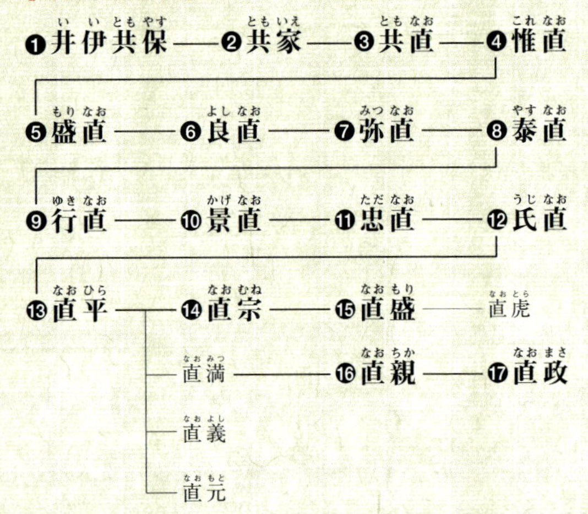

〈家紋：彦根橘〉

「丸に橘」の紋。武家で橘と言えば井伊というほどに著名。

戦国時代における井伊家の興亡

■譜代大名筆頭として幕末まで栄える

井伊谷の小領主に過ぎない井伊家を、大名家として飛躍させたのは直虎の跡を受けた直政である。

1575年、直政は今川氏を滅ぼした徳川家康を頼り、多くの武功をたて、1590年には家康の関東入府に伴い上野国箕輪に家臣団最高の12万石で封ぜられる。1600年の「関ヶ原の戦い」の後には、近江国佐和山に転封となり18万石を与えられる。

直政の死後、直政の子の直勝は1604年に近江国彦根に築城したが、1615年幕命により弟の直孝に彦根藩主の座を譲った。直孝の代には30万石の譜代大名となる。なお直勝は幕命により彦根藩主の座を廃されて分知された安中藩3万石の藩主に任じられた。

江戸時代の彦根藩は直澄、直該、直幸、直亮、直弼と5代6度（直該が2度。なお直孝・直澄が大老になったかどうかは議論がある）の大老職を出すなど、譜代大名筆頭の家柄となる。また、他の有力譜代大名が転封を繰り返す中、彦根藩は一度の転封もなかった。

1582年ごろの井伊勢力

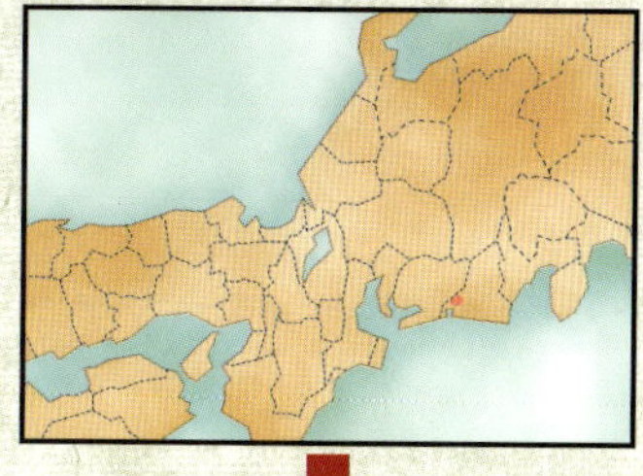

1600年ごろの井伊勢力

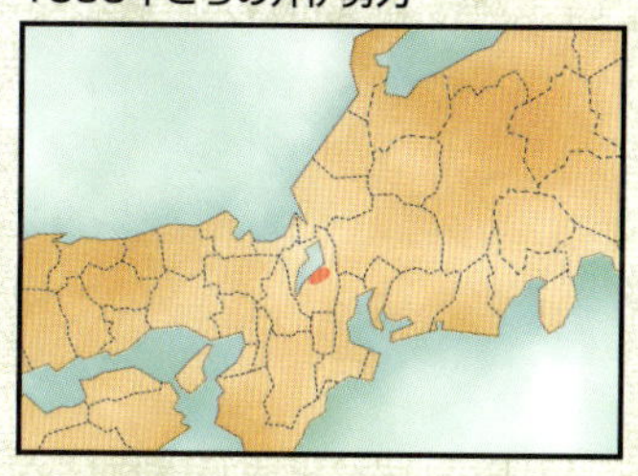

井伊家の対立勢力

織田家 P.12
「桶狭間の戦い」で直虎の父・直盛が戦死している。

今川家 P.204
かつての主家だったが、「遠州錯乱」により直親が殺されている。

武田家 P.114
遠州に野心を持っており、井伊谷に侵攻。直虎は城を一時奪われる。

井伊家の居城　彦根城

江戸時代初期、現在の滋賀県彦根市金亀町にある彦根山に彦根藩の拠点として置かれた平山城である。

明治時代初期の廃城令に伴う破却を免れ、天守が現存する。天守と附櫓および多聞櫓の2棟が国宝に指定されるほか、安土桃山時代から江戸時代の櫓・門など5棟が現存し、国の重要文化財に指定されている。

井伊直政は、1600年に石田三成の居城であった佐和山城に入城した。直政は三成の城であったことを嫌い、湖岸に近い磯山に居城を移すことを計画していたが、1602年に死去。その後直政の遺臣である家老の木俣守勝が1603年に彦根山に築城を開始した。

築城には公儀御奉行が付けられ、7か国12大名（15大名とも）が手伝いを命じられる天下普請であった。

HIKONE CASTLE
DATA

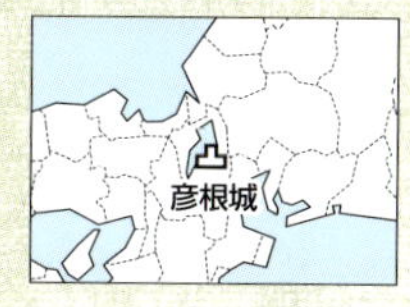

所在地：滋賀県彦根市金亀町
別名：金亀城
文化区分：国宝・重要文化財
築城者：井伊直継
築城年：1622年
構造：連郭式平山城

井伊家を次代に繋いだ橋渡し役の老将

井伊直平

いい なおひら

■1479年生～1563年没

子宝には恵まれるも、あまりに次々と子や孫に先立たれてしまった悲運の将。「遠州錯乱」と言われる大動乱期を乗り越え、井伊家を存続させ得た手腕の持ち主。

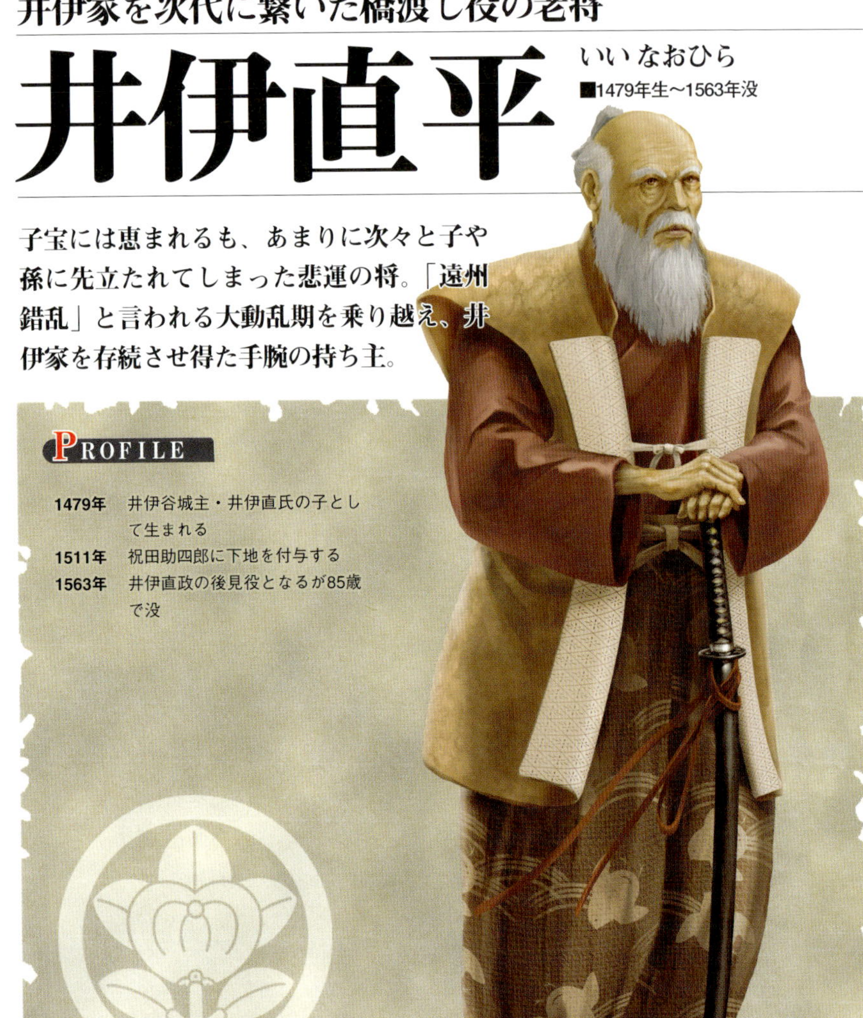

PROFILE

1479年	井伊谷城主・井伊直氏の子として生まれる
1511年	祝田助四郎に下地を付与する
1563年	井伊直政の後見役となるが85歳で没

illustration：中山けーしょー

PARAMETER

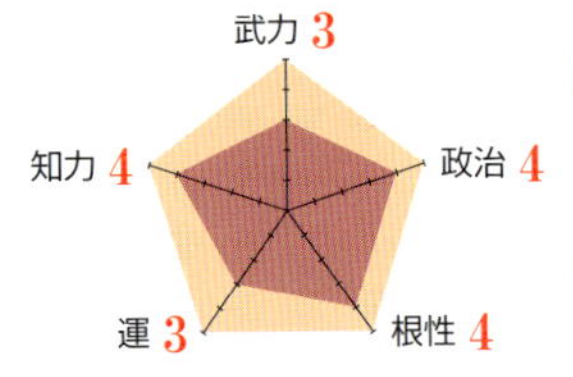

遠州の動乱を乗り切り、井伊家を存続させた手腕は評価に値する。

彼自身は武運が拙いとは言えないが、子や孫に先立たれる不幸に見舞われた。

NATIVE PLACE

出身地［遠江（とおとうみ）］

遠州の動乱を長きに渡り目撃した悲運の井伊家当主

■その長命は幸か不幸か

井伊直平は、遠江国の国人、井伊家の当主であり、今川家の家臣である。高名な井伊直虎、井伊直政の曾祖父にあたる。非常に長命で、今川氏親、氏輝、義元、氏真と4代の当主に仕えた。子には順に直宗、養子で次男の南渓瑞聞、直満、直義、直元がいる。

直平は1479年（一説に1489年）、井伊谷城主・井伊直氏の嫡男として生まれる。この頃の遠江は斯波家が守護を務めていたが、駿河の今川氏親の侵攻により徐々に今川色が濃くなっていた。

1500年頃の遠江は、北遠江に斯波家の居城があり、今川家が領していたのは東遠江と、西遠江の半分であった。井伊谷は西遠江に位置する。井伊家も今川の攻撃に晒されていたが、引き続き斯波家に仕えていた。1510年ごろになると今川の侵攻は更に激しくなり、直平もこの争乱に巻き込まれる。1513年、今川に大敗。井伊家は降伏し、この時から今川家に仕える。

今川家は遠江から斯波家を駆逐し、2か国を領する大大名へと成長する。甲斐の武田氏を攻める一方、三河の吉良家の庇護者になるなど、その基盤は安定していった。

氏親の跡は今川氏輝が継いだが1536年に早世し、家督争いが発生する。その結果、今川家は今川義元が継ぐ。直平は引き続き義元に仕えた。

井伊家にも世代交代の時期が訪れ、直平は嫡男・直宗に家督を譲ることになるが、ここで不幸が訪れる。

まず五男の直元が若くして病没。そして直宗が三河で戦死。2年後には家臣の讒言により、三男・直満と四男・直義が義元に誅殺されてしまう。さらに1560年には孫・井伊直盛（直宗の子）が、桶狭間の戦いにおいて主君・義元と共に落命してしまった。

悲劇は更に続き、1562年には孫・井伊直親（直満の子）が、これも讒言によって、内通を疑われ、朝比奈泰朝の襲撃を受けて死亡する。

直宗、直盛、直親と当主が立て続けに倒れ、これにより井伊家に残った男子は直平自身と、僧籍にいた養子の南渓瑞聞、そして直親の遺児の井伊直政・井伊政元兄弟の4人のみになってしまった。

曾孫の直政はまだ幼少であるため、1563年、直平が後見人となる。そして同年、今川氏真の命により今川から離反した天野氏を社山城に攻めている最中、85（一説では75）歳で没した。その後家督は直盛の娘・直虎が継ぐこととなる。直政は流浪した末に直虎に代わって当主となり、徳川家に仕え、のちの徳川四天王の一人となり井伊家を隆盛に導いた。

子や孫の死を見すぎた直平は、個人としては不幸だったかもしれない。しかし直平が健在であったからこそ井伊家は動乱を乗り切り、直虎、直政の時代まで家名を残すことができたのである。

井伊直平と深い関わりを持つ武将たち

井伊直虎

P.148

井伊家の相次ぐ不幸により、直親の死後はこの直虎しか後継者がいなかったため井伊家を後見。直政が家督を継ぐまで、女領主として井伊家を支えた。

井伊直政

P.150

女領主・直虎の跡を受けて井伊家を継ぐ。幼少時、直平が後見し井伊家の家政を見た。直政は後に徳川四天王・徳川十六神将・徳川三傑に数えられる。

仏門に入るも、還俗して立った女領主

井伊直虎

いいなおとら

■生年不詳〜1582年没

跡取りとして許嫁を迎えるはずだったが、戦乱により引き裂かれてしまった女性。井伊家を支えるため、女としての幸せよりも領主として戦乱に立ち向かう道を選んだ。

PROFILE

1565年	還俗し、直虎と名を変え井伊氏の後見人となる
1566年	直平の菩提を弔うため福満寺に鐘を寄進
1568年	小野道好に井伊谷城を奪われる
1570年	家康に嘆願し、道好の直親への讒言を咎め処刑する
1572年	武田氏の侵攻により井伊谷城を追われる
1573年	武田軍の撤退により、井伊谷城を再奪還
1582年	8月26日に死去

illustration：中山けーしょー

PARAMETER

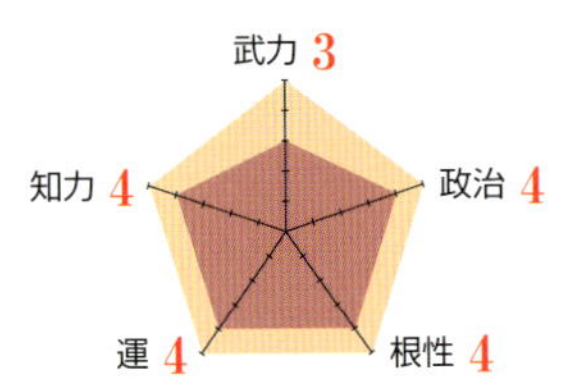

「次郎法師」と署名した書状がある。宗教的な権威で支配力を強めようとした。

窮地を徳川家康に救われたことは大きい。井伊家は存亡の危機であった。

NATIVE PLACE

出身地［遠江（とおとうみ）］

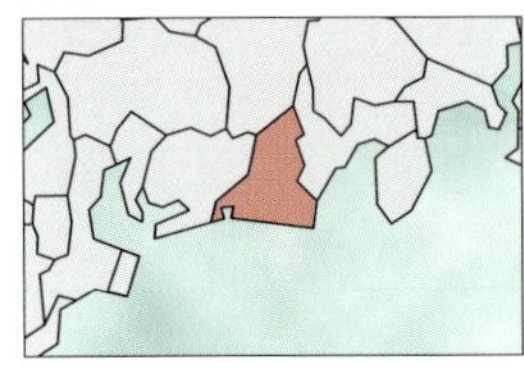

跡継ぎを失った井伊家のため、還俗して女領主として立つ

■許嫁との仲を裂かれる

井伊直虎は、井伊家の女領主である。井伊直盛の娘として生まれた。生年は定かではなく、1536年頃ではないかと言われている。井伊氏の後見人となり、女地頭と呼ばれたが、歴代当主には数えられていない。

直虎は、父・直盛に男子がいなかったため、直盛の従兄弟にあたる井伊直親を婿養子に迎える予定であった。ところが、1544年に直親の父・直満が今川義元への謀反の疑いをかけられて自害させられ、直親は信濃に逃亡してしまう。

井伊家では、直親の命を守るため、所在も生死も秘密にしていた。そのため許嫁であった直虎は、おそらく悲嘆したであろう、龍潭寺で出家し、次郎法師という法名を名乗る。直親はのち1555年に今川家に復帰するが、信濃にいる間に他の女と結婚してしまっていた。そのため直虎は、婚期を逸することになったとされる。直虎はその後結婚することなく、生涯未婚であった。

■女領主の誕生

その後、井伊氏には不運が続き、1560年の「桶狭間の戦い」において父・直盛が戦死してしまう。その跡を継いだ直親は、井伊家の家臣・小野道好の讒言によって、今川氏真に殺された。

累は直虎ら一族にも及びかけるが、母・祐椿尼の兄、新野親矩の擁護により救われる。1563年、曽祖父の井伊直平が急死。跡を継ぐべき直親の子・井伊直政は、幼年であったため、龍潭寺の住職で直平の養子の南渓瑞聞により鳳来寺に移された。

直政を除くと、井伊家には跡を継ぐべき男子がいなかった。そのため直虎は、1565年還俗し、井伊家の当主となる。ここに女領主直虎が誕生したのである。

小野道好の専横は続き、1568年には居城・井伊谷城を奪われてしまう。しかし小野の専横に反旗を翻した井伊谷三人衆（近藤康用・鈴木重時・菅沼忠久）に三河国の徳川家康が加担し、徳川家の力で、直虎は実権を回復した。今川家とは断絶状態の井伊家は、徳川家に急速に接近する。

1570年には直虎は家康に嘆願し、道好の讒言を咎め、処刑する。しかし1572年秋、信濃から武田氏が侵攻して来る。居城・井伊谷城は武田家の手に落ち、直虎は徳川家の浜松城に逃れた。その後、武田家は当主・武田信玄が病に倒れたため、武田軍は1573年にようやく撤退し、直虎は井伊谷城を奪還することができた。

その間、直虎は直親の遺児・直政を養子として育て、1575年、直政が15歳の時に徳川氏に出仕させる。直政は徳川家で頭角を現すことになる。

直虎は1582年８月26日、死去。井伊家の家督は直政が継いだ。墓は龍潭寺の、生前に結ばれることがなかった、直親の墓の隣に立っている。

井伊直虎と深い関わりを持つ武将たち

徳川家康（とくがわいえやす） P.64

野心を持って遠江へ進出するが、それが井伊家の窮地を救うことになる。直虎にとっては救いの神だったであろう。井伊家は徳川家の元で累進することになる。

井伊直政（いいなおまさ） P.150

直虎の養子となり、その薫陶を受けて育ち井伊家を継ぐ。徳川四天王の一人となる直政だが、そうなるまでには直虎の影響もあったことであろう。

最強部隊を率いた徳川四天王の一人

井伊直政

いいなおまさ

■1561年生～1602年没

戦場にあっては常に先頭に立って槍を振るった直政。徳川家の本多忠勝とは正反対で身体中傷だらけだった。弱いからではない。死を恐れない家康への忠義によるものだ。

1561年	井伊直親の長男として生まれる
1575年	家康に小姓に取り立てられる
1584年	赤備えで出陣。池田恒興を討ち取る（小牧・長久手の戦い）
1590年	小田原城に夜襲をかけ城内まで攻め込む（小田原の役）
1600年	福島正則を差し置いて先鋒に出る（関ヶ原の戦い）。戦後は、毛利輝元との講和、山内一豊の土佐入り援助、島津義弘との和平交渉の仲介に尽力
1602年	関ヶ原での鉄砲による傷が悪化し死去

illustration：佐藤仁彦

PARAMETER

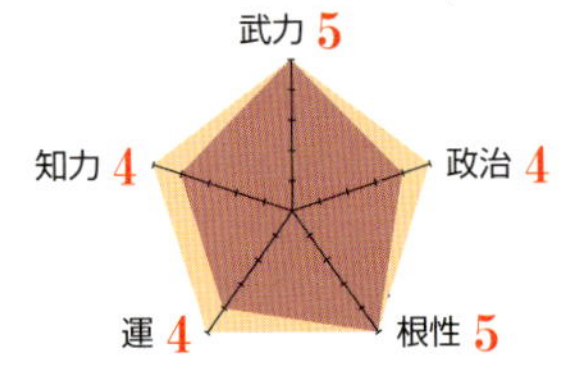

武勇は当然有名だが、外交、内政にも長けていて、交渉もうまくまとめている。

根性 5

外様であったことが直政の悩みで、行動で家康の信頼を得た。

出身地［遠江（とおとうみ）］

家康への忠義を示すため常に全力で仕える

■戦国最強の精鋭「井伊の赤備え」

井伊直虎の跡を受け、井伊家を背負って立ったのが井伊直政だ。小柄で顔立ちも少年のようであったというが、勇猛で「井伊の赤鬼」と称され、諸大名から恐れられた。彼の代で井伊家は、大名として飛躍することになる。

1561年、井伊直親の長男として生まれる。父が謀反の嫌疑で今川氏真に殺された時、わずか2歳であったため、直政は三河鳳来寺に逃れた。その後1575年、徳川家康に見出され、家康の小姓として取り立てられる。

1582年、元服。武田氏との戦いで数々の武功を立てた。家康が武田領を併呑すると、武田の旧臣達を付与され、徳川重臣の一翼を担うことになる。その部隊は武田の軍法を引き継ぎ、赤備えという軍装であった。1584年の「小牧・長久手の戦い」で、直政は初めてこの部隊を率いる。

1590年の「小田原征伐」では並みいる武将の中で唯一小田原城内にまで攻め込み、その名を天下に轟かせる。その後、家康が関東に入ると、直政は上野国箕輪城に家臣団で最高の12万石で封ぜられる。

激烈な性格のため、家臣に非常に厳しく、わずかの失敗で手討ちにすることもあった。直政のもとを去った者は数知れず、筆頭家老の木俣守勝さえ家康に泣きついたという。

直政は自らも傷つくことを厭わず戦い続けたため、家康はいつも直政の身を案じていた。ある時、家康は直政の家臣を集め、直政の身体についた傷の一つ一つを指さして、「これはいつの傷」と、涙を流しながら語って聞かせた。家臣たちも心打たれ、直政への忠誠を誓ったという。

外交官としても活躍した。1582年、北条家との講和交渉を担当。1586年、家康が豊臣秀吉に臣従すると、秀吉は直政を高く評価し、侍従に叙位させ、豊臣姓を下賜したという。しかしこの頃「侍従藤原直政」という署名が見られ、直政は豊臣姓を用いず、あくまでも徳川の家臣であるという立場を崩さなかった。

■勇猛がゆえの若くしての最期

直政は1600年の「関ヶ原の戦い」では武勇をもって鳴る島津軍と戦い、島津豊久を討ち取った。しかし退却する島津軍を猛追するあまり、大将の島津義弘を討ち取る寸前で撃たれ落馬してしまう。

大怪我を負ったにも関わらず、戦後は精力的に戦後処理と江戸幕府の基礎固めに尽力した。毛利輝元が周防・長門の2か国を安堵された事にも大いに貢献したという。直政は石田三成の旧領である近江国佐和山18万石を与えられる。

だが1602年、関ヶ原で受けた傷による破傷風で死去。享年わずか41。

その後、佐和山藩は廃藩となり、代わって彦根藩30万石が置かれた。以来、この地は大いに栄え、直政は今も現在の彦根市で顕彰され続けている。

井伊直政と深い関わりを持つ武将たち

徳川家康 P.64

直政は戦場だけでなく、政治や生活の面でも奉公した。家康も直政に信頼をおいていたので、直政にだけ打ち明ける相談ごとがあったと言われている。

本多忠勝 P.68

本多忠勝は軽装備であったが戦で傷を負わなかった。対して直政は重装備であったが常に傷を負ったという。2人は比較されることが多かった。

桶狭間に散った井伊直虎の父

井伊直盛

いいなおもり ■1526年生～1560年没

文武両道の遠州井伊家にあって直盛は指折りの武人として知られた。「桶狭間の戦い」で先鋒を飾るも討死してしまう。

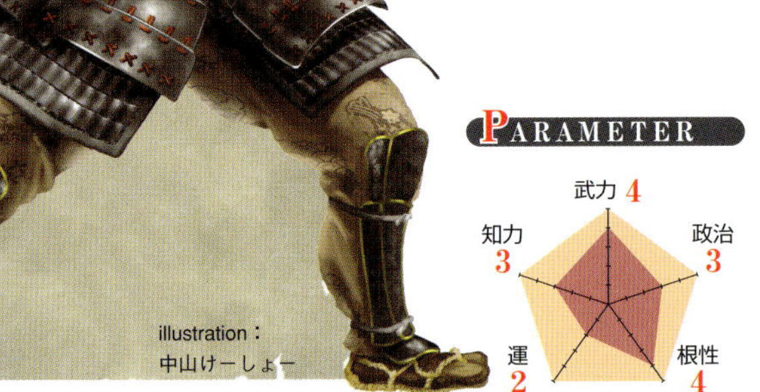

illustration：中山けーしょー

NATIVE PLACE

出身地［遠江（とおとうみ）］

先鋒を飾ったのが仇となったか 若くして散った井伊家きっての武将

■女領主直虎の父

井伊直盛は、井伊直宗の子で、井伊直平の孫である。女領主となった井伊直虎の父として知られる。

1494年、駿河国守護・今川氏親が遠江へ侵攻すると、井伊家は遠江守護・斯波家や大河内家と結託して対抗した。この争いは断続的に続き、1513年、ついに今川氏が遠江国を支配下におさめると、祖父の井伊直平は今川傘下に入る。

氏親の跡を継いだ今川義元は、新たに三河国を傘下に治め、今川家最大の版図を築いた。そして1560年、尾張国への遠征の大軍を動員。直盛は、その先鋒大将に任じられた。

当初は織田家の各拠点を奪取するなど今川軍が優勢だったが、桶狭間にて休息中、織田信長自らに率いられた手勢の強襲を受け、義元は討ち取られてしまう。直盛もこの戦いで討死し、井伊家の菩提寺・龍潭寺に葬られた。

男子の無い直盛の戦死後、家督を継いだ従弟の直親が家督を継ぐが、讒言によって今川家への叛意を疑われ、今川家の重臣・朝比奈泰朝に攻められて戦死した。

その後やむなく、直盛の娘・直虎が政務を執ったが、今川家の傘下を離れた松平元康（徳川家康）の遠江侵攻を受けると、その傘下に入る。井伊家は徳川家の元で飛躍を遂げることになる。

直盛の享年には、36歳と56歳の2つの説がある。祖父の直平が1563年に85歳で死去したとされることから見て、その孫が1560年で56歳ということは考えられないため、36歳で死去、つまり1526年生まれと見るのが正しいようである。

先陣の名誉を得たのが、仇となったか。その後井伊家は、苦難の時代を迎えることとなる。

在位わずか3年の井伊家当主

井伊直親

いいなおちか　■1535年生～1563年没

親が殺され、信州へ落ち延びるなど、辛酸の続く生涯であった。直政を生むも、子の将来を見ずして夭折する。

illustration：中山けーしょー

PARAMETER

NATIVE PLACE

出身地［遠江（とおとうみ）］

悲運の井伊家当主の一人 直虎の許嫁にして直政の父

■親子二代に渡り讒言を受ける

井伊直親（いいなおちか）は、井伊直満（いいなおみつ）の子として生まれた。井伊直政（いいなおまさ）の父である。

また、井伊直虎の許嫁でもあった。しかし1544年、父・直満が井伊家の家老・小野道高（おのみちたか）の讒言により今川義元に誅されたため、幼少の直親は信濃（しなの）国へ落ち延びた。直親はそこで別の女性を娶り、そのため直虎との縁組は果たされなかった。

成人した後、1555年に井伊谷へ戻ると、祝田を拠点とした。1560年、井伊家当主で養父の直盛が桶狭間の戦いで戦死すると家督を継ぐ。しかし当時の遠江国は「遠州錯乱」と呼ばれる混乱状態にあり、直親は小野道高の息子、小野道好（おのみちよし）の讒言により、主君の今川氏真（いまがわうじざね）から松平元康（徳川家康）との内通の疑いを受ける。縁戚であった新野親矩（にいのちかのり）の取りなしで、弁明のためにわずかな供で駿府へ向かう道中の1563年、今川家の重臣・朝比奈泰朝に襲撃を受けて死亡した。享年28。

これにより井伊氏は一時的に衰退した。家督はかつて許嫁であった直虎が後見者として立った。

嫡男の直政は三河鳳来寺などにかくまわれ、15歳の時に徳川家康に仕えるとともに井伊家を継ぎ、のちの徳川四天王の一人となるまで上り詰めている。

また、遠江国が家康の支配下になった後、直親の無実が証明され、讒言した小野道好は獄門になっている。

なお、具体的な事績には乏しいが、遠江国から逃れる際に直親を射殺そうとした右近次郎を復帰後に機略を用いて成敗したという伝承や、笛の名手で逃亡した際に援助を受けた僧に愛用の「青葉の笛」を寄進した伝承などがある。

毛利家

MOURI

大勢力に挟まれつつも台頭した中国の雄

大内氏と尼子氏という二大勢力に挟まれながら、中国地方を制した毛利家。兵法に通じていたという先祖のように、頭脳明晰な人物が多く見られる家系だった。

〈家紋：長門三つ星〉

戦いに勝つという三つ星に一番を表す一を引いた家紋。

毛利家の成り立ちとその系譜

■宝治の乱を機に安芸へと移った毛利家

毛利氏の先祖は、平安時代に学問や文学の分野で朝廷に仕えた大江氏である。平安時代後期の大江匡房には、源義家に兵法を教えたという逸話がある。毛利氏は、当時からすでに学問や兵法に長けた一族だったようだ。

鎌倉時代に源頼朝に仕えた大江広元は、幕府中枢で辣腕を振るった人物で、広元の子・季光が相模（現在の神奈川県）毛利庄の地頭となり、以後は毛利氏を名乗るようになった。

毛利季光は越後（現在の新潟県）や安芸（現在の広島県西部）の地頭も兼ねていたが、のちに執権・北条時頼と三浦泰村が戦った「宝治合戦」で三浦方について破れ、所領は没収となった。しかし、末の子である経光は幼少だったことから許され、越後と安芸の所領も安堵される。

こののち、経光の子である時親の代に安芸の地へ移り、ここに安芸・毛利氏が誕生。時親は郡山城を拠点とし、毛利家の祖となったのである。

中央の実力者、細川勝元と山名宗全が争った「応仁の乱」が勃発した当時、西の周防（現在の山口県東部）には大内氏が強大な勢力を築いていた。毛利家八代当主だった豊元は東軍の勝元に味方していたが、大内政弘が宗全の西軍に味方するため上京することになると、のちに大内氏の配下になった。

当時の毛利氏は、数多く存在した弱小な国人衆のひとつに過ぎず、いましばらく大内氏に仕えることになる。

【毛利家家系図】

大江音人─（中略）─広元─❶毛利季光──❷経光

❸時親──❹貞親──❺親衡──❻元春──❼広房

❽光房──❾熙元──❿豊元──⓫弘元

⓬元就──⓭隆元──⓮輝元

（⓬元就の子）
- 元春（吉川家）
- 隆景（小早川家）

戦国時代における毛利家の興亡

■中国地方西部を支配するが関ヶ原の戦いで減封

世が戦国時代へ突入したころ、毛利家は西に大内氏、東に出雲（現在の島根県）を根拠地とする尼子氏と、ふたつの大きな勢力に挟まれ、周囲の国人領主たちも大内氏と尼子氏のあいだを行ったり来たりという状態だった。

当主の早死にが続いた毛利家では、新たに元就が当主に就任。完全に大内氏の傘下へ入るとともに、小早川家、吉川家に養子を送り込み、いわゆる両川体制を確立した。

しかし、大内氏で陶晴賢が謀反を起こし、大内義隆が自刃に追い込まれる事件が起こる。元就は晴賢を「厳島の戦い」で討ち破ると、約一年半をかけて西部を統一。尼子氏をも討ち破り、中国地方に広大な領土を築いた。

しかし、躍進する毛利家の勢いもこれまでで、織田信長配下の羽柴秀吉（のちの豊臣秀吉）によって西へと押されていき、秀吉が天下をとったのち臣従したのである。

秀吉が亡くなったのち、「関ヶ原の戦い」で当主の輝元が軽はずみな行動をとったことから、毛利家の領国は大きく減らされたが、毛利の家名は幕末まで保たれた。

1555年ごろの毛利勢力

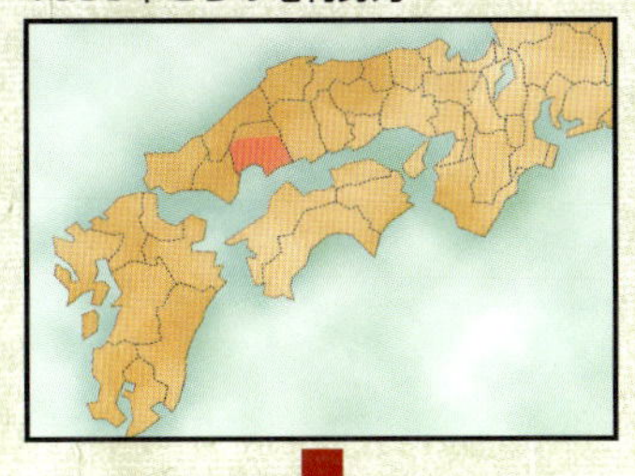

1579年ごろの毛利勢力

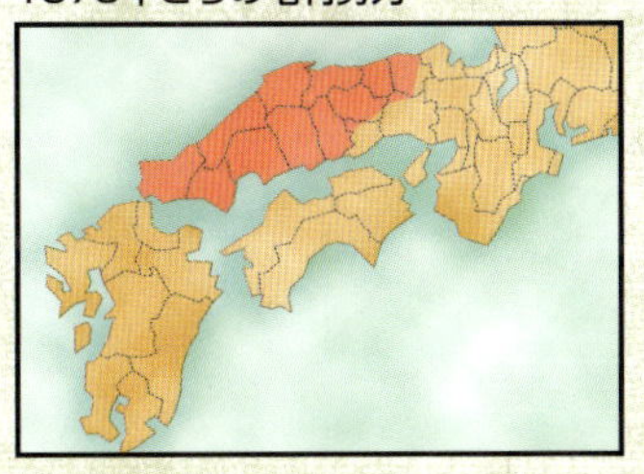

毛利家の対立勢力

徳川家 P.62
大幅に減封したことで恨まれ、幕末では逆に倒される立場になった。

尼子家 P.268
出雲を拠点に毛利家と戦い、一旦滅んだあとも旧臣が叛乱を起した。

大友家 P.292
義隆のあと大内氏の当主に一族が入ったため、毛利家と戦うことに。

毛利家の居城　郡山城

長らく毛利氏の居城だった郡山城は、毛利氏の初代である毛利時親が安芸に移ってきた際に築城した城で、以後、毛利家の当主が居城とした。

築城された当初は、山の南東隅に建てられた小さな城で、縄張りの範囲も狭かった。しかし、戦国時代に入って元就が当主を務めたころ、尼子氏に攻められた経験から城を強化・拡大。山全体を城域とし、２７０もの曲輪を備えた西日本最大級の山城となった。

元就の孫である輝元のとき、新たに広島城を築いて本拠地としたため１５９１年に廃城となり、現在は遺構が残るのみとなっている。

なお、大和（現在の奈良県）郡山城と区別するため、吉田郡山城と呼ばれることもある。

KOHRIYAMA CASTLE
DATA

所在地：広島県安芸高田市
別名：－
文化区分：国指定史跡
築城者：毛利時親
築城年：1336年
構造：山城

鬼謀を巡らし、大大名へと成り上がる

毛利元就

もうり もとなり

■1497年生～1571年没

一代で毛利家の基盤をつくった毛利元就は、国人という立場から、周囲の情勢と自身の能力を最大限に生かして、西国一の大名となる。

PROFILE

1523年	毛利家の家督を継承
1540年	吉田郡山城で尼子勢の攻撃を撃退する
1550年	重臣の井上元兼の一族を誅殺
1555年	「厳島の戦い」で陶晴賢を破る
1557年	大内氏を滅ぼす
1566年	尼子氏を滅ぼす
1571年	病没

illustration：藤川純一

PARAMETER

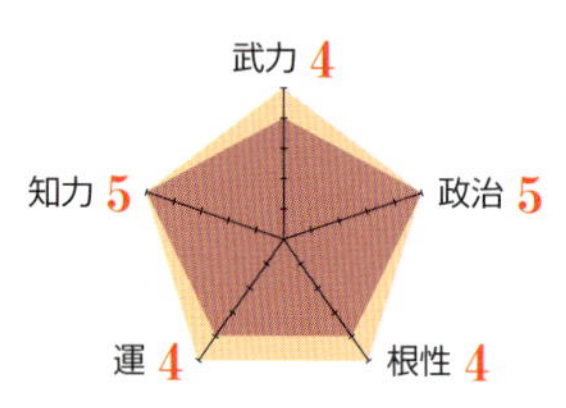

築き上げたその勢力を維持するため、家臣の統制や一族の結束を高めた。

大内氏、尼子氏といった大勢力を相手にうまく立ち回って大名となった。

NATIVE PLACE

出身地［安芸（あき）］

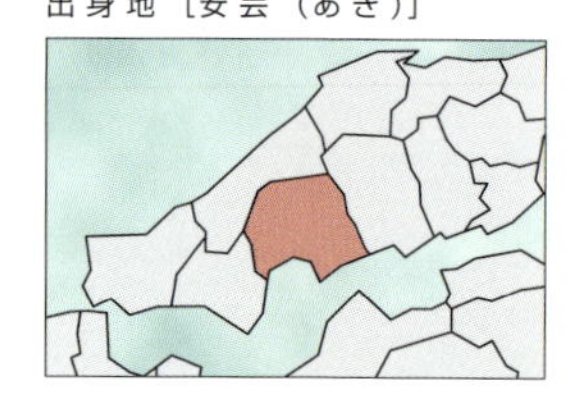

他家に翻弄されない
強大な戦国大名へ成長した鬼謀の持ち主

■一代で成り上がった稀代の策略家

大勢力の狭間で翻弄される一介の国人領主の身から、智謀を尽くして西国一の大大名へと一代で成り上がった名将が毛利元就(もうりもとなり)だ。

元就は、安芸(あき)国の国人領主の次男に生まれ、兄とその息子が夭逝したため家督をついでいる。元就が家督をついだ時期は、尼子経久(あまごつねひさ)と大内義興(おおうちよしおき)の二大勢力に挟まれており、独自の行動をとれる立場ではなかった。家督をつぐまでに戦で活躍し、元就は周辺に名を知られるまでにはなっていたが、それでも当時は有力な国人のひとりに過ぎなかったのだ。

元就は家督を相続してしばらくののち、それまで友好関係にあった尼子方から大内方に立場を鞍替えする。当然、尼子氏から居城を攻められたが、大内から来た陶晴賢(すえはるかた)の援軍と協力してこれを打ち破ることに成功した。

そののち毛利家は大内家の傘下に入ったが、大内家は尼子家との戦いで大敗し、また晴賢の謀反で大内氏の領国内が大いに揺らいだ。機を見るに敏な元就は、晴賢につき、混乱に乗じて勢力を拡大している。

そうして飛躍的に領地を拡大させる元就を、晴賢は快く思っていなかった。両者の関係は徐々に悪化し「厳島(いつくしま)の戦い」で両軍相まみえることとなる。結果は、元就の勝利に終わった。この勝利には、晴賢側の猛将を謀反の噂を流して晴賢自身に殺害させたり、村上水軍を味方につけたりと、元就の事前の謀略が大きくものをいった。

こうして気がつけば、長門(ながと)から因幡(いなば)にいたるまで中国地方をほぼ手中におさめる大勢力になっていたのである。このとき元就が家督をついでから、約40年もの歳月が経っていた。

■「三本の矢」のエピソードの誕生

こうして西日本最大の勢力へとのし上がった元就だったが、不安要素がないわけではなかった。それは家臣団の統制である。

これまでに家中の引き締めのために、元就をないがしろにする行動が目立った重臣を誅殺するなど、有力な家臣の統制には元就をもってしても苦労していたのだ。

そこで元就は、一族の強い結びつきを重視した。他家乗っとりのために養子に出した息子、吉川元春(きっかわもとはる)と小早川隆景(こばやかわたかかげ)には、宗家である毛利家への忠誠を常に求め続けたという。このときの息子たちに宛てた書状をもとに、1本では折れるが3本では折れないという「3本の矢」の逸話が後世でつくられている。

配慮のかいあって、元春と隆景のふたりの息子は元就の期待に終生応え、元就の孫の輝元(てるもと)によく尽くして織田家の中国攻略軍にも協力してこれをしのいだのだ。

元就の死後、織田、徳川の両政権によって毛利家の勢力は大いに減じることになったが、大名家としての命脈は保ち続けることができている。一代で築いた勢威を次代につなげた点でも、元就の深謀遠慮(しんぼうえんりょ)は稀に見るものだったということだろう。

毛利元就と深い関わりを持つ武将たち

尼子経久(あまごつねひさ)

P.270

元就は家督をつぐ際に経久から横槍を入れられる。経久は元就の異母弟を支援して一部の家臣に謀反を起こさせたのだ。これを機に元就は尼子氏から遠ざかる。

大内義隆(おおうちよしたか)

P.282

尼子氏のもとを離れた元就が臣従したのが義隆だった。だが、合戦に引っ張り出されるなど不自由の身には変わらず、元就は独立の意思を固めたのだろう。

毛利を支えた山陰の猛将

吉川元春

きっかわ もとはる

■1530年生～1586年没

希代の名将の血を受け継いだ猛将は、山陰の経略に尽力し、また生涯77戦の内、64回も勝利をおさめた、勝率８割超の天才的軍略家。

PROFILE

1550年　養子として吉川家をつぐ
1555年　「厳島の戦い」に参加
1562年　「第二次月山富田城の戦い」に主力として参加
1566年　尼子氏が滅亡
1578年　山中鹿介を捕らえ、処断する
1582年　秀吉の高松城攻めに対陣
1586年　秀吉の九州征伐に従軍中に病没する

illustration：藤川純一

PARAMETER

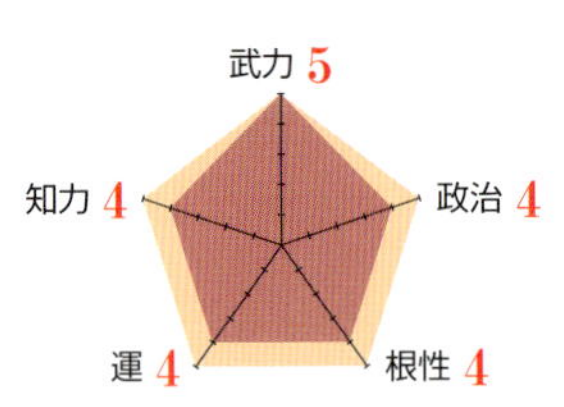

引き分けはあっても、一度の負けもないといわれる不敗の将。

陣中で『太平記』44巻を書写したという、古典に造詣が深い教養人だった。

NATIVE PLACE

出身地［安芸（あき）］

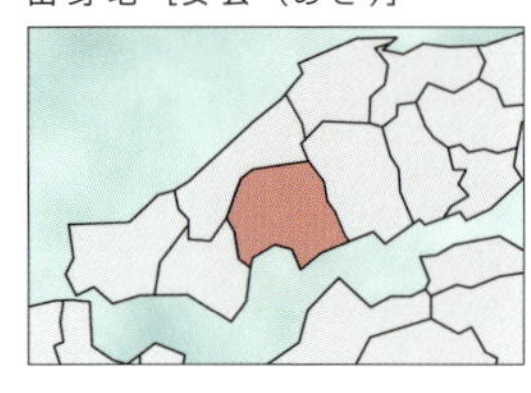

毛利両川の一翼として、毛利宗家に生涯を尽くす

■父の謀略で吉川家を継ぐ

毛利元就の次男として生まれた吉川元春は、弟の小早川隆景とともに「毛利両川」と呼ばれて毛利宗家を支えた名将である。

父の元就の勢力拡大の一環で、元春は吉川家の養子へと送り込まれて、吉川家を継ぐことになり、以降吉川姓となった。ちなみに元春の母は吉川氏の出身であり、母の実家でもあることからまんざら縁がないわけでもない。

そして元春は吉川家を掌握したのち、主に山陰地方の経略に従事して毛利家を支えることとなる。

元春がいた山陰地方といえば、尼子経久以来の尼子勢の勢力範囲で、毛利家と尼子家の因縁は浅からざるものがあり、尼子氏攻略で元春は大いに活躍する。

しぶとく抗う尼子勢に手を焼かされつつも、元春は4年に渡って月山富田城を攻め、尼子氏を滅ぼすことに成功したのだ。

しかし、尼子氏の遺臣である山中鹿介が新しく当主を立てて執拗に尼子再興の兵を起こすと、その対処に追われることになる。

最終的には、鹿介を捕らえた元春が鹿介を処断して禍根は断たれたが、鹿介は中央で覇を唱える織田信長を支援者として巻き込んでいたのだ。これは元春にとって新たな難問となる。

■最後まで武人として過ごした一生

信長に中国地方へ豊臣秀吉を大将とした大軍を送り込まれ、元春や毛利家をはじめ中国勢は秀吉との長い戦に疲弊した。この戦略的には不利な状況下でも、秀吉の軍勢相手に元春はよく戦い、元春の武名は広く知らしめられる。

その後、信長亡きあと秀吉が天下人となると宗家の毛利家は秀吉に臣従して生き延びる道を選んだ。元春には戦で負けたわけではないのにという納得いかない思いがあったのだろう、家督を息子に譲って隠居している。

しかし、隠居の身ながら元春は、当時天下にもっとも近い男・秀吉から九州征伐に駆り出され、その陣中で病没。

ただ武門の誉れも高いまま最後のときを戦場で迎えられたのは、武人として幸せなことだったのかもしれない。

吉川元春と深い関わりを持つ武将たち

豊臣秀吉 P.40

信長の代理人として、毛利家主導のもとにあった中国地方に侵攻して嵐を巻きこした。元春は毛利家随一の猛将として不利を承知でこれに立ち向かった。

毛利元就 P.156

元就は元春を養子に送り込み、吉川家の当主の興経を隠居させて、元春に吉川家を継がせる。そのうえ興経とその子を殺害するという非情な謀略も見せた。

安国寺恵瓊 P.164

恵瓊は「本能寺の変」にて一刻も早く引き上げたい秀吉と和睦を結ぶ。和睦後に本能寺の変を知った元春は追撃を主張し、のちに恵瓊とは対立している。

山中鹿介 P.272

尼子氏の家臣で、元春や毛利家を相手に奮戦。一度は元春の捕虜となるも脱出に成功し、最後は上月城に籠城するも再び元春に捕まり、のちに殺害された。

父から受けついだ智略をもって毛利を支える

小早川隆景

こばやかわ たかかげ
■1533年生～1597年没

毛利元就を父に持ち、毛利の水軍を担って活躍した智将。はるか先を見通す智謀をもって、父の死後も変わることなく毛利宗家のために尽力した。

PROFILE

1544年	小早川家分家に養子に入る
1550年	小早川家の家督相続
1555年	「厳島の戦い」で水軍を率い活躍
1576年	「第一次木津川口の戦い」で勝利
1586年	秀吉の九州征伐に従軍。独立した大名にとり立てられる
1595年	秀秋に家督を譲り隠居
1597年	病没

illustration：藤川純一

PARAMETER

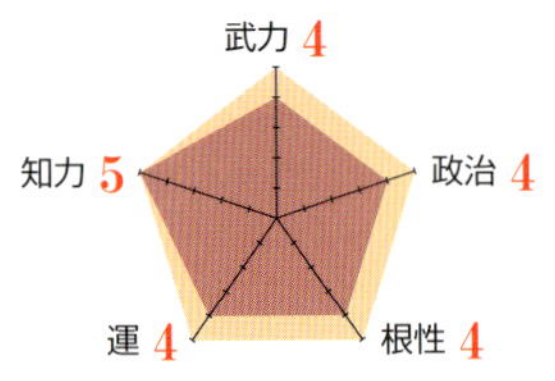

情報収集に優れた武将で、時勢を正確に読んで豊臣政権に接近した。

毛利輝元を補佐して広大な領国を治め、中央政権とも良好関係を築いた。

NATIVE PLACE

出身地［安芸（あき）］

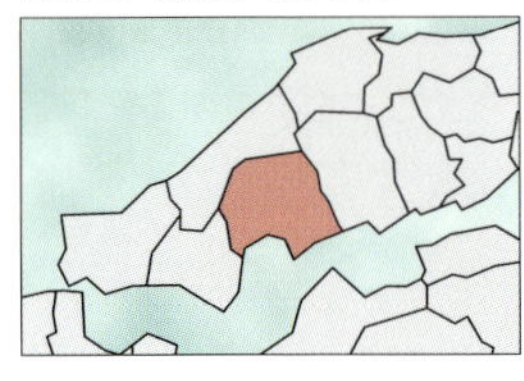

父の遺志に従い、身を盾にして毛利宗家を支える

■時代を見通す先見の明

毛利両川のひとり、兄の吉川元春がおもに軍事の面で支えたのに対し、弟の小早川隆景はおもに外交、内政の面で元就、隆元、輝元の宗家三代を支えたといえる武将だろう。

隆景の毛利家への最大の貢献は、敵方であった豊臣秀吉が「本能寺の変」で逆臣・明智光秀討伐のために、毛利家と和議を結んで撤退するところを追撃させなかったことだ。隆景は、和議に賛同した保身から秀吉を追撃しなかったわけではない。織田家との長年の戦いで毛利家は疲弊し、また中央で覇を唱える可能性のある武将との関係の悪化を恐れたからであろう。

隆景が和議を守って秀吉追撃せずで毛利家中を統一したことは、秀吉に後顧の憂いなく光秀との戦うことを可能にさせ、のちに天下人となった秀吉に対して大恩を売ったことになった。そのため、秀吉は隆景と毛利家に対して大いに報わざるを得なくなったといえる。

隆景の先を見通した毛利家への貢献はまだまだある。たとえば、秀吉が毛利家との関係を深めるため、自分の甥を輝元の養子に捻じ込もうとしたときのことだ。

この秀吉の甥は愚物として知られていたため、宗家をつがせまいと隆景は進んで自分の養子として秀吉の甥を受け入れた。この秀吉の甥はのちに小早川秀秋として知られる。隆景は身を挺して宗家の血筋を守ったのだ。

そのほか、隆景は毛利の外交僧である安国寺恵瓊を信頼しておらず、輝元に恵瓊を信用しないよう警告を発していたという。のちに恵瓊に乗せられた輝元は、関ヶ原では西軍の総大将に担がれて、元就が一代で築いた領土の大半を失った。

これだけみても、時代の流れや人を見る目が隆景にあり、いかに先見の明のある武将だったかがわかるというものだ。

■かつての敵からもその才を買われる

隆景のこの有能さは、秀吉もよくわかっていたのだろう。かつて受けた恩義もさることながら、四国征伐や九州征伐などの豊臣政権の西国平定に毛利家を積極的に協力させ、若い当主の輝元に代わって陣頭指揮をとる隆景を信任した。

そして、秀吉は九州征伐後、隆景を独立した大名としてとり立てる。その扱いは毛利宗家の輝元と同等に重いもので、隆景はのちに五大老と呼ばれる豊臣政権の重臣のひとりになったのである。

隆景の死後、その地位には上杉景勝が座る。景勝が家臣に足を引っ張られたとはいえ、その後の上杉家が辿った道程を考えれば、隆景が生きていれば豊臣家の末路も、毛利家の減退も少しは変わったものになったかもしれない。

隆景こそは、まさに元就が残した毛利家にとって最良の盾だった。惜しむべきは75歳まで生きた父の元就より、10年早い歳で亡くなったことである。

小早川隆景と深い関わりを持つ武将たち

九鬼嘉隆 P.36

信長麾下水軍の将。隆景とは、二度に渡って激戦を繰り広げている。1回目は隆景が嘉隆を圧倒したが、2回目は鉄甲船を擁した嘉隆の勝利となった。

毛利元就 P.156

隆景が小早川家の養子に入った家柄は、分家の流れだったが、元就は主家の幼い当主の後見役を殺害し、隆景を新しい当主に据えている。

苦労知らずの三代目のお坊ちゃん

毛利輝元

もうりてるもと

■1553年生～1625年没

吉川元春、小早川隆景とふたりの出来者の叔父を失ってからは馬脚を表し、元就が築いた広大な領地ばかりか、先祖伝来の地までも失ってしまう。

PROFILE

1563年	毛利家の家督をつぐ
1576年	逃亡してきた足利義昭を保護。織田家と敵対する
1582年	羽柴（豊臣）秀吉と講和
1596年	五大老に就任
1600年	「関ヶ原の戦い」で西軍総大将に。
同年	周防・長門（現在の山口県）の2国に大減封される
1625年	病没

illustration：藤川純一

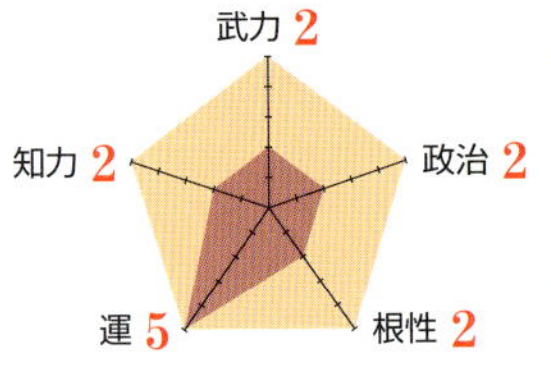

毛利家の影響力を行使しきれず、さらに御家を滅亡の危機に立たせてしまう。

宗家を気遣う家臣に恵まれ、大名の地位を守ることができた。

出身地［安芸（あき）］

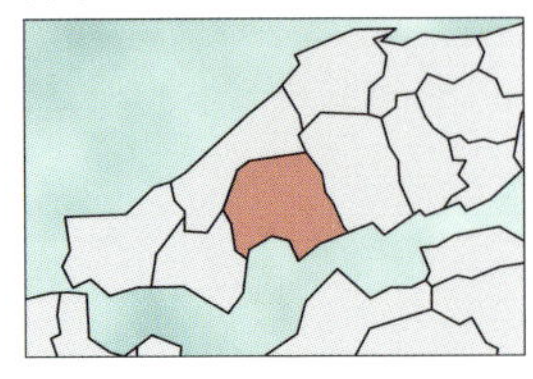

五大老の地位を活用することなく、関ヶ原へと流されていく

■権勢を振るう西国一の大名

毛利輝元は、元就の孫にあたり、早世した父の隆元のあとを継いで、毛利家の三代目当主となった大名だ。

その前半生は優れた戦国大名の生き様そのもので、毛利家が天下に誇る「毛利両川」の吉川元春、小早川隆景の名将の名も高い叔父たちに補佐を受けて、祖父元就が築いた領地を守るだけでなくさらに拡大している。

だが、織田信長に派遣された豊臣秀吉の中国侵攻軍を相手に、一歩も引かずに戦いを繰り広げるも、徐々に総合力の差から輝元の毛利勢はジリ貧になっていく。信長が「本能寺の変」で死ななければ輝元の首も危なかっただろうが、運は輝元にあったようだ。信長の死で毛利家は息をつくことができた。

そして、信長の後継者として天下人への道を邁進する秀吉に、輝元は臣従することで100万石を超す領土を安堵されている。

また西国一という石高の多さから、輝元はのちに五大老と呼ばれる重臣の地位を秀吉から与えられている。これが輝元の絶頂のときであっただろう。

■1日で半世紀にわたる先祖の功を失う

しかし、元就の遺志に忠実に従って毛利宗家を支えてきた元春と隆景のふたりを失ってからは、凡庸で優柔不断な輝元に毛利家中は混乱をきたしたといわれる。

秀吉の死後、石田三成と徳川家康の派閥争いが激化する中、輝元はなんら自発的な行動に出ず、ただの傍観者といってもよかった。輝元本人は局外中立のつもりだったかもしれない。だが、五大老のひとりである輝元を周囲はそのような立場に許してはくれなかった。

三成の挙兵とともに、輝元は西軍の総大将についてくれと安国寺恵瓊を通じて説得を受けたのだった。ここで叔父の隆景の恵瓊を警戒するようにという忠告も忘れて、家中ではかることなく輝元の独断で西軍の総大将の座に座ってしまう。まさに神輿の大将だった。

そして輝元は総大将ではあったが、自身は大坂城に留まり「関ヶ原の戦い」では西軍が敗北。輝元は天下の名城、大坂城に籠って一戦に及ぶかと思いきやあっさりと退去した。ただ、これは主君の豊臣秀頼を戦禍に巻き込むまいとする輝元の忠義心だったのだろう。

大坂城を明け渡したとはいえ、敗軍の総大将という責任から逃れることもできない。家康は毛利家をとり潰す腹積もりだったという。

だが、ここで救いの手が伸ばされた。主家の存続を慮っていた一門の吉川広家が東軍に内通し、さらに自らへの論功行賞を犠牲にしてまで、宗家の存続を家康に懇願したのだ。

そのおかげで、輝元は領地を大幅に減らして先祖伝来の安芸国を失いつつも大名としての家名を保つことができたのだった。

凡庸な主君だったとはいえ、家臣や一門に忠義立てされる人徳といったものが輝元には備わっていたのだろう。

毛利輝元と深い関わりを持つ武将たち

石田三成（いしだみつなり）

P.46

三成は輝元に家康の対抗馬としての期待をかけていたという。武断派の武将に三成が襲われたときには、輝元に出兵を促したが、輝元が動くことはなかった。

徳川家康（とくがわいえやす）

P.64

秀吉死後の家康は、輝元が反故にしていた従兄弟の毛利秀元への所領分与と分家独立を秀吉の遺言を盾に実行させるなど、自らの与党形成に余念がなかった。

illustration：藤川純一

秀吉に天下を見て、大名にまで出世

安国寺恵瓊

あんこくじ えけい ■生年不詳～1600年没

毛利家の外交僧として活躍したのち、秀吉に接近。その能力を買われて領土を与えられ、大名へと転身する。

PARAMETER

武力 3 政治 4 根性 3 運 2 知力 4

NATIVE PLACE

出身地［安芸（あき）］

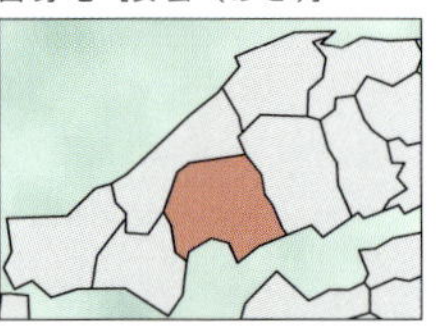

優秀な外交僧から豊臣政権のエリート官僚へ転身

■秀吉の将来性を見抜いた慧眼の持ち主

安芸国の名族・武田氏の出身といわれ、毛利元就に武田氏が滅ぼされたときに脱出して仏門に入ったといわれる。

この安国寺恵瓊が歴史の表舞台に出てきたのは、毛利の外交僧としてであった。恵瓊は知能と弁舌を買われて、かつて自分の一族を滅ぼした元就に引き立てられたのだった。

そして毛利家のさまざまな外交交渉に携わり、相手を屈服させる巧みな弁舌で外交戦を制したといわれている。

恵瓊の行った外交交渉でもっとも有名なものは、豊臣秀吉との和睦交渉だろう。当時、備中の高松城を攻めていた秀吉は「本能寺の変」で急遽撤退する必要に駆られ、是が非でも交渉を成立させる必要があった。

そして当初要求していた５ヶ国の割譲を、３ヶ国の割譲と高松城城主の清水宗治の切腹と条件を変える。秀吉の将来性を買っていた恵瓊はこれを飲み、毛利家中を説得して、すばやく和議を成立させた。このときすでに恵瓊の心は毛利を去って、秀吉のために動いたと思われる。何しろ毛利氏は仇でもある。

このことで秀吉の信頼を買った恵瓊は四国征伐でも活躍し、僧侶のままで大名にとり立てられる。ちなみに僧から還俗せずに大名になったのは恵瓊ひとりである。こうして名実ともに毛利家を離れて秀吉の直臣となった恵瓊は、奉行としても頭角を現していく。

また奉行職という関係からか、石田三成と親しく、「関ヶ原の戦い」の前には三成の意を汲んで、かつての主である毛利輝元を西軍の総大将に口説き落とした。

だが戦は西軍の負けとなり、敗軍の将の恵瓊は捕縛されて斬首刑となった。一足早い豊臣家への殉死だったといえよう。

清水宗治

■1537年生～1582年没

毛利家への忠義を貫いて、降伏勧告を拒否。最後は城兵の命を救うため自らの命を犠牲にした。

illustration：藤川純一

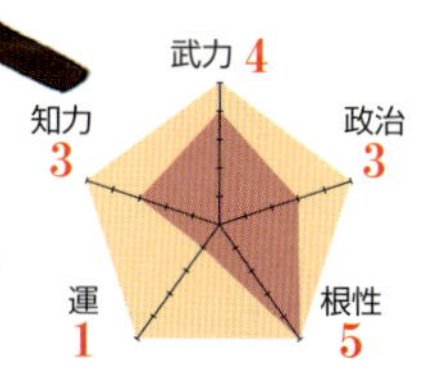

猛将宗治が見せた毛利家への忠誠と部下たちへの慈悲心

■城兵の助命のため身を挺した烈将

豪族の家臣出身で毛利氏の家臣となった清水宗治は、豊臣秀吉の高松城水攻めにあい、悲劇的な最後を遂げたことで、その名を歴史に刻んだ。

毛利家の家臣としての宗治は、忠誠心厚く深く信頼される武将だったという。小早川隆景の麾下で戦功をたてた猛将であった。

その宗治が守る高松城に、織田信長から中国攻略を命じられた秀吉が攻めてくる。この高松城は周囲を深田に囲まれ、守るに易く、攻めるに難い要害であった。

秀吉の降伏勧告を蹴って、この要害に籠った宗治は、多勢にものをいわせた秀吉の力攻めを撃退し、数百名を討ち取るという戦果をあげたという。

しかし、この勝利が秀吉を別の攻略法に転換させた。それが水攻めだったのだ。

そして秀吉が一挙に完成させた堤防に、梅雨の天候により増水した川から水が引き込まれ、高松城は水に没してしまう。毛利家の援軍も、秀吉の陣に阻まれて救援ができない状態のまま、高松城は飢餓に苦しんだ。

そのとき「本能寺の変」が起き、信長が落命。畿内へ早く戻りたい秀吉は、城主の宗治ら主だった面々の切腹と3ヶ国の割譲、その代わり城兵を助命するという条件で毛利方との講和を結ぶ。

地侍の宗治に腹を切らせるのは、毛利家としては面子が立たないことで、宗治もそこまでする義理はなかったであろうが、城兵が助命してもらえるならと、潔くこれを承諾。

そうして、宗治は見事な散り様を見せて、敵味方を感嘆させた。のちに秀吉は、武士の鑑と宗治を賞賛したという。

長宗我部家

CHO SO KA BE

大陸を起源とする四国の覇者

大陸から渡ってきた秦氏を祖とする長宗我部家は、没落しながらも見事に復活し、四国を統一する。最終的に宗家は断絶するが、天下を目指す意気込みは本物だった。

〈家紋：七鳩酢草〉

鳩酢草は十大家紋紋のひとつで、葉が七つもあるのが特徴。

長宗我部家の成り立ちとその系譜

■没落の憂き目を見るがしぶとく復活

長宗我部氏の起源は、秦（古代中国の国）の始皇帝を祖とする秦氏の一派が山城や信濃の地を経たあと、26世の能俊のときに土佐の長岡郡宗我部郷へ入ったのがはじまりという。このとき、地名をとって「宗我部氏」を名乗ったが、香美郡にも宗我部氏を名乗る一族がいたため、それぞれ郡名の1字を加えて区別することになり、長宗我部家が誕生した。

ちなみに、秦氏は古代に帰化した中でも最有力とされる氏族で、東は常陸（現在の茨城県）から、西は北九州の筑紫（福岡県）にまで広がるほど繁栄している。

さて、長岡郡に入った長宗我部家はのちに岡豊郡へ移ると、南北朝の動乱期に細川氏の傘下に入り、細川氏と縁の深い吸江庵の寺奉行を務めることになった。

細川氏の権威を背景に、長宗我部家は付近の土豪を吸収し発展していくが、十三代・兼綱のときに理由は不明ながら所領を削られ、十七代・元門のときには御家騒動で寺奉行の職を失うなど、決して平坦な道ではなかった。

十九代・兼序のときには大いに権勢を振るったが、細川氏の影響力が衰えると近隣の豪族から逆襲にあい、岡豊城が落城して敗死。長宗我部家は、一度没落の憂き目を見るのである。しかし、このとき城から脱出した子の国親が、深い関係にあった一条氏のもとへ逃れ、当主・一条房家の庇護を受けて成長。10年後、房家の仲介で本領まで返還され、岡豊城へと戻って再興を果たすのである。

【長宗我部家家系図】

❶長宗我部能俊（ちょうそかべよしとし）―❷俊宗（としむね）―❸忠俊（ただとし）―❹重氏（しげうじ）―❺氏幸（うじゆき）―❻満幸（みつゆき）―❼兼光（かねみつ）―❽重俊（しげとし）―❾重高（しげたか）―❿重家（しげいえ）―⓫信能（のぶよし）―⓬兼能（かねよし）―⓭兼綱（かねつな）―⓮能重（よししげ）―⓯元親（もとちか）―⓰文兼（ふみかね）―⓱元門（もとかど）―⓲雄親（かつちか）―⓳兼序（かねつぐ）―⓴国親（くにちか）―㉑元親（もとちか）

㉑元親の子：
- 信親（のぶちか）
- 親和（ちかかず）
- 親忠（ちかただ）
- ㉒盛親（もりちか）

戦国時代における長宗我部家の興亡

■四国統一を果たすも最後に本家が断絶

国親の帰還で再興した長宗我部家は、15年以上の歳月をかけて力を蓄えたのち、ようやく旧領の回復に乗り出す。兼序を滅ぼした本山氏と戦いはじめた矢先、国親が病で急死したが、父の遺業を継いだ二十一代・元親が、土佐の統一を達成した。

元親はさらに四国の統一を開始するが、本州とのパイプをもつ諸勢力の攻略に手間どり、ようやく統一したときには、豊臣秀吉の天下が目前となっていた。元親は秀吉の討伐軍と戦ったが、圧倒的な勢力差を見せつけられて降伏し、土佐一国を安堵された。

ところが、九州征伐で長男が戦死し、四男の盛親が後継者となったことから、歯車が狂い始める。

のちに起こった「関ヶ原の戦い」で西軍についた盛親は、東軍と通じた嫌疑から兄の親忠を殺したが、これが原因となって徳川家康の不興を買い、改易となってしまう。盛親は「大坂の役」で豊臣方につき、再び家康に歯向かうが、戦に敗れ長宗我部家の本宗は断絶となった。

1569年ごろの長宗我部勢力

1585年ごろの長宗我部勢力

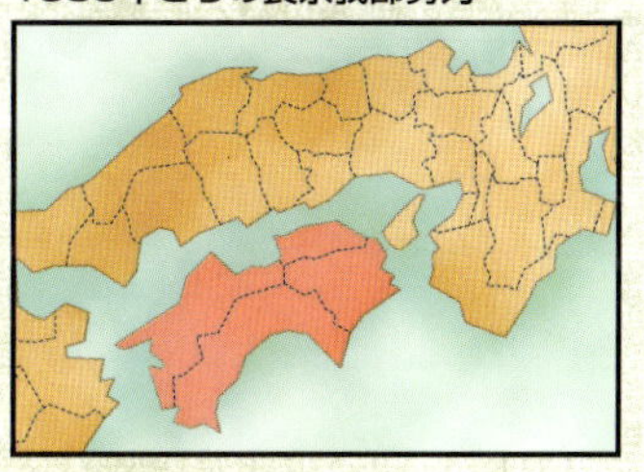

長宗我部家の対立勢力

織田家 P.12

四国を三好氏に抑えさせようと目論み、長宗我部家と対立した。

豊臣家 P.38

天下統一の一環として四国征伐を行い、長宗我部家を屈服させた。

本山家

長宗我部家に反感をもつ豪族たちをまとめ、豊岡城を攻め落とした。

長宗我部家の居城　岡豊城

岡豊城は長いあいだ長宗我部家の本拠地となった城だが、いつごろ築城されたのかは明確ではない。とはいえ、十九代・兼序が敗死したのが１５０８年ごろなので、それ以前なのは確かである。

山の頂上にあって、周囲には四段からなる主郭を配しており、さらに下方斜面に横堀や土塁、竪堀などが見られ、かなり堅固な城だったようだ。

１９８５年より5年間、6回に渡って発掘調査が行われたが、年代が窺える多数の瓦などが出土しており、国親や元親のころにはかなり機能が充実していたと考えられている。

調査後に史跡整備がなされ、国の史跡に指定されるが、２００８年と史跡の中では新しい部類となっている。

OKOH CASTLE
DATA

所在地：高知県南国市
別名：－
文化区分：国指定史跡
築城者：長宗我部氏
築城年：不明
構造：連郭式山城

一代で四国を統一した風雲児

長宗我部元親

ちょうそかべもとちか

■1539年生〜1599年没

土佐の小さな城主から身を起こして、四国全土を統一した名将。秀吉の大軍勢の前に天下への道は挫かれるが、戦国の世を堂々と生き抜いた英雄のひとりである。

PROFILE

1539年	長宗我部国親の長男として生まれる
1560年	初陣で自ら槍を取り、戦功をあげる（長浜の戦い）
同年	国親の急死により家督相続
1574年	一条兼定を追放して土佐統一
1585年	四国を統一。秀吉軍の侵攻を受けて降伏
1586年	秀吉の九州攻めで豊後に出陣。軍監の仙石秀久のミスにより敗走。信親戦死（戸次川の戦い）
1599年	病により伏見屋敷で死去

PARAMETER

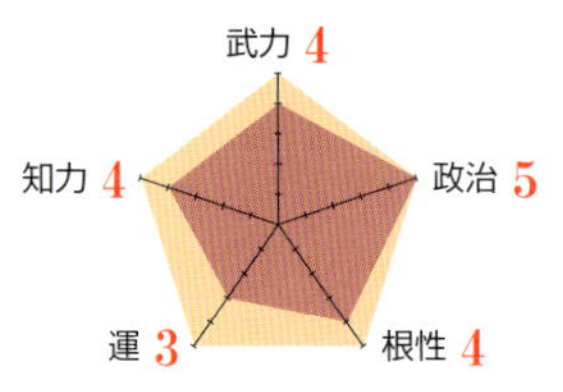

軟弱で「姫若子」と揶揄されたが、初陣では槍を取って勇敢に戦った。

日ごろから家臣や民を思いやり、分国法「長宗我部元親百箇条」を制定。

NATIVE PLACE

出身地［土佐（とさ）］

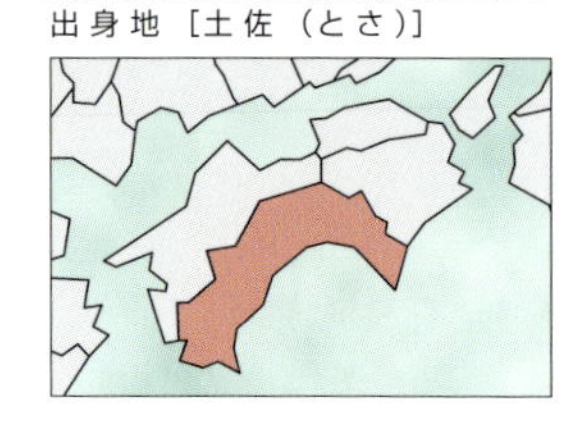

遅い初陣で猛将として覚醒、秀吉を牽制しながら四国を制覇

■軟弱な姫若子から猛将に生まれ変わる

四国の地に乱世を統一するために生を受けた長宗我部元親は、御家再興がかなったばかりの小領主から、土佐を統一。そして、四国全土まで勢力を伸ばす。

幼いころの元親は、長身であったが、色白でおとなしく、軟弱だったので「姫若子」と呼ばれていた。これには父の長宗我部国親も頭を痛めていたようで、そのため初陣も22歳と、ほかの戦国武将と比べてかなり遅い。

初陣で、元親は家臣に槍の使い方と大将の心得を聞いた。そこで「槍は敵の目と鼻を突くようにし、大将は先駆けせず、臆せずにいる」と教えられたという。戦の素人ともいえる元親だったが、いざ戦いが始まると、元親は教えられたことを忠実に実行し、鮮やかに勝利する。元親の勇猛な戦いぶりに、国親も家臣たちも驚き、そして、大いに喜んだ。そこにはもう姫若子の姿はない。元親は「鬼若子」として天賦の才を開花させたのだった。

初陣から間もなくして家督を継いだ元親は、これまでの遅れをとり戻すかのように、8年のあいだに土佐を統一する。

あるとき家臣から「なぜ四国統一をめざされるのか」と問われると、「家臣に十分な恩賞を与え、家族が安全に暮らすには、土佐では不十分」と答え、常に家臣と家族を思いやっていた。また、兵糧攻めでも刈る麦は半分にするなど、領民の生活への配慮も忘れない心優しき一面も見せている。

元親は四国統一を成し遂げるが、11万の豊臣秀吉軍の前に降伏を余儀なくされ、元親は土佐のみを安堵された。ある聚楽第の宴会にて、秀吉に「これから、四国の覇者を目指すか、天下に心を賭けるか」と問われると、元親は「天下に心を賭ける」と答えた。天下人を前にして一歩も引かない胆力は見事というしかないだろう。

■嫡男の死により夢はかなく散る

秀吉から九州攻略の要請を受け、先鋒として、嫡男・長宗我部信親とともに豊後の大友氏救援に向かった元親。軍監・仙石秀久の安易な進軍を懸念した元親は、様子を見るよう秀久に進言する。だが秀久は独断で軍を進め、結果、島津軍の精鋭の逆襲にあい敗走を余儀なくされた。このとき元親に予期せぬ悲劇が襲う。乱戦のなか、信親が戦死したという報せ……。信親の将来にかなりの期待を抱いていた元親の落胆は大きく、自害を試みて重臣たちに止められたほどだった。秀吉も同情し、大隅国を与えようとしたが、元親は固辞する。信親を失ったことで、野心も失ってしまったのだ。元親はこれより、人が変わってしまったといわれるほど豹変してしまう。周囲の反対を押し切り、四男の盛親を後継者に指名する。このときに反対した家臣は死に追いやられている。四国の名将も、名誉より我が子を愛した人の親であり、そんな人間らしさが元親の魅力なのだろう。

長宗我部元親と深い関わりを持つ武将たち

明智光秀

P.22

織田信長と元親の仲介役をしていたのが光秀である。また、光秀の重臣・斎藤利三の妹が、元親の正室であり「本能寺の変」に元親が関係しているとの説も。

豊臣秀吉

P.40

四国攻めののち、豊臣配下の大名になってからは数々の戦に参戦。小田原攻めで水軍を率いた際には巨大な鯨を大坂城に運び、秀吉を驚かせた。

御家再興のため最後まで戦い続けた

長宗我部盛親

ちょうそかべもりちか

■1575年生～1615年没

兄である信親の戦死により、家督を継ぐことになる。後継者問題で家内は混乱。家督を継いでからわずか1年で改易。盛親の一生は波乱万丈であった。

PROFILE

1575年　長宗我部元親の四男として誕生

1588年　元親から後継者に指名され、信親の娘を正室に迎える

1597年　長宗我部百箇条を制定

1599年　元親の死去により家督相続

1600年　やむなく西軍に味方することになり敗走（関ヶ原の戦い）このの ち土佐を没収され改易される

1614年　豊臣秀頼に請われて大阪城入り

1615年　主力部隊を率いて善戦するも敗走（大阪夏の陣）。六条河原で斬首される

illustration：海老原英明

PARAMETER

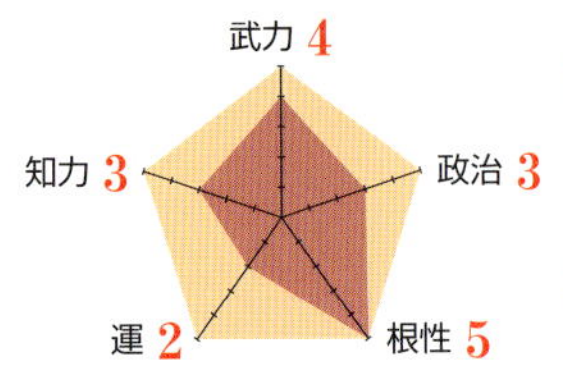

御家再興のため「大坂夏の陣」で奮戦。敗戦後も生き延びることを考えていた。

「関ヶ原の戦い」では妨害にあって東軍につけなかったことが改易につながる。

NATIVE PLACE

出身地［土佐（とさ）］

突然の家督相続と改易、「大坂夏の陣」に御家再興の夢を託す

■元親の強行指名で後継者に

長宗我部元親の四男で、父より家督を継いだのが長宗我部盛親である。180センチの長身で、勇ましい顔立ちの武将であった。しかし、盛親が後継者となったときはまだ12歳で、その幼い年齢こそが決め手となったのだ。

「戸次川の戦い」で、嫡男・長宗我部信親が戦死すると、元親の落胆ぶりはすさまじかった。本来なら、次男の香川親和、三男の津野親忠が長宗我部家の後継者の候補である。しかし、元親は周囲の反対を押し切って盛親を後継者に指名する。ふたりの兄は名字が違うことでわかるように、他家を継いでいたこともあるが、なにより溺愛した信親の娘と結婚させるには、盛親が年齢的に最も釣り合いがとれたのである。

紆余曲折があったが、後継者に選ばれた盛親は、父とともに「小田原攻め」や「朝鮮出兵」に参戦し、分国法「長宗我部元親百箇条」を制定している。父のあと押しを受けながら業績をあげ、成長した盛親は、長身で勇ましく、父や長兄を思わせるような威厳も持ち合わせていただろう。

■家督を継ぐも1年で改易

「関ヶ原の戦い」では、徳川家康の東軍に味方しようとしたが、西軍に進路を阻まれ、やむなく西軍となる。戦う機会なく敗走して、のちの戦後処理で土佐を没収、改易されてしまう。家督を継いでわずか1年後のことである。

そのあとは、寺小屋を開いていたとも、旧臣からの仕送りで生活していたともいわれ、再び盛親が世に現れるのは、豊臣秀頼に招かれて大坂城に入ってからである。世はまさに徳川と豊臣の対決の直前であった。盛親は恩賞として土佐一国を願い出る。野にあってなお、御家再興の志を抱き続け、ついにチャンスを得たのである。

「大坂夏の陣」においては、木村重成とともに主力を任される。盛親の執念は藤堂高虎との激戦を生んだ。敵を壊滅寸前に追い込むも、井伊直孝の援軍により敗走させられてしまう。豊臣勢に勝機なしと判断した盛親は、再起をはかるために逃亡するも、潜伏先で捕らえられた。白洲における裁きでは、家康側の第一の戦功として直孝の名をあげる。自分が負けなければ、戦に勝てたと言い放ったところに、盛親の大胆不敵さ、無念さが伺えるだろう。自刃せずに捕らわれたことを、家康の将兵に問いただされると、「命と右腕さえあれば、家康と秀忠をこのような姿にできた」と言い返している。

長宗我部家再興のためには、武士としてのプライドを捨てることも、どんな辛酸をなめることも辞さなかった。これも盛親なりの武士道であったのだ。出家を条件に命乞いをしたが、家康は盛親の執念をよくわかっているので、生かしておくわけにはいかなった。しかし、斬首が決まったあとは、一切おびえることはなく堂々とした最期を迎えたという。

長宗我部盛親と深い関わりを持つ武将たち

豊臣秀頼 P.59

家康との戦が避けられなくなると、秀頼は野にくだっていた盛親を大阪城に招いた。盛親にも起死回生の思いがあり、恩賞として土佐一国を所望している。

井伊直政 P.150

「関ヶ原の戦い」のあと、懇意があった直政を通じて、家康との和平交渉の仲介を頼んでいる。だが、直政が死去したため、うまく交渉が進まず改易となった。

illustration：米谷尚展

兄・元親を支えた名軍師

香宗我部親泰

こうそかべ ちかやす　■1543年生～1593年没

元親の三番目の弟で、外交・謀略に長けた長宗我部家の軍師。兵を率いても無類の強さを誇ったが病により急死する。

PARAMETER

武力 4
政治 3
根性 4
運 3
知力 4

NATIVE PLACE

出身地［土佐（とさ）］

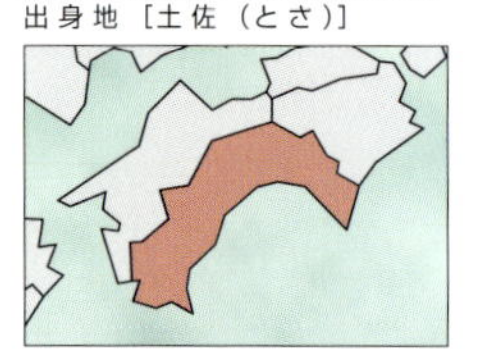

軍事外交両面で元親を支え、四国統一に貢献

■元親の軍略を見事に実践

四国を統一した風雲児、長宗我部元親の軍師であり、弟の香宗我部親泰。名字が違うのは、土佐の名門・香宗我部親秀の養子となり、家督を相続したためだ。

親泰による家督相続は平和に行われたわけではない。親泰の養子縁組をこころよく思わなかったのが、親秀の弟・秀通だった。家内の分裂を恐れた親秀は弟を暗殺。

家督を継いだ親泰は動揺する家臣団をまとめ、家内に影響力を持つ親秀を御し、家中をうまくまとめていった。元親が土佐統一に動き出すと、親泰も兄に従って転戦する。

親泰は主力部隊を率い、三好家が誇る四国最大の精鋭部隊「鬼の十河」を撃破するなど数々の戦功をあげる。また交渉による開城など柔軟な戦略をとることも忘れなかった。

親泰は外交にも優れた能力を発揮する。明智光秀を通じて織田信長との交渉にあたり、安土城で信長に直接対面している。信長は元親を高く評価していなかったが、親泰は四国統一のお墨つきを得ることに成功する。

やがて、元親の四国制圧が最終段階になると、親泰は柴田勝家、徳川家康、織田信雄との交渉に従事。「賤ヶ岳の戦い」、「小牧・長久手の戦い」において、反豊臣秀吉体制をつくりあげるため交渉にあたっている。その手腕は鮮やかであったが、秀吉に対して明確な対決姿勢をとったことが、秀吉の四国討伐の原因となった。結果的には、秀吉に降伏し、土佐一国をのぞいて没収となるが、外交手腕の高さは十分に評価できる。

１５９３年、大陸に渡る途中、長門で急死。もし、親泰が生きていれば、関ヶ原での失態はなかったろう。長宗我部家にとって大きな痛手であった。

外交で元親を救った元神官

谷忠澄

たに ただすみ　■1534年生～1600年没

秀吉の四国討伐において、徹底抗戦を決意した元親を説得して降伏に導き、長宗我部家を滅亡から救う。

illustration：米谷尚展

PARAMETER

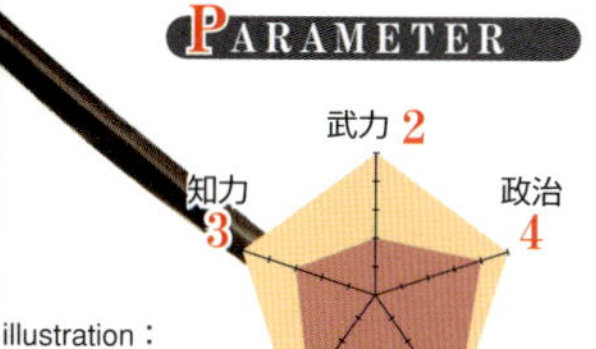

NATIVE PLACE

出身地［土佐（とさ）］

命をかけて元親を滅亡から救った忠義の士

■元親に見出されて家臣に

土佐神社の神官だった谷忠澄は、長宗我部元親に見出されて家臣となった。神官という経歴も珍しいが、他の将に劣らぬ豪胆な働きをみせる。

豊臣秀吉の四国討伐のとき、忠澄は、豊臣軍は戦い慣れしている精鋭であり、兵力差も大きく、戦っても勝算なしと判断していた。だが、家中では対決ムード一色であったため、忠澄は元親に降伏を進言するも、棄却されてしまう。

豊臣家との戦いが幕をあけると、忠澄は最前線である阿波一宮城に籠り、豊臣秀長率いる大軍の攻勢に耐え抜いた。すると秀長から一時休戦を提案され、和平派の忠澄はこれを機にもう一度、元親の説得にあたる。実際に戦った忠澄の言葉は説得力があり、重臣も気持ちを動かされ、家内は降伏に傾く。だが、元親だけが頑として首を縦に振らず、元親は忠澄に切腹を命じ、これで再び徹底抗戦が決まった。だが、忠澄はあきらめなかった。三日三晩かけて、すべての重臣を説得し全員で元親に願い出ると、元親もしぶしぶ降伏を受け入れた。忠澄によって、長宗我部家は滅亡を免れたのだった。

忠澄の命がけの忠義はもうひとつある。「戸次川の戦い」で長宗我部信親が戦死すると、元親は落胆のあまり、自刃まで考えたほど悲しみに暮れた。元親はせめて信親の遺体を引き取りたいと、忠澄に語る。元親の悲しみが痛いほどかわる忠澄は、戦の最中、討ち取られるのを覚悟して、島津の陣に向かった。忠澄の勇気と誠意は敵将・新納忠元の胸を打ち、忠元は信親の遺体を火葬し、僧侶を伴って手厚く送り返した。忠澄が遺骨を持ち帰ってきたことが元親には唯一の救いであった。

illustration：米谷尚展

「一領具足」を考案した参謀

吉田孝頼

よしだ たかより　■1496年生～1563年没

長宗我部軍の強さは孝頼の存在をなくして語ることはできない。孝頼の発案した「一領具足」は元親を四国統一に導いた。

PARAMETER

武力 3
政治 4
根性 4
運 3
知力 4

NATIVE PLACE

出身地［土佐（とさ）］

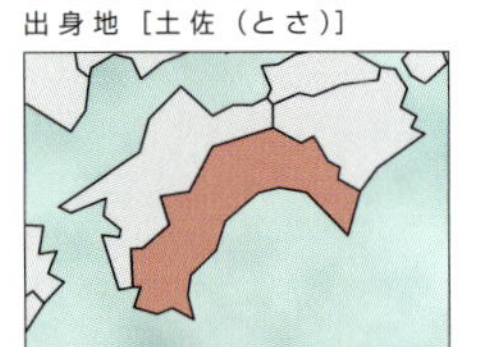

元親の四国統一に貢献した知勇兼備の名参謀

■国親・元親親子二代を支える

国親の代から長宗我部家に仕えた家臣で、老獪で智謀に長けた参謀である吉田孝頼。

孝頼が仕えたころの国親は、本山茂宗ら周囲の領主に攻められ、父の兼次が自刃に追い込まれるという事件に巻き込まれていた。再起を願う国親にとって、知勇兼備の孝頼の存在は大きく、国親の妹を娶るほど重用される。国親が岡豊城に復帰を果たすと、孝頼も勢力拡大の手助けに動き出した。

孝頼は、国親の娘と香宗我部秀義の縁組に異を唱え、本山茂辰に嫁がせる。約束を反故にされた秀義が怒り、国親討伐の軍を動かすも、孝頼は出家して詫びたので、秀義の怒りは茂辰に向けられた。両家は敵対関係となり、やがて両家とも力を弱めていくこととなる。

国親が死去し、元親が家督を継いだあとも、孝頼は参謀として若い主の相談に乗っている。

■四国統一を可能にした一領具足

孝頼は、長宗我部軍に「一領具足」を導入したといわれている。一領具足とは、普段は田畑を耕しているが、農閑期や合戦になると馳せ参じる半農の地侍のことである。元親は彼らを組織化し、活用した。彼らの活躍が四国統一に大きな役割を果たす。しかし、彼らの旧式の武装では、鉄砲などを装備した豊臣秀吉の専門兵には太刀打ちできず、降伏を余儀なくされた。

だが、長宗我部家が改易になっても彼らの結束は固かった。土佐に山内一豊が入ったとき、長宗我部の遺臣たちと浦戸城に立て籠もり抵抗している。彼らは身分の低い郷士とされ、山内家の家臣である上士と対立していく。幕末には、郷士出身者たちの多くが志士となった。孝頼も、のちの歴史に大きな影響を与えることになるとは思わなかっただろう。

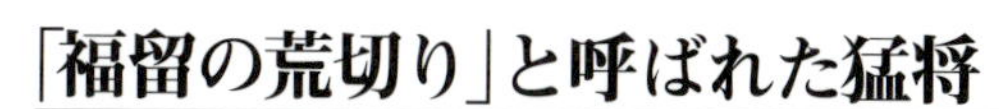

「福留の荒切り」と呼ばれた猛将

福留親政

ふくどめ ちかまさ ■1511年生〜1577年没

戦場にあっては勇猛果敢で戦功も多く、元親から「親」の字を与えられるほど、厚い信頼を寄せられる。

illustration：米谷尚展

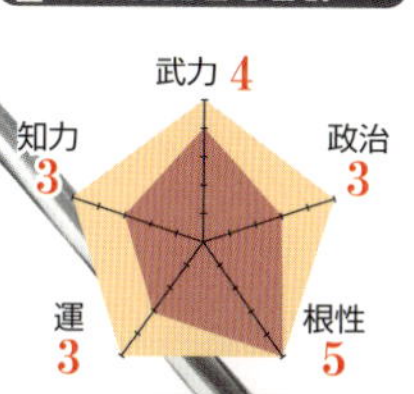

NATIVE PLACE

出身地［土佐（とさ）］

元親の信頼が厚かった長宗我部家きっての猛将

■元親の留守中に孤軍奮闘

長宗我部元親から「親」の１字を与えられて名を福留親政とした、長宗我部家のなかでも勇猛で知られた家臣である。

長宗我部軍の本山攻めの際、隙をついて安芸国虎が攻めてくると、城を守る親政は多数の敵軍を前に、恐れることなく斬り込んでいった。このとき斬った人数は、『土佐物語』は20人、『元親記』は37人と伝えている。どちらにしても、この人数をひとりで斬ったのだから驚愕のひと言に尽きる。敵兵を次々と斬り倒す親政の姿は、鬼神のようであったろう。このときについたあだ名が「福留の荒切り」で、敵味方から称賛を浴びた。この活躍からもわかるように、元親は親政の武に絶対の信頼をおいていた。感状は21回におよび、元親が将来を期待した嫡男・長宗我部信親の守役を任されている。

■死後は子の儀重が元親を支えた

元親の四国制覇もいよいよ佳境に入った伊予遠征で、親政は先陣を任された。しかし、奮戦するも討ち死にしている。元親の四国統一を見る前に倒れたことは無念であったろう。

親政には、父に負けないほど武勇に優れた息子、儀重がいた。儀重も屈指の猛将で、抜群の軍功をあげ、父の代わりに元親の四国統一を支えた。元親が禁酒令を破って、こっそり酒樽を持ちこんだことがあった。酒樽を見とがめた儀重は、樽を打ち砕いて諌めると、元親はこれを受けて、禁酒令を改めることにしたという。戦ばかりでなく、諌言でも元親に尽くしている。親子揃っての忠義の将であったが、儀重は「戸次川の戦い」に従軍し、信親とともに戦死している。信親はじめ、儀重ら多くの家臣を失ったこの戦が、元親にとって大きな痛手であったことがわかる。

島津家

SHIMA ZU

内紛を乗り越え繁栄した九州の雄

早い時期から広大な領国をもっていた島津家だが、それだけに内紛も多く、一族の結束をはかるまでに時間がかかり、九州の完全制覇を逃す要因となった。

〈家紋：丸に十字紋〉

丸に2本線を引く「二引龍」から変化したものという。

島津家の成り立ちとその系譜

■広大な荘園の荘官から守護大名へ

島津家は、秦（古代中国の国）の始皇帝を祖とする秦氏の一派、惟宗氏を起源とする。藤原氏の一門である近衛氏に仕えていた惟宗氏は、近衛家の荘園だった島津荘へ荘官として赴任。のちに、源頼朝によって惣地頭に任命された惟宗忠久が、荘園の名にちなんで島津氏を称するようになったことから、島津氏が誕生した。

島津荘は日向（現在の宮崎県）、大隅（現在の鹿児島県東部）、薩摩（現在の鹿児島県西部）にまたがる日本でもっとも大きな荘園で、忠久はのちに3国の守護職に任命される。執権の北条氏が、源氏将軍を排除した１２０３年の乱で3国の守護職から解かれるが、のちに薩摩守護職に復帰。討幕運動が起きると足利尊氏に協力し、五代・貞久のときに大隅と日向の守護職にも復帰した。

ところが、貞久が三男・師久と四男・氏久にそれぞれ薩摩と大隅を分割統治させたことから内紛が起こり、のちに師久の家系は断絶する。当時、島津家の本拠地は大隅だったが、氏久の家系が勝利したことから、以後は薩摩が本拠地となった。

広すぎる領国のためか島津家では揉め事が耐えず、十代・忠昌が自害したころから島津宗家の凋落がはじまり、十四代・勝久のころには完全に弱体化。分家の薩州家に家督を狙われた勝久は、同じく分家である伊作家の忠久・貴久父子に助力を求め、のちに貴久が勝久の養子となって当主となって島津宗家は息を吹き返した。

【島津家家系図】

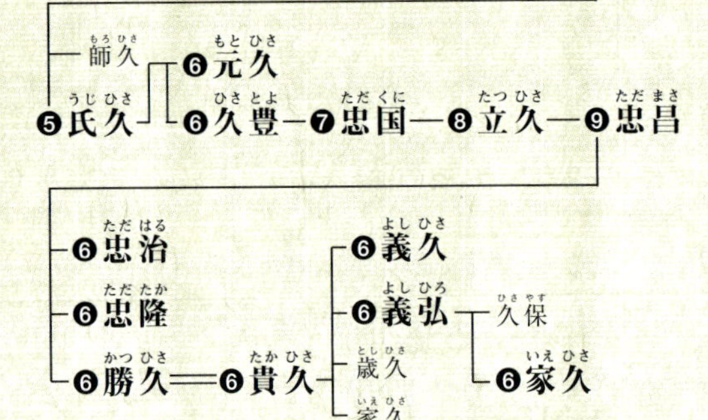

戦国時代における島津家の興亡

■九州の統一はならずも薩摩藩祖となる

貴久が十五代当主となって家中が落ち着いた島津家は、次代・義久のときにさらなる飛躍を遂げる。

当時、日向守護職となった伊東氏と島津氏の抗争が激化していたが、島津家の当主交代に乗じて攻め寄せた伊東氏の大軍を、島津軍は「木崎原の戦い」で撃破。大敗した伊東氏では離反が相次ぎ、当主が北九州に勢力を張る大友氏を頼って亡命する事態となる。

かくして、島津軍と南下した大友軍のあいだで「耳川の戦い」が勃発するが、島津軍は未曾有の大勝利をおさめて大友氏まで衰退することになったのである。

これより島津家は本格的に北上を開始するが、危機に瀕した大友氏は、当時すでに関白となっていた豊臣秀吉の幕下につく。島津家は秀吉の停戦命令に従わず、九州の大半を手中におさめるが、「九州征伐」の軍が起こされて降伏し、薩摩、大隅、日向の3国を安堵された。

のちの「関ヶ原の戦い」では西軍に組することになるが、最終的に徳川家康と和解して薩摩藩を開いている。

1560年ごろの島津勢力

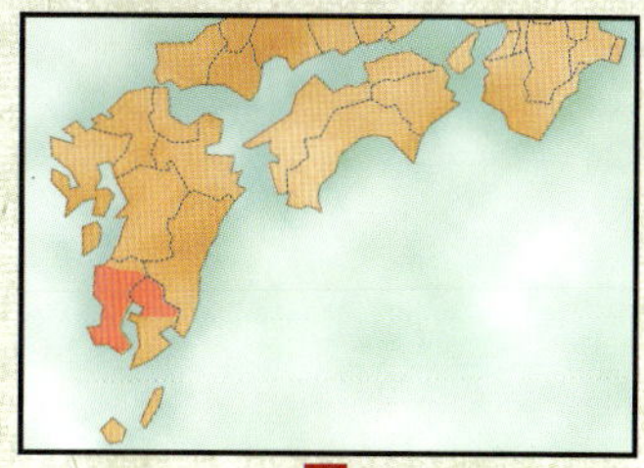

1586年ごろの島津勢力

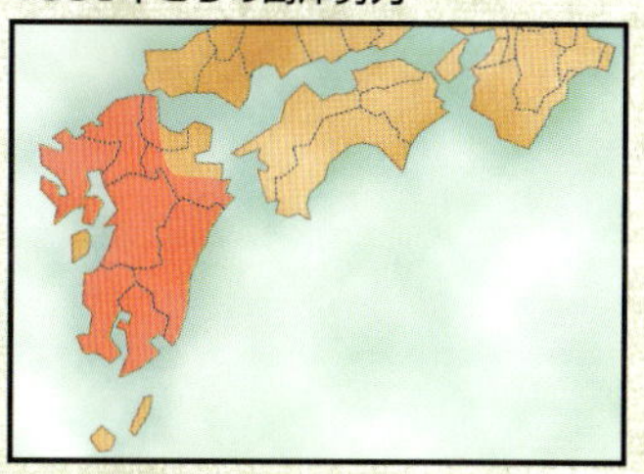

島津家の対立勢力

豊臣家 P.38
島津家が停戦令に従わなかったため、20万の大軍で攻め寄せた。

大友家 P.292
伊東氏の要請で南下を目論むが、逆に大敗して衰退していった。

伊東家 P.319
内紛で揺れた島津家にかわって日向守護となり、島津領へ侵攻した。

島津家の居城　鹿児島城

島津家の居城として知られる鹿児島城は、島津忠恒が城山に築いた城である。１６０１年から10年がかりで建てられたが、中世以来のシンプルな館づくりで本丸と二の丸が連郭格式に並んでいるほかは天守も櫓もなく、城本来の役割である防衛拠点としては物足りないものだった。もっとも、島津家では周囲の支城で敵をくいとめる軍政を形成していたため、本城を要塞化する必要がなかったともいわれる。

１６９６年に一度焼失したのち１７０７年に再建されたが、１８７３年に再び焼失しており、以後は再建されなかった。現在は石垣や水堀などが残されているほか、本丸跡に鹿児島県歴史資料センター黎明館、二の丸跡には県立図書館が建てられている。

KAGOSHIMA CASTLE
DATA

所在地：鹿児島県鹿児島市
別名：鶴丸城
文化区分：県指定史跡
築城者：島津家久
築城年：1601年
構造：平山城

悠然と構えた大将の鑑

島津義久

しまづよしひさ

■1533年生～1611年没

九州最大の勢力を築いた島津家の総裁は、九州制覇の野望達成まであと一歩のところで、豊臣政権の巨大な圧力に屈した悲運の大名。

PROFILE

1566年	島津家の家督を継承
1572年	薩摩、大隈、日向の三州を統一
1578年	大友家との決戦、「耳川の戦い」で大勝利をおさめる
1584年	「沖田畷の戦い」の勝利で、肥前を手に入れる
1587年	豊臣秀吉の九州征伐に降り、九州全土に及んだ所領を削られる
1600年	弟、義弘が「関ヶ原の戦い」に西軍として参陣するも、その類を島津家に及ぼさせなかった

illustration：中山けーしょー

PARAMETER

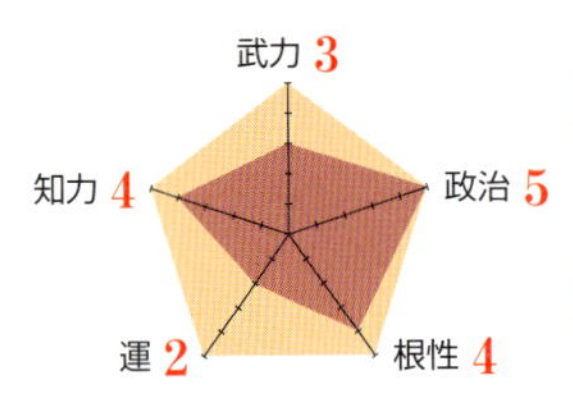

自らは出陣することなく、家臣団をうまく用いて九州のほとんどを平定した。

九州平定戦をたびたびクジで占った結果、開戦の時期を逸ってしまった。

NATIVE PLACE

出身地［薩摩（さつま）］

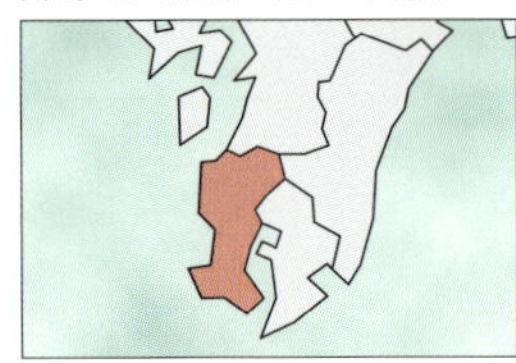

ただ兄弟、家臣に恵まれただけでなく、見事に活用した義久

■有能な家臣団を自在に扱う

武勇や知略に優れた弟たちや家臣団を縦横に動かし、戦国時代末期に九州をもう少しで統一するところまでいった島津氏第十六代当主が島津義久だ。

島津家の拡大の過程で、自らが軍勢を率いて戦った大きな戦は、大友家との雌雄を決した決戦「耳川の戦い」くらいだが、優れた弟たちや家臣団を適材適所に用いて島津家の最盛期を築いている。

家臣たちをの忠誠を集め、彼らを上手く動かして、自分はどっしりと構えている義久のスタイルは、自らは動かずに勝つことこそ大将の鑑であると、のちに誉めそやされた。

この義久の弟たちは、いずれもが一国の主としてやっていけるような器量の持ち主だったが、そのような力量ある武将たちを団結させて島津家を盛り立てさせることができたのも頭領の義久の器量が大きかったからだろう。

■豊臣家への対処を誤り、所領を削られる

この義久のもとに終結した強力な家臣団は、島津家の勢力を徐々に伸張させ、薩摩、大隅、日向の旧領を復帰し、島津家の積年の願望を果たすことに成功する。さらに九州全土を手中におさめんばかりの勢いをしめした。

この、非の打ちどころのない義久だが、惜しむらくは、九州平定戦での初動のもたつきと、天下人となった豊臣秀吉への対応だろう。

九州平定戦について、秀吉の発した「惣無事令」に反して戦を起こすことが中央政権との直接対決に発展しかねないと、義久自身は危ぶんでいたという。しかし、島津家中には強硬論者も多く、義久はクジで神意を占っている。そして占うたびに方針は変わり、九州平定戦の開始も遅れた。

これには、豊富政権と全面抗争にならないように、占いで開戦時期を引き延ばしたという好意的な解釈もあるが、最終的には義久は九州平定の軍を起こし、秀吉の討伐軍に敗北したのち所領を削られている。

そうであれば、島津にとって優位な状況があるうちに、九州平定なり秀吉の中央政権への工作なり、積極的な行動をとらなかった義久の優柔不断さと情勢の見誤りは、惜しまれるところだろう。

島津義久と深い関わりを持つ武将たち

豊臣秀吉(とよとみひでよし) P.40

大名間の私戦を禁じる「惣無事令」を発し、それに従わず九州を平定しようとする島津家を大軍を率いてくだした。その後も、内政干渉で島津家を苦しめる。

島津義弘(しまづよしひろ) P.180

島津家の軍事部門の中核を担った義久の弟。軍略に優れていた義弘は、豊臣政権下で厚遇された。義弘の中央志向から、兄との関係は微妙なものとなった。

島津家久(しまづいえひさ) P.182

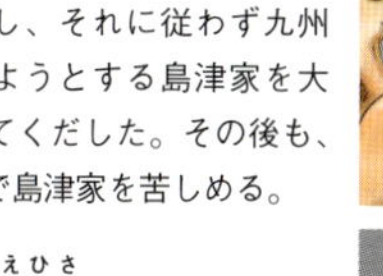

島津家でもっとも戦術に優れていたといわれる名将。多くの戦いで島津家に勝利をもたらした。義久が秀吉に降伏したのちに家久も豊臣政権に恭順している。

島津歳久(しまづとしひさ) P.183

島津家四兄弟の歳久は、兄弟で唯一秀吉にくだることを主張。だが反対意見を述べても、島津家の抗戦方針には徹底して従ったため、秀吉に目をつけられた。

数々の強烈な武勲で後世に名を残す

島津義弘

しまづよしひろ
■1535年生～1619年没

「耳川の戦い」「泗川の戦い」「島津の退き口」など、数多くの戦場で伝説的な武勲を立て、かの太閤・秀吉にも愛された島津が誇る名将。

PROFILE

1554年	岩剣城攻めで初陣
1572年	「木崎原の戦い」で伊東氏を日向（現在の宮崎県）から駆逐
1578年	「耳川の戦い」で奮戦し、島津家を勝利に導く
1587年	兄、義久の説得で、豊臣秀吉に降る
1598年	「泗川の戦い」で数倍もの明・朝鮮連合軍を壊滅させる
1600年	「関ヶ原の戦い」で歴史的な敵中突破を果たす

illustration：中山けーしょー

PARAMETER

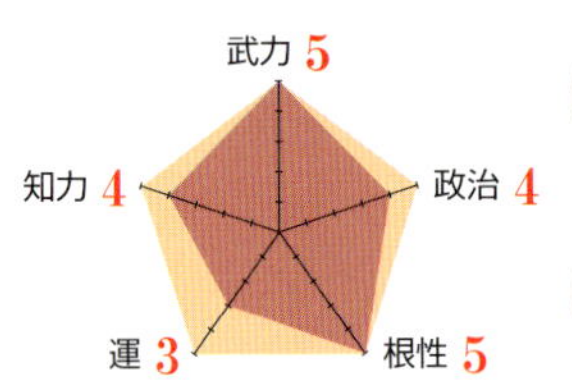

早くから鉄砲に着目し、独自の戦法を開発。戦場での采配面だけにとどまらない。

関ヶ原で、雲霞のように群がる敵勢を突破する、壮絶な退却行をやってのけた。

NATIVE PLACE

出身地［薩摩（さつま）］

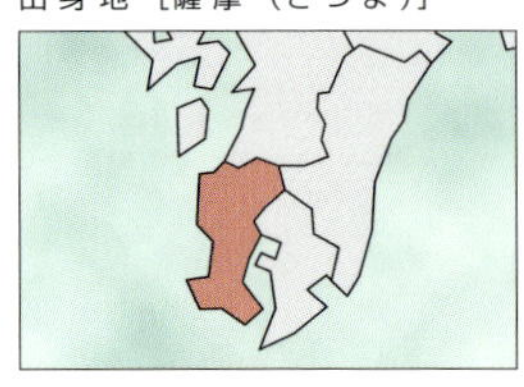

戦場で数々の伝説を打ち立てて、島津の名を世に知らしめる

■島津最強の武将

戦国最強との呼び声も高い、島津義久、義弘、歳久、家久の島津四兄弟。その中で義弘は、島津家躍進に最も貢献した猛将である。

この義弘の人生は20歳で初陣を飾って以降、「関ヶ原の戦い」まで戦に次ぐ戦に彩られており、義弘は数多い武勲をあげている。

いくつか有名なものをあげると、日向で勢力を張っていた伊東氏をわずか数百の兵で破るという快挙を成し遂げた「木崎原の戦い」、この日向を義弘に追われた伊東氏救援のために大友氏が差し向けた大軍を「耳川の戦い」で奮戦の末に破ったことなど、武勇伝は数知れずである。

この戦いでは義久、家久も参陣した戦いだったが、大軍という数的優位をかさにかかって攻め寄せる大友勢をよくしのいだのは義弘の功績だろう。

ほかにも豊臣秀吉の「朝鮮出兵」では、明と朝鮮の大軍相手に「泗川の戦い」で大勝利をおさめている。このとき７千の島津兵は、一説で８万の敵兵を討ち取ったとされる。まさに神懸かり的な戦果といえよう。

そして義弘は自身の最後の戦いとなった「関ヶ原の戦い」でも史上稀な武勲をたてた。それは、かの有名な敵中突破である。西軍として参加した義弘は、西軍の敗北が決まり壊走する西軍、追撃する東軍という破滅的な状況にあったが、日本の歴史に残る敵中突破を行って生還したのだ。

この退却戦で、生還したのは１千名中、80余名という壮絶なものであった。これは島津の兵の剽悍さもさることながら、将兵たちが大将の義弘を生還させるため犠牲をいとわなかったというところに、義弘のカリスマ性が示されているだろう。

■島津の強国化に貢献

この武功にはこと欠かない義弘だが、その活躍と功績は戦場においての采配や奮戦だけに止まらない。義弘は初陣で鉄砲の威力を知り、足軽でなく士分のものが鉄砲を放つ、島津独自の戦法をも編み出してもいる。

この戦法は「繰り抜き」と呼ばれ、鉄砲の扱いに優れた侍が、矢継ぎ早の射撃による火力と衝撃力で敵陣を崩したのちに切り込むというものであった。「繰り抜き」の戦法と、家臣団の統制に尽力して育まれた質実剛健の薩摩武士とが組み合わさることで、島津の兵は戦国最強といってもいいくらいの集団になったのだ。

この武力をもって島津家は、あと一歩で九州全土を平定するところまで、勢力を伸張させることができたのだ。まさに義弘あっての島津家といってもいいだろう。

義弘を豊臣も徳川も恐れ、領地を与えるなど優遇し、義久から切り離そうとしたが果たせなかった。戦乱の世にあって、栄達をとらずに家族の絆をとった義弘の清清しい生き様に、英傑の人となりが偲ばれるのである。

島津義弘と深い関わりを持つ武将たち

井伊直政 P.150

直政は関ヶ原での「島津の退き口」の際に、容赦ない追撃をかけるも、反撃にあって負傷。のちに島津の勇猛さに感銘したのか、義弘を家康にとりなす。

島津義久 P.178

義久と義弘は、まさに二人三脚で島津家を支えるも、のちにふたりの関係に亀裂が生じる。だが島津の絆の強さか、決定的な御家騒動に発展はしなかった。

島津の名将、「肥前の熊」を討つ

島津家久

しまづいえひさ ■1547年生～1587年没

戦場で采配を振るい、兵を動かすことに関しては、島津兄弟の誰もが敵わなかったであろう名指揮官。

島津家を戦場で支え続けた、短い生涯

■島津四兄弟随一の戦上手

若いころから祖父の島津忠良から、「戦術に優れている」と評価されていた通りに、さまざまな戦いで巧みな采配を振るって勝利をおさめた島津家久。この家久は、島津家を九州一の大勢力に押し上げた島津四兄弟の末弟に生まれ、その見事な戦いぶりは「沖田畷の戦い」「戸次川の戦い」でよく知られている。

沖田畷の戦いとは、肥前を中心に急速に勢力を拡大した龍造寺隆信とのあいだに起きた戦いだ。隆信は「肥前の熊」と呼ばれて恐れられた猛将で、この戦いに家久の倍以上の軍勢をもって臨んでいる。

しかし、守りやすい地形に布陣し、巧みに隆信をおびき寄せた家久は、伏兵をもって隆信勢を混乱させた。この混乱の中で隆信は討ち取られてしまい、肥前は島津の手にするところとなっている。

また豊臣秀吉が発した九州征伐の軍勢を打ち破った戸次川の戦いでも、川を渡って押し寄せる豊臣側の軍勢を巧みに配した伏兵で打ち破っている。

このときも参陣していた長宗我部元親の嫡男信親をはじめ、名だたる将を家久は討ち取った。家久が率いる島津勢のこの戦いにおける戦いぶりは目覚しく、勢いに恐れをなした敵方の総大将の仙石秀久が、本拠地のある四国まで逃走するほどであった。

しかし、この家久の奮戦があっても秀吉には敵わず、まず兄の義久が降伏。次いで次兄の義弘も降伏したため、家久も豊臣家に恭順の意を示した。そののち、まもなくして家久は41歳の若さで急死している。

島津氏の隆盛を戦場で支え続けた猛将・家久は、島津の拡大路線が終息するのとほぼ時を同じくして、終の休息を得たのだった。

島津随一の反骨の智将

島津歳久

しまづとしひさ ■1537年生～1592年没

秀吉の力を知りつつも、最後まで恭順の意を示さなかった剛直の士。だがそれゆえに、実の兄に討たれてしまう。

PARAMETER

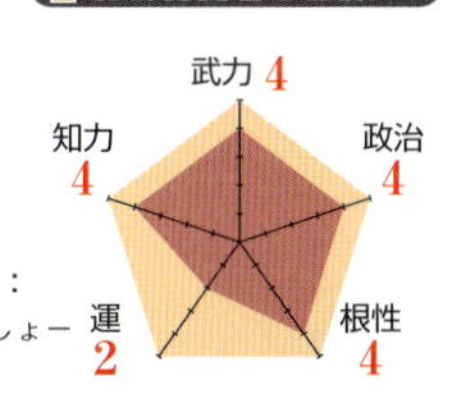

illustration：中山けーしょー

NATIVE PLACE

出身地［薩摩（さつま）］

島津の御家存続の犠牲となった悲劇の武将

■兄の差し向けた討手に殺害される

島津歳久は、島津四兄弟の中では、知将として知られる。また、豊臣秀吉への恭順を島津家中の誰よりも早く唱えておきながら、島津家の方針に従い、その秀吉に抵抗したために命を絶たれた悲運の武将である。

兄の義久、義弘に従って、歳久は多くの戦で戦功をあげ、また内政でも国力を充実させる功績をあげており、目立たずといえども島津家の要ともいわれる存在だったという。

この歳久の智将ぶりは、島津家が九州を平定しようとしていた時期に、秀吉が大友氏に肩入れした調停案を出してきた際に見られる。秀吉の調停案を兄たちは相手にしなかったが、歳久は島津の実力を過信することなく、秀吉に従うことを主張したのだ。

だが、その主張は弱気であると誹られ、島津家は秀吉との戦いに突入。その結果は敗北して領土を大いに減じるというものだった。

このとき臆病者呼ばわりされたことがそうさせたのか、歳久は徹底抗戦して意地を見せ、兄たちが秀吉に降伏したのちも、病気を理由に秀吉の前に現れなかった。

それが遺恨になったのか、「朝鮮出兵」の軍役を果たさないことを理由に、歳久に誅伐の命がくだる。秀吉からそれを命じられたのは実の兄の義久であった。

島津家の覇業をともに支えてきた、弟の処断は義久にとっても苦渋の決断であったと想像される。だが、ここで秀吉に従わねば、島津家の存続が危ぶまれる。ついに、弟を討つことを決心した義久は、歳久を襲撃させ、歳久主従をことごとく討つことにしたのだ。歳久の最後は病のために自害ができず、自ら討手を招きよせて首を取らせたという。反骨の薩摩武士の悲劇的な最後であった。

島津の退き口を演出した勇将
島津豊久

しまづとよひさ ■1570年生～1600年没

最後の戦場で、名将・家久の息子の名に恥じない際立った戦いぶりを見せて、歴史に名を刻む。

父のように慕う義弘を逃すために、身代わりとなって戦死

■名将の子として生まれた豊久

島津随一の名指揮官である島津家久の子として生まれた島津豊久は、これまた父に劣らぬ優れた武将であった。その豊久の初陣は、龍造寺勢との決戦となった「沖田畷の戦い」であったという。兵力は龍造寺側が味方の倍以上の万を超す大軍を擁しており、息子の身を案じたのか、家久は帰国を命じた。しかし、豊久は父に従わずに戦に参加して敵を討ち取るという手柄を立てたという。

この戦いによって九州の覇権をほぼ手中にした島津氏であったが、まもなく中央の豊臣政権にひざを屈することになる。しかも、その直後には父の家久が急死という不幸に豊久は見舞われた。

■伯父を逃して自らは討ち死に

この豊久の最後にして壮絶な戦となったのが「関ヶ原の戦い」だ。西軍についた伯父の義弘に従って、豊久もその陣中にいた。戦いは拮抗状態から西軍に裏切りが発生したことで西軍の部隊は敗走。島津勢は撤退のタイミングを失って、東軍に包囲されかけていた。

歴戦の義弘も、さすがにここが死に場所かと覚悟したという。しかし、豊久は父のように慕っていた義弘をなんとしても本国へ生きて帰さなくてはと思ったのだろう。この豊久の説得があって、義弘は撤退を決意し、かの有名な「島津の退き口」が生まれることになったのだ。

義弘と敵追撃部隊との距離と時間を稼ぐために、豊久は伯父の身代わりとなって、敵に反撃を加えて獅子奮迅の戦いを見せて、壮絶な最後を遂げたという。奇跡的な退却劇の成功は、まさに三面六臂の活躍をした豊久あってのことといってもいいだろう。

鉄砲国産化の功労者

種子島時尭

たねがしま ときたか　■1528年生～1579年没

日本で最初に当時の最新武器・鉄砲の国産化を成功させた時尭。戦国時代の軍事革命に大きく貢献した。

illustration：
中山けーしょー

PARAMETER

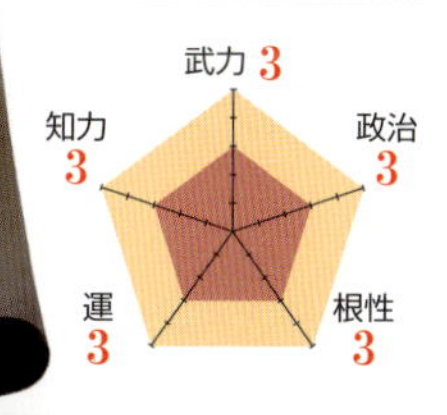

NATIVE PLACE

出身地［薩摩（さつま）］

戦国時代に革命をもたらした鉄砲に大きく関わる

■鉄砲普及のきっかけをつくる

種子島時尭（たねがしまときたか）は種子島の領主で、島津氏の15代当主の島津貴久（しまづたかひさ）の代からの家臣である。

島津家の交易地ではあったが、辺境の地といっていい種子島の領主がなぜ歴史に名を残すことになったかというと、それはひとえに日本の歴史に鉄砲をもたらしたからである。

鉄砲の日本への伝来は、必ずしも種子島が初めてだったわけではないとも言われており、日本への鉄砲伝来は諸説あり、その真偽は定かではない。

だが、種子島からの伝播が、鉄砲とその勢作方法を日本全国へ広めたことはほぼまちがいないだろう。そして、そのきっかけをつくったのが、時尭であった。

１５４２年もしくは１５４３年に種子島へポルトガル人が漂着した。このポルトガル人が持っていた鉄砲に、好奇心の旺盛な時尭は目を引かれたという。そして、時尭は大枚２千両をポルトガル人に支払って鉄砲２丁を購入することになった。

また、ただ購入しただけで終わらなかったのが時尭の優れたところで、鍛冶職人に命じてその構造を調べさせ、自前での鉄砲製造に成功したのだ。

こうして、種子島の地で時尭の命により初の国産化が成功した鉄砲は、のちに「種子島」とも呼ばれるようになる。

国産化された鉄砲は徐々にその製法とともに全国に広まり、次いで鉄砲を用いた戦術も洗練されていく。そして、ついには鉄砲の装備率と運用法が、戦の勝敗を決する大きな要因にまでなったのだ。

いわば時尭は鉄砲普及のきっかけをつくった、戦国時代の軍事革命の大きな貢献者であるといえよう。

辞世（じせい）の句

武将たちの「辞世の句」を紹介。戦いに人生を捧げた彼らが死期を悟ったときになにを感じ、歌として詠んだのかに着目したい。

四十九年　一睡の夢
一期の栄華　一盃の酒
上杉謙信

49年の人生は、振り返ってみれば一瞬の夢、ひとときの栄光、1杯の酒に過ぎなかったという意味。神仏を崇拝していた謙信らしい、世の無常を感じさせる。

露と置き　露と消へにし　我が身かな
浪花のことも　夢のまた夢
豊臣秀吉

辞世の句の中ではかなり有名な部類ではないだろうか。夢と消える栄華を儚んだとも、天下人にのぼり詰めるまでの人生を顧みたともとれる、意味深い一句である。

くもりなき　心の月を先立てて
この世の闇を　照らしてぞ行く
伊達政宗

か細い光を頼りに、暗闇のような人生という道を進んだ、との意。天下の趨勢は決した時代に生まれた政宗が、いかに労して天寿をまっとうしたかを感じさせる。

夏の夜の　夢路はかなき　あとの名を
雲井にあげよ　山ほととぎす
柴田勝家

自分の名が後生に残って欲しいとの願いを込めた一句。あまり飛行能力のない、ホトトギスにそれを乗せているあたり、勝家の謙虚な性格だったようである。

筑摩江や　芦間に灯す　かがり火と
ともに消えゆく　我が身なりけり
石田三成

死罪の直前になっても胃に障るからと勧められた柿を断るほど、打倒徳川の火を消さなかった三成だったが、辞世の句にはさすがに諦めの色が見受けられる。

五月雨は　露か涙か　不如帰
我が名をあげよ　雲の上まで
足利義輝

29歳という若さで暗殺された足利義輝が詠んだ一句。野心に満ちあふれた内容であるから、暗殺事件よりも前に詠んだと考えられるが、詳細は不明。

第三章 その他の群雄たち

北から南まで、日本全土の大名たちとその配下たちを一挙掲載！　巻末には歴史の影で活躍したマイナーな大名たちの情報も紹介しているので、こちらも要チェック。

最上家
MO GAMI

戦国時代の終焉とともに消えた奥羽の名門

足利将軍家に連なる奥羽・斯波氏の一門だった最上家。戦国時代は伸び悩み、末期にようやく大大名となるも、家臣と絶対君主的な関係を構築できず、滅んでしまう。

〈家紋：二つ引き両〉

足利氏に連なる斯波氏が祖なので、将軍家と同じ紋である。

最上家の成り立ちとその系譜

■足利一門として羽州探題となる

鎌倉時代中期、足利家四代当主・泰氏の長子が奥州の斯波郡（現在の岩手県紫郡付近）を本領とし、斯波氏を名乗る。斯波氏は越前（現在の福井県）守護に任じられるが、のちに斯波家兼が奥州管領となった。このとき、家兼の次男・兼頼が羽州探題に任じられ、羽州（現在の山形県）最上郡を領国としたことから、最上家が誕生した。

この当時、世の中は南北朝動乱の真っただ中にあり、最上家は中央の影響を受けつつ北朝方として戦う。こののち、長らく幕府方と鎌倉府の対立などが続くが、最上氏は羽州探題として、一族の奥州探題・大崎家とともに活躍する。

しかし、十代・義定のときに奥州に勢力を伸ばしていた伊達稙宗が、最上領へ侵攻してくる。戦いに敗れた義定は、稙宗の妹を正室に迎える条件で和睦するが、事実上は稙宗に屈服したも同然。この後しばらく、最上家は伊達氏の風下に立つことになる。

ところが、伊達氏内部で稙宗と子の晴宗のあいだで争いが起こり、周囲の豪族も巻き込んだ「天文の乱」へと発展。最上家の当主だった十一代・義守は、これを機に伊達家からの独立を果たしたのだった。

ところが、最上家内部でも長男・義光と次男・義時のあいだで家督争いが起こる。義時は伊達輝宗と通じており、天童氏や中村氏など最上家の庶流も義時に味方したが、義光は輝宗と和睦。義時を自害に追い込んで勝利した。

【最上家略系図】

斯波家氏──宗家──家貞─┬─高経
　　　　　　　　　　　　└─家兼─┬─直持（大崎家）
　　　　　　　　　　　　　　　　└─❶最上兼頼

❷直家─❸清直─❹清家─┬─❺頼宗
　　　　　　　　　　　└─❻義春─❼義秋

❽満氏─❾義淳─❿義定─⓫義守─┬─⓬義光
　　　　　　　　　　　　　　　├─義時
　　　　　　　　　　　　　　　├─義保
　　　　　　　　　　　　　　　└─義久

戦国時代における最上家の興亡

■関ヶ原の戦いで大大名となるが御家騒動で改易に

当主となった義光だったが、義光が領国支配を徹底するには、義時に味方した国人たちを完全に掌握する必要がある。義光は、これら国人たちと戦い、またあるときは謀略を用いて、徐々に傘下におさめていった。

ところが、奥州ではまだまだ戦乱が続いていた１５８６年、西国の統一を終えた豊臣秀吉が、関東・奥州に向けて大名の私戦を禁じた「惣無事令」を通達する。秀吉の、奥州への介入がはじまったのだ。

こののち、義光は１５９０年の「小田原攻め」に参陣し、秀吉に臣従することになるが、秀吉への対応を巡って窓口を務めた徳川家康と接近している。

１５９８年に秀吉が亡くなると、政権内部にくすぶっていた諸大名の対立があらわになる。やがて開始された「上杉討伐」は、「関ヶ原の戦い」にまで発展。義光は家康方に味方し、24万石から57万石の大大名となった。

しかし、旧来の連合的な家臣との関係から抜け出せず、これがもとで義光の死後に内訌が生じ、改易となった。

1572年ごろの最上勢力

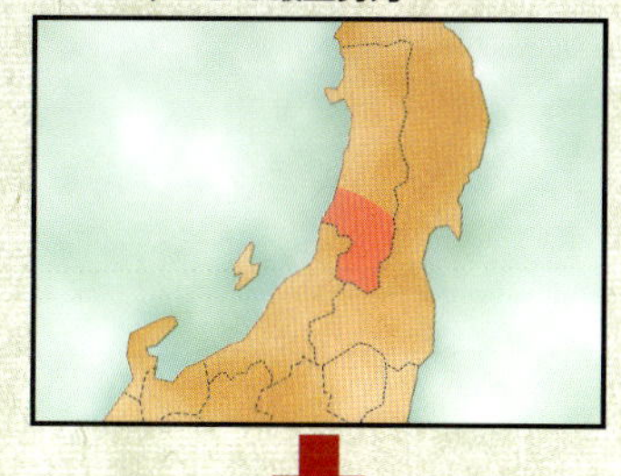

1622年ごろの最上勢力

1622年滅亡

最上家の対立勢力

上杉家 P.90
庄内盆地をめぐって対立し、「上杉討伐」のときも最上領へ攻め込む。

伊達家 P.80
東側の奥州に大きな勢力を張り、最上家と互いに牽制しあった。

北畠家 P.312
南北朝の動乱期に南朝方として奥羽に勢力をもち、対立した。

最上家の居城　山形城

山形城は、最上家の祖である斯波兼頼が１３５７年に建てた城で、のちに最上義光の代になって、十数基の櫓が加えられた大規模な平城へと拡張工事が行われていた。

最上家が改易されたのち、山形藩主となった鳥居忠政が入ってさらに大規模な改修を行い、このときに形が定まった。

山形城は、三重の堀に囲われた輪郭式で、防御の中心を二の丸に置いており、天守はなかったという。

現在では、大手南門が万松寺山門として移築された以外、建物は失われているが、二の丸跡は霞城公園として残されている。また、二の丸東の大手門や本丸一文字門の石垣、大手橋などが復元されており、さらに本丸の堀を復元中で、山形市では今後も復元を続けていくという。

YAMAGATA CASTLE
DATA

所在地：山形県山形市
別名：霞ヶ城
文化区分：国指定史跡
築城者：斯波兼頼
築城年：1357年
構造：輪郭式平城

政宗と覇を競い合った梟雄

最上義光

もがみ よしあき

■1546年生〜1614年没

伊達政宗の叔父であり、出羽に確固たる地位を築き上げた。「長谷堂の戦い」において、数倍の上杉軍相手に激戦を繰り広げ、最上の名を広く知らしめる。

PROFILE

1546年	最上義守の長男として生まれる
1560年	元服し、将軍足利義輝から義の１字をもらう 寒河江城攻めにて初陣
1563年	義守・義光、上洛し足利義輝に拝謁
1571年	義守が禅門に入り、家督相続
1588年	政宗が大崎に攻め込むと援軍を送り、伊達を破る。義姫の懇願により和睦（大崎合戦）。政宗が山形に侵攻。義姫が両軍の前に現れ、戦わず両軍撤退
1590年	秀吉の小田原征伐に参陣。本領を安堵される
1600年	直江兼続の侵攻に耐え、撃退（長谷堂の戦い）

illustration：七片藍

PARAMETER

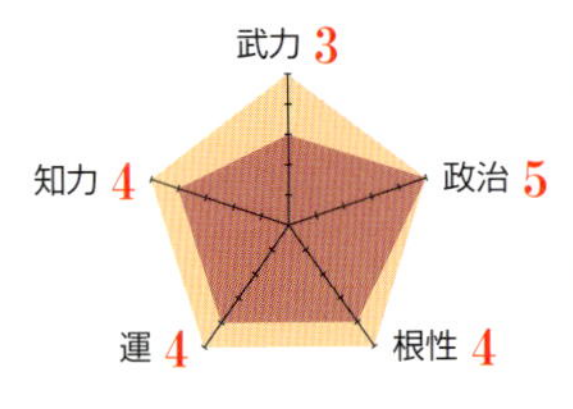

治水を積極的に行い、米の収穫量をあげ、城下を整備するなど、善政をしいた。

集団戦法・火器の導入に積極的で、２千丁の鉄砲を持ち、上杉との合戦で使用。

NATIVE PLACE

出身地［出羽（でわ）］

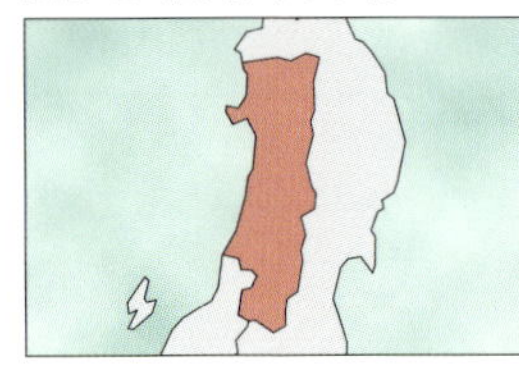

伊達家の侵攻を防ぎながら、出羽57万石の繁栄を築く

■政宗の叔父は知勇兼備の名将

出羽国の名門・最上家の21代当主で、伊達政宗の伯父にあたる最上義光。

小説やドラマなどで、政宗や直江兼続のライバルとして描かれる義光は、陰謀に長けた冷酷な武将というイメージが強い。実際、敵陣営を分裂させたり、混乱させることを得意としていた。だが、それは味方の犠牲をできるだけ少なくしたいと、効率を突きつめていった結果である。義光にとっては戦わずに勝つことが上策であり、平和的な解決を優先したのだ。

効率を重視する義光は、最新の武器である鉄砲にも早くから目をつけていた。堺港を経由して上方から鉄砲や火薬を手に入れ、積極的に鉄砲を導入している。寒河江城攻めでは、鉄砲隊による攻撃で勝利を得ている。

日ごろから家臣や兵を大切にし、降伏する者にも寛大であったので、義光の内応に動いたり、内通する者も多かった。義光の謀略が次々と成功した理由がそこにある。また、有能な士がいると、好条件を提示して勧誘するなど、人材収集にも熱心であった。古典の教養もあり、当代の英雄たる人物といえる。

情報収集にも熱心で、ほかの東北の武将たちよりも天下の情勢に詳しかった。豊臣秀吉とも密に連絡をとっていた。「小田原攻め」には、父の葬儀があり、政宗よりも遅く駆けつけているが、一切のおとがめはなかった。小田原参陣に際して、義姫が政宗の毒殺をはかり、その黒幕が義光だったという逸話があるが、真偽のほどは、よくわかっていない。

■中央の情勢に目を配り、生き延びる

豊臣政権においては、秀吉の養子・豊臣秀次に近づき、娘の駒姫を腰入れさせている。だが、秀頼が誕生すると、秀吉は秀次を切腹に追い込み、駒姫も処刑してしまう。15才の娘を失った義光の衝撃は大きく、また義光本人にも謀反の嫌疑をかけられ、謹慎処分を受ける。この窮地を救ってくれたのが徳川家康であった。義光は次第に、家康に傾倒していくことになる。

秀吉死後、家康が上杉討伐に動くと、義光は家康と上杉景勝、両方に味方すると約束。なんとも食えない謀将である。景勝から多額の軍資金を受けながらも、庄内を奪回するため、最終的には家康に味方。ところが、家康は石田三成征伐のために関ヶ原へ向かってしまい、奥州の諸大名も軍を引きあげてしまう。孤独となった最上軍に上杉軍・直江兼続の猛攻が襲った。圧倒的に不利な状況下で、諸将の奮戦によりなんとか上杉軍を防ぐ。やがて、関ヶ原にて三成の早期敗戦により、上杉軍は撤退。この戦で、義光は敵の一斉射撃にて、兜に銃弾を受けている。「長谷堂の戦い」が、最上家最大の危機だったことが窺い知れるだろう。

戦後は山形城下に57万石を領する大名となり、数々の善政をしいた。

最上義光と深い関わりを持つ武将たち

徳川家康（とくがわいえやす） P.64

義光は父の葬儀で小田原参陣が遅れるもお咎めがなかったのは、家康を通じて交渉していたからだ。その後、慶長の大地震では、家康の護衛に駆けつけた。

伊達政宗（だてまさむね） P.84

血縁関係もあって両軍が存亡を賭けてぶつかることはなかった。「長谷堂の戦い」に際しても、ほかの大名が引きあげる中、政宗は兵3千の援軍を送っている。

佐竹家 SATAKE

九百年も続いた関東の名門

武田氏と同じ清和源氏の一門を祖とする佐竹家。奥州と関東の境界に勢力を張ったがゆえに、思うように勢力を伸ばせなかったが、見事に戦国時代を生き抜いた。

〈家紋：五本骨月丸扇〉

源頼朝から旗印に月丸の扇をつけるようといわれ家紋とした。

佐竹家の成り立ちとその系譜

■所領をすべて失うも御家人として復活

常陸（現在の茨城県）に長らく拠点をもち、「境界の梟雄」と呼ばれた佐竹家は、清和源氏の一門である源義光を祖とする。この義光の孫・昌義が、常陸の佐竹郷に入って佐竹を名乗るようになったのが、佐竹家の始まりである。同じく義光を祖とする家系に甲斐（現在の山梨県）・武田家があるが、佐竹家とは同族なのだ。

平安時代末期に起きた「平治の乱」では源氏の力が凋落したが、平氏の故郷ともいえる常陸にいた佐竹家は平氏に接近。平氏全盛の時代になると、常陸を圧するほどの勢力となっていた。

しかし、三代・秀義のときに源頼朝が挙兵。頼朝に味方する源氏一門の攻撃を受けた秀義は、奥州の藤原氏を頼って落ち延びたのち、頼朝の軍門にくだった。

このの ち、伊勢平家を打倒した頼朝は鎌倉幕府を開くが、幕府内部では権力闘争が絶えず政権はあまり安定しなかった。このため、所領を失って一からの出発となった佐竹家にも功をなす機会がたびたびあり、五代・長義のころには旧領に勢力を回復しつつあった。幕府が倒れて南北朝の動乱期に入ると、八代・貞義が足利尊氏に味方して活躍。のちに常陸守護に任じられ、佐竹家の領国は飛躍的に拡大したが、十一代・義盛が亡くなると、後継者問題で分家の山入家と佐竹宗家のあいだで内紛が起こる。この争いは、幕府の関東統括機関・鎌倉府と幕府中央の対立も絡み、長くもつれることになった。

【佐竹家略系図】

源義光―義業―❶佐竹昌義―忠義
　　　　　　　　　　　　├義弘
　　　　　　　　　　　　└❷隆義―❸秀義

―❹義重―❺長義―❻義胤―❼行義―❽貞義

―❾義篤―❿義宣―⓫義盛―⓬義憲―⓭義俊

―⓮義治―⓯義舜―⓰義篤―⓱義昭―⓲義重

―⓳義宣

戦国時代における佐竹家の興亡

■北条氏の圧迫に耐えるも秋田へ転封となる

山入家との争いは十五代・義舜のときにようやく終結し、佐竹家は十六代・義篤のころから、常陸国内で徐々に勢力を強めていった。越後（現在の新潟県）の上杉氏が北条氏と争うようになると、佐竹家は上杉氏と結んで常陸の国人たちを平定していく。

しかし、上杉氏の当主・上杉謙信は、何度も出陣しながら関東に領国をもつ気配はなく、関東南部に基盤をもつ北条氏は、次第に領土を広げていった。北の奥州には伊達氏も台頭しており、佐竹家は南北から圧迫されることになったのである。

ところが、西国の情勢変化は関東よりも早く、すでに西国を統一した羽柴秀吉（のちの豊臣秀吉）が、北条氏に圧力をかけた。これに逆らった北条氏は、「小田原攻め」で滅亡。伊達氏も秀吉に臣従し、小田原征伐に参陣した佐竹家は、大きく領国を伸ばした。

しかし、のちの「関ヶ原の戦い」で態度を鮮明にしなかった佐竹家は、秋田へ転封されて秋田藩祖となった。

1572年ごろの佐竹勢力

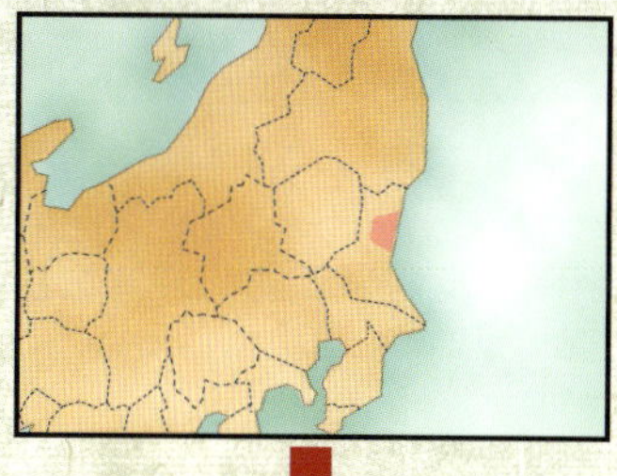

1595年ごろの佐竹勢力

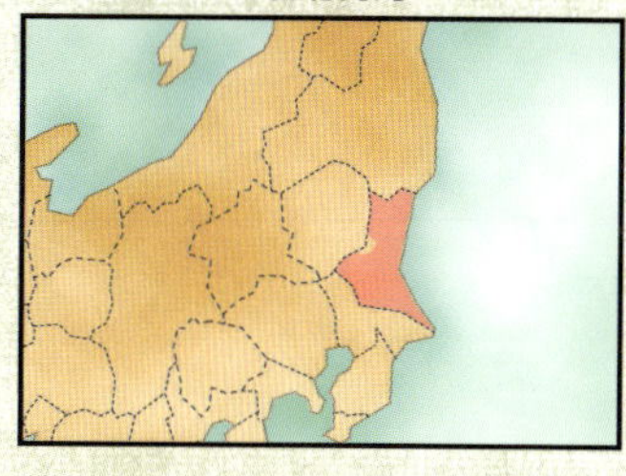

佐竹家の対立勢力

北条家 P.104

南関東を制圧し、佐竹家の常陸にも侵攻の気配をみせていた。

伊達家 P.80

奥州の覇者として勢力を伸ばし、南下して領国を脅かした。

山入家

幕府方の支持者として、鎌倉公方方に就いた宗家と争った。

佐竹家の居城　久保田城

関ヶ原の合戦ののち、秋田へ転封となった佐竹家が、新たな居城として築城したのが久保田城だ。

近世につくられた城としては珍しく、石垣がほとんどもちいられていないが、これは義宣が石垣普請に通じておらず、土塁普請を得意としたことによるもので、現在でも櫓台や曲輪の土塁が残されている。

天守や三重の櫓などはなく、かなり質素な城だったが、一般には徳川家の反感を買わないようにという配慮だったといわれている。

建物としては唯一、門の警備をしていた御物頭御番所が現存しているほか、千秋公園になった本丸跡に多くの土塁が残されている。また、当時の形とは異なるものの、平成元年に三重四階の櫓が建てられた。

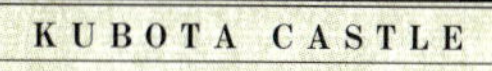

DATA

久保田城

所在地：秋田県秋田市
別名：矢留城
文化区分：市指定文化財
築城者：佐竹義宣
築城年：1604年
構造：平山城

北条、伊達と覇を争った猛将

佐竹義重

さたけ よししげ

■1547年生〜1612年没

名門の佐竹家を継いだ義重は、鬼と呼ばれたほどの猛将で、北に伊達家、南に北条家と強大な敵国に挟まれながらも、常陸、下野、南奥羽へと貪欲に勢力を伸ばした。

PROFILE

1547年	佐竹義昭の長男として生まれる
1575年	白河城奪取、常陸に勢力を拡大
1585年	北条軍に長沼城を奪われて和睦（沼尻合戦）
1585年	蘆名の連合軍と伊達軍と人取橋で会戦（人取橋の戦い）
1587年	次男・義広を蘆名家の養嗣子に
1588年	反伊達連合軍を結成するも、戦わずに和睦（郡山合戦）
1589年	義宣に家督を譲る
1590年	義宣とともに小田原参陣。石田三成の武蔵忍城攻めに加わる

illustration：ue☆no

PARAMETER

パラメーター

武力 5
政治 3
根性 3
運 2
知力 3

敵兵7人を一瞬で斬り捨て、「鬼義重」とあだ名されるほど勇猛であった。

人取橋の合戦において政宗を追い詰めるも、留守を攻められ、勝ち切れず。

NATIVE PLACE

出身地［常陸（ひたち）］

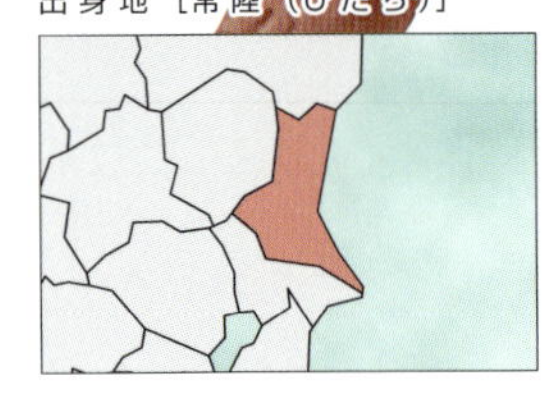

「鬼義重」と恐れられ、常陸に基盤を築いた猛将

■家督を継ぐと南北に領土を広げる

佐竹氏は清和源氏を祖とする関東の名門で、佐竹義重は十八代当主になる。北条家との戦いで、一瞬にして７人の敵兵を斬ったことから「鬼義重」と呼ばれ恐れられた。

また知勇兼備で、10歳のときには父に代わって政務を行っていたという。佐竹家の名は全国に広く知られていたようで、流浪の室町幕府最後の将軍・足利義昭から助けを求める書簡も届くほどであった。

義重のおさめる常陸という地は、南に北条家と接していた。そのため、北条家とは古くから対立関係にあり、家督を継いだ義重も「北条嫌い」を公言することをはばからなかった。宇都宮家と連合して北条氏政に対抗する。しかし、天敵・北条氏は、かの上杉謙信と同盟。この危機に際して、義重は助けを求め、武田信玄に白羽の矢を立てた。だがここで思わぬトラブルが起こってしまう。

武田は佐竹と同じ、清和源氏を祖とする家柄であった。義重と信玄は、どちらが嫡流かという議論になり、どちらも譲らない。そのため、両家の同盟は失敗に終わることとなった。名門ゆえのプライドの高さが、柔軟な思考をさまたげた失敗である。

その後、義重は豊臣秀吉と盟を結び、うしろ盾を得ようとしたが、そのころに義重は氏政の侵攻に対して防戦一方だった。氏政が下野に軍を進めると、長沼城を落とされ、不利な条件での和睦を余儀なくされる。

■政宗との激しい抗争の果てに

氏政は義重に対して伊達家や蘆名家と同盟を結んで対抗した。そのため、義重は北と南に挟まれて戦うことになってしまう。

義重は正室に伊達晴宗の娘を迎えていたので、伊達家とは縁戚関係にあった。両家は領土が接するまでは良好な関係だったが、互いの野心が戦乱を呼ぶことになる。

会津の蘆名盛氏が死去すると、蘆名家の力は急速に弱まり、政宗が南に手を伸ばすようになる。義重は二本松の畠山氏の救援を名目に、蘆名と連合軍を結成。政宗より３倍の兵を率いた義重らの連合軍は、数の優勢を生かして、人取橋で政宗を追い詰めた。だが、水戸城主の江戸重通が義重の留守をねらい常陸に軍を進める。この報せに、義重は合戦の途中で引き返すことになる。このとき、政宗は鎧に５発の弾を受けたといわれ、義重はあと一歩まで、追いつめていたのだった。

義重は、次男の佐竹義広を蘆名家の養子にするなど、諸大名と結んで政宗に対抗した。だが、諸大名との意見の対立から戦うこともなく和睦せざるを得なかった。

やがて、摺上原で政宗が義広を破り、会津が伊達領となると、佐竹家は北条、伊達との緊張が高まる。佐竹家存亡の危機を迎え、義重は婚姻政策をやめ、強大な力を持つ秀吉に助けを求めることを再び決意。息子・義宣に家督を譲り、佐竹家は秀吉の力を背景に生き延びることで、鬼の意地を見せたのだった。

佐竹義重と深い関わりを持つ武将たち

北条氏政

P.108

関東で力を伸ばした北条家と佐竹家は衝突を繰り返した。氏政は伊達家と同盟するなど、義重への牽制を行い、常陸への進出も果たしている。

伊達政宗

P.84

南下を目指す政宗とは何度も合戦を繰り返す。義重は数で圧倒し、ことを優勢に運びながらも勝ちきれない。決着がつくまえに、奥州は秀吉の支配に入る。

転封されて秋田藩の祖となる

佐竹義宣

さたけ よしのぶ

■1570年生～1633年没

伊達政宗、北条氏政と激しく争いながら、秀吉政権に近づき、常陸・下野54万石の大名となる。義理堅い性格で、石田三成の恩義を最後まで忘れなかった。

PROFILE

1570年	佐竹義重の長男として生まれる
1589年	義重の隠居により家督を相続
1590年	秀吉の小田原攻めに参陣。常陸54万石を安堵される
1599年	武断派7名の襲撃を受けた三成を、家康らと連携して救出
1600年	家内の意見が統一できず、中立となる（関ヶ原の戦い）
1602年	出羽久保田21万石に減転封
1614年	大坂冬の陣に家康側として参戦。木村重成、後藤又兵衛と対戦し、苦戦する（今福の戦い）
1633年	江戸神田屋敷にて死去

illustration：ue☆no

PARAMETER

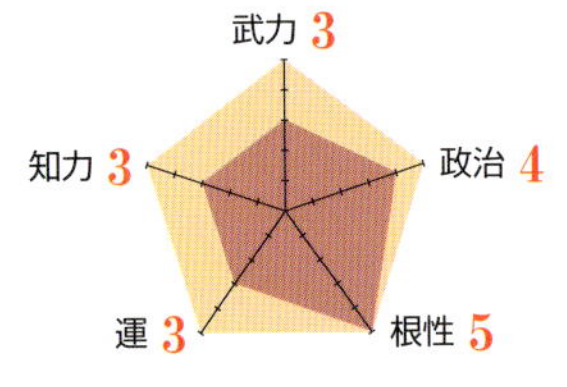

義宣の築いた基礎により、久保田藩は江戸中期には実高45万石と倍になった。

石田三成に義理を通し続け、減転封になっても新領運営に積極的であった。

NATIVE PLACE

出身地［常陸（ひたち）］

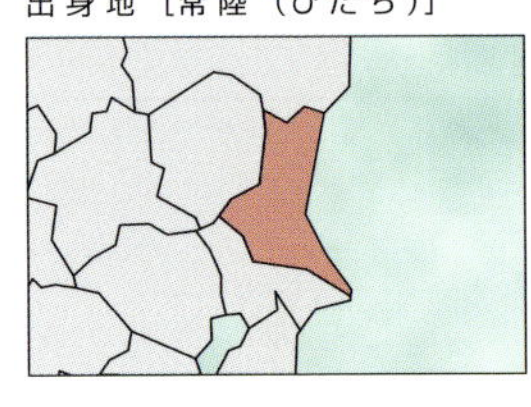

第三章　その他の群雄たち【佐竹家】佐竹義宣

石田三成に恩義を感じ、義理を通した秋田藩の祖

■秀吉政権下で54万石の大名に

佐竹義宣は、佐竹義重の長男で、父の隠居により家督を継いでいる。清和源氏の流れを汲む名門に生を受けた義宣の姿は、家臣ですら顔を知る者は少なかったという話が残されている。また、寝室もわからず、部屋の出入りには長刀を使っていたという。用心深く慎重で隙のない性格のようだが、徳川家康から「困ったほどの律儀者」と評されるほど、義理堅かった一面もあった。

家督を継いだとき、北は伊達政宗、南は北条氏直と敵対し、佐竹家は存亡のときを迎えていた。父の義重は完全に身を引いたわけではなく、大きな影響力を持ったままであった。若い義宣のうしろ盾となり、義宣も数々の謀略を行っている。義宣は石田三成を介して、豊臣秀吉によしみを通じることで、存亡の危機を乗り切った。

義宣は父と同じく、北条家に対して「堪忍できない関係」と敵対心をむき出しにしている。秀吉が「小田原攻め」を行うと、義宣は父とともに参陣し、三成に従って忍城を攻めた。のちの奥州仕置にも参加したので、秀吉より常陸、下野に54万石を与えられている。結果として、北条氏は滅び、政宗は奥州仕置により旧領のみに減俸され、佐竹家は大きく勢力を広げることとなった。

■義理堅さが招いた関ヶ原の失敗

佐竹家による常陸支配は、領内に江戸氏、小田氏など有力な国人領主が多く存在し、情勢は不安定なものだった。義宣は、三成の助言を受け、秀吉の権勢を背景に、江戸重通を追放して江戸城を奪い、国人衆を饗宴に呼び出して謀殺している。これにより佐竹家は常陸を完全に領土とする大名となった。

佐竹家の恩人である三成と、義理堅い義宣とのあいだに強い結びつきができるのは自然の流れであったろう。官僚タイプの三成は武功派の豊臣家家臣たちと対立していくが、義宣は三成の味方であった。秀吉の死後、加藤清正ら7名が三成を襲撃し、三成が伏見城の自邸に籠ったときには、義宣は、家康や宇喜多秀家らと仲裁に動く。三成を救出した義宣は「三成がいなくなると、生き甲斐がなくなる」と語っていたというから、ふたりの結びつきは、友誼のような深いものであった。

「関ヶ原の戦い」では家康の上杉征伐に従軍。しかし、三成の挙兵を聞いた義宣は、当然のように三成の西軍への参加を表明する。しかし、父の義重は家康への味方を主張するなど、家内で意思統一ができないまま、中立の立場をとる。戦後、家康からあいまいな態度を咎められ、義宣は出羽久保田に転封され、所領も21万石に減らされることになった。

だが、義宣は心が折れることはなかった。堅牢な久保田城を築城、おとりつぶしとなった奥州や関東の旧臣を積極的に登用し、新田の開墾を進めるなど、新しい領地経営に邁進していき、久保田藩を繁栄させたのだった。

佐竹義宣と深い関わりを持つ武将たち

石田三成 P.46

従兄の宇都宮国綱義が秀吉の不興を買って改易になったとき、義宣にも改易の危機が訪れる。このとき、三成のとりなしによって難を逃れた。

徳川家康 P.64

「関ヶ原の戦い」で中立姿勢をとったのち、転減封を命じられても、幕府に忠実に尽くした。その姿勢は家康も認めるもので、久保田藩を繁栄させた。

結城家

YUU KI

鎌倉公方に忠誠をつくした武門の名家

結城家は、勢力は小さいながらも武門の家として知られている。しかし、室町幕府以降、鎌倉府と幕府の対立に振り回され、あまり勢力を伸ばせずに終わった。

〈家紋：左三つ巴〉

弓を射るときに左腕につける鞆絵を図案化した紋。

結城家の成り立ちとその系譜

■鎌倉幕府のもとで繁栄するが、その後に没落する

平将門を討ったことで知られる藤原秀郷は、この功績で母の故郷だった下野（現在の栃木県）守となった。秀郷の子孫のうち、小山郷へ入って小山氏を名乗った一族があり、小山政光の子として誕生したのが朝光である。

この朝光が、やがて隣国下総（現在の東京都、埼玉県、千葉県、茨城県の境界付近）結城郡の地頭となり、地名にちなんで結城を名乗って結城家が誕生。二代・朝広の三男・祐広が奥州白河庄（現在の福島県白河市付近）を継承し、白川結城家（以後白川家）となっている。

鎌倉幕府のもとで繁栄した結城家だったが、のちに討幕運動を起こした後醍醐天皇と白川家が接近。天皇が白川家を結城家の惣領としたことから、南北朝の動乱機に結城一族は足利尊氏方と天皇方に別れて争った。

九代・基光のとき、一貫して尊氏に味方した功績が注目され、のちに小山氏が鎌倉公方と対立して滅ぼされると、小山氏領を所領に加えて下野守護となる。

しかし、関東で「永享の乱」が勃発し、幕府に対立姿勢をとっていた鎌倉府の足利持氏が討たれると、のちに持氏の遺児たちが蜂起して結城家を頼ってくる。結城家はこれを見捨てられず、その結果幕府から討伐にあって没落することになった。

このののち、生き延びていた鎌倉公方の遺児・万寿王丸が、成氏となって公方に復帰。結城家は、幕府の許可がおりて十三代・成朝のもと再興するが、前途多難であった。

【結城家略系図】

❶結城朝光—❷朝広—❸広綱—❹時広—❺貞広—❻朝祐┬❼直朝
└❽直光—❾基光—❿満広—⓫氏朝┬⓬持朝
├朝兼
├長朝
└⓭成朝—⓮氏広—⓯政朝—⓰政勝＝⓱晴朝＝⓲秀康

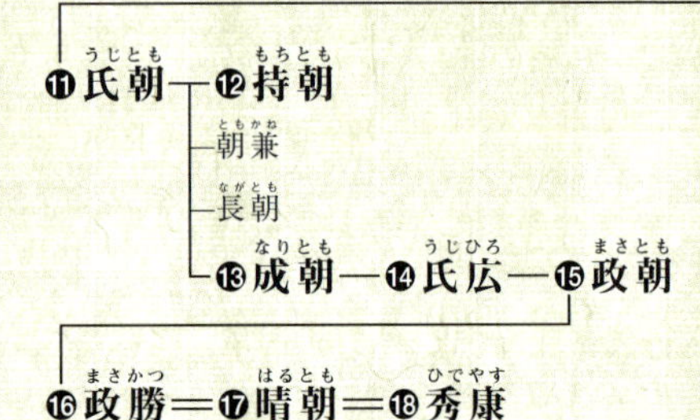

戦国時代における結城家の興亡

■最後まで室町幕府と公方の影響から脱却できず

復活した鎌倉公方は、早くも関東管領・上杉憲忠と対立を深めて「享徳の乱」に発展。そののちも、鎌倉公方の家督争いが起こり、結城家は関東の豪族たちとともに、公方に振り回されていくことになる。

しかし、この様子を見た新興勢力の北条氏が徐々に勢力を強め、鎌倉公方すら飲み込むようになると、結城家も北条氏の配下につかざるを得なくなる。やがて、上杉謙信が関東へ出陣するようになると、上杉氏と北条氏のあいだで翻弄された。

ところが、その北条氏も全国制覇を目前とした豊臣秀吉の前に破れ、当時の十七代当主・晴朝は秀吉の要求に応じて「小田原攻め」に参陣。のちに、秀吉に養子を願い出たところ、徳川家康のもとから秀吉の養子となった秀康を与えられた。

しかし、秀康はのちに徳川姓となって転封となり、結城家を継いだ五男も松平姓を名乗ることになったため、結城家の家名は絶えたのだった。

1556年ごろの結城勢力

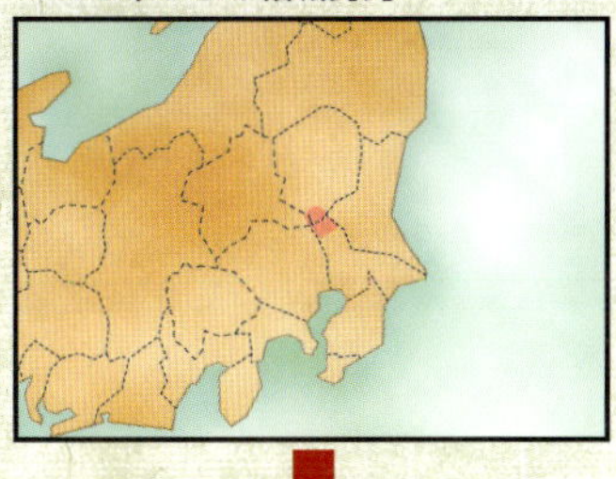

1604年ごろの結城勢力

1604年家名消滅

結城家の対立勢力

上杉家 P.90
関東に出陣して北条氏と争い、そのたびに結城家も傘下となった。

北条家 P.104
南関東の豪族たちを次々と傘下に収め、抵抗する結城家とも戦った。

足利家 P.234
幕府・足利家は、鎌倉公方に忠節を誓う結城家にとって敵となった。

結城家の居城　結城城

結城城は、初代朝光が結城郡に入ったときに築城されたもので、以後は代々結城家の居城となっていた。「永享の乱」で敗れた足利持氏の遺児が蜂起し、結城家を頼ってきたことから勃発した「結城合戦」では、当主・持朝が籠城して幕府軍と戦った。

当時の結城城は、本丸と東西の館からなる三館構造で、丘陵の周りに付近の田川から水を引き入れた水堀を配しており、なかなか堅い城だったようだ。

１６０１年に、当主の秀康が移封されて廃城となったのち、約１００年後に水野氏によって再度築城された。しかし、幕末に起きた「戊辰戦争」で左幕派が立て籠ったため、官軍に攻められて焼失。またも廃城となり、現在ではわずかに遺構が残るのみとなっている。

YUUKI CASTLE
DATA

結城城

所在地：茨城県結城市
別名：臥牛城
文化区分：史跡
築城者：結城朝光
築城年：1183年
構造：平山城

名門・結城家の最後の当主

結城晴朝

ゆうき はるとも

■1534年生〜1614年没

結城家の最盛期を築きあげた結城晴朝。秀吉から養子を迎え、秀吉の力を背景に領土拡大を成し遂げるなど、戦国乱世を巧みに渡り歩き、家を守った謀将である。

PROFILE

1534年	小山高朝の三男として生まれる
1556年	小田城を攻める（海老島合戦）
1559年	叔父の結城勝政の死去により、家督をつぐ
1560年	宇都宮、佐竹、小田の連合軍が攻めてくるも、籠城して撃退
1590年	秀吉の小田原攻めに参陣して臣従。所領を安堵される 秀吉から秀康を養子として迎え、家督を譲る
1604年	秀康が越前に転封になると、秀康の五男・直基を養育し、結城家をつがせる
1614年	中久喜城にて、81歳で死去

illustration：樋口一尉

PARAMETER

武力 2
政治 3
根性 4
運 3
知力 4

知力 4 勢力争いの激しい関東で生き残るため、臣従する相手を見極め、したたかに行動。

根性 4 宇都宮、佐竹、小田連合軍に攻められたとき、籠城して守りぬき撃退している。

NATIVE PLACE

出身地［下総（しもうさ）］

同盟、裏切り、臣従、名門を守り通した策謀の将

■巧みに領土を拡大させた梟雄

小山高朝の三男として生を受けた結城晴朝は、結城家に仕える小山家の武将として一生を終えるはずだった。だが、結城家の御家事情が晴朝の運命を大きく変えることとなる。

晴朝の叔父である結城政勝は、常陸南部まで勢力を伸ばし、結城家の全盛期を築いた人物である。その政勝は、不運にも後継者に恵まれなかったのだ。

長男の結城明朝が若くして亡くなると、晴朝は結城家の養子として迎えられる。意欲的に領土拡大に動いた政勝は、晩年は病気がちで、57歳で死去。こうして、晴朝は十七代の当主となり、結城家を継いだのであった。

晴朝があとを継ぐと、父の代から敵対していた佐竹、宇都宮、小田の連合軍が大挙攻めてきた。それを晴信は結城城に立て籠って撃退し、和議に持ち込んでいる。結城城は地理に恵まれた難攻不落の城であったが、晴信の戦上手も撃退成功の一因だろう。

さらに、戦に強いだけではなく、晴朝は憎らしいほどにしたたかな性格で、外交力に長けた人物だった。

晴朝の代になると北条氏が台頭し、晴朝は北条氏照の配下として反北条の勢力と戦った。だが、上杉謙信が関東に攻めてくると、氏照を裏切って謙信につき、そして謙信が兵を引くと、晴信はまた北条と結んでいる。

氏照は苦々しく思いながらも、結城家を敵にまわすことはなかった。晴朝のこうした態度は、戦国時代の世渡り術のひとつであるが、結城家を守るために、ここまで徹底できるのは並ではない。まさに食えない梟雄である。

■秀吉との絆を深める養子縁組

やがて、豊臣秀吉による北条討伐の機運が高まると、晴朝は関白に近づくことを忘れなかった。連絡を密にとり、「小田原攻め」が始まると参陣し、所領を安堵されている。

晴朝は、天下人・秀吉との結びつきの強化をはかり、養子縁組を嘆願。晴朝の外交上手に加えて、さらに時勢も味方した。秀吉は、待望の実子・豊臣秀頼が生まれ、養子として迎えていた豊臣秀康の処遇に困っていた。秀吉は秀康を養子に出すことを了解、晴朝は養女の鶴子と結婚させることで秀康を迎えた。

晴朝は先に養子に迎えていた朝勝を廃嫡。そして、同盟関係にあった宇都宮家や壬生家の所領を奪い、秀吉から所領安堵の朱印状をもらって正当化している。

結城家繁栄のために、使えると判断した相手はとことん利用し、相手を蹴落とす機会を逃さない。小勢力の戦国武将が生き残るためには、晴朝のようなしたたかさが必要であった。

晴朝が隠居すると、秀康は松平姓となり、越前に転封される。外交力を駆使して必死に守った結城家の血脈は、残念ながら晴朝の代で絶えてしまった。

結城晴朝と深い関わりを持つ武将たち

豊臣秀吉（とよとみひでよし） P.40

北条氏に対抗するため、早くから秀吉とよしみを結んでいた。「小田原攻め」にて参陣して本領を安堵されると、養子を迎えて関係を強化している。

結城秀康（ゆうきひでやす） P.202

晴朝は、秀吉(義父)と家康(実父)の天下人ふたりを父に持つ秀康を養子に迎え、家督を継がせる。秀康は関ヶ原にて東軍側につき活躍した。

数奇な運命をたどった家康の子

結城秀康

ゆうき ひでやす

■1574年生～1607年没

家康の次男として生を受けるも、豊臣秀吉、結城晴朝と次々に養子に出された。武勇に優れ、武将としてのプライドをしっかりと持ち、最後まで徳川家に尽くす。

PROFILE

1574年	家康の次男として生まれる
1584年	「小牧・長久手」の戦いの講和条件として、秀吉の養子となる
1590年	九州征伐に同行して初陣。豊前岩石城攻めで先鋒をつとめる
1590年	結城晴朝の養子となる
1600年	上杉景勝討伐に参戦。留守役となり景勝の西進を牽制する（関ヶ原の戦い）
	越前北庄76万石に加増転封
1604年	松平姓を許される
1607年	病により34歳で死去

illustration：樋口一尉

PARAMETER

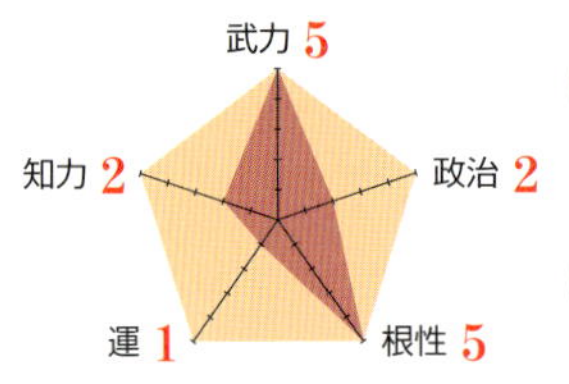

愛用の槍・御手杵は、全長210センチ、槍身長138センチもあった。

天下人の資格と能力がありながら、生涯を通じて運命に翻弄され続けた。

NATIVE PLACE

出身地［遠江（とおとうみ）］

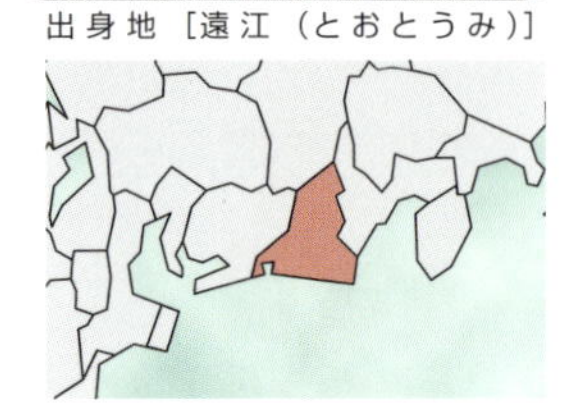

天下人の後継者としての資格と資質を持っていた猛将

■父に嫌われ、兄に愛される

結城秀康は徳川家康の次男で、勇猛で知られる武将だ。家柄にも能力にも恵まれ、天下人・家康の後継者となれる人物でありながら、何度も運命に翻弄されてしまう。

家康の子は、溺愛されるか、徹底的に嫌われる傾向にある。秀康は後者で、母親は家康の正室・築山御前の侍女である於万の方。家康は侍女に手を出した引け目があったのか、生まれた秀康に会おうとはしなかった。これを知った秀康の兄・松平信康が、家康を説得して、ようやく親子対面が実現する。信康は心優しい性格で、これを機に秀康をかわいがるようになった。徳川家中で肩身の狭い秀康にとって、どれほど頼もしかっただろう。だが、信康は織田信長の命により自刃に追い込まれ、非業の死を遂げてしまう。

次男である秀康は、家康の思惑とは関係なく、他者から見れば徳川家の後継者である。「小牧・長久手の戦い」で、織田信雄が豊臣秀吉に降伏すると、家康は大義名分を失い、秀吉と和睦する。秀吉は講和の条件として、秀康を人質として自分の養子にすることを要求し、家康はあっさり了承したという。

再三の上洛要請に応じない家康に対して、秀吉が秀康を処刑すると脅しをかけると、家康は「秀康はもはや秀吉の子、殺したければ殺せ」と受け流したという。ここまで嫌われれば、父に恨みを抱いてもおかしくないのだが、秀康は腐ることなく、秀吉によく仕えた。これも、優しい兄・信康から受けた愛情のおかげであり、秀康が真っすぐな性格であったからであろう。

■徳川と豊臣のかけ橋を目指す

秀吉は、秀康の武勇と気性を好んだ。秀康は体格にも恵まれ、度量も持ち合わせていたので、周囲から認められ、人質ながらも、秀吉の後継者の候補であった。だがまたしても、秀康の運命を大きく変える出来事が起こる。秀吉に実子・豊臣秀頼が誕生したのである。ほどなく、秀康は結城晴朝の姪を娶ることを命じられ、結城家へ養子に出されてしまう。

秀吉の死後、秀康は実の父・家康の東軍につき、上杉家と対峙。秀康の屈強な陣立ての前に、上杉軍は関ヶ原に赴くことができず、秀康は足止めに成功した。秀康の戦功は高く評価され、50万石も加増される。また、松平姓を名乗ることを許されたが、一生、結城を名乗り続けたという。なんとも秀康らしい意地の通しかただ。

「関ヶ原の戦い」ののちは、豊臣家の存続に奔走する。徳川家にも豊臣家にも忠義を尽くそうとしたのだった。

天下を取れるだけの力を持ちながら、数奇な運命を送った秀康であるが、徳川と豊臣の架け橋となろうとした姿を見ると、自分の運命を受け入れ、そしてなお、武将としての矜持を貫き通した男の強さを感じずにはいられない。

結城秀康と深い関わりを持つ武将たち

石田三成

P.46

三成とは親交が深く、加藤清正らが三成の暗殺を企てた際、秀康は三成の護衛にあたっている。三成は秀康の態度に感銘を受け、名刀・五郎正宗を譲った。

徳川家康

P.64

重臣たちに後継者を問うと、本多忠勝、本多正信らが秀康を推薦したという。家臣団から信頼されながらも、家康から後継者に指名されなかった。

今川家

IMA GAWA

将軍継承権を有した名門中の名門

足利将軍家の一門であり、戦国時代初期にはすでに大きな勢力だった今川家。華やかな公家文化を展開しただけでなく、領国をよくおさめ、文武に優れた一族だった。

〈家紋：二つ引両〉

足利将軍家の一門であることから足利家と同じ紋を使った。

今川家の成り立ちとその系譜

■足利家に連なり将軍継承権を有した名門

今川家は、室町時代に将軍家だったことで知られる足利家の一族である。足利家は、三代・義氏のときに三河（現在の愛知県東部）守護、並びに三河吉良庄の地頭に補任されて移り住んだ。義氏の息子である長氏は、吉良姓を名乗って吉良家の祖となったが、のちに長男に吉良家を継がせ、次男の国氏に吉良庄今川を与えた。

今川氏の発祥はこの国氏である。しかし、のちに国氏の孫である範国が遠江（現在の静岡県西部）と駿河（現在の静岡県東部）の守護に任じられ、今川家がのちに守護大名となる基礎が確立された。このことから、一般にはこの範国が今川家の祖とされるようだ。

以後、今川家は六代・義忠まで代々駿河守護職を務め、一族が各地に広がっていく。今川家は一族である足利将軍家に協力するとともに、関東に置かれた鎌倉府の監視役として重要な役割を担った。

また、次第に国人たちを傘下におさめていき、のちに駿河を領国化。守護大名へと脱皮していった。

さて、今川家といえば、「桶狭間の戦い」で織田信長に討ち取られたことで知られる今川義元が有名。義元は、公家のような姿でよく描かれるが、実際のところ今川家は駿河の地に小京都文化を形成していおり、戦乱で都が荒れはじめると、多くの文化人が訪れたという。また、今川家は吉良家に次ぐ将軍の継承権を有しており、まさに名門中の名門だったのである。

【今川家略系図】

足利義氏――長氏――満氏（吉良家）
　　　　　　　└国氏――基氏――❶今川範国

❷範氏――❸泰範――❹範政――❺範忠

❻義忠――❼氏親――❽氏輝
　　　　　　　└❾義元――❿氏真

戦国時代における今川家の興亡

■東海の一大勢力となるも没落する

「応仁の乱」が起きると、六代・義忠は東軍の細川方についていたが、義忠が不慮の戦死を遂げたことから内訌が勃発。嫡男の氏親は幼少だったが、家臣・北条早雲の活躍で、成人後に今川家の当主となった。

氏親は、内紛で割れた国内をまとめると、検地の実施や分国法の制定を行って領国支配を強め、戦国大名化していく。一方、外では遠江へ侵攻して併呑し、さらに三河への侵攻を開始して、強大な勢力へ成長していった。

氏親のもとで隆盛した今川家だったが、氏親のあとをついだ氏輝が若くして亡くなると内訌が生じ、これを制した義元が当主となる。

義元は、三河への侵攻を継続して支配を強め、さらに尾張（現在の愛知県西部）への侵攻を目論むが、信長に討たれた。このとき、すでに家督は氏真が継承していたため、大きな混乱にはいたらなかった。しかし、のちに今川家から独立した徳川家康と武田氏に攻められ、所領を失って戦国大名としての今川家は滅亡した。

1559年ごろの今川勢力

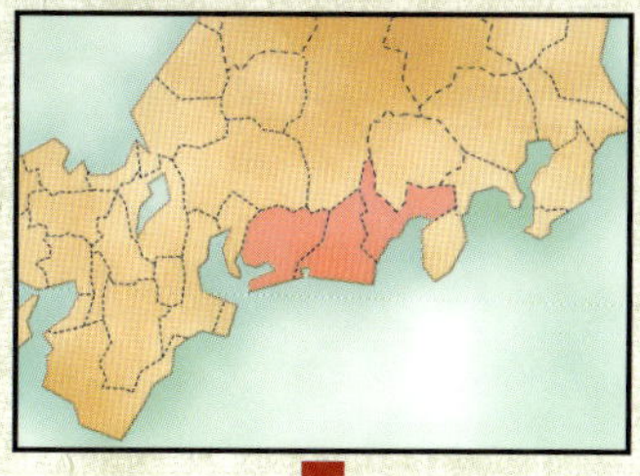

1568年ごろの今川勢力

1568年滅亡

今川家の対立勢力

織田家 P.12

三河を巡って今川家と対立し、信長のときに義元を討ち取った。

松平（徳川）家 P.62

実質的に今川家の配下だったが、独立して逆に今川領を侵食した。

武田家 P.114

同盟を結んでいたが、のちに駿河を侵略して今川家を没落させた。

今川家の居城　賤機山城

今川家が住んでいたのは今川館だが、はっきりとした場所は確認されていない。１９８２年に、駿府城がある駿府公園の一角で発掘調査が行われ、今川時代のものと思われる遺構が発見された。このことから、今川館の跡地は、駿府城の下に埋まっていると考えられている。

付近の賤機山には、かつて賤機山城が建てられており、この城が詰め城だったようである。

賤機山城は、南北朝の動乱期に北朝方についた今川家が、居住地である今川館を防衛するために築いたといわれる。１５６８年に武田信玄が駿河へ侵攻した際に落城し、のちに家康が駿府に入って廃城になったという。

現在では、堀などのほかわずかに遺構が残っているのみとなっている。

SHIZUHATAYAMA CASTLE

DATA

所在地：静岡県静岡市
別名：－
文化区分：－
築城者：不明
築城年：14世紀
構造：山城

桶狭間に散った海道一の弓とり

今川義元

いまがわ よしもと

■1519年生～1560年没

足利氏につらなる名門の出で、文武とも十分な力量をもった今川義元。当時は最強の戦力を有していたが、織田信長の奇襲に志半ばで倒れた。

PROFILE

1522年	出家し、栴岳承芳となる
1536年	「花倉の乱」に勝利し、今川家の家督をつぐ
1548年	「小豆坂の戦い」で織田信秀を破る
1549年	三河を支配下に置く
1553年	「今川仮名目録」に追加条項を加える
1554年	「甲相駿三国同盟」を結ぶ
1560年	「桶狭間の戦い」で討たれる

illustration：誉

PARAMETER

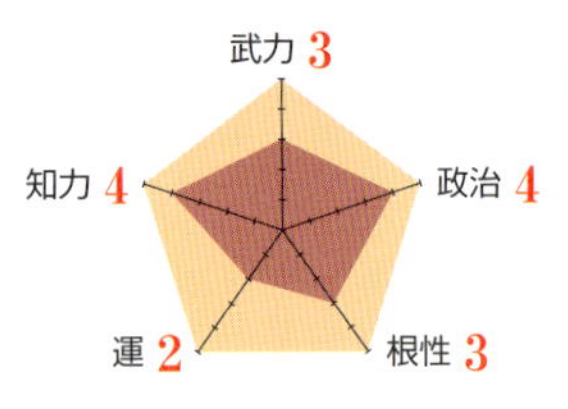

義元の巧みな領国統治で、「海道一」と呼ばれるほどの勢力になった。

万全の態勢で尾張に侵攻したはずが、信長の奇襲で夢絶たれてしまう。

NATIVE PLACE

出身地［駿河（するが）］

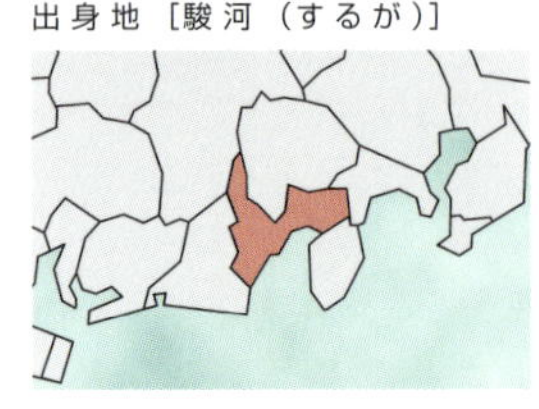

今川家の最盛期を築くも、信長に破れ敗死する

■富国強兵に尽力

足利家につらなる名門で、室町時代から守護大名として駿河と遠江を有していた今川家。今川義元はその九代目だ。

義元は八代当主の兄の死によって、家督相続のために出家の身から還俗。同様に還俗した異母弟の反乱を破って、九代目となった。

当主の座についた義元は、七代当主である父の氏親が制定した分国法「今川仮名目録」の追加法を制定したり、寄子寄親制度で領内や家臣団の統制を強固なものにしている。

また商業を保護して殖産興業に務め、検地の実施による租税の増収など、国を富ますことにも余念がなかった。もとから強国であった今川家は、義元の統治により大いに栄え、北条家や武田家といった隣国からも一目も二目も置かれる存在となっていく。

そして、義元の師であり懐刀でもある太原雪斎の活躍で「甲相駿三国同盟」が結ばれると、義元は東方と北方の安全を確保できたことになり、フリーハンドで西方の尾張へ勢力を伸張させることができるようになる。

駿河と尾張のあいだにある三河の松平家（のちの徳川家）はすでに今川家に臣従しており、今川家の国力は尾張を支配する織田家を圧倒しつつあった。

■まさかの討ち死に

しかし、この義元の勢力伸張に尾張の織田信長は、しぶとく抵抗。今川、織田両家の砦や小城で双方の勢力範囲は入り組んだ状態となっていた。

そこで、義元は自ら大軍を率いて尾張へと進発する。最初の目標は織田の砦群に包囲された状態の戦略要所、大高城の救援であった。

先鋒部隊がこの大高城を囲む諸砦を落とした報を聞き、義元は本隊を大高城へと進ませ、途中の桶狭間山で休息をとった。そこを信長に奇襲され、義元は奮戦するもむなしく討ち取られてしまったのだ。

同規模の軍勢が戦っても総大将が討ち死にするようなことは、そうそう起こることではない。信長の奇襲作戦がいかに巧妙であったかということだろう。血筋、実力ともに優れた武将であった。義元がここで倒れなかったら、歴史は大きく変わったに違いない。

今川義元と深い関わりを持つ武将たち

織田信長 P.14

今川家と織田家は昔から対立関係にあった。義元は慎重に地歩を進めていったが、一戦ですべてを失ってしまう。対して信長は義元を討って大いに名をあげた。

武田信玄 P.116

名将と呼ばれる信玄も義元には一目置いていた。『今川仮名目録』は信玄も参考にしたといわれ、当時の義元が治める今川家は武田家から見て先進国だった。

北条氏康 P.106

北条家と今川家は良好な関係だったが、義元が氏康が抗争中の武田家と婚姻を結び、関係は一転して悪化。義元は一度は失った領地を氏康から奪還している。

太原雪斎 P.208

義元が出家させられて栴岳承芳と名乗っていたころの師匠で、今川家の家臣。「甲相駿三国同盟」の締結などで活躍し、義元にとって欠かせない家臣だった。

今川義元を支えた名軍師

太原雪斎

たいげん せっさい
■1496年生〜1555年没

義元の右腕として、多岐に渡る活躍をみせた太原雪斎。「軍師」「執権」とまで賞賛された今川家の重臣の死は、今川家の衰亡を加速させた。

PROFILE

1496年	駿河に生まれる
1536年	今川家の家督争い「花倉の乱」で義元を勝利に導く
1548年	「小豆坂の戦い」で勝利する
1549年	安祥城を攻めて、織田信広を生け捕りにする
1554年	「甲相駿三国同盟」締結に尽力
1555年	死去

illustration：誉

PARAMETER

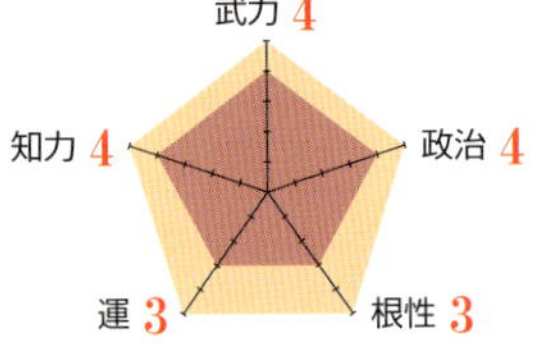

後方で謀事を巡らすだけの武将ではなく、自ら軍勢を率いて勝利をおさめた。

「甲相駿三国同盟」の締結したことは、雪斎の最後にして最大の業績だろう。

NATIVE PLACE

出身地［駿河（するが）］

義元を支えて、多方面で活躍した

■今川家強大化の功労者

太原雪斎は、両親ともに今川家譜代の重臣の家柄に生まれた。出家し、寺院で修行中だった雪斎は、当時の今川家当主である義元の父・今川氏親から、義元の養育を依頼される。

これが雪斎が生涯仕える義元との出会いであったが、そのとき義元は出家しており、雪斎はのちに自分が今川家の隆盛を支えることになるとは思わなかったに違いない。義元と雪斎はただ僧侶としての修行に勤しんだ。

やがて、このふたりに転機が訪れる。氏親のあとを継いだ義元の兄・氏輝が早くに死亡したのだ。家督を継ぐことを要請された義元は還俗したが、同様に出家していた異母弟も還俗し、家督争いに発展する。

家督争いで雪斎は義元の家督相続に活躍。そのおかげで、義元は晴れて今川家当主の座につくことができたのだった。

多大な功績をたてた雪斎を義元は深く信頼し、以後雪斎は義元の右腕として軍事、内政、外交と多岐にわたって辣腕をふるうことになった。

また意外かもしれないが、雪斎は武にも秀でた人物で、総大将として軍勢を率いて活躍したこともあるのだ。

■今川家にとり惜しまれる死

雪斎の一番有名な功績は、「甲相駿三国同盟」が結ばれるにあたって、大いに尽力したことだろう。

甲相駿三国同盟とは、駿河、甲斐、相模それぞれを本拠とする有力大名の今川家、武田家、北条家が結んだ同盟である。

この同盟は3者ともにメリットを享受できるすばらしいものであった。お互いが隣接するため、ほかの2家に対して備えずによく、それ以外の敵対勢力に傾注できるのだ。

だがこの3家は、争ったり、組んだりとそれぞれに遺恨がある間柄でもあった。

この3つの家のあいだで話をまとめるのは、並大抵のことではなかっただろう。しかし、雪斎の尽力で話をまとめることができ、同盟は結ばれたのだ。

同盟のおかげで今川家は後顧の憂いなく、尾張方面へ進出できた。武田家も信濃方面へ、軍を進めることができ、北条家も関東へと押し出していくことが可能になったのだ。

雪斎はこの同盟締結の翌年、死亡する。さらに翌年には「桶狭間の戦い」で義元が討ち死にし、それからの今川家は衰亡の一途を辿ることになってしまう。こうなれば、武田家、北条家の背後を今川家が守れないため、同盟も意味をなさないようになった。

雪斎の成し遂げた最後の大仕事は、わずかの年月で崩壊し、今川家は、かつての同盟者にまで侵蝕されるようになる。

もし雪斎がいれば、今川家の急速な衰亡に多少はブレーキをかけられたかもしれず、その死は今川家にとって計り知れない損失となったのだった。

太原雪斎と深い関わりを持つ武将たち

徳川家康（とくがわいえやす）

P.64

今川家の人質であった家康は、最初は織田家の人質となっていた。今川家の人質になったのは、雪斎が織田信広を生け捕り、人質交換をしたためだった。

今川義元（いまがわよしもと）

P.206

義元自身も優れた武将であったとはいえ、雪斎なくしてここまでの今川家の発展はなかったと思われる。雪斎も義元のもとだから存分に働けたのだろう。

斎藤家

SAI TOU

戦国時代の下克上を体現した一族

土岐氏の重鎮だった斎藤家。内紛で力を落としたところを、油商人から武士となった道三に乗っとられた。のちに美濃の国主となるが、最後は滅ぶことになった。

〈家紋：撫子紋〉

秋の七草のひとつである、大和撫子を紋としている。

斎藤家の成り立ちとその系譜

■守護代の家臣から美濃の主へ

斎藤道三の「国盗り」物語で知られる美濃（現在の岐阜県南部）斎藤家は、土岐氏の家臣だった斎藤家を、道三が乗っとったものである。

道三は、もともとは京都で仏門に入っていた身だったが、11歳で寺を出奔したのち、油商人の入り婿となって商売に励み諸国を巡ったという。

このの ち、道三は仏門時代の縁を頼りに、美濃の守護だった斎藤氏の家宰・長井秀弘と出会い、秀弘の家臣だった西村氏の家督を継ぐ形で武士となる。こうして土岐氏の家中に入り込んだ道三は、次第に土岐政房の息子・頼芸の信頼を得ていった。

１５１７年、政房の後継者を巡って土岐氏家中で内紛が勃発。道三は頼芸を擁立し、頼武を追放した。

家中での力を強めた道三は、秀弘の子・長弘の殺害による長井家の乗っとり、さらに守護代・斎藤利良が亡くなると、斎藤氏の家名を名乗るようになる。

このころ、隣国・尾張（現在の愛知県西部）の織田氏とたびたび衝突していたが、織田氏が今川氏と対立を深めたことから和睦。道三はついに頼芸の追放に踏み切り、戦国大名・斎藤家が誕生したのである。

なお、この道三の国盗りは、これまで道三ひとりで行われたと考えられていた。しかし、近年では道三の父・長井新左衛門尉と道三の、二代に渡って行われたものとする説が有力になっている。

【斎藤家略系図】

斎藤宗景──宗長──景頼──親頼──頼茂──利永──利藤──利国──利親──利良──❶道三──❷義龍──❸龍興

（道三の子：❷義龍、龍元、龍之）

戦国時代における斎藤家の興亡

■内紛によって同盟が切れ、織田信長の軍門にくだる

美濃を手中におさめた道三が心配するのは、土岐氏の家臣たちの反抗だが、彼らも道三の手腕を認めていたのか、大きな混乱はなかったようだ。のちに追放された頼芸が朝倉氏の助成を受けて美濃の回復をはかったが、稲葉一鉄ら「美濃三人衆」をはじめとする家臣団は、むしろ道三に味方したという。

こうして「国盗り」を達成した道三は、3年後の1554年に隠居して家督を長男の義龍に譲った。ところが、義龍と道三は仲が悪かったようで、家督を譲られた翌年に義龍は弟たちを殺害して謀反を起こし、1556年に起きた「長良川の戦い」で道三は敗死した。

家督を継いだ義龍は、信長との対決姿勢をあらわにしていたが、1561年に33歳で急死。息子の龍興があとを継ぐが、斎藤家は徐々に衰退していった。

こののち、信長の攻勢が強まると次第に家臣団が離れていき、支柱であった「美濃三人衆」までが寝返るにいたって、戦国大名斎藤家は滅亡した。

1552年ごろの斎藤勢力

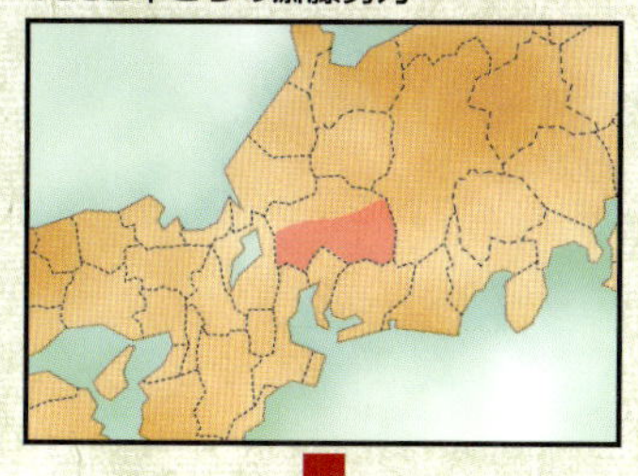

1567年ごろの斎藤勢力

1567年滅亡

斎藤家の対立勢力

織田家 P.12
道三の娘を正室に迎え同盟関係だったが、義龍の謀反後は対立する。

浅井家 P.220
義龍の代に侵攻を受けるが、信長と同盟後は逆に美濃を攻めていた。

朝倉家 P.230
追放された土岐氏を保護し、たびたび美濃へ攻め寄せた。

斎藤家の居城　岐阜城

岐阜城の名で呼ばれるこの城は、鎌倉幕府で執事を務めた二階堂行政が建てたものといわれている。のちに、美濃守護となった土岐氏がそのまま使用し、道三が山城と城下町を整備した。

龍興の代に、家臣・竹中半兵衛らによって奪取され、その後に龍興に返還される事件が起きている。

信長が美濃を攻略した際に岐阜城と改名され、以後は一門が使用していたが、「関ヶ原の戦い」で西軍に組したために責められて廃城となる。このとき、天守閣や櫓は加納城へ移さたという。

現在の城は1956年に再建されたもので、3階までは資料展示室になっている。また、東には武器庫や食糧庫を復元した「岐阜城資料館」も建てられている。

GIFU CASTLE
DATA

所在地：岐阜県岐阜市
別名：稲葉山城
文化区分：市指定史跡
築城者：二階堂行政
築城年：1201年ごろ
構造：山城

父子二代で成し遂げた「国盗り」

斎藤道三

さいとう どうさん

■生年不詳～1556年没

油売りから一国の主にまでのぼり詰めたという伝説を残した斎藤道三。史実は二代に渡って成し遂げたとされるが、これだけ劇的な下克上は、ほかの誰にもまねできない。

illustration：佐藤仁彦

PROFILE

不明	西村新左衛門尉の子として誕生
1525年	父・新左衛門尉、土岐頼芸をかついで美濃守護・土岐頼武を追放する
1533年	父の死により家督をつぐ
1538年	守護代・斎藤氏の名跡をつぐ
1548年	娘を織田信長と結婚させる
1552年	守護・土岐頼芸を追放。美濃を手中におさめる
1556年	長男・義龍の謀反により戦死

PARAMETER

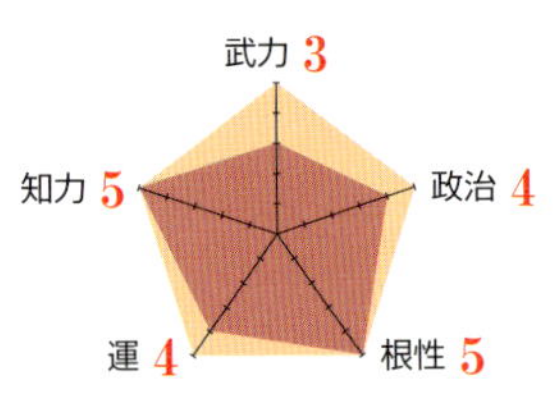

低い身分から美濃一国を奪うまでには、相当な知力が必要だったに違いない。

自分の陰謀を隠しつつ、主人たちに仕え続けるには忍耐と根性が必要だ。

NATIVE PLACE

出身地［山城（やましろ）］

蝮とあだ名された戦国随一の策士

■二代で美濃を簒奪

美濃一国の「国盗り」を成し遂げた斎藤道三は京都で僧侶だった父・西村新左衛門尉が築いた土台を発展させ、非道な裏切りと謀略を駆使し、一介の僧侶だった先代からわずか二代で一国の主へとのぼり詰めた。

道三は行商の油売りから身を立てたといわれており、一文銭の穴を通して油を壺に移すという奇抜な芸で人気を集めた。そして行商として美濃の情報を収集し、城内外の動静にも通じるようになったという、器用で頭も切れた道三らしいエピソードである。

道三の父・新左衛門尉は還俗して美濃の守護・土岐氏の家臣であった長井弥二郎に仕え、西村と名のり土岐家中の混乱に乗じ土岐氏の三奉行のひとりにまで出世した。

新左衛門尉は主人の長井長弘とともに土岐頼芸をかついで、美濃守護の土岐頼武と守護代の斎藤利良を追放するクーデターに成功し、ついに土岐家の中枢に食い込むことに成功する。頼芸は自分を守護の地位につけてくれた新左衛門尉を信用するようになった。

新左衛門尉の死後そのあとをついだ道三は、主人である長井氏の惣領・長井景弘を倒し、長井家の家督と所領を奪うばかりか、長井姓まで名乗るようになる。次の道三のターゲットは、守護代だった斎藤家で、道三はこれも乗っとり、斎藤姓を名のった。こうなるともはや守護の土岐家も道三の敵ではなかった。道三は頼芸を尾張に追放し、とうとう美濃を手に入れたのだ。道三は家臣でありながら実に長井家、斎藤家、土岐家の3家の主人を謀略で倒したのだ。

■策士、策に溺れる

だが道三の非道は、土岐・斎藤一族の反抗、そしてそれと結ぶ隣国の朝倉・織田氏の侵攻を招いた。そこで道三は娘・濃姫を織田信長に嫁がせる。斎藤家と織田家の和睦が成立し、道三は美濃を平定。その後剃髪して隠居した道三は嫡男・斎藤義龍に家督を譲る。

この家督相続にも道三らしい計略があったらしい。義龍はかつて土岐頼芸の側室だった女性に産ませた子であり、道三は義龍が実は頼芸の子で土岐家の正統な跡継ぎであるという噂を流したというのである。もちろん実権は道三自身が握るつもりだった。そして義龍よりもその弟たちを偏愛するようになった。

これを見た義龍は不安にかられた。道三がいままでどんな非道なことをしてきたかを知っている義龍は、やがて自分が殺されると考えても不思議ではない。そうなる前に道三を倒すことを決意した義龍が「実父、土岐頼芸のかたき」と兵をあげると、道三に不満をもつ旧土岐家の家臣たちが馳せ参じた。その数1万7千。対する道三には2千700の兵しかなかった。道三は自分の策が裏目に出た形である。

だが、道三は逃げずに義龍に立ち向かうと、志半ばでその生涯に幕を閉じたのだった。

斎藤道三と深い関わりを持つ武将たち

織田信長 P.14

道三が、織田信長と対面したのは一度だけで、信長が実は有能な武将であることをひと目で見抜いた。そして美濃を信長に譲るという遺言まで残すのである。

斎藤義龍 P.219

斎藤義龍が道三の子なのか、それとも土岐頼芸の子なのかは謎だ。しかし義龍と道三との関係に大きな影響を及ぼしたことは間違いない。

「頑固一徹」で戦国時代を生き抜いた勇将

稲葉一鉄

いなばいってつ
■1515年生〜1588年没

土岐家、斎藤家、織田家、豊臣家と、仕える主人を変えて戦国を生き抜いた稲葉一鉄は、「頑固」の代名詞となるほどの武将だったが、文武に優れ、巧みに主人に仕えた。

PROFILE

1515年	曽根城主・稲葉通則の六男として生まれる
1525年	還俗して家督をつぐ
1567年	斎藤龍興を見限り織田家に寝返る
1570年	「姉川の戦い」で織田軍の窮地を救う
1588年	美濃清水城で病死

illustration：丞悪朗

PARAMETER

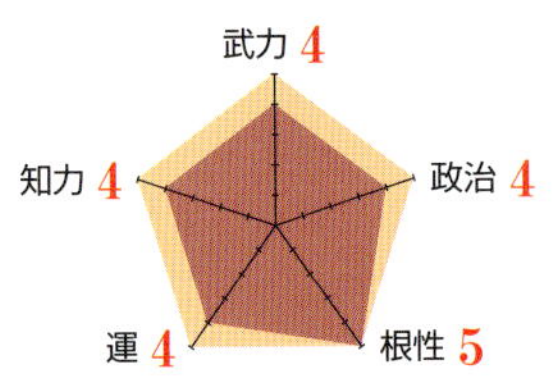

各地を転戦した一鉄の武功は、徳川家康が一鉄を欲しがったほどだ。

「頑固一徹」の語源になったといわれる頑固さは一鉄の根性の証拠だ。

NATIVE PLACE

出身地［美濃（みの）］

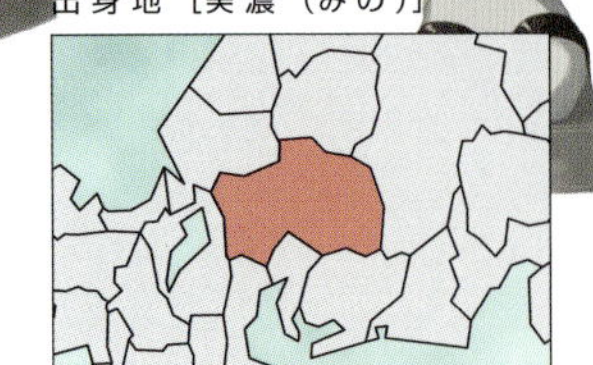

文武両道の美濃の勇猛将

■斎藤家を見限り織田家に仕える

「頑固一徹」という言葉は稲葉一鉄から生まれたといわれる。強情で他人と妥協しないとされた一鉄だが、その裏には戦国を生き抜いた、したたかな武将の姿が隠れていた。

土岐家に仕える稲葉家の六男だった一鉄は僧籍にあったが、近江の浅井軍が美濃に攻め込んだときに、父の通則と兄弟全員が戦死してしまった。そのため一徹は還俗して土岐頼芸に仕えるようになる。

土岐氏が斎藤道三に追放されてからは、道三に仕え、安藤守就、氏家卜全とともに「美濃三人衆」と呼ばれて活躍するようになった。その後道三のあとを継いだ二代目・義龍、三代目・龍興にも仕え続けたが、年少の龍興は家臣たちの諫言に耳を貸さず、織田信長の美濃侵攻もあって家中は団結を欠いていた。しまいには龍興の行状を諫めるために竹中半兵衛が稲葉山城を乗っとるという事件まで起き、一鉄は斎藤家の行く末に不安を覚えていた。

そこに登場するのが豊臣秀吉である。秀吉は一鉄を口説き、「美濃三人衆」に織田家に内応するよう説得したのである。ここにいたって一鉄は龍興を見限り、織田家に従うことにした。衰退する斎藤家より、のぼり調子の織田家を選んだ戦国武将の冷静な判断である。

■織田家家臣として各地を転戦

信長は一鉄のことを、最初は信用しなかった。龍興を裏切ったように自分を裏切るかもしれないと思ったのだ。一計を案じ一鉄を茶室に招くと、一鉄は難しい掛け軸を簡単に読んでその意味を語る。信長は一鉄が文武両道の人材だと感嘆し、信用するようになった。

一鉄は信長の美濃攻めの先頭となって目覚しい活躍を見せ、かつて仕えた斎藤家を美濃から追い出し、その後も各地で武功を重ねる。浅井・朝倉連合軍と戦った「姉川の戦い」では、織田軍は浅井軍の磯野員昌率いる部隊の激しい攻撃にさらされて危機に陥ったが、あと詰めだった一鉄が1千人ほどの兵を率いて駆けつけたため、危機を乗り切ることができた。

やがて信長は一鉄の武勇を認め、美濃清水城を与えた。また、自分の名前を1字与えて「長通」と名乗るよう勧めたが、一鉄は怒ったような顔を見せて断ったという。

■秀吉に仕えた晩年

「本能寺の変」で信長が死ぬと、一鉄の中で野望が芽生える。美濃で独立し、自分も戦国大名になろうとしたのである。このとき敵対したのは、かつて織田家を追放された守就で、守就は信長の死に乗じ、旧領を求めて北方城で蜂起したのである。一鉄はかつてともに「美濃三人衆」として働いた守就と戦って守就を討ち取り、その後秀吉に仕えた。

頑固の代名詞となった一鉄だが、土岐家、斎藤家、織田家、豊臣家と、仕える主人を変えたのは、したたかに戦国を生き抜くための処世の術だったのかもしれない。

稲葉一鉄と深い関わりを持つ武将たち

明智光秀（あけちみつひで） P.22

光秀の家老だった斎藤利三はもともと一鉄の重臣であり、少なからぬ縁があった。「本能寺の変」の直後、光秀は協力を呼びかけるが、一鉄は応じなかった。

豊臣秀吉（とよとみひでよし） P.40

秀吉の調略で織田家についた一鉄は、秀吉の才能を見抜いていたに違いない。信長の死後は「賤ヶ岳の戦い」、「小牧・長久手の戦い」に参加して秀吉を支えた。

illustration：丞悪朗

「美濃三人衆」から悲将への転落

安藤守就

あんどう もりなり　■1503年生～1582年没

「美濃三人衆」として織田家に仕えた安藤守就は、各地で武功をあげるも内通の疑いをかけられ追放される。

PARAMETER

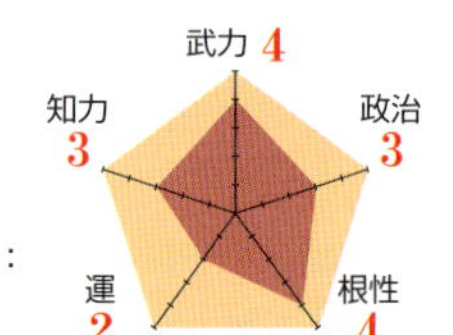

NATIVE PLACE

出身地［美濃（みの）］

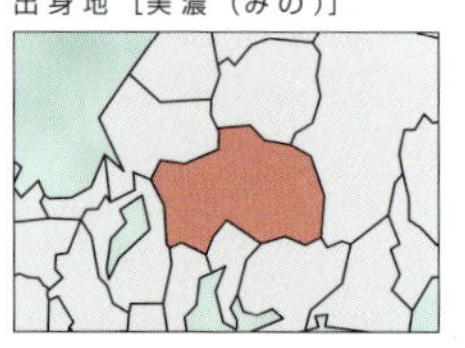

対照的な「美濃三人衆」

■転落した「美濃三人衆」

安藤守就は北方城主・安藤守利の子として生まれた。はじめは土岐家に仕えていたが、斎藤道三のクーデターののちは道三に仕えるようになり、稲葉一鉄、氏家卜全とともに「美濃三人衆」のひとりとして目され活躍した。斎藤家の家督を道三の子・義龍が継ぐと、守就も義龍に仕えるようになり、義龍と道三が戦った「長良川の戦い」では義龍方について参陣、道三を討ち取った。

しかし義龍の子・龍興が家督をつぐと、若い龍興は一部の寵臣のみを近づけるようになり、守就は次第に遠ざけられるようになる。

やがて重臣のなかに龍興に対する不満が高まり、１５６４年には守就の娘婿であった竹中半兵衛による稲葉山城乗っとり事件が起こる。この龍興を戒めるためのクーデターに守就も加担したが、その後も龍興の行状は改められることはなかった。

美濃を狙う尾張の織田信長は、こうした斎藤家の内紛につけこみ、守就ら「美濃三人衆」を味方につけるべく、豊臣秀吉を内応工作に送り出す。ここにいたって守就もついに龍興を見限り、織田家に寝返ることにした。

織田家の家臣となった守就は伊勢攻め、六角攻めなどに参陣。「姉川の戦い」ではほかの美濃三人衆で一軍を形成し、苦戦する織田軍に勝利をもたらした。

ところが守就の運命が大きく狂い出す。真偽は定かではないが、武田家に内通したとして織田家を追放されたのだ。

その後捲土重来を期した守就は「本能寺の変」に乗じて旧領回復のために挙兵するが、稲葉一鉄に討ち取られる。かつて美濃三人衆と呼ばれたふたりはあまりにも対照的な運命をたどった。

氏家卜全

うじいえ ぼくぜん ■生年不詳～1571年没

「美濃三人衆」のひとりだった氏家卜全は、斎藤家を見限って織田信長に仕え、以後最後まで誠実に戦い続ける。

illustration：
海老原英明

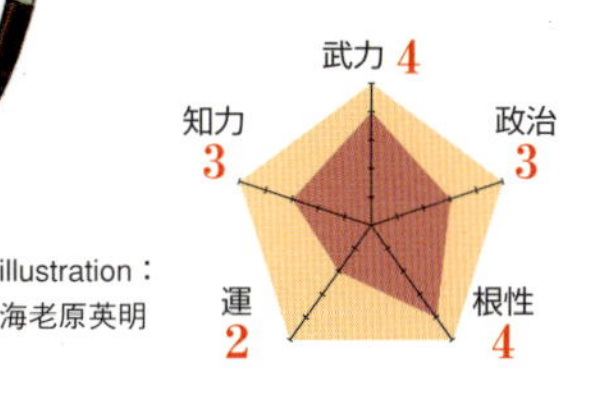

NATIVE PLACE
出身地［美濃（みの）］

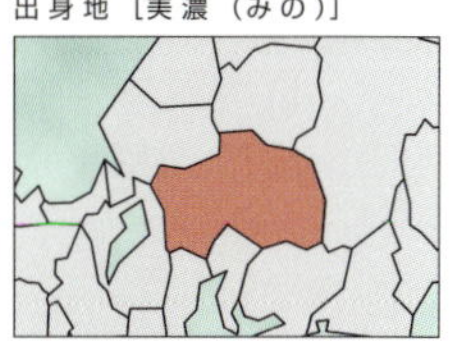

「美濃三人衆」のなかで最初に戦死

■最期は一揆との壮絶な戦いに敗れる

氏家卜全は、はじめ桑原氏を称し土岐氏に仕えていた。斎藤道三が土岐氏を追放して美濃を乗っとったあとは道三に仕え、以後義龍、龍興と斎藤家に仕え続けた。卜全は稲葉一鉄、安藤守就とともに「美濃三人衆」と呼ばれ、斎藤家では重要な家臣であったが、龍興とは折り合いが悪く、やがて美濃を狙う織田信長に内応し、稲葉山城を落城に導くことになる。信長が美濃を押さえたのちは、信長に仕えるようになり、このころ仏門に入って名を「直元」から「卜全」と称した。

卜全は信長上洛の際にそれに従うなど重用され大河内城攻め、「姉川の戦い」などにも参加して武功をあげた。美濃衆である卜全は新参者ではあったが、尾張衆に引けをとらない戦いぶりに信長も美濃衆を差別することはなかった。そしてこれらの功により卜全は大垣城主に任ぜられるまでになった。

１５７１年、卜全は伊勢長島の一向一揆討伐に出陣する。一揆の勢力は強大で、前年は信長の弟・信興が戦死するなど、信長はこれに手を焼いていた。信長は今度こそ一揆を鎮圧しようと柴田勝家らに5万の兵を与えて長島に侵攻したのである。

だが、旧斎藤家と手を結ぶ一揆の勢いは想像以上で、織田軍は撤退するしかなかった。後退戦は勝家ですら負傷するほど激しく、殿軍を務めた卜全は一揆衆に襲われ、美濃石津で戦死した。雨でできたぬかるみに馬がはまり、落馬したところを討ち取られたという。このとき卜全はすでに59歳であったともいわれ、老骨に鞭打って一揆との激しい戦いに臨んだ勇将の悲劇的な最期であった。家督は長男の氏家直通がつぎ、また「大坂の陣」で活躍した氏家行広は、卜全の次男である。

信じるものは己の槍のみ！

可児才蔵

かに さいぞう　■1554年生～1613年没

宝蔵院流槍術の使い手である可児才蔵は、主人を代えつつも、さまざまな戦いで見事な槍さばきを見せた。

illustration：中山けーしょー

PARAMETER

武力 5
政治 3
根性 4
運 4
知力 4

NATIVE PLACE

出身地［美濃（みの）］

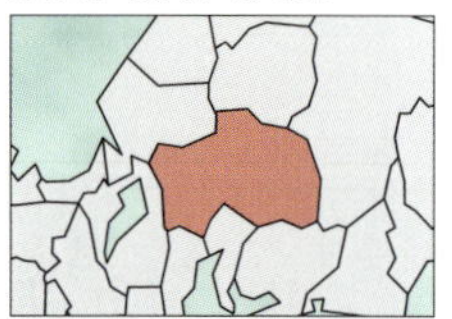

関ヶ原を暴れまわった「笹の才蔵」

■次々と主人を代えた十字槍の名手

可児才蔵は幼くして宝蔵院流槍術の開祖、宝蔵院胤栄に槍術を学んだといわれ、その槍さばきは戦場で冴え渡った。才蔵が信じたのは主人や義ではなく己の槍の腕であった。才蔵は若くして斎藤龍興に仕えたが、龍興が美濃から追放されると、織田信長の家臣であった柴田勝家、明智光秀などに仕えた。信長の死後は、信長の三男・信孝に仕えていたが、信孝が豊臣秀吉に滅ぼされると、豊臣秀次に仕えるようになる。

秀次が総大将を務めた「小牧・長久手の戦い」の一戦で豊臣軍は大敗を喫し、才蔵はこのとき敗色濃い自軍を見捨て逃走する。このとき徒歩で逃げていた秀次は、馬で逃げようとする才蔵を見て、「馬を譲れ」と言ったが、才蔵は譲ることなく逃げ去ったという。これは才蔵が臆病だったわけではない。槍の名手であった才蔵が、自分の力量と敵の数を冷静に判断できる武将だったということだ。

激怒した秀次に解雇された才蔵は浪人となった。むろん才蔵のほうも無能な主人に仕え続けるつもりはなく、才蔵はやがて福島正則に追従する。「小田原攻め」の際には、北条氏規が守る韮山城攻めに参加し、氏規も才蔵の武勇に感心したという。「関ヶ原の戦い」では正則に従って東軍に参陣し、西軍の宇喜多秀家率いる精鋭と激しい戦いを繰り広げる。

才蔵は槍と太刀で奮戦し、首を取ると指物にした笹の葉を首級の鼻穴に突っ込んで自分が取った証とし、再び戦い続けた。このとき才蔵があげた首級は17以上といわれており、徳川家康も才蔵の武功を絶賛した。

なお家康が首実検しているときに、才蔵のあげた首についた笹を見て、以後「笹の才蔵」と称するよう命じたという。

親と兄弟を殺して美濃を手中におさめる

斎藤義龍

さいとう よしたつ ■1527年生〜1561年没

illustration：
三好載克

「美濃のマムシ」と呼ばれた斎藤道三の子・義龍は、自分の出自に疑問を持ち、道三を実の親の敵として討ち果たす。

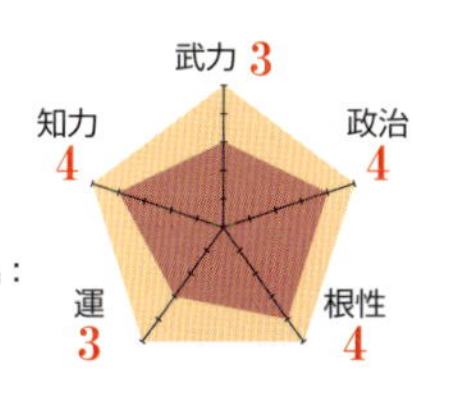

NATIVE PLACE
出身地［美濃（みの）］

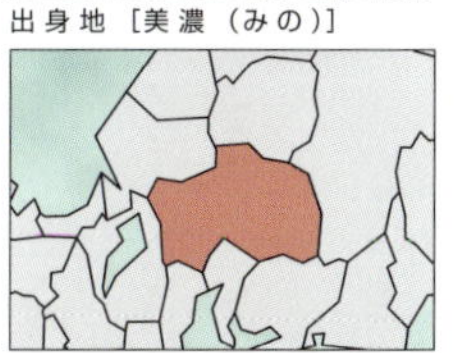

マムシの子は マムシ

■己の出自に悩み凶行におよぶ

稲葉城主・斎藤道三の嫡男だった斎藤義龍は父から家督をつぐが、自分の出自に疑問を感じていた。義龍の母はかつての美濃守護職・土岐頼芸の側室であり、道三が娶ったさいにすでに義龍を身ごもっていたという噂が流れていたのだ。真偽は不明で、道三が美濃国内の不平分子をなだめるために土岐一族の正統な嫡子であることを主張しようとしたのだという説もある。

義龍は身長6尺4、5寸（およそ2m）という巨漢で、道三からは愚鈍な男と見られていた。道三は弟たちを溺愛し、龍興以外の誰かをあと継ぎにしようと考えていたという。

自分の出自へ疑問を持ち、父の弟たちへの愛情を見た義龍は苦悩した。そして道三の非道さを知っていた義龍は、いずれ自分が殺されるか追放されるに違いないと思うようになり、それならばこちらから仕掛けてやろうと義龍は決意。仮病と装って弟ふたりを稲葉城に見舞いに来るよう仕向けて殺害し、道三に対する敵意を明らかにした。そして自分が道三が追放した土岐頼芸の子であり、正統な美濃守護職であると宣言し、土岐家に仕えた家臣たちの支持を集めることに成功する。

義龍と道三は長良川河畔で対峙した。義龍の兵は1万7千。対する道三には2千700の兵しかなかった。そして義龍は道三を討ち取り、名実ともに美濃の主となる。

義龍は宿老による合議制をとり入れて内政を整え、美濃進出を狙う織田信長を抑えることに成功した。しかし、道三を倒してからわずか6年で病を患い急死する。子の龍興があとを継ぐが、年少であった龍興は領内をまとめることができず、信長によって斎藤家は美濃を追い出されることとなる。

浅井家

AZAI

旧来の秩序にこだわった近江の小領主

京極氏の家臣だった浅井家は、戦国の風雲児・織田信長と同盟する機会を得るが、革新的過ぎる信長が目指す新たな秩序についていけず、滅亡することになった。

〈家紋：三つ盛亀甲〉

亀の甲羅を模した亀甲に、花菱をあしらったもの。

浅井家の成り立ちとその系譜

■京極氏に仕えつつ、地歩がためを行う

浅井家は都に近い近江（現在の滋賀県）に勢力を張った一族だが、その割に起源は明確ではない。三条公綱の落胤という説もあるが、後世の創作とみて間違いないようだ。

浅井家が歴史に登場するのは、１５２３年に京極氏で内訌が起きたときという。当時、当主の浅井亮政は近江北部の京極氏に被官として仕えていたが、京極氏の内部では国人たちの発言権が強く、権力闘争が起こっていた。

近江南部の六角氏や隣国・美濃（現在の岐阜県南部）斎藤氏も巻き込んだ騒動の中で、亮政はたびたび戦に敗れながらも地歩を固めていく。

しかし、次代・久政のころには、六角氏の勢力が強まり、嫡男の新九郎が六角氏の家臣の娘を娶わせられるなど、六角氏に臣従させられていく。こうした中、浅井家は領国支配の体制を整えていくが、在地の国人との関係は、絶対君主的なものではない旧来のものだった。

１５５９年、久政の嫡男・新九郎が元服して賢政を名のるが、直後に妻を離縁した。これは、家臣団が評定の結果、六角氏の風下に立ったままでいることをよしとしなかったことから、手切れをしようと考えたためである。

これを受けて、六角氏は軍を起こして攻め寄せるが、浅井家は「野良田の戦い」で六角氏の軍勢を討ち破り、ようやく自立を果たした。のちに賢政は長政と改名し、戦国大名で知られる浅井長政が誕生したのである。

【浅井家略系図】

浅井直政＝亮政―**久政―長政**―万福丸
- 女子（淀君）
- 初子（京極高次室）
- 達子（徳川秀忠室）

戦国時代における浅井家の興亡

■織田信長と同盟するも敵対して滅ぼされる

独立を果たした長政は、六角氏が美濃の斎藤氏と通じていたことから、尾張（現在の愛知県西部）の織田信長と手を結ぶ。信長の妹・お市の方と結婚したのも、このころのようだ。

なお、同盟の際に「朝倉氏を攻める前に、浅井家に連絡する」という条件を出したともいうが、定かではない。さらに近年では、亮政の代に六角氏と組んだ朝倉氏が、浅井家を攻めた記録の存在を指摘する研究者もいる。

さて、こののち都では松永久秀に将軍・義輝が討ち取られる事件が起き、都を脱出した義昭が入洛のため諸国に協力を求めた。これに応じたのが信長で、長政は信長に協力して、上洛を妨害する六角氏と戦っている。

しかし、信長が朝倉氏を攻めを開始すると、長政は信長に反旗を翻す。ところが、朝倉義景が逡巡したため信長を討ちもらすことになり、逆に「姉川の戦い」で敗北。諸大名と組んだ「信長包囲網」も決定打にはならず、のちに小谷城を攻められて浅井家は滅亡した。

1570年ごろの浅井勢力

1573年ごろの浅井勢力

1573年滅亡

浅井家の対立勢力

織田家 P.12
浅井家と同盟を結ぶも、政治的な見解の違いから背かれることに。

斎藤家 P.210
六角家とともに近江に干渉。浅井家が信長と同盟する契機となる。

六角家 P.313
強い政治力と軍事力を背景に、浅井家に大きな影響を及ぼした。

浅井家の居城　小谷城

小谷城は、浅井亮政が築城した山城で、久政、長政と三代に渡って使用された。築城された年は明確ではないが、１５２５年に亮政が六角氏に攻められた際、小谷城で籠城戦を行っていることから、１５２３年から１５２４年のあいだに建てられたという説が有力だ。

信長と戦った「姉川の戦い」では、信長が浅井・朝倉連合軍を破って勝利したものの、小谷城が堅固だったことから、城攻めは断念していったん引き上げている。

のちに、浅井郡は羽柴秀吉（のちの豊臣秀吉）が入った。しかし、秀吉は琵琶湖から離れた位置にある小谷城は不便と感じたようで、新たに長浜城を築城したため、小谷城は廃城となる。現在では、建物の遺構は残っていないが、曲輪や土塁、石垣などが残されている。

ODANI CASTLE
DATA

所在地：滋賀県東浅井郡湖北町
別名：－
文化区分：国指定史跡
築城者：浅井亮政
築城年：1523年ころ
構造：山城

義に殉じた悲運の青年武将

浅井長政

あざいながまさ

■1545年生～1573年没

若くして浅井家の当主となった浅井長政は、織田信長と同盟して勢力を拡大する。しかし旧恩ある朝倉家を見捨てることができずに信長と戦う運命に……。

illustration：虹之彩乃

PROFILE

1545年	六角氏の本拠・観音寺城下で生まれる
1569年	父・久政より家督を譲られる
1567年	織田信長の妹・お市の方を娶る
1570年	朝倉義景を討つべく越前に侵攻した織田軍を急襲
1570年	「姉川の戦い」で織田軍と激戦を繰り広げるも、敗れる
1573年	小谷城にて自害

PARAMETER

武力 5

16歳で家督を継ぎ、有力な武将だった六角義賢を打ち破った武勇は立派。

運 1

信長を窮地に追い込んだものの、あと一歩のところで取り逃がしてしまった。

NATIVE PLACE

出身地［近江（おうみ）］

家の歴史に押しつぶされた悲運の武将

■六角家に勝利し名をあげる

浅井長政は織田信長の妹・お市の方を娶り、信長とは同盟関係にあった。その両者はやがて敵対関係に陥り、結局長政は信長に滅ぼされることとなる。そこには、浅井家三代に渡る歴史の重みをはねのけられなかった青年武将の苦悩があった。

長政が生まれたとき、父・浅井久政は六角氏に臣従していた。そのため母が六角氏の人質となっている。長政も六角家の重臣の娘を娶り臣下にされるが、こうした屈辱的な状況に長政は黙ってはいなかった。まだ16歳だった長政は弱腰の久政を隠居させ、妻を帰して六角家に公然と反旗を翻した。長政の率いる浅井軍は数に勝る六角軍に勝利し、長政の武勇は近畿一帯に知れ渡る。

立派に成長した長政の運命を大きく変えたのは信長の妹・お市の方との婚姻である。そのころ美濃と戦っていた信長は、近江の長政と協力し美濃を挟み撃ちにしようとしたのだ。また、長政と同盟できれば上洛は容易になる。婚姻に長政はひとつ条件を出した。それは「織田が独断で朝倉氏を攻めないこと」ということだった。長政は浅井家の朝倉家への長年の恩を無視できなかったのである。

美濃と近江という要衝を押さえた浅井・織田同盟は勢力を拡大、１５６８年に信長が足利義昭を奉じて上洛する際には、長政は織田軍の先鋒として浅井家の宿敵であった六角氏を攻撃し、近江から駆逐した。

■破られた約定

しかし同盟はそう長くは続かなかった。上洛の命に従わない朝倉義景に対し信長が兵をあげたのだ。信長は長政の了解を得ずに、朝倉討伐を開始する。約定を破られた長政は朝倉家と織田家のどちらをとるかで苦悩する。過去三代に渡る恩義がある朝倉家と、義兄・信長。苦悩を重ねた末、長政は朝倉家に義を立てるほうを選んだ。父や家臣たちの多数も同様で、長政は朝倉家につくことを決意する。

長政は金ヶ崎で信長軍を急襲。浅井軍と朝倉軍に挟み撃ちにされた織田軍は辛うじて退却したのだった。

だが、これは信長が「逃げきった」ではなく長政が「逃がしてあげた」といったほうが正しいかもしれない。というのも、長政は裏切る前に、お市の方に両端を縛った小豆袋を持たせ、信長の陣へ送った。それは信長に対する挟み撃ちの布告で、長政の裏切りを意味している。信長への情が長政の矛先を鈍らせたのだろう。

長政は再び織田軍と「姉川の戦い」で激突。数で勝る織田軍を相手に、浅井軍は猛攻を繰り返した。織田軍の13段の構えのうち11段までを打ち崩すも、浅井・朝倉連合軍は敗れ、浅井家は衰退に向かう。やがて信長は朝倉家を滅ぼし、返す刀で近江の小谷城を包囲。長政に降伏を呼びかけるも、長政はそれを聞き入れず、お市と３人の娘を城から出したのちに父・久政とともに自害した。

浅井長政と深い関わりを持つ武将たち

織田信長（おだのぶなが）

P.14

長政はお市の方を娶る前から信長を尊敬しており、「賢政」から信長の１字をとって「長政」と改名したほどだ。両者の同盟関係は短くも濃密だった。

朝倉義景（あさくらよしかげ）

P.232

浅井家は京極家の家臣であったが、長政の祖父・亮政の時代に独立。浅井家は六角家とたびたび衝突し、そのたびに朝倉家の援軍という恩義を受けてきた。

武勇に優れるも、不運な最期を遂げる

磯野員昌

いそのかずまさ

■生年不詳～没年不詳

「姉川十一段崩し」で知られる磯野員昌は切り込み隊長として、戦いでは常に先陣を切った。しかし計略で浅野家を追われ、次に仕えた織田家でも不運に見舞われた。

PROFILE

不詳	京極家家臣、磯野員宗の子として生まれる
1561年	浅井家家臣として佐和山城を与えられる
1570年	「姉川の戦い」に参陣。「姉川十一段崩し」を成すも敗走
1571年	織田信長にくだる
1578年	高野山に追放

illustration：佐藤仁彦

PARAMETER

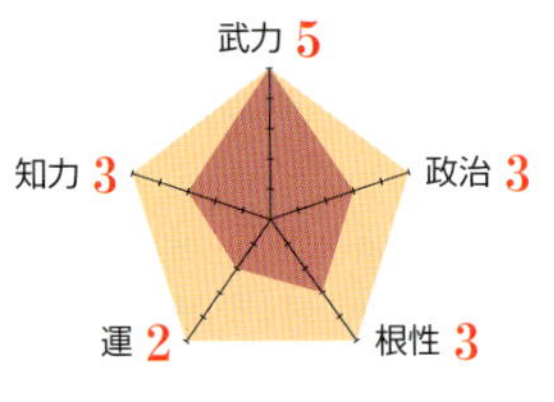

「姉川の戦い」では伝説級の活躍を見せ、並居る織田家の武将を蹴散らした。

武運には恵まれたものの、ふたりの主人に不条理な追放を受けてしまった。

NATIVE PLACE

出身地［近江（おうみ）］

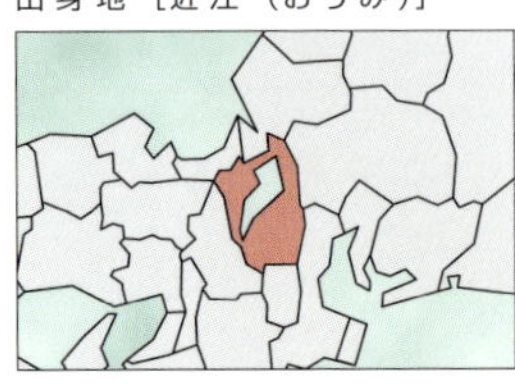

浅井家と織田家に仕えた悲運の猛将

■浅井軍の切り込み隊長

磯野員昌は、計略によって浅井家を追われ、次に仕えた織田家では織田信長の勘気によって追放されるという悲運の武将である。

磯野家はもともと京極家の家臣だったが、浅井亮政が浅井家の勢力を拡大したときに、員昌が浅井家に臣従することにしたのだった。員昌は能力を高く買われ、佐和山城主に抜擢されると、浅井家の対六角家戦略の最前線に立つことになる。

員昌は数度に及ぶ対六角戦で武功を重ね、長政の信頼も厚く、合戦では浅井軍の先鋒を任されるようになる。浅井家と織田家の「姉川の戦い」で、員昌は戦国時代有数の突撃を見せる。このとき浅井軍は、員昌を先頭に、浅井政澄、阿閉貞征らの軍勢が縦隊をつくり、信長の本陣を目指して突進した。

員昌の率いる精鋭部隊は織田軍に突入し、坂井政尚、池田恒興、豊臣秀吉、柴田勝家の陣を突破し、森長可の陣に飛び込んだ。このとき、信長の本陣までは佐久間信盛の陣しか残っておらず、織田家臣のそうそうたる武将たちの13段の構えのうち11段までをも次々と突破したことによって「員昌の姉川十一段崩し」と呼ばれるようになった。

員昌に続いて浅井軍は織田軍に攻めかかり、織田軍は崩壊の危機に陥る。それを防いだのは、あと詰めの稲葉一鉄や、朝倉軍を退けた徳川軍の援軍であった。なんとか態勢を立て直した織田軍は、突出した形の浅井軍に反撃し、浅井軍は大きな損害を受けた。

■信長にくだり、そして追放

姉川の戦い以後、浅井家の勢力は弱体化し、員昌の佐和山城も織田軍に包囲された。員昌は佐和山城を必死で守り、織田軍はこれに手を焼いた。そこで秀吉が一計を案じ、員昌に謀意ありとの流言を浅井方に流したのである。これを信じた浅井方は、佐和山城の支援を打ち切り、員昌は窮地に陥った。さすがの員昌も兵糧がなければどうしようもなく、員昌は佐和山城を捨てて長政の小谷城に向かう。だが、流言を信じた長政は城門を開けず、員昌は泣く泣く織田方にくだるのであった。

織田家に仕えるようになった員昌は、近江・新庄城と高島郡を与えられるなどの破格の待遇を受けた。おそらく姉川の戦いでの戦いぶりを信長も認めたのだろう。

その後、越前一向一揆の鎮圧や、信長を狙撃した鉄砲の名手・杉谷善住坊の捕縛など、信長の覇道に貢献する。

しかし、１５７８年、員昌は突然信長の勘気をこうむり所領を没収されて高野山に追放された。その原因は不明だが、一族には累は及ばなかったようで、その後員昌の一族は石田三成、藤堂高虎の家臣にその名を見ることができる。当の員昌はここで表舞台から姿を消したようだ。織田に内通していると思われて浅井家を追われ、不条理に織田家を追われた員昌は悲運の武将というほかない。

磯野員昌と深い関わりを持つ武将たち

織田信長（おだのぶなが） P.14

員昌は突然信長に追放される。この年には松永久秀や荒木村重の謀反があるなど、信長も家臣の忠誠心に不安を持っていたころであったと思われる。

浅井長政（あざいながまさ） P.222

員昌は長政の祖父の代に浅井家に仕えるようになった。以後久政、長政と浅井家に仕え、武功をあげてきたというのに、あっけなく長政の信を失ってしまう。

藤堂高虎

とうどう たかとら

■1556年生～1630年没

人を使う術、人に仕える術を知り尽くした高虎は確かな眼力で主君を変え、日本各地や朝鮮半島で活躍するほか、多くの築城にもたずさわるなどした智将である。

PROFILE

1556年	近江の土豪の家に生まれる
1570年	「姉川の戦い」で初陣を飾る
1587年	九州攻めに従軍
1597年	慶長の役で水軍を率いる
1600年	「関ヶ原の戦い」で武功をあげる
1608年	伊賀・伊勢22万石に移封

illustration：佐藤仁彦

PARAMETER

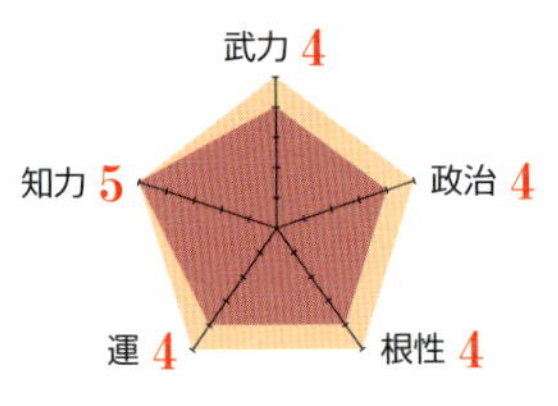

主君を次々変えた高虎は、優れた人物鑑定眼を備えていた。

主君を変えることは簡単にできることではない。それなりの覚悟が必要だ。

NATIVE PLACE

出身地［近江（おうみ）］

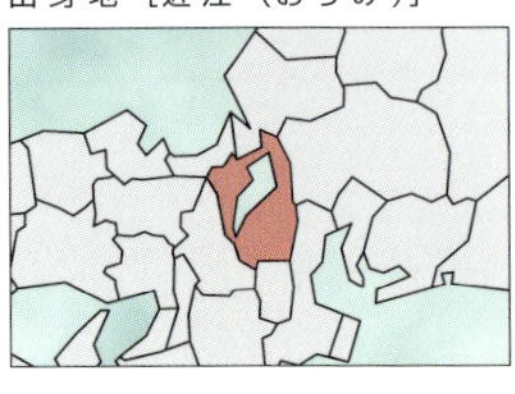

人を使う術、人に仕える術を知り尽くした武将

■主君を変え続けた前半生

「7度主君を変えねば武士とは言えぬ」と言い、生涯幾度も主君を変えたことで知られる藤堂高虎の初陣は、なんとまだ15歳のときで、浅井長政と織田信長が「姉川の戦い」を戦っているあいだに小谷城の守備についたものであった。高虎は6尺2寸（約190cm）という巨漢であったというから、大人に混ざって遜色のない戦いぶりをみせたに違いない。

浅井家滅亡のあとは、高虎は諸国を流浪し、各地の城を巡って兵法を学んだ。その間、阿閉貞征、磯野員昌、信長の甥・織田信澄などに短期間仕えたのち、豊臣秀吉の異父弟・豊臣秀長に仕えるようになってやっとひとりの主君のもとに落ち着くようになった。

何度も主君を変えた高虎を批判する意見もある。しかし貞征はのちに明智光秀の謀反に加わって一族は滅亡し、員昌は信長に追放され、信澄は「本能寺の変」の混乱の中で殺されたことを考えると、これらの武将のもとを去った高虎の判断は間違いではなかったのだ。

■豊臣から徳川へ

高虎は秀長のもと、天下取りの歩みを進める秀吉の戦いに多く参陣し、戦功をあげてゆく。中国攻め、「山崎の戦い」、「賤ヶ岳の戦い」、九州征伐などでの戦功が認められ、2万石の大名となった。

秀長の死後はその子の豊臣秀保の後見として仕えるが、秀保もすぐに病死してしまう。やっと得た仕えるべき主君を、高虎は失ってしまったのだ。これを悲観したのだろうか、高虎は40歳にして出家し、高野山に入ってしまう。しかし高虎の能力を惜しんだ秀吉は、高虎を還俗させ、伊予宇和島の7万石を与える。高虎は苦戦が続く朝鮮半島に派遣されると、水軍を率いて活躍した。

秀吉の死後、朝鮮から戻った高虎は徳川家康に接近。豊臣家の家臣たちが武断派、文治派に分裂する中、武断派寄りだった高虎も家康に汲みするようになったのだ。そして「関ヶ原の戦い」でも東軍に属した。

戦いを前に高虎は、東軍の先鋒だった元秀吉の家臣・福島正則や池田輝政らの裏切りを懸念し、家康に、彼らに寝返りの意思がないことが確実になるまで江戸に待機するよう勧めた。

一方で、意気込む諸将に対しては、これから天下をおさめることになる家康の到着を待ち、家康の働き場所を残すべきだと戒めている。人を使う術、人に仕える術を知り尽くした高虎ならではの逸話である。

さらに、高虎は築城術にも長けた武将であった。領国の宇和島城だけでなく、名古屋城、駿府城、江戸城など、徳川幕府の重要な城の普請に高虎が参加したことは、どれほど高虎の築城術が優れていたかを示している。

徳川家の重臣となった高虎は、伊勢津藩32万石の大名となり、外様でありながら譜代大名格として破格の待遇を受けた。

藤堂高虎と深い関わりを持つ武将たち

小早川秀秋 P.61

秀秋はかつて秀吉の養子であったこともあって、西軍として「関ヶ原の戦い」に臨んだ。そこに内応をそそのかしたのが高虎である。

徳川家康 P.64

秀吉の死後次に天下を取るのは家康であることをいち早く確信し、江戸に人質を送り、上方の情報を送るなどして、家康に忠誠を示した。

illustration：佐藤仁彦

光秀にかけた大博打

阿閉貞征

あつじ さだゆき ■1528年生〜1582年没

浅井家の有力な家臣だった阿閉貞征は、浅井家を裏切って織田家家臣となるが、明智光秀に加勢し悲惨な最期を遂げる。

PARAMETER

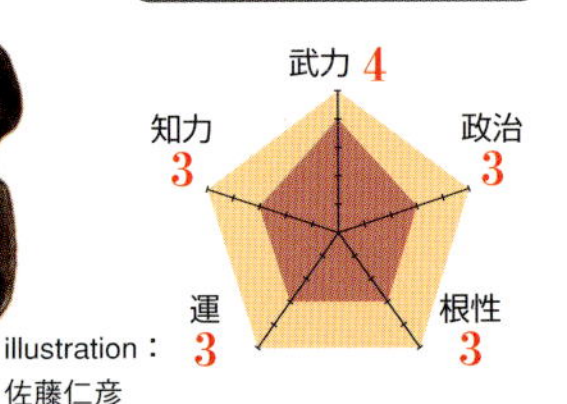

NATIVE PLACE

出身地［近江（おうみ）］

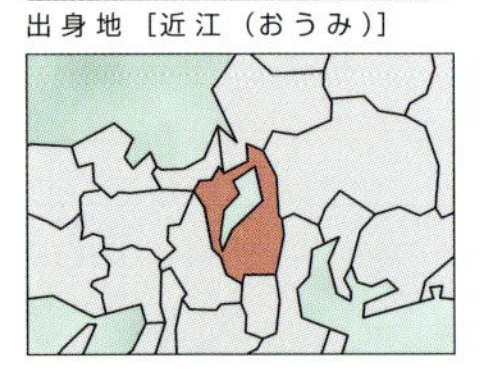

浅井家に代わり北近江を狙う

■浅井家を裏切り、明智光秀に汲みする

阿閉家は代々北近江の国人であったが、浅井家が勢力を拡大すると浅井家に仕えるようになり、貞征の時代には山本山城を与えられる重臣となっていた。

貞征は浅井・朝倉連合軍と織田・徳川連合軍の戦いである「姉川の戦い」に参加。1千騎を率いて出陣し、磯野員昌、浅井政澄に続く3段目に布陣して織田軍の陣深くまで突進した。

貞征らの奮戦むなしく姉川の戦いが浅井方の敗戦に終わると、浅井家の勢力は衰え、貞征の守る山本山城も苦戦を強いられた。その中にあって貞征はついに織田方に寝返ることを決意。貞征に裏切られた浅井家は滅び、貞征は所領を安堵される。

貞征は豊臣秀吉の与力となるが、のちに長浜城主となった秀吉とのあいだには琵琶湖に浮かぶ竹生島の知行を巡る確執があったともいわれ、それがのちの貞征の判断を狂わされたのかもしれない。

秀吉が信長の命で中国に兵を進めたときには、貞征は山本山城に留まることになる。そこに明智光秀が「本能寺の変」を起こしたため、近江には有力な武将が誰もいなくなった。貞征はこれを北近江を支配する好機ととらえ、光秀に汲みし、京極孝次とともに秀吉の長浜城を攻め落とした。

しかし光秀の天下はあっという間に終わりを告げる。中国から引き返した秀吉と光秀が天下をかけて争った「山崎の戦い」では、先鋒を務めるものの高山重友らの攻撃を支えきれず敗走、捕らえられてしまい、秀吉に一族ともども討ち果たされる。

光秀の大博打にのった、貞征の蛮勇が招いた悲惨な最期であった。

陸に海に軍才を発揮した旧浅井家家臣

脇坂安治

わきざか やすはる　■1554年生～1626年没

浅井家を見限って織田家に仕えた脇坂安治は、その後秀吉に仕えて、陸に海に目覚しい活躍を見せる。

illustration：佐藤仁彦

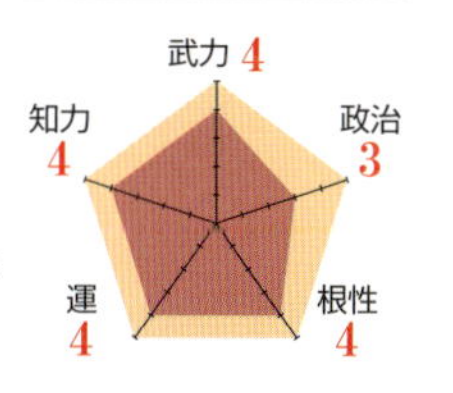

NATIVE PLACE

出身地［近江（おうみ）］

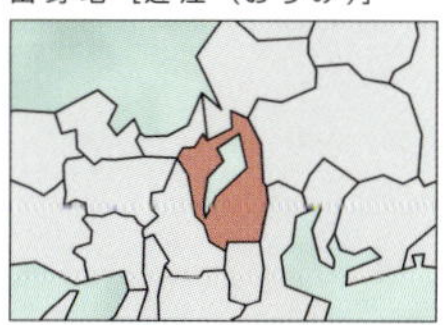

水軍を率い困難な「朝鮮出兵」を戦う

■浅井家から豊臣家に移り勇名を馳せる

脇坂安治はもとは浅井家の家臣だったが、浅井家を見限って織田家に臣従し、明智光秀の与力となった。安治の武勇は、丹波の赤鬼といわれた敵将・赤井直正から賞賛されるほどのもので、織田家中でも次第に信用を得てゆく。その後自ら頼み込んで豊臣秀吉の配下に移った安治は、秀吉の中国攻めに参加し、播磨の三木城攻めなど、秀吉の主要な戦いに参加して数々の武功をあげた。

中でも秀吉と柴田勝家の「賤ヶ岳の戦い」では、福島正則や加藤清正とともに「賤ヶ岳の七本槍」のひとりに数えられる活躍を見せ、この功により洲本城３万石の大名となる。

安治の軍事の才能は陸上だけでなく水上でも発揮された。「小田原攻め」では初めて水軍を指揮したにもかかわらず、海上から伊豆の下田城を攻略することに成功。その功を認められて「朝鮮出兵」でも水軍を率いることとなった。功を焦って単独で抜け駆けした閑山島海戦では朝鮮の名将・李舜臣に大敗したが、その後は李舜臣の攻撃を何度もしのぎ、時には陸上で戦い、戦役全体を通じて奮戦した。

秀吉の死後、安治は徳川家康に接近する。「関ヶ原の戦い」では、安治が大坂にいるときに石田三成が挙兵したため西軍に参加したが、決戦当日、松尾山に布陣した安治は、小早川秀秋の裏切りに便乗して寝返り、大谷吉継の軍勢を全滅させた。

戦後、家康より所領を安堵されたのち、伊予の大洲藩５万３千５００石に移封された。以後は徳川家に忠義を尽くしたが、「大坂の陣」にはどちら方にも汲みしなかった。

関ヶ原の戦いでは東軍に味方したものの、やはり大恩ある豊臣家には弓を引く気にはならなかったのだろう。

朝倉家
ASA KURA

乱世とともに勃興した戦国大名

足利将軍に直接奉公して活躍し、のちに越前を支配した朝倉家。しかし、旧来の権威を否定し、力づくで勢力を拡大する織田信長に敗れ、歴史の舞台から退場した。

〈家紋：三つ盛木瓜〉

先祖が白い猪を退治して、源頼朝から賜ったといわれる。

朝倉家の成り立ちとその系譜

■応仁の乱をきっかけに戦国大名となる

朝倉家の起源については諸説があるが、「朝倉系図」や『朝倉始末記』では、日下部を名乗っていたとされ、平安時代末期になって宗高がはじめて朝倉を名乗り、その子である清隆を朝倉の祖としている。清隆は、「源平合戦」で平氏に味方したため所領を没収されたが、のちに功があって許され、このときに木瓜ふたつを副えられ「三つ盛木瓜」を家紋とするようになったという。

世の中が南北朝の動乱期を迎えると、高清から八代目の広景は足利尊氏のもとに馳せ参じる。斯波高経とともに新田義貞を討ち破った広景は、越前（現在の福井県）の黒丸城を得て居城とし、ここに越前朝倉家が誕生した。

このの ち、朝倉家は二代・高景、三代・氏景と尊氏に協力して戦功をあげ、越前内に所領を増やしていく。関東の行政府・鎌倉府が反乱を起こした際も、朝倉家は一貫して幕府方であり続けた。

１４５２年、越前・尾張（現在の愛知県西部）・遠江（静岡県西部）の守護を務めた斯波義健が亡くなると、あとを継いだ義敏と守護代・甲斐氏のあいだで争いが発生。これが「応仁の乱」へと発展していくのである。

この争乱で、七代・孝景は西軍の主力として奮戦し、多くの戦功をあげる。のちに領国へ戻ると、将軍から守護職についての御内書が発せられ、東軍へと寝返った。

御内書は、孝景による越前の実質的な支配を容認するもので、孝景は越前の支配を強めて戦国大名化していく。

【朝倉家略系図】

朝倉高清――（中略）――❶朝倉広景（越前朝倉家）

❷高景―❸氏景―❹貞景―❺教景―❻家景

❼孝景―❽氏景―❾貞景―❿孝景―⓫義景

戦国時代における朝倉家の興亡

■越前の支配に成功するが織田信長に滅ぼされる

越前への支配を強めた朝倉家だったが、孝景のあとを継いだ八代・氏景は早世。幼い貞景が当主になると、斯波氏が越前回復の動きを起こすが、貞景は強力な軍事力を背景にこれを凌ぐ。さらに一族の内紛も乗り切り、朝倉氏は越前の領国支配を確固たるものにした。

このの ち、朝倉家は十代・孝景（七代目にあやかって同名にした）が当主となるが、将軍の命を受けて争乱の鎮圧にあたるなど、近隣諸国への出陣が増えていく。これは、畿内の諸勢力の中でも、朝倉家の戦力がかなりのものだった証明ともいえるだろう。

十一代・義景のとき、将軍・義輝が暗殺される事件が起きた。義輝の弟・義昭が朝倉家を頼ったが、義景は実力不足から将軍の意向に沿えず、義昭は織田信長のもとへ向かう。将軍を擁して上洛した信長は、朝倉家に協力を求めるが、義景がこれを拒否して対立が決定的となった。

のちに、朝倉家は信長から離反した浅井氏と組み、「信長包囲網」などにも参加するが、信長に滅ぼされた。

1548年ごろの朝倉勢力

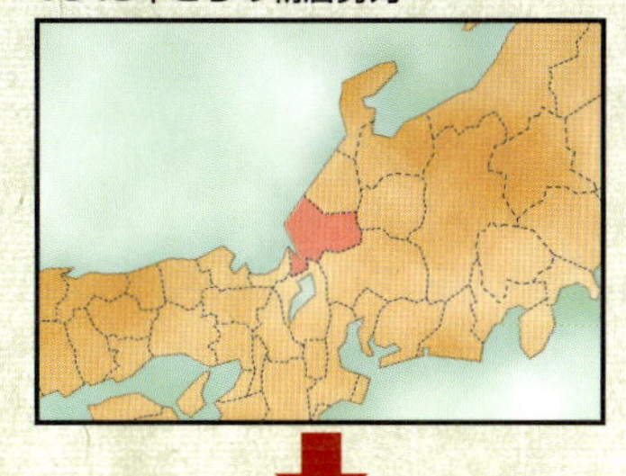

1573年ごろの朝倉勢力

1573年滅亡

朝倉家の対立勢力

織田家 P.12

朝倉家が上洛要請に応じなかったため、討伐に踏み切り滅亡させた。

本願寺家 P.252

加賀の一向一揆を巡って朝倉家と対立するが、のちに和睦した。

斯波家 P.306

越前の支配を巡って朝倉家と対立するが、敗れて尾張へ逃れた。

朝倉家の居城　一乗谷城

一乗谷城は、七代・孝景が斯波氏を破った際に、一乗谷沿いの要害を拠点としたことに始まるという。こののち、周辺の山に砦や見張り台を築いて要塞化を進め、さらに一乗谷の南北に木戸をもうけ、その内側に1.5kmにおよぶ城下町を形成。朝倉家の館や、家臣たちの武家屋敷もこの中に建てられていた。

京が「応仁の乱」で荒廃すると、多くの文化人が逃れてきたため、飛躍的に発展。越前の中心地として栄えたが、1573年、織田信長の侵攻を受けて灰燼に帰した。

のちに越前を領有した柴田勝家が北ノ庄を拠点としたため、跡地の保存状態が良好だったという。現在では、武家屋敷や町並みが復元されているほか、遺跡全体が特別史跡、4つの庭園が国特別名勝に指定されている。

ICHIJODANI CASTLE

DATA

所在地：福井県福井市
別名：－
文化区分：国指定特別史跡
築城者：朝倉孝景
築城年：15世紀後半
構造：山城

名門朝倉家の最期となった文化人武将

朝倉義景

あさくらよしかげ

■1533年生〜1573年没

詩歌・画・禅などに通じ当代一流の文化人であった朝倉義景は浅井家や石山本願寺とともに信長に立ち向かい、一時は信長を窮地に陥れるが、悲劇的な最期を遂げる。

PROFILE

1548年	家督を継ぐ
1555年	加賀出兵
1564年	加賀半国を制圧
1565年	京から逃れてきた足利義昭を迎える
1570年	浅井家と組んで挑んだ「姉川の戦い」で敗北
1573年	賢松寺で自害

illustration：NAKAGAWA

PARAMETER

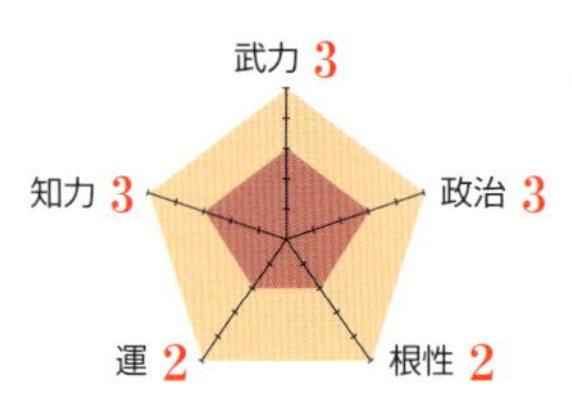

義景の才能は、詩歌・画・禅などに向けられ、軍略には通じていなかった。

足利義昭を保護しながら、それを利用できなかったのはなんとももったいない。

NATIVE PLACE

出身地［越前（えちぜん）］

小京都一乗ヶ谷に安寧をむさぼる

■名門朝倉家最期の当主

越前の国主、名門朝倉家に生まれた朝倉義景は父の死により16歳で家督を継ぐ。義景という名は将軍・足利義輝から１字を与えられたものであり、正室は足利幕府の管領の娘と、朝倉家は室町幕府にとって重要な地位にある大名であった。とくに朝倉家を三代に渡って支えた名将・朝倉宗滴が１５５５年に病死するまでは朝倉家の武力は強大であったという。

京都で将軍・義輝が暗殺されると、その弟・足利義昭が朝倉家を頼って落ちのびてきたのも当然のことであった。義景は義昭を手厚く保護するが、義昭の望む自分を奉じての上洛には消極的であった。

これは義景にとっても絶好の飛躍の機会であったと思われるが、越前の国力や、一向一揆などで国内がそれほど安定していなかったことが理由だったようだ。

これは義昭は、やむをえず当時朝倉家の家臣だった明智光秀を仲介役として織田信長のもとへと去り、信長は義昭を奉じて上洛を果たす。

信長は義景にも上洛を呼びかけたが、義景はこれに応じない。義景は積極的に信長と敵対するつもりはなかったが、越前は美濃を脅かす位置にあり、信長から圧力をかけられていた。

また、義昭と義昭を自分の傀儡としか見ない信長の関係は次第に冷えてゆき、義昭は対「信長包囲網」を画策。義景にもそれに参加するよう促していたのである。

■千載一遇の機会を逃し、自害

１５７０年、信長は3万の兵を率いて京を出発、越前に侵攻して手筒山城、金ヶ崎城を攻め落とす。朝倉家の運命ももはやこれまでというとき、中立の立場にいた浅井長政が挙兵、織田軍の背後を脅かした。織田軍は壊走し、信長はなんとかに京へ逃れることができた。義景は大きな好機を逃し、結局これが自らと朝倉家を滅ぼすこととなる。

態勢を立て直した織田軍に浅井・朝倉連合軍は「姉川の戦い」で敗れ、信長が石山本願寺に出兵している間に反撃することはあったものの、以後勢力を失ってゆく。そして東の武田信玄が没すると、信長は浅井・朝倉に全力を投入できるようになり、越前、および近江に侵攻した。義景は一族の朝倉景鏡と家臣の魚住景固に出陣を命じるが、両者は疲労を理由にそれを断る。朝倉家一族、家臣団のあいだにはすでに動揺が広がっていた。

やむをえず義景自身が出陣するものの、信長は雨のなかをついて出撃し、義景と長政のあいだを分断する。このため義景は越前へ引きあげたのだが、浅井軍は小谷城に封じ込められ、織田軍を牽制することができなくなった。越前の国境で織田軍を迎え撃った義景であったが、織田軍を支えきれず、妻子やわずかな共を連れて大野へ入った。

そして景鏡の裏切りにあい追いつめられて自害し、その人生に自ら幕をおろすこことなったのである。

朝倉義景と深い関わりを持つ武将たち

足利義昭（あしかがよしあき）

P.238

足利義輝が暗殺されると、義昭は義景を頼る。風流に通じた文化人であった義景は、義昭の元服の際に後見人となるほどであったが、上洛することはなかった。

本願寺顕如（ほんがんじけんにょ）

P.254

顕如は、対信長で義景と連繋をはかり、長子の教如と義景の娘を婚約させている。しかし義景は越前と近江を往復するばかりで有効だったとはいいがたい。

足利家

ASHIKAGA

旧来の秩序とともに戦国の世に消えた将軍家

鎌倉幕府を倒して新たに室町幕府を開き、武家の棟梁として君臨した足利家。しかし、一族の内部でも権力争いが絶えず、戦乱の世を招いてしまい、没落していった。

〈家紋：足利二つ引〉

引き両のひとつ。将軍家ということでデザインはやや特別。

足利家の成り立ちとその系譜

■鎌倉幕府を打倒し室町幕府将軍家となる

河内（現在の大阪府東部）を本拠地とする河内源氏の棟梁、源義家の三男・義国が、下野（現在の栃木県）足利荘を領有。次男の義康が足利氏を名乗るようになったのが、はじまりである。

三代・義氏のとき、足利家は三河（現在の愛知県東部）守護、並びに三河吉良庄の地頭に補任されて移り住んだ。義氏は、長男に領国の吉良庄を継がせ、次男の泰氏に宗家を継がせた。

このの ち、足利宗家は下野に本拠地を置いて、代々鎌倉幕府を支えていたが、八代・尊氏が後醍醐天皇の「建武の新政」に協力して倒幕。のちに、自ら室町幕府を開いたのであった。

尊氏が室町幕府を開いたことで、古代朝廷の復活を目指す後醍醐天皇とは決別することになり、南北朝の動乱が始まった。この動乱は56年間に渡って続くが、三代将軍・義満のときに南北朝合一を達成。幕府体制の安定化をはかった。

しかし、義満が亡くなるころには守護大名の台頭が著しく、関東に置かれていた行政機関・鎌倉府との対立から「永享の乱」が起きるなど、幕府の権威は失墜。権限強化をはかろうとした六代将軍・義教が暗殺され、後継者問題から「応仁の乱」まで起きてしまう。この争乱の勃発で、世は戦国時代に突入。十代将軍・義稙のころには、将軍家の権威は完全に形骸化していたのである。

【足利家略系図】

❶足利義康（あしかがよしやす）―❷義兼（よしかね）―❸義氏（よしうじ）―❹泰氏（やすうじ）―❺頼氏（よりうじ）

―❻家時（いえとき）―❼貞氏（さだうじ）―❽尊氏（たかうじ）―❾義詮（よしあきら）―❿義満（よしみつ）

- ⓫義持（よしもち）―⓬義量（よしかず）
- ⓭義教（よしのり）
  - ⓮義勝（よしかつ）
  - ⓯義政（よしまさ）―⓰義尚（よしひさ）
  - 政知（まさとも）―⓲義澄（よしずみ）
    - ⓳義晴（よしはる）
      - ⓴義輝（よしてる）
      - ㉒義昭（よしあき）
    - 義維（よしつな）―㉑義栄（よしひで）
  - 義視（よしみ）―⓱義稙（よしたね）

戦国時代における足利家の興亡

■将軍の権威復活を目指すも果たせずに終わる

形骸化したとはいえ、「将軍を擁立している」という事実は大名間での権威づけにひと役買っていたようで、将軍家は畿内の有力大名の勢力争いに振り回されていた。

十三代・義輝のころ、機内では将軍を補佐する管領職の細川晴元が権勢を振るっていた。ところが、晴元の家臣・三好長慶が晴元と対立していた細川氏綱を擁し、叛乱を起こして一大勢力を築いた。

義輝は、京を追われながらも長慶に抵抗を続け、傀儡同然ではあるものの和睦して京へと帰還。将軍として精力的に活動する義輝により、わずかながら将軍の権威に復活の兆しが見えはじめた。

しかし、長慶亡きあと幕府を牛耳ろうと狙っていた松永久秀は、二条城に攻め寄せて将軍・義輝を殺害する。

このとき、京を脱出した義輝の弟・義昭は、のちに織田信長の助力を得て上洛を果たすが、信長と対立して亡命。諸国を転々としたのち、豊臣秀吉の天下になって将軍職を辞し、ここに足利将軍家は滅亡した。

1572年ごろの足利勢力

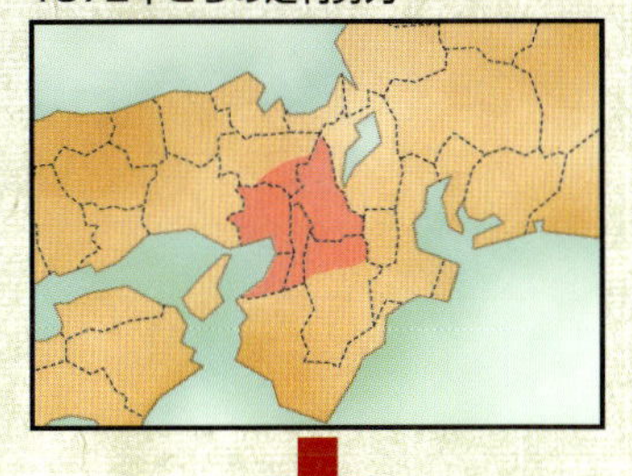

1573年ごろの足利勢力

1573年領国追放

足利家の対立勢力

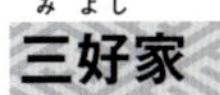

三好家 P.256

軍勢を率いて攻め寄せるなど、前代未聞の手法で将軍を葬った。

足利家 P.309

鎌倉公方との内紛など、足利家にとって最大の敵は身内だった。

後醍醐天皇

古代朝廷の復活を望み、武家政権の確立を目指す足利家と対立した。

足利家の居城　足利氏館

足利氏館は、足利氏が鎌倉幕府の御家人だったころに建てられたもので、当時の典型的な方形居館の姿をしている。創設者は定かではないが、現在のところ足利家二代・義兼という説が有力なようだ。

１１９６年、義兼が館内に持仏堂をつくったが、これがのちに鑁阿寺という寺になり、足利一族の氏寺とされたのである。

このような経緯から、足利氏の拠点というよりは寺としての存在の方が長いが、それゆえに現在まで当時の形をとどめることができたともいえるだろう。

本堂や鐘楼、経堂などをはじめ、桜門や多宝塔など多くの建物が、国の重要文化財や県の有形文化財に指定されており、史料的価値も高い。

ASHIKAGASHI YAKATA

DATA

所在地：栃木県足利市
別名：-
文化区分：史跡、重要文化財など多数
築城者：足利義兼
築城年：鎌倉時代初期
構造：平城

幕府の権威をとり戻した剣豪将軍

足利義輝

あしかが よしてる

■1536年生～1565年没

乱世の将軍にふさわしく、剣技に優れ、覇気を持つ、武士らしい威厳を持っていた。幕府の威光を復活させたが、松永久秀らに暗殺されて、無念の最期を遂げる。

PROFILE

1536年	足利義晴の嫡男として生まれる
1546年	11才で家督を譲られる 逃亡先の近江坂本で将軍に就任
1552年	三好長慶と和睦。京に戻るが、長慶と争って敗北。逃亡
1558年	再び、長慶と和睦。長慶と再度争い敗れるが、その後講和。 各地の抗争の調停に乗り出す
1564年	長慶、病死
1565年	松永久秀、「三好三人衆」の襲撃を受け、殺害される（永禄の変）

illustration：三好載克

PARAMETER

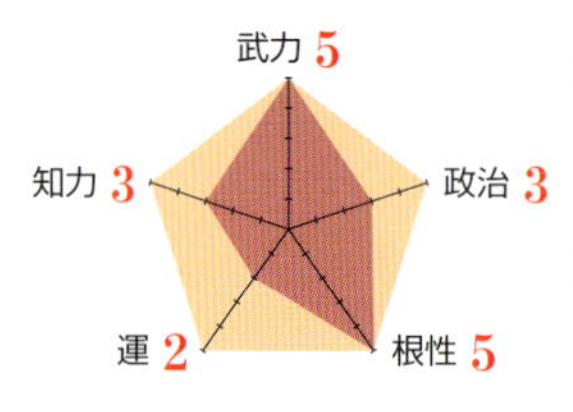

塚原卜伝、上泉信綱から剣を学んだ。襲撃を受けて奮戦するも、数には勝てず。

幕府の威光をとり戻そうとした気概と、やり遂げた実行力は称賛に値する。

NATIVE PLACE

出身地［山城（やましろ）］

傀儡からの脱却を狙った覇気にあふれた将軍

■幕府の威光をとり戻す戦い

室町幕府第十三代将軍の足利義輝は、剣聖・塚原卜伝から教えを受け、晩年には新陰流の創始者・上泉信綱から奥義を受けたといわれ、「剣豪将軍」と呼ばれる。剣に優れているだけあって、覇気にあふれた武士らしい将軍で、室町幕府に威光をとり戻した。

「応仁の乱」以降、足利将軍家は管領・細川氏に実権を握られ、傀儡となっていた。父・足利義晴も例に漏れず、幼い義輝の目に映ったのは、権威を失った将軍家のみじめさで、義輝のこの経験が剣術の道を極める動機となったのだろう。義晴も、幼いながらも覇気を持った嫡男に感じるものがあったのか、11才の義輝に将軍職を譲る。

若き将軍の夢は室町幕府の権威をとり戻すことであった。まずは、京に戻るため、細川晴元と和睦する。だが、畿内に勢力を広げる三好長慶の存在もあって、義輝の立場が傀儡であることに変わりない。個人で剣術に優れていても、義輝は固有の軍や領土を持っておらず、持っているのは「将軍」という名声だけである。

そこで「将軍」という名声の価値を高めるため、義輝は伊達晴宗、武田信玄、上杉謙信、島津貴久、毛利元就など、各地の有力大名のあいだに入って紛争の調停に乗り出した。また伊達輝宗、毛利輝元らに、自分の「輝」の字を授け、二度上洛した謙信には関東管領の役職を与えている。こうした御恩と奉公の関係構築は次第に実を結んでいき、朝倉義景、六角義賢、本願寺らで三好包囲網をつくって、長慶に対抗した。

■新たな敵の出現と暗殺

六角義賢らとの抗争のなかで三好家の勢力は徐々に衰退していく。やがて、松永久秀が力をつけると、自分に敵対するほかの家臣を倒し、長慶の息子や弟を暗殺した。長慶は失意のまま病死してしまう。

義輝は、三好家の家臣を京から追放し、いよいよ幕府の復権に乗り出す。だが、強大な野心を持った久秀は、「三好三人衆」と呼ばれる家老・三好長逸、三好政康、岩成友通と策謀を巡らす。彼らにとって必要なのは傀儡の将軍であり、義輝の存在は邪魔でしかなかった。義輝を排して、義輝の従兄弟である足利義栄を擁立しようと動き出す。

久秀と三好三人衆は寺院参拝と称して、京へとやってくる。密かに兵を動かし、義輝のいる二条城を包囲。城といっても御所であり、やすやすと侵入が可能であった。義輝は愛刀数本を畳に刺し、これに対抗。刃こぼれしたり血糊で斬れ味が落ちると、新しい刀を抜いて襲いかかる敵兵を斬り捨てていく。剣豪と呼ばれる義輝の姿は凄まじいものがあっただろう。

だが、二条城に火の手があがり、あっという間に炎上。義輝も炎に包まれ、大望を果たせないまま30才で人生を終えた。義輝の無念はいかばかりであったろうか。

足利義輝と深い関わりを持つ武将たち

三好長慶（みよしながよし） P.258

京に三好政権をつくりあげ、義輝と抗争、和睦を繰り返す。将軍の不在に不都合を感じ、講和を持ちかけ御所に迎えるも実権は長慶が握ったままであった。

松永久秀（まつながひさひで） P.260

三好長慶に見込まれて重臣になり、力をつける。長慶の死を機に、政界掌握を試みる。その際、最も邪魔となるのが義輝で、久秀は暗殺という強行手段に出た。

室町幕府最後の将軍

足利義昭

あしかがよしあき
■1537年生～1597年没

松永久秀らにより京を追われ、流浪の末に、信長によって将軍職につくことができた。信長との対立が激しくなると、周囲の武将を動かして信長包囲網をつくった。

PROFILE

1537年	足利義晴の次男として生まれる
1565年	兄・義輝が松永久秀らにより暗殺される（永禄の変） 幽閉されていたが、細川藤孝らにより救出される。六角家、朝倉家を頼って各地を流浪
1568年	信長の護衛を受けて上洛 第十五代将軍の宣下を受ける
1569年	信長、殿中掟を発布し、幕府の行動を制限する
1571年	上杉謙信、毛利輝元、本願寺顕如、武田信玄、六角義賢らに御内書を下す（信長包囲網）
1573年	信長により京を追放される

illustration：三好載克

PARAMETER

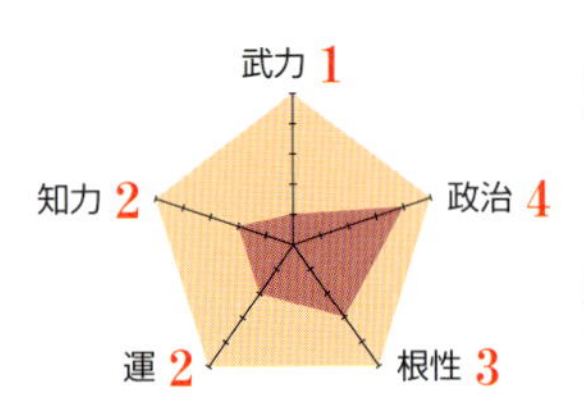

御所に入ってから幕府を再興させ、信長包囲網を敷いた手腕は評価できる。

信長との講和に従ったかと思うと裏切るなど、戦略なしに反抗している。

NATIVE PLACE

出身地［山城（やましろ）］

信長により将軍となるも、激しく対立する

■流浪を続けた貧乏公方

足利義昭について語るとき、織田信長の存在は外せない。信長の手ほどきで第十五代将軍になり、信長と激しく争い都を追われた。信長を主役としたドラマや小説で描かれる義昭は、古い権力に固執する貴族といった人物像が多い。たしかに凋落し都を追われるが、信長に敵対した気概と政治手腕から見てとれる義昭は、決して凡庸な人物であったとは思えない。

義昭は将軍職とはほど遠い人生を歩んでいた。兄の足利義輝が家督相続権を持っていたので、義昭は慣例によって仏門に入り、覚慶と名乗る。優秀な義昭の修行は順調に進み、高僧として一生を送ることになるはずだった。だが、１５６５年、松永久秀、三好三人衆らによって義輝が暗殺されてしまう。義昭は幽閉され、細川藤孝ら幕府の重臣の助力により脱出に成功するも、これより義昭の流浪生活が始まる。

将軍家の人間なので、ある程度はかくまってもらえるものの、都に出るという強い野心を持った人物にはなかなか会えなかった。義昭は「貧乏公方」と呼ばれるほど、長い期間諸国を渡り歩くことになる。だが、越前の朝倉家に身を寄せていた義昭は、畿内で勢力を伸ばしている信長の存在を知った。「天下布武」を唱える信長ならば、上洛と将軍就任に協力してくれるのではと考え、義昭は明智光秀、藤孝らの仲介で、信長と接見し、協力の約束を取りつけることに成功する。

■信長包囲網の崩壊と追放

１５６８年、ついに、義昭の念願が叶う日が来た。信長の警護を受け、三好三人衆を京から追い出して上洛を果たす。朝廷から将軍宣下を受けて、第十五代の将軍に就任。義輝時代の旧臣を復職させるなど、幕府の機能をとり戻している。このあたりの手腕は鮮やかで、また信長に命じて御所に二重の水堀と高い石垣をつくらせた。義輝の死に習って、暗殺のような襲撃に備えたものである。この新御所に入った義昭は幕府再興を確信したに違いない。感状に「御父」と書くほど、信長に絶対の信頼をおいていた。

だが、信長にとって、義昭は天下布武を進めるための道具に過ぎない。義昭は、信長を副将軍に推挙するが、信長は辞退する。信長にとっては三好領であった堺の支配権を得ることの方が重要であった。やがて、信長は武力を背景に、将軍家の権力を制限するようになる。当然、義昭には許せるものではない。上杉謙信、毛利輝元、本願寺顕如、武田信玄らに御内書をくだし、「信長包囲網」をつくり上げ、信長を窮地に追い込んだ。義昭の戦略眼は見事なものだったが、信玄の急死を機に、包囲網は少しずつ瓦解していく。義昭は信長と直接対決することになり、ついには藤孝らも離れていき、京を追放されてしまう。

義昭は、足利家が斜陽にあった不遇の時代に生まれながらも、最後まであがき、将軍としてのプライドを貫き通したといえよう。

足利義昭に深い関わりを持つ武将たち

織田信長 P.14

義昭は、幕府の権力を弱めようとする信長と対立を強めていく。信長包囲網は、徐々に瓦解するも、挙兵してからは、信長の講和に応じなかった。

豊臣秀吉 P.40

秀吉政権下での義昭は、山城に1万石を与えられ、殿中での扱いは破格であった。秀吉のお伽衆として、よき話し相手となり、平和な世では幸福な時間を送る。

武芸百般をおさめた教養人

細川藤孝

ほそかわ ふじたか

■1534年生〜1610年没

足利家の一門で、足利義輝、義昭の兄弟に仕えた。明智光秀と盟友となるも、本能寺の変では決別。秀吉、家康の家臣となり、細川家を繁栄に導いた。

PROFILE

1534年	三淵晴員の次男として生まれる
1540年	叔父の細川元常の養子になる
1552年	元常の死去により、家督をつぐ
1565年	松永久秀、三好三人衆らによって足利義輝暗殺（永禄の乱） 藤孝、幽閉されている義昭を救出。河父を流浪する
1568年	信長、義昭を奉じて上洛する。藤孝も同行
1582年	光秀が本能寺で信長を討つ（本能寺の変）。光秀の要請を断り、隠居して、忠興に家督を譲る

illustration：三好載克

PARAMETER

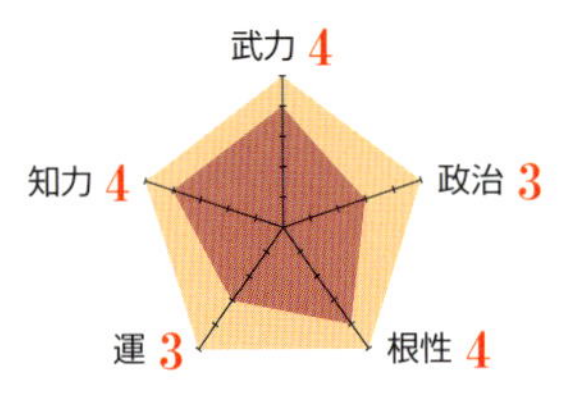

剣術、弓術、馬術など広く武芸を極め、体躯もしっかりしていた。

主君、盟友を裏切ることになっても、自分の判断を貫き戦国の世を生き延びた。

NATIVE PLACE

出身地［山城（やましろ）］

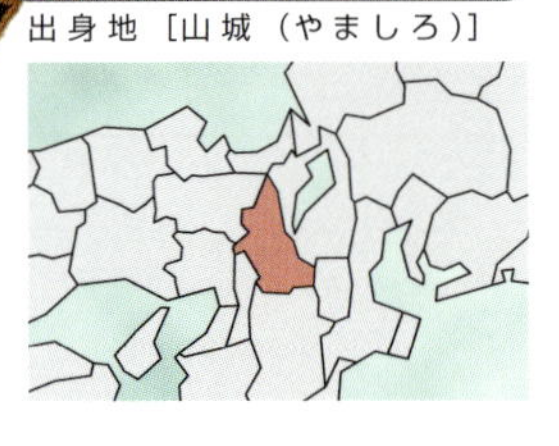

盟友・明智光秀と袂を分かち、秀吉・家康の家臣となる

■幕府再興のため足利義昭と流浪

細川家は清和源氏の家系で、足利家の一門である。名門の家に生まれた細川藤孝は、足利義輝、足利義昭の将軍二代に仕え、和歌や茶道をおさめた教養人である。さらに剣術、弓術、馬術など武芸百般で、体つきもたくましかった。京都の路上で突進してくる牛の角をつかみ、投げ飛ばしたという豪快なエピソードの持ち主である。藤孝は将軍に仕えたのち、織田信長、豊臣秀吉の家臣となり、関ヶ原では東軍について徳川幕府のもとで大名になっている。

21才で家督を継ぐと、幕臣となり、義輝に仕えていた。だが、松永久秀と三好三人衆の襲撃を受けて、義輝が暗殺されてしまう。藤孝は幽閉されていた義昭を救出して、京を脱出し、六角氏、朝倉氏を頼って流浪の生活を送る。藤孝もかなり苦労したようで、灯りの油にも事欠くありさまであった。

そのような状況下でも幕府再建を諦めない藤孝は、朝倉義景に上洛を拒まれると、当時飛ぶ鳥を落とす勢いだった信長に目をつけた。明智光秀の仲介を経て信長は上洛を承諾し、これにより室町幕府の再興の道が開けることとなる。

また、これを機に藤孝と光秀は盟友となり、のちに嫡男の細川忠興と光秀の娘・ガラシャとの縁組が結ばれるなど、強い絆を持つことになる。義昭が上洛し、将軍となると、藤孝は信長の客将となった。

■隠居して家督を譲り、光秀と決別

信長の客将となった藤孝は、三好三人衆の岩成友通の勝竜寺城を攻め落とすなど、畿内を転戦し、武功をあげている。このころから、藤孝の中で武将として名を上げ、細川家を発展させることに意識が変わっていったと思われる。やがて、信長と義昭が不仲となり、藤孝は仲介に奔走するが、義昭は藤孝の反対を押し切って挙兵してしまう。ここにいたって、藤孝も覚悟を決め、軍勢を率いて上洛した信長を出迎えるなど恭順の意思を示し、信長に臣従することにした。義昭が追放されたあとは、光秀の寄力として畿内の平定にあたり、丹後に12万石を領するまで出世していく。

１５８２年、光秀は反旗を翻し本能寺で信長を討った。光秀は盟友である藤孝を頼り、使者を送る。だが、藤孝は光秀の再三に渡る要請を拒否し、頭を丸め、幽斎玄旨と号して隠居。家督を忠興に譲ってしまう。内外に対して、光秀の謀反には関係がないという意思を示す行動であった。藤孝の協力を得られなかった光秀は、秀吉に討たれてしまう。

その後は、秀吉の丹後平定、九州征伐などに従軍し、「関ヶ原の戦い」では、家康側につき、但馬を与えられる。晩年は、人生を謳歌するように、悠々自適な時間を過ごしたという。義昭や光秀に手を貸さなかったことは、裏切りというよりも、自分の生きざまを守り通したと考えていいだろう。戦国の世を知力で生き抜いた心の強い武将といえる。

細川藤孝と深い関わりを持つ武将たち

明智光秀 P.22

藤孝と光秀は、信長の上洛の件を機に盟友となる。しかし、「本能寺の変」にて、光秀とは袂を分かった。藤孝は泣く泣くだったに違いない。

足利義昭 P.238

京から出た義昭と藤孝は流浪生活をともにした。信長と義昭が不仲になると、藤孝は和解に奔走したが、義昭は挙兵。藤孝は義昭との決別を選択した。

雑賀家

SAI GA

最新兵器・鉄砲を駆使した傭兵集団

小勢力ながら最新兵器の鉄砲を扱う、傭兵集団・雑賀衆を率いて、畿内を中心に戦場で活躍。織田信長すら苦しめたが、天下統一という時代の波にのまれていった。

〈家紋：三つ足烏〉

熊野神社で信仰の対象となっている八咫烏を紋としている。

雑賀家の成り立ちとその系譜

■雑賀衆の成り立ちと棟梁・雑賀孫一

小説などで有名な雑賀孫一(さいがまごいち)は、雑賀衆の棟梁だった人物である。しかし、実際はひとりの人物の名前ではなく、棟梁(とうりょう)の呼称だったといわれている。

一般に孫一を名乗った人物として、鈴木重朝(すずきしげとも)や鈴木重秀(すずきしげひで)などがあげられるが、明確にはされていない。しかし、鈴木家の人物が雑賀衆の棟梁を務め、雑賀孫一を名乗っていたのは確かなようだ。

ところで、和歌山県には熊野新宮(くまのしんぐう)という神社がある。鈴木氏の大半は本姓を穂積というが、穂積鈴木(ほづみすずき)氏はこの熊野新宮の神官を務めた一族だという。雑賀衆の棟梁だった鈴木家は、現在の和歌山県北西部あたりを本拠地とした土豪という以外、詳細は知られていないが、この穂積鈴木氏の分家と考えられている。

雑賀衆が勢力をもっていた紀伊(きい)半島の南西部（現在の和歌山県周辺）は、周囲に険しい山岳地帯があった関係で、工業や林業が発達し、また紀ノ川という大きな川が流れていた関係で貿易も盛んだった。それぞれの職人たちはグループを形成していたが、その代表者たちの集団が「雑賀衆」なのだ。

当時、紀伊（現在の和歌山県）の守護職は山名(やまな)氏や畠山(はたけやま)氏が務めていたが、完全な領国支配は行われなかった。このため、住民に自立の意志が芽生え、有力な土豪を中心とした自治が生まれて、雑賀衆が力をもつようになったのである。

【雑賀家略系図】

穂積濃美麻呂(はづみのみまろ)――（中略）――鈴木重意(しげおき)
- 義兼(よしかね)
- 孫六(まごろく)
- 重秀(しげひで)――重次(しげつぐ)――重義(しげよし)

戦国時代における雑賀家の興亡

■いち早く鉄砲をそろえて信長軍団を苦しめる

雑賀衆が現れたのは15世紀ごろといわれ、当初は守護大名だった畠山氏の要請に応じて、各地で戦っていた。

その後、種子島に伝来した鉄砲のうち一丁が紀伊半島にもたらされ、雑賀衆はこれを契機に鉄砲を製造、もしくは購入し、射手を育てていったと考えられている。

１５７０年、三好三人衆と織田信長が戦った際には、雑賀衆は双方の陣営に分かれて激しい銃撃戦を行ったという。鉄砲を多数有する雑賀衆は、畿内の大名の間で傭兵として雇われていたようだ。

しかし、本願寺が信長に反旗を翻すと、一向宗の門徒が多かった雑賀衆は本願寺に加勢。信長軍団を大いに苦しめた。

のちに、豊臣秀吉が権力を握ると、土豪による在地支配の解体を始めたこれに対抗するため、雑賀衆は「小牧・長久手の戦い」で徳川家康に味方する。しかし、家康と秀吉の和睦が成立し、秀吉が紀州征伐を開始すると、雑賀地方を攻められて雑賀衆は解体された。

1580年ごろの雑賀勢力

1585年ごろの雑賀勢力

1585年滅亡

雑賀家の対立勢力

織田家 P.12
本願寺攻めでは、最新兵器の鉄砲を大量に有する雑賀衆に苦戦した。

豊臣家 P.38
雑賀衆が家康に味方したことから、紀州征伐を行って勢力を一掃した。

土橋家
信長との徹底抗戦を主張し、親信長派の雑賀孫一と対立した。

雑賀家の居城　雑賀城

雑賀城は、鈴木佐太夫（重意）が築いたとされる城である。妙見山の北側の大地に建てられていたとされており、周囲には小規模ながら城下町が形成されていたと考えられている。

遺構などはほとんど残っておらず、それほど大きな城ではなかったとみられる。また、雑賀衆は城よりも団結を重視した集団だったと見る向きもあり、城というよりは雑賀衆の棟梁が住む邸宅としてのものだったとも考えられる。

もっとも、雑賀地方がある紀伊半島は険しい山岳地帯が大半を占めており、外部から侵攻してきた敵にとっては、この地形そのものが厄介な存在だったともいえる。

現在、城跡の入り口が「城跡山公園」になっている。

SAIGA CASTLE
DATA

所在地：和歌山県和歌山市
別名：妙見山城
文化区分：-
築城者：不明
築城年：不明
構造：平山城

伝説に彩られた武将

雑賀孫一

さいが まごいち

■生年不詳　～　没年不詳

織田勢を相手に何度も苦杯をなめさせ、地方豪族の意地を見せつけた雑賀孫一は、戦国最強とも呼ばれる伝説の鉄砲傭兵隊を率いた。

PROFILE

1570年　「石山合戦」で本願寺側に参陣

1576年　「天王寺の戦い」で信長に手傷を負わせる

1577年　織田家による「紀州征伐」に抵抗し、雑賀川で織田勢を破る

1580年　石山本願寺が信長に降伏

1585年　豊臣秀吉が紀州に攻め寄せ、雑賀衆はほぼ壊滅状態となる

illustration：佐藤仁彦

PARAMETER

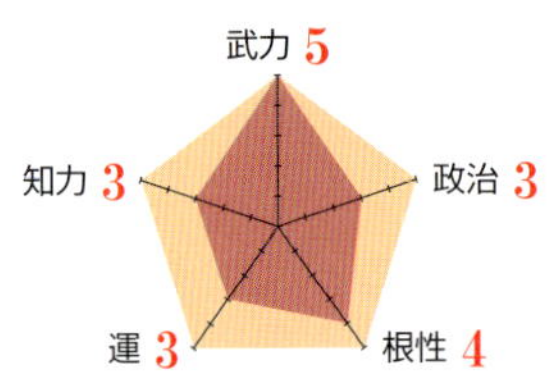

戦国最強との呼び声も高い雑賀鉄砲衆を率いて、その名を天下に轟かせた。

地方の小勢力にもかかわらず、織田信長など強力な敵に果敢に立ち向かっている。

NATIVE PLACE

出身地［紀伊（きい）］

第三章　その他の群雄たち【雑賀家】雑賀孫一

戦国最強の
鉄砲隊を率いた傭兵隊長

■伝説的な武将

雑賀衆といえば神話的な響きをもって語られる、戦国最強の鉄砲隊を抱えた集団だ。雑賀孫一はその雑賀衆を率いて戦った伝説的な武将である。

孫一とは、その雑賀衆の頭領の名前で、鈴木重秀という人物、もしくは重朝という人物のことではないか、などと諸説あるが、さらに孫一とは複数の人物がひとつになった集団の可能性すらある。ただひとつ間違いないのは、孫一に率いられた雑賀衆は、敵対する軍勢に非常に恐れられていたということだ。

紀伊国の一地域に割拠する小勢力にすぎない雑賀衆が後世に名を残したのは、ひとえに鉄砲のおかげだろう。早くから鉄砲を大量に導入し、射撃の腕に磨きをかけていたのだ。

孫一はこの精強な鉄砲集団を引き連れて、各地を転戦したという。さしずめ傭兵隊長といったところだろうか。

この孫一の活躍として名高いのは、織田信長が本願寺を攻めた「石山合戦」だろう。

このとき雑賀衆は本願寺を支援することを決め、孫一は雑賀衆を率いて、難攻不落の要塞・石山本願寺に入り、一向宗門徒らとともに、籠城戦を展開している。

戦国大名のなかでも一番鉄砲を使いこなしたように思われる織田軍だったが、それ以上に鉄砲戦術を駆使する孫一の雑賀衆には相当手を焼いたようだ。織田勢は攻めあぐね、石山本願寺を巡る戦いは約10年間も続く。

そのあいだには、守る本願寺勢が逆襲することもあり、織田軍の砦を攻めた「天王寺の戦い」では、孫一の鉄砲隊の活躍もあって、救援にかけつけた信長が足を撃たれて負傷する一幕すらあった。まさに孫一の率いる雑賀衆は本願寺の守護神的な存在だっただろう。

■地方豪族の意地を見せた孫一

このような孫一ら雑賀衆の活躍に、信長は業を煮やしたと思われる。信長は、別の紀伊の土豪たちと手を組み、雑賀衆の本拠地に大軍を侵攻させた。大軍にものをいわせる織田勢だったが、雑賀川を挟んでの戦闘で、巧みな戦闘を展開する孫一の雑賀勢により、大きな被害を受けた。

孫一はこのとき足を負傷したが、勝利を祝って舞を踊ったといい、それが現代に伝わる雑賀踊りの原型となったと伝えられている。

しかし、この勝利をもってしても織田勢を撃退することはできず、膠着状態に陥った。

これでは、雑賀衆の領土は荒れ果て、織田勢はほかの戦線へ軍勢を回せない、お互い好ましくない状況だった。そのため、孫一ら雑賀衆の頭領たちが体裁上の降伏をすることで、戦に終わりが告げられる。だが、織田勢を相手に一介の土豪のこの活躍は、実質では勝利かもしれない。この後もしばらく雑賀衆は独自の地位を守っていたが、やがて大名や幕府による支配に組み込まれていく。それとともに孫一もどこかへ消えていったのだった。

雑賀孫一と深い関わりを持つ武将たち

織田信長 P.14

織田家が全力を出せば、雑賀衆を掃討することは可能であったろうが、敵は雑賀衆だけではなかった。雑賀衆が降伏後、孫一は信長に臣従したという。

本願寺顕如 P.254

一向宗の教主だった顕如。勢力は絶大で大名に匹敵した。雑賀衆には一向宗の信者が多かったといわれ、約10年に渡り信長と抗争を繰り広げた。

筒井家
TSUTSUI

守護大名になった興福寺の衆徒

寺社勢力が守護職に就くという、大和の特殊な環境にあった筒井家。乱世にあって、二度も没落を経験しながらなんとか乗り越えたものの、最後で力尽きてしまった。

〈家紋：梅鉢〉

梅紋の一種。梅の花の中心に太鼓の鉢のようなものがある。

筒井家の成り立ちとその系譜

■興福寺衆徒から戦国大名へ

筒井家の起源に関しては不明な点が多いが、大和の添下郡筒井村を発祥とする土豪で、大神神社の神官を務める大神氏という説が有力なようだ。

さて、鎌倉時代の大和では守護職に特定の氏族は就いておらず、興福寺が守護職を務めていた。興福寺は藤原氏の氏寺だが、のちに神仏習合が進むと藤原氏の氏社である春日神社も傘下におさめ、次第に大きな勢力になっていく。そして、大和一国を支配するほどに成長した興福寺は、守護職を務めるようになったのだ。

筒井家は、鎌倉時代の後期に春日神社若宮の祭礼を分担する刀禰を務めていたが、のちに興福寺衆徒（僧兵）となる。

興福寺には、一乗院、大乗院のふたつの門跡があったが、両門跡の対立から鎌倉時代末期に争乱が起こる。この争乱で興福寺の権威は失墜し、衆徒のなかでも有力だった筒井家や越智氏が台頭していくのである。

「応仁の乱」以後、大和では畠山氏の内紛がおこり、国内はふたつに割れて争乱が続いていた。筒井家は、長らく越智氏と争っており、一旦没落の憂き目をみる。

しかし、筒井家は順興・順昭父子のころ、大名化への道を歩みはじめる。筒井家は、大和へ侵入してきた河内（現在の大阪府東部）と山城（現在の京都府南部）の守護代・木沢長政を討ち破ると、宿敵だった越智氏をくだし、大和一国をおさえたのだった。

【筒井家略系図】

❶筒井順覚─┬順弘
　　　　　└❷順永──❸順尊─┬定慶
　　　　　　　　　　　　　└❹順賢
❹順賢──❺順興──❻順昭─┬❼順慶
　　　　　　　　　　　└❽定次

戦国時代における筒井家の興亡

■大和守護となるが、のちに絶家となる

筒井家が大和を抑えた筒井家だったが、世はすでに戦国乱世。当主・順昭が28歳の若さで亡くなり、幼い順慶があとを継ぐと、松永久秀の侵略を受けた筒井家は、大和から追い落とされてしまった。

しかし、筒井家は上洛してきた織田信長に臣従することで、久秀を破って大和守護となった。こののち、筒井家は信長の家臣・明智光秀の与力となり、一向一揆や久秀の討伐で活躍。しかし、「本能寺の変」では光秀の勧誘を断り、信長の後継者となった豊臣秀吉に所領を安堵された。

１５８４年に順慶が亡くなると、養子の定次が筒井家当主となるが、凡庸だったこともあり伊賀（現在の三重県西部）に移封。「関ヶ原の戦い」では東軍につくも、キリシタン信仰や家臣の内紛で改易されてしまった。

こののち、順慶の猶子・定慶が家督を継ぎ、郡山城番として復興したが、「大坂の陣」で大坂方に城を落とされ、敗走して絶家となった。

1581年ごろの筒井勢力

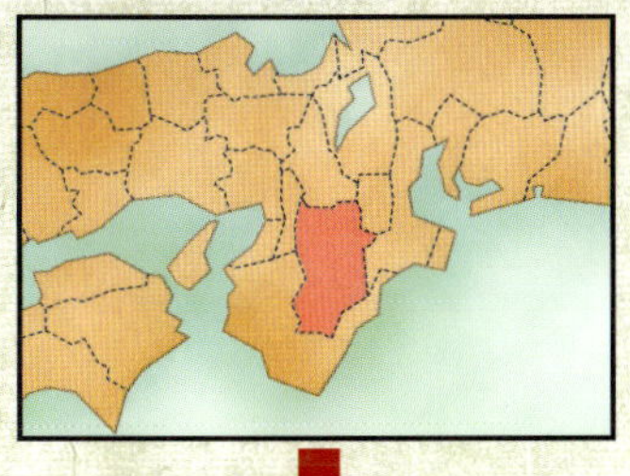

1615年ごろの筒井勢力

1615年滅亡

筒井家の対立勢力

豊臣家 P.38
大坂の役で郡山城を奪い、筒井家を断絶に追い込んだ。

松永家 P.260
大和の支配権を巡って争うが、信長の威勢を借りた筒井家に敗北。

越智家
筒井家を一時は没落に追い込むが、のちに巻き返されて没落した。

筒井家の居城　筒井城

筒井城がいつ築かれたのかは不明だが、１４２９年に「大和永享の乱」が起きた際にはすでにあったようなので、それ以前なのは間違いない。

筒井城は平地に築かれた平城で、中世の城としては規模が大きい。堀の内川には、筒井家の館のほか、家臣団の屋敷も建てられていた。また、外堀の内側には、市場が設けられていたといわれている。

建てられた時期から考えると、当初はいわゆる城というより、居住施設を堀や土塁で囲った中世的な館だったのだろう。「応仁の乱」以後、何度か筒井城を巡って戦いが起きていることから、時とともに城郭へと改修を重ねていったと考えられる。　現在では、水掘や土塁などが残されている。

TSUTSUI CASTLE
DATA

所在地：奈良県大和郡
別名：－
文化区分：－
築城者：不明
築城年：15世紀前半
構造：平城

盟友の光秀を裏切った教養人

筒井順慶

つつい じゅんけい

■1549年生～1584年没

武辺者が多い織田家臣団においては珍しく、僧侶であった武将。明智光秀の友人であったが、「本能寺の変」後、光秀の再三の要請にも動かず、大和国を守り通した。

PROFILE

1549年	筒井順昭の長男として生まれる
1550年	順昭の病死により、家督をつぐ
1564年	松永久秀に攻められ、筒井城を追われる（筒井城の戦い）
1566年	三好三人衆と手を結んで筒井城を奪還する 明智光秀の仲介で、織田信長に臣従
1577年	信長に謀反を起こした久秀を攻める（信貴山城の戦い）
1582年	本能寺の変で信長を討った光秀の要請に応じず（山崎の戦い）
1584年	大和で病死。享年36歳

illustration：藤川純一

PARAMETER

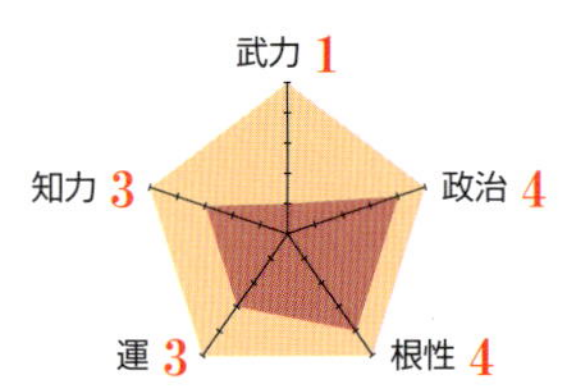

順慶自身が僧侶ということもあり、大和の寺院を手厚く保護したといわれる。

旧領の大和国を取り戻すため、松永久秀と何度も戦い、自害に追い詰める。

NATIVE PLACE

出身地［大和（やまと）］

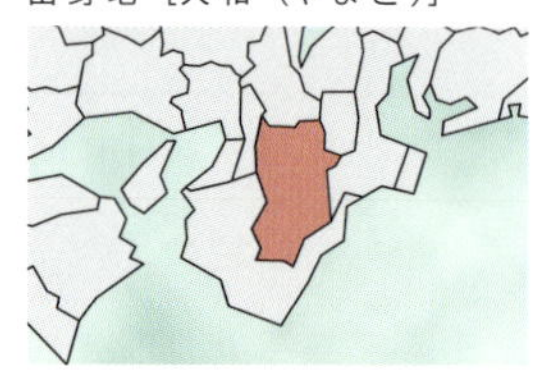

山崎の戦いにおける迷いを日和見と揶揄された武将

■僧侶であり教養の深い苦労人

筒井順慶といえば「筒井家の右近左近」と呼ばれる島左近と松倉右近のふたりの優れた家臣を持っていたこと、そして「洞ヶ峠の日和見」という故事で有名である。本能寺で織田信長を討った明智光秀は、大和国山崎にて豊臣秀吉と激突する。このとき、順慶は光秀と秀吉の両方から加勢を要請されていた。順慶は友人である光秀に参戦の約束をして、洞ヶ峠に軍を進めた。しかし、最終的にどちらにつくか決めかね、合戦の行方を見守ったとされる。これによって、日和見することを「洞ヶ峠」というようになったのだが、この逸話は史実ではないようだ。情けない武将のように思われる順慶だが、戦国大名でありながら僧侶で、茶道や和歌を愛した教養人である。この特殊な経歴が日和見主義者のイメージを生んだのかもしれない。

大和国は鎌倉時代から興福寺が守護権限を持つという特殊な土地だった。筒井家は興福寺一条院方の宗徒で、順慶も僧侶である。父・筒井順昭の代になって戦国大名となり、大和一国を支配下においた。順昭の病死により、家督を継ぐことになるが、このとき順慶は2歳。叔父や母の後見を受けることになる。このとき、京を事実上支配していたのは三好長慶であり、大和は松永久秀の攻撃を受け、順慶は筒井城を追われた。幼い日の逃亡生活の苦難からか、久秀を討ち旧領に復帰することが、若い順慶の悲願となった。

■光秀との友情か、筒井の家か

順慶は三好三人衆と同盟して、久秀を追い詰めた。だが、信長が上洛すると、久秀は信長に降伏。順慶は再び、筒井城を追われてしまう。

それでも諦めなかった順慶は、久秀が信長に謀反を起こしたのを機に、挙兵して筒井城の再奪還に成功した。しかし、久秀の攻勢は激しく、対応に苦慮した順慶は、光秀の仲介で信長に臣従する。

武辺者が多い織田陣営において、和歌や茶に詳しい教養人の順慶は、同じ教養人の光秀とウマがあった。光秀の寄力となり、やがて、光秀の子を養子に迎えるなど血縁関係でも強く結びつき、厚い友情が芽生えていった。

人和を守護していた塙直政が死去すると、順慶が後任となった。再び久秀が謀反を起こすと、順慶が先鋒となって信貴山城を攻め、久秀を自害に追い込み悲願を果たす。そして大和を平定した順慶は、畿内において光秀に次ぐ勢力を持つことになった。

「本能寺の変」ののち、光秀はすぐに順慶に協力を要請する。順慶は光秀との友情か、復興した筒井家か、という選択を迫られた。

順慶は日和見というよりは、最後まで迷っていたようで、一度は追い返した光秀の使者を再び呼び戻すなど、順慶の心は揺れ動いていたことが窺える。順慶は光秀の謀反にどれだけ胸を痛めたことだろう。その後は秀吉に仕えたが、36歳の若さで病没している。

筒井順慶と深い関わりを持つ武将たち

明智光秀 P.22

順慶が信長に臣従する際に、仲介して以来、深い友誼で結ばれる。光秀が最も頼りにしたのが順慶で、洞ヶ峠まで迎えに出るほど、順慶の助けがほしかった。

松永久秀 P.260

大和の支配を巡って久秀と順慶は激しく争う。両者とも信長の臣下になったが、久秀が謀反を起こすと、先鋒になって信貴山城を攻めている。

三成への忠義を貫いた猛将

島左近

しまさこん

■1540年生～1600年没

浪人であった左近を、三成が所領の半分を差し出して迎えたといわれる。豊臣家のために忠義を尽くす三成に、最後まで従い、敗戦の決まった関ヶ原で奮戦して散った。

PROFILE

1540年	島豊前の子として生まれる
1562年	筒井順政の配下として三好長慶と戦う（教興寺の戦い） 畠山家が没落したあとは筒井家に仕える
1584年	筒井順慶が死去。筒井家を離れる
1592年	このころまでに石田三成に仕官
1598年	家康暗殺計画を持ちかけるが、三成に拒否される
1600年	東軍に奇襲をかけ、散々に打ち破る（杭瀬川の戦い）。西軍が敗走を始めると、正面の黒田長政の軍に突撃。奮戦したが、討ち死に（関ヶ原の戦い）

illustration：佐藤仁彦

PARAMETER

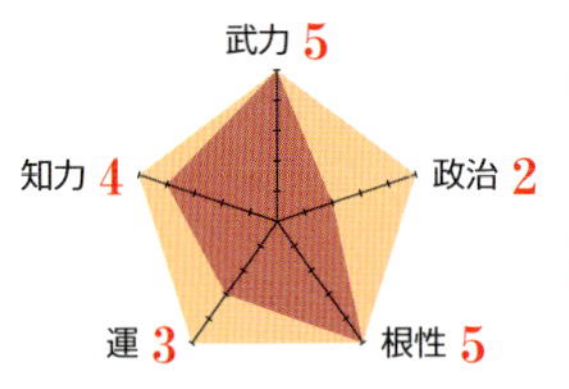

関ヶ原の前哨戦で、中村一栄と有馬豊氏の軍を打ち破り、西軍の士気を上げた。

勝敗の決した関ヶ原で、討ち死に覚悟で、黒田長政の軍に突撃を敢行した。

出身地［大和（やまと）］

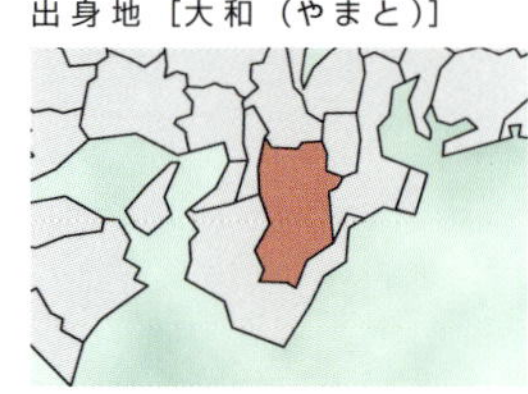

三成が所領の半分を投げ出して召し抱えた忠義の士

■筒井順慶と苦楽をともにする

「三成に過ぎたるものがふたつあり、佐和山の城と島左近」といわれるほどの名将・島左近。左近は石田三成の軍師として、「関ヶ原の戦い」に出陣し、勝敗の決した局面で獅子奮迅の戦いをくりひろげ、最後まで意地を見せた武将である。負けるとわかっている戦いに身を投げ出し、敵軍を震え上がらせた左近は、戦国末期において輝きを放った義士のひとりであることに間違いない。

左近は河内国の守護・畠山高政に仕えていたが、畠山氏が没落すると筒井家の家臣となる。幼くして家督を継いだ筒井順慶は城を追われ拠所がないほどの苦境にあった。左近は他家に仕えることもできたが、順慶と苦楽をともにする道を選ぶ。忠義を重んじる左近らしい生きざまである。左近に支えられて、順慶は松永久秀と何度も激しい戦いを繰り広げていく。数々の戦で、左近は松倉右近とともに筒井家の両翼「右近左近」と呼ばれるほどの活躍をみせ、やがて順慶は久秀を自害に追い込み、織田信長から大和国を任された。しかし、順慶は36才という若さで病死し、あとを継いだ筒井定継と左近は意見が合わず、筒井家を出奔。その後は、豊臣秀長、豊臣秀保の親子に仕えたが、ふたりが死去すると、近江で浪人となった。

左近の勇名は広く伝わっていたので、いくつも仕官の要請が来ていたが、どれも左近の心を動かすほどの魅力はない。だが、運命的な出会いが待っていた。近江領主となった三成が仕官を要請してきたのだ。

■三成に惚れ込み忠義を尽くす

左近はこれまでのように三成の仕官の要請を断るも、三成は引きさがらない。再三の要請を受けるうち、左近は三成の真面目で誠実な人柄に魅かれ、仕官を決意した。三成は2万石の俸禄で左近を召し抱えたのだが、これは当時の三成の半分の禄高に価する破格の待遇であった。

豊臣秀吉の死後、徳川家康の振る舞いに危機を感じた左近は、三成に家康暗殺を持ちかける。左近であれば、家康暗殺も成功したかもしれないが、大義名分を重んじる三成は首を縦には振らなかった。

左近の勇猛さを物語る戦いは、やはり前述にもある関ヶ原だろう。会津の上杉景勝討伐にて東上していた家康が、急遽西進し関ヶ原に到着。家康到着の報告に動揺した西軍を鼓舞するため、左近は兵５００を率いて奇襲をかけ、中村一栄、有馬豊氏の軍を散々に打ち破り、西軍の兵たちを鼓舞した。

だが、銃弾を受けた左近は後退を余儀なくされ、のちに西軍は敗走。左近は覚悟を決め、正面の黒田長政の軍に突撃し奮戦するも、あえなく力尽きて討ち取られた。このときの左近の戦いぶりは、すさまじく、戦から数年経ったのちも、黒田軍の兵士たちは左近の悪夢に悩まされたという。

島左近と深い関わりを持つ武将たち

石田三成 P.46

浪人者に２万石の待遇は、相当破格なものである。左近も待遇のみで動いたわけではなく、正直で義を重んじる三成に惚れたからであった。

筒井順慶 P.248

わずか２歳で家督を継いだ順慶を支え、松永久秀と争いながら、左近は頭角を現していく。順慶は居城を追われ、不遇であったが、左近は忠義を尽くした。

本願寺家

HON GAN JI

諸大名も恐れた有数の寺社勢力

親鸞の教えを受け継いだ浄土真宗の総本山となるが、ほかの宗教勢力との対立などから武装し、のちに多くの門徒を得て、一揆衆を指導する立場となった。

〈家紋：下がり藤〉

親鸞の出身である藤原北家日野氏から伝わったと思われる。

本願寺家の成り立ちとその系譜

■浄土宗を発展して誕生した浄土真宗・本願寺派

鎌倉時代の初頭、教宗旨のひとつである浄土宗が法然によって開かれた。こののち、浄土宗を継承した親鸞が、さらに発展させたのが浄土真宗である。

親鸞本人は、開祖としての意識はなかったとされるが、親鸞の入滅後、墓所だった京都東山の大谷に大谷廟堂が建てられる。のちに、廟堂は内紛によって破壊されるが、１３２１年に親鸞の孫である覚如が廟堂を再建し、寺院化したのが本願寺なのだ。

実質的に本願寺の基礎を築いたのは覚如だが、覚如は親鸞の祖廟継承の正当性を主張して、自らを本願寺三世と称した。親鸞は覚如によって開祖とされたわけだ。

浄土真宗は、僧侶でさえ食肉妻帯が許されているほか、作法や教えなどがほかの宗教よりも簡潔だったことから、一般庶民に広く信奉されるようになる。

しかし、こうした本願寺派の独自性から、ほかの教団や真宗系の他派から攻撃されることになり、本願寺派は一時衰退していった。

本願寺八世・蓮如のころ、教義をわかりやすく文章化した「御文」を作成したところ、爆発的に信者が増えていき、本願寺は勢力を広げていった。１４８３年、蓮如は京都に山科本願寺を建立し、本願寺はこの地を本拠地とした。また、このころ加賀（現在の石川県南部）の一向一揆衆が、守護・富樫氏の内紛に介入して実質的支配を確立。門徒の勢力は、拡大傾向にあったのである。

【本願寺家略系図】

日野経尹—有範—❶範宴（親鸞）—善鸞—❷如信
　　　　　└範綱—広綱—宗恵（覚恵）—❸宗昭（覚如）
—慈俊（従覚）—❹俊玄（善如）—❺時芸（綽如）
—❻玄康（巧如）—❼円兼（存如）—❽兼持（蓮如）
—❾光兼（実如）—光融（円如）—❿光教（証如）
—⓫光佐（顕如）—┬⓬光寿（教如）（東本願寺）
　　　　　　　　└⓬光昭（准如）（西本願寺）

戦国時代における本願寺家の興亡

■石山合戦を機に分裂するが、現代まで存続する

世が戦国時代に突入すると、戦乱の影響もあって本願寺の門徒はますます増え、一大教団へと成長していった。その一方で、巨大な教団の勢力を無視できなくなった諸大名により、領国での信仰の禁止や門徒の弾圧が行われた。

１５３２年、京都の日蓮宗徒と近江（現在の滋賀県）の六角定頼が手を結び、山科本願寺を焼き討ち。本願寺は、大坂の石山に新たな本願寺を建立して本拠地とした。

本願寺十一世・顕如のころ、天下統一を目指す織田信長が本願寺に退去を命令。顕如は全国の門徒に決起をうながして抗戦の構えをみせ、「石山合戦」が勃発した。

信長との戦いは約10年におよび、末期には信長との和議を巡って、本願寺内部が賛成派と反対派に分裂。信長との講和は成立したが、強硬派が本願寺に立て籠ったため、本願寺は焼き討ちにあった。

こののち、本願寺は大坂の天満を経て京へと移ったが、内部の分裂状態は続いており、西本願寺と東本願寺に分かれて今日まで続いている。

1574年ごろの本願寺勢力

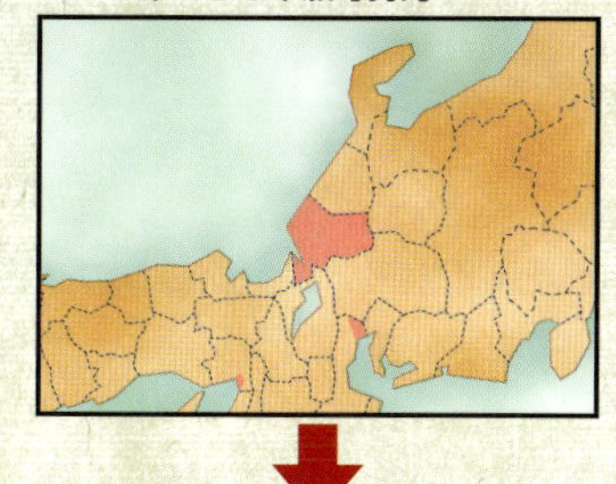

1580年ごろの本願寺勢力

1580年滅亡

本願寺家の対立勢力

織田家 P.12
天下統一を目指す信長は、寺社勢力排除の一環として本願寺を攻撃。

朝倉家 P.230
朝倉孝景がしばしば加賀へ出兵していたが、のちに和睦している。

六角家 P.313
京に勢力をもっていた日蓮宗と結び、山科本願寺を攻撃した。

本願寺家の居城　山科本願寺

山科本願寺は、本願寺八世・蓮如が建立した寺院で、１４７８年から１４８３年まで約5年間をかけて建てられた。当初はただの寺院だったようだが、本願寺九世・実如、十世・証如の次代には戦乱が吹き荒れており、次第に城郭化されていったと考えられている。

実如は「諸大名を敵としないように」と戒めていたが、証如はこれを破って河内（現在の大阪府東部）の勢力争いに介入。その勢いで大和（現在の奈良県）に攻め入り、興福寺勢力を撃破したところ、京に風聞が流れて日蓮宗徒を刺激することになり、焼き討ちされることになった。

山科本願寺は堀と土塁で囲われており、証如の一族のほか、多数の信者の家もあったようだ。また、商店などもこの内側にあり、街を形成していたと考えられている。

YAMASHINAHONGANJI CASTLE
DATA

山科本願寺

所在地：京都府京都市
別名：－
文化区分：国指定史跡
築城者：蓮如
築城年：1483年
構造：平城

信長の「天下布武」を10年遅らせた男

本願寺顕如

ほんがんじ けんにょ

■1543年生〜1592年没

石山本願寺の十一世門主であった本願寺顕如は、門徒をまとめ諸大名と結んで反信長包囲網を結成した。信長はこれに苦戦し、「天下布武」は大きく遅れることとなる。

PROFILE

1543年	本願寺十世門主・証如の長男として生まれる
1554年	12歳で得度
1559年	正親町天皇より門跡に任命
1570年	織田軍と開戦
1580年	織田軍と講和、紀伊に移る
1591年	京都に西本願寺を建立

illustration：NAKAGAWA

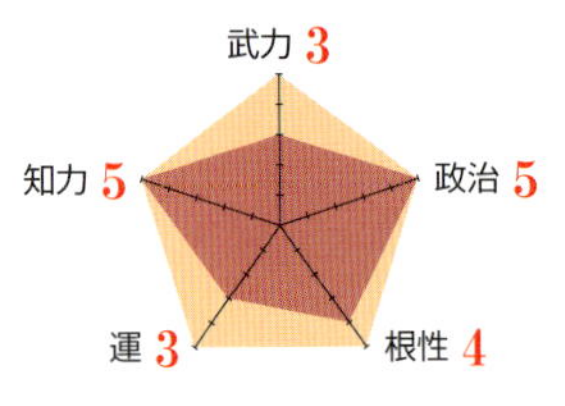

全国各地の門徒や諸大名への影響力は当時としては破格のものといえよう。

のぼり調子の信長と10年に渡って戦い続けたのは並大抵の根性ではない。

出身地［摂津（せっつ）］

信長を10年間も苦しめた男

■一向宗をまとめあげ強大な権力を手にする

本願寺十一世門主である顕如は、各地の戦国大名と一向宗門徒を呼応させ、長きに渡って織田信長を苦しめた、信長最大の敵である。

父のあとを継いで門主となった顕如は畿内や北陸に本願寺派の寺を置き、各地の一向一揆の掌握とその組織化を進めた。さらに信仰による影響力と、門徒から納められる膨大な金銀を背景に、石山本願寺の要塞化を進めた。石山本願寺は四方を川で囲み、強固な石垣を巡らせた難攻不落の要塞で、のちに豊臣秀吉が跡地を利用して大坂城を築いたほどである。

１５６８年に信長が将軍・足利義昭を奉じて上洛したが、顕如は当初は信長に従う姿勢を見せ、信長に5千貫の矢銭を納めたり品物を贈るなどしていた。

しかし一向宗門徒の勢力を重く見た信長は、顕如に対する要求を増大させ、信長が近江・越前へ進攻したころから対立が表面化する。顕如は信長からの要求を拒絶するようになり、信長も顕如に対して石山本願寺の明け渡しまで要求するようになる。１５７０年、両者はついに交戦状態に入り、10年に渡って続く「石山合戦」が始まった。

■諸大名と信長包囲網を形成

顕如は信長を「仏敵」として全国の門徒に反信長の挙兵を促し、反信長を掲げる義昭とも呼応した。加賀・伊勢・長島・紀州などで一向一揆が激しくなり、毛利氏の支援を受け、さらには浅井・朝倉・武田・上杉とも盟約を結び、「反信長包囲網」を結成した。自らは石山本願寺に籠り、鉄砲戦略で有名な紀伊の雑賀衆と組んで信長の攻撃に備える。

伊勢で弟・織田信興が戦死するなど、信長にとって困難な戦いが続いた。一方の反信長包囲網も、武田信玄の死、浅井・朝倉の滅亡など、諸大名が相次いで亡くなり、戦いは膠着状態に陥った。

この一時の平和は越前で再び一向一揆が起こったことで破られるが、信長は徐々に長島と越前の一向一揆を鎮圧し、その後は毛利や紀伊の一向一揆のみが本願寺を支える状況に陥った。さらに毛利水軍が九鬼水軍に敗れると、本願寺は孤立し、十分な補給を得られなくなってしまった。

戦いが11年目を迎えた１５８０年、ついに朝廷の仲介により和睦が成立。顕如のプライドは傷ついたものの、状況はいかんともしがたく、信長にしても途中家臣・荒木村重の謀反が起こるなど、摂津の平定は火急を要したのであった。

顕如は講和の条件に従い石山本願寺を退き、紀伊の鷺森に本拠を移した。顕如の抵抗は信長の「天下布武」を10年遅らせたことになり、その影響には計り知れないものがある。

信長の死後、豊臣秀吉と和解し、大坂天満に寺地が与えられ、顕如は再び大坂へ戻ることができた。その後京都に新しい本願寺が建立され復興されたのである。

本願寺顕如と深い関わりを持つ武将たち

織田信長 P.14

新しい秩序を構築したい信長にとって、歴史ある本願寺は大きな障害だった。顕如も「仏敵」に屈するわけにはいかず、両者の戦いは熾烈を極めた。

雑賀孫一 P.244

石山本願寺は難攻不落の要塞であり、それをさらに強固なものにしたのが雑賀衆の存在である。雑賀衆の鉄砲隊をかいくぐって攻撃することは困難であった。

三好家

MI YOSHI

戦国の世の露と消えた上方の雄

管領・細川家の被官として勢力を伸ばした三好家は、独立を果たして畿内を中心に大きな勢力となる。しかし、家臣に主導権を握られて凋落し、織田信長に敗れた。

〈家紋：三階菱〉

三好家の位牌に見られるが、釘抜を加えた紋も存在する。

三好家の成り立ちとその系譜

■守護職を得て阿波へ移った小笠原氏の後裔

三好家は、武田家と同じく甲斐源氏を起源とする。源義光の曽孫にあたる長清は、甲斐の（現在の山梨県）小笠原庄に入って小笠原氏を名乗り、1221の「承久の乱」で功をあげて阿波（現在の徳島県）守護職に任じられ、阿波小笠原氏の祖となった。

小笠原氏は阿波の地で繁栄したが、南北朝の動乱で南朝方につき、やがて足利尊氏に阿波の守護職に任命された細川氏の被官となっていく。

この間に、十一代の義長が三好郡に移って三好氏を称したのが、三好家の始まりのようで、三好家は細川氏の被官を務めつつ権勢を強めていったようだ。

将軍家や有力守護大名家の家督争いから「応仁の乱」が勃発したころ、三好家は三代目・之長の時代を迎えており、細川氏内部で大きな勢力を築いていた。

しかし、細川氏で内紛が起こると、権勢が強かったが故に之長も巻き込まれざるを得なくなり、のちに子の長秀とともに刑死。三好家の当主を継いだ元長は、細川晴元に味方して細川高国を破り、祖父や父の仇を討った。

ところが、この後に起こった畠山義宣と木沢長政が争いで、一族の三好勝宗が義宣に味方したところ、長政は晴元に援助を要請。晴元がさらに本願寺へ援軍を要請したため、本願寺と対立する日蓮宗の大檀那だった元長が、数万にのぼる本願寺勢の襲撃を受けることになってり敗死。三好宗家の勢力は、再び凋落したのだった。

【三好家略系図】

源清光――遠光――小笠原長清――長経――長房

長種――長景――長直――長親――長宣

長宗――長隆――❶三好義長――❷長之――❸之長

❹長秀――❺元長――❻長慶――義興
└❼義継

戦国時代における三好家の興亡

■京で権勢を振るうが没落する

たび重なる当主の戦死で勢いが衰えた三好家。しかし、元長の子・長慶は、父の仇ともいえる晴元のもとであえて恨みを忘れ力を尽くし、権勢を回復していった。

また、この間に長慶は晴元に背いた長政を破り、畿内の実力者・遊佐長教の娘を妻にするなど勢力を強めていった。そして、元長が戦死したときに晴元に出陣をうながした三好政長を、一族の統率を乱すとして討伐することになる。この結果、政長の味方をする晴元や、前将軍・足利義晴とも争うことになったが、長慶はこれらを討ち破り、晴元らは京から落ちていった。

実質的に京の支配者となった長慶のもと、三好家は全盛を迎える。しかし、１５６４年に長慶が亡くなり養子の義継があとを継ぐと、実権は松永久秀や三好三人衆に握られてしまった。

のちに、将軍・足利義昭を擁した織田信長が上洛したとき、三好家にはすでに対抗する力はなく、１５７３年に織田軍に攻められた義継が自決して、宗家は断絶した。

1553年ごろの三好勢力

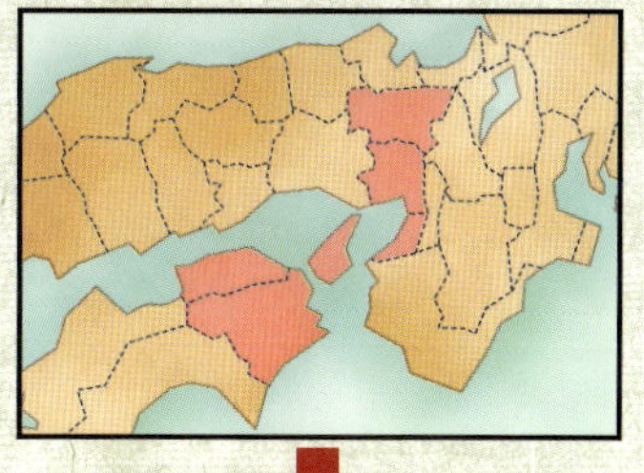

1577年ごろの三好勢力

1577年滅亡

三好家の対立勢力

織田家（おだ） P.12
将軍・義昭を擁して上洛。抵抗を試みた三好家勢力を一蹴する。

足利家（あしかが） P.234
細川氏と密接な関係だったことから、三好家としばしば対立した。

細川家（ほそかわ）
三好家の主家だが、三好家の力が強過ぎたこともあり、対立した。

三好家の居城　芥川山城

芥川山城は、管領・細川高国が築城した城で、初代城主は細川氏に仕えていた能勢頼則だったという。のちに細川晴元も使用していたが、三好長慶に奪われて芥川孫十郎が入り、やがて長慶自身が１５５３年から１５６０年までの７年間、ここを居城とした。

長慶が亡くなったのちは、三好長逸が居城としたようだが、織田信長の侵攻を受けてからは和田惟長に与えられ、家臣の高山友照が城主を務めている。

芥川山城は、戦国時代では典型的な山城で、三方を川に囲まれた要害の地に建てられており、主郭と東郭に分けかれたつくりになっていた。

現在でも、曲輪群や堀切、本丸跡など数多くの遺構が見られ、山城には珍しい石垣も残されている。

AKUTAGAWAYAMA CASTLE
DATA

所在地：大阪府高槻市
別名：三好山
文化区分：－
築城者：細川高国
築城年：1520年ごろ
構造：連郭式山城

下克上を決意した梟雄

三好長慶

みよし ながよし

■1522年生〜1564年没

かつての主君、さらには将軍を失墜させた三好長慶。長慶一代で三好家は、分国数では北条家と並ぶまでに成長した。戦国最大の下克上伝説は永遠に語り継がれていく。

illustration：誉

PROFILE

1522年　細川家重臣・三好元長の嫡男として生まれる

1532年　元長の死により家督を継承

1539年　細川家から領地をとり戻す

1549年　細川政権を崩壊させ、三好政権が誕生する

1558年　将軍・足利義輝を手を結んで幕政の実権を掌握

PARAMETER

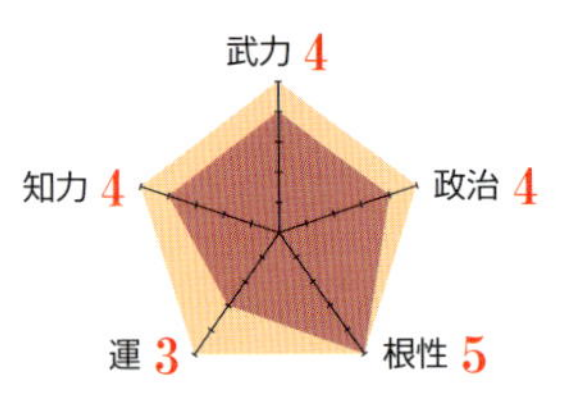

長慶個人の技量は定かではないが、長慶軍団は細川家を恐れさせた武勇を誇る。

幼き日に受けた屈辱を乗り越えたことが、のちの三好政権確立につながった。

NATIVE PLACE

出身地［阿波（あわ）］

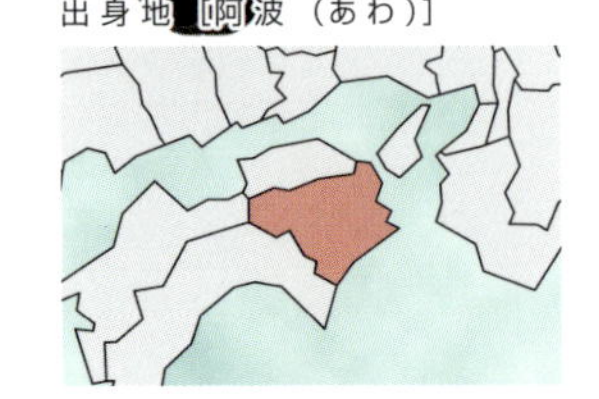

失意からはい上がって つかんだ畿内の最高権力

■三好家凋落の呪われた運命

主君に刃を向け、将軍を追放してまで権力を掌握した三好長慶。「梟雄（残忍で勇猛な男）」と呼ばれる通り、相当な野心家であることに間違いはない。だがそれは、ただ己の欲を満たすだけの所業ではなかった。祖父と父のたどった悲しき三好家の歴史が、長慶に修羅の人生を歩ませたのである。

足利家将軍の後継者を巡って勃発した「応仁の乱」の際、細川家旗下の三好家は数々の戦いで功をあげた。本来ならその実績を称えられ、主君からの覚えもよくなるところだが、三好家の場合は災いを招く結果となる。名声・地位が向上した三好家に脅威を感じた細川家は、長慶の祖父にして三好家当主・三好長秀を殺害してしまったのである。

さらに、悲運は長秀にとどまらず長慶の父・三好元長を襲った。当主を継いだ元長は細川家の後継者争いにおいて、有力者の細川晴元を支え勝利に貢献した。しかし、その元長も危険視されたのか、あるいは政略的対立からか、同族である三好政長と晴元の謀略によって非業の最期を迎えている。まさに「出る杭は打たれる」、三好家は優秀がために呪われた運命に導かれてきた。

そういった背景のもと、いよいよ長慶が三好家当主となるのだが、まだ幼少のうえに三好家の地位や領地はすでに没収。なす術もなく阿波国に落ちのび、憎き晴元に従うことになる。無念の2文字を心に秘めながら……。

■畿内の天下人を生んだ復讐心

細川家にしてみればこれで安泰、と枕を高くしただろうが、そう簡単に不遇に甘んじる長慶ではない。三好家が味わった屈辱をバネに、誰よりもたくましく育っていった。そうして元服が過ぎると、三好家の権威をとり戻すべく決起する。強大な武力を携え、三好家の旧領地を返還するよう細川家に対して強く要求したのである。これを無視する細川家に一歩も引かず、両者は対立を深めていった。

細川家は足利将軍家と深い関係にあり、必然的に将軍家をも敵に回すこととなったが、長慶は意に介さず。その攻めは凄まじく、恐れをなした晴元は長慶との和睦を望み、将軍・足利義晴にいたっては国外に逃走してしまった。

これにより三好家の権威は完全に復帰し、長慶は細川家の最重要重臣として台頭していく。幼き日に受けた屈辱を晴らし、見事に三好家再興を成し遂げたのであった。

それだけでは飽き足らず、長慶はさらなる野心を育んでいく。晴元を裏切って敵対していた細川氏綱につき、晴元と将軍・足利義輝を追放。また、父の仇である政長も討ち取り、大坂一帯の支配を確立する。これにて義輝と和睦して幕政の主導権を握り、畿内における事実上の天下人となったのである。

非道にも映る激動の人生だが、そこにはいつも品と知があった。長慶は連歌の名手として風流を好む、稀代の教養人でもあった。

三好長慶と深い関わりを持つ武将たち

足利義輝（あしかがよしてる） P.236

義輝らと和睦した際に、長慶は幕府相判衆の地位を得る。翌年に和睦を放棄するが、「京都霊山の戦い」で義輝と再び和睦。これを機に幕府の主導者となった。

松永久秀（まつながひさひで） P.260

弟と息子を相次いで亡くした長慶は心身が病み、久秀に操られるようになった。長慶は病没とされているが、久秀に謀殺された可能性も捨てきれていない。

戦国に咲いた悪の華

まつなが ひさひで

■1510年生〜1577年没

信長が一目置くほどの器量を持ちながらも、久秀の生涯は最後まで裏切りの連続であった。彼はこう言う。「弱いから裏切られる。裏切られるほうが悪い」と。

PROFILE

1540年	三好長慶の右筆（文書・記録を司る役）として仕える
1560年	大和１国を与えられる
1565年	将軍・足利義輝を暗殺
1567年	東大寺大仏を焼討
1571年	織田信長を裏切って反信長包囲網に参入
1577年	再び織田信長から離反して自害

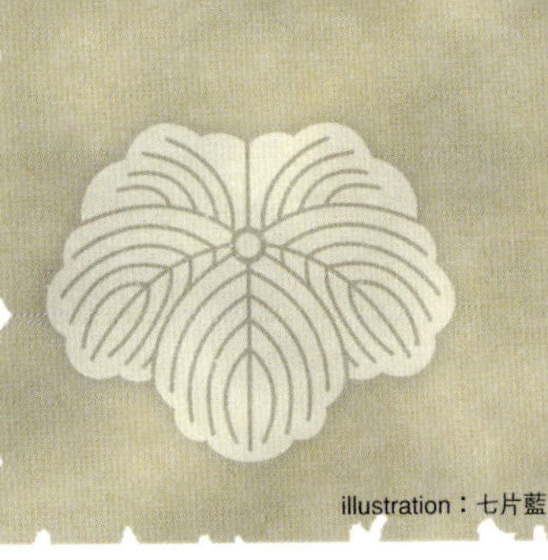

illustration：七片藍

PARAMETER

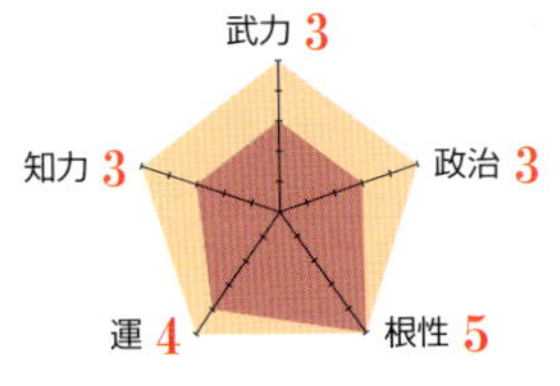

織田信長が少し不利になったぐらいで裏切るなど、先見の明には乏しかった。

裏切りや謀略にわずかの非も感じない。まさに毛の生えた心臓といえよう。

NATIVE PLACE

出身地［山城（やましろ）］

裏切りによって得た栄華は裏切りによって滅びる

■主家を乗っとる稀代の野心

「三好一族殺害」、「将軍暗殺」、「東大寺大仏の焼討」。畿内の覇権を目指した松永久秀は、重大な3つの悪事をためらわず実行して天下に名を轟かせた。

群雄割拠の戦国時代にあって、悪辣な武将といえば久秀の右に出る者はいない。久秀は三好長慶に仕え、長慶の懐刀と評されるほど実務に長じていた。細川家との抗争や大和平定にも多大な功をあげ、摂津と大和を与えられている。長慶からの信頼も厚く、三好家の近畿地方進出における最大功労者と呼べるだろう。だが、久秀の野望はその程度では収まらなかった。

その後も着実に力をつける久秀は、いつしか三好家乗っとりをも視野に入れていた。その機会は意外に早く到来し、たび重なる一族の死によって長慶が気力を失ったとき、久秀はそこにつけ入った。三好家の実権を掌握しようと、長慶を補佐していた安宅冬康の排除を画策。冬康に反意があると嘘八百を並べ、長慶自身に殺させたのである。ほどなくして長慶も病死するが、それさえも久秀の暗殺ではないかとささやかれている。

もはや、三好家には久秀に対抗しうる実力者は存在しなかった。長慶の養子・三好義継が家督を継ぐが、幼少ゆえに三好家重臣の「三好三人衆」、三好長逸・三好政康・岩成友通が後見。久秀は三好三人衆を従えて、三好家を我が物顔でとりしきっていく。

■織田信長を二度裏切った男

とり憑かれたように野心を広げる久秀は、将軍を傀儡に幕政を主導するという、かつて長慶が用いた策略を模倣した。そのためには自分が新将軍を擁立するのが早道だが、そう容易にはいかない。すでに正気を失っていたのか、そこで久秀が選択した手段とは……。あろうことか、現将軍・足利義輝の暗殺を決行したのである。このような暴挙をすんなりと思いつくのは久秀くらいのものだろう。

だが、やりすぎたツケが回ってきたのか、翌年になると三好三人衆が敵対を表明した。そうして追い詰められた久秀は、東大寺に陣を張る三好三人衆に夜襲を仕掛け、火を放ってしまうのである。久秀にとっては勝利こそ正義、手段を選ばなかった。

その戦いで力が弱っていたところに織田信長が上洛してくると、一も二もなく降伏。引き続き大和を任される寛大な処遇を受けるが、裏切りの精神は健在であった。

諸大名が「信長包囲網」を敷くと、恩を忘れて包囲網の一角に加わったのである。武田信玄が死去すると再び降伏するも、今度ばかりは信長も大和をとり上げ、久秀は権威を振るえなくなった。命を取られなかっただけ信長に感謝すべきだろうが、久秀の自尊心が許さず、またしても信長に反旗を翻す……。かくして信長に攻め入られた久秀は、史上初となる自爆死を遂げた。破天荒な生き様を見せた久秀は、最期もまた破天荒であった。

松永久秀と深い関わりを持つ武将たち

織田信長

P.14

信長は久秀を追い詰めたとき、久秀所有の名器「平蜘蛛茶釜」を差し出せば助命すると約束。しかし久秀は平蜘蛛茶釜に火薬を仕込んで自爆死をはかった。

三好長慶

P.258

久秀の才能を長慶は早くから見抜き、愛娘を久秀に嫁がせるほど信任していた。三好軍が危機に陥った「久米田の戦い」では、久秀が籠城中の長慶を救った。

泣く子も黙る「鬼十河」

十河一存

そごう かずまさ

■1532年生～1561年没

兄の三好長慶と二人三脚で覇権を夢見た十河一存。鬼と呼ばれる荒武者は、兄の前では仏の笑顔を見せた。一存の早すぎる死に、長慶は政務を見失ってむせび泣く。

PROFILE

1532年	細川家重臣・三好元長の４男として生まれる
1549年	「摂津江口の戦い」にて仇敵・三好政長の軍勢を撃破
1560年	畠山高政を攻めて河内（現在の大阪府）を制圧
1561年	有馬温泉にて突然の病死

illustration：鯵屋槌志

PARAMETER

武力 4　鬼とも修羅とも呼ばれた勇猛な姿は、敵勢をひとり残らず震撼させた。

根性 5　兄・長慶ともども根性が座り、父の仇をきっちりと討った執念は敬服に値する。

NATIVE PLACE

出身地［阿波（あわ）］

三好長慶政権の根幹にかかわる軍事力

■兄と誓った三好政長への復讐

細川家重臣・三好元長の子として出生したが、十河一存は讃岐に勢力を持つ国人・十河景滋の養子となった。景滋の嫡男が死去した時期、三好家が台頭を始めており、景滋は地盤強化のために長慶の血族をとり入れたかった。そして一方の長慶は、四国に一存を送り込んで国人の勢力を吸収しようと考えていた。そこで、長慶と景滋の利害が一致したのである。この縁組みは功を奏し、十河家は長慶を強く支えると同時に、讃岐の大半を支配するほどにいたった。

父・元長は細川家当主・細川晴元と、同族の三好政長に謀殺されている。そのせいで苦渋をなめてきた長慶・一存兄弟は、ふたりへの復讐を誓った。政長討伐戦と銘打った「摂津江口の戦い」では一存が先陣を切り、大軍を蹴散らして猛然と突撃。その勇姿にほかの兵も士気を上げ、慌てふためく政長軍を一気に撃破したのである

長慶政権が確立すると一存は各地を駆け巡り、主に軍事面で長慶を補佐していった。こうして三好家は黄金期を迎えるのだが、すぐに一存が他界。長慶の早死は大いに三好家を動揺させた。その死をきっかけに長慶の熱意は急激に冷め、三好家衰退を招いたのである。

■多くの武勇伝を生んだ屈指の勇将

一存の戦う様は勇猛果敢の一言に尽き、他の追随を許さなかった。その武勇伝の一例が、合戦で左腕を負傷した際のこと。一存は傷口に塩をすり込み、包帯代わりにつる草を巻いた。この程度の処置では並の者なら痛みを耐えることすら難しいだろうが、一存はなにごともなかったかのように、再び戦場に出て槍を振るったのである。そしていつしか一存は「鬼十河」の異名で畏怖されるようになった。

また、一存は前髪から頭頂までを大きく剃り込んでおり、その髪型は「十河額」の名で広く知られた。当時の家臣や庶民のあいだで流行したが、さらに後世においても「鬼十河」の武勇にあやかろうと、模倣する若者があとを絶たなかったという。

■松永久秀との因縁は死すまで続く

非常に結束の固い長慶と一存にも、ひとつだけ意見の合わないことがあった。長慶は家臣の松永久秀に全幅の信頼を寄せていたが、一存にとっては重用に値する男ではなかった。どうにか久秀を排除できないものかと、幾度となく長慶に説得を試みていたのである。久秀といえば、のちに将軍暗殺まで平然とやってのける稀代の大悪党。一存はいち早く、その悪辣な本性を見抜いていたのだろう。

一存の最期は有馬温泉での病死とされたが、その側には久秀の姿もあった。持病を患って湯治する一存を久秀が見舞ったともいわれるが、不仲のふたりにしては疑問の残る美談である。暗殺など朝飯前の久秀が、うとましい一存を手にかけた可能性も否定できない。

十河一存と深い関わりを持つ武将たち

三好長慶（みよしながよし） P.258

一存のあとは嫡男の重存が十河家を継ぐはずだったが、後継者を失った長慶に養子として引きとられた。一存にとっても鼻の高い縁組みである。

松永久秀（まつながひさひで） P.260

一存は落馬死の説もあり、芦毛馬で有馬権現へ向かう一存に久秀は、権現様は芦毛馬を嫌うため、神罰がくだると伝えた。だが一存は無視し落馬死したという。

主家に忠実な摂津の豪族

池田勝正

いけだ かつまさ　■1539年～1578年

由緒正しき摂津池田家の信念を背負った男。それは情勢に翻弄されず、織田信長に屈しない反骨精神の持ち主であった。

織田信長に才覚を見出されて摂津を支配

■名家・摂津池田を盛り立てる

摂津池田家は、平安時代より摂津の支配者に従ってきた一族。三好政権時代に家督を継いだのが、池田長正の嫡男・勝正である。勝正は長正の子でないともいわれているが、もしそうだとしたら、当主に相応しい器量だったために推挙されたということだろう。

三好長慶の病没後も、三好長逸率いる三好三人衆と有力家宰の松永久秀が手を組み、当初は三好家に平和が保たれていたように見えた。しかし両者が離反すると、危機を察知した勝正は三好三人衆を支援し、久秀との激戦を展開した。

畿内の支配を目指す織田信長の上洛は波紋を呼び、周囲の豪族たちはことごとくひれ伏した。だが、反骨精神にあふれる勝正は強く抵抗。最後は屈服を余儀なくされるが、媚びを売ることもなく死罪を覚悟したという。しかし信長は勝正を気に入り、処罰をくだすどころか領土を加増したのである。信長がこれほどの評価をくだすことからも、勝正の優秀さが窺える。そうして伊丹親興・和田惟政らとともに摂津の支配を任せられ、名誉ある「摂津の三守護」の称号を獲得。

さらにその後、室町幕府から摂津守護職を任命されることにもなる。このとき、同等の立場であった親興・惟政を配下にしたのだから、三守護の中でも才能は抜きん出ていたといえよう。

だが、かつては同志であった三好三人衆が勝正に暗雲をもたらした。三好三人衆が復権を目指すと、家臣の荒木村重が寝返って勝正を追放したのである。居場所もなく各地を転戦するはめになるが、捨てる神あれば拾う神あり。村重が信長家臣に転じたことで無事に池田家へ復帰でき、心おきなく隠居した。

三好三人衆を率いる筆頭格

三好長逸

みよし ながやす ■生年不詳〜没年不詳

三好家の行く末を心から案じた三好長逸。将軍暗殺に手を染めたのも、己の欲望ではなく三好家繁栄のためであった。

illustration：ue☆no

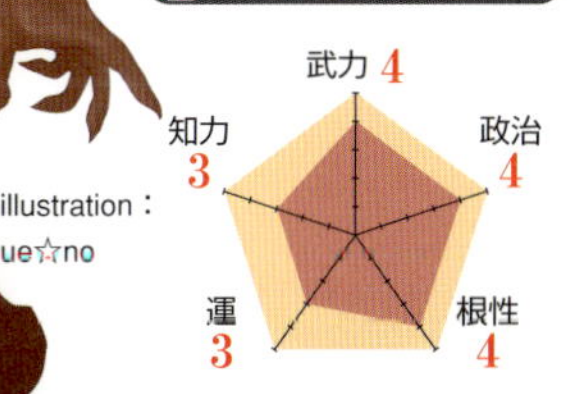

NATIVE PLACE

出身地［不詳］

出身地不詳

強大な覇王に再戦を申し入れた勇者

■信頼厚き三好家の支柱

三好家全盛の礎を築いた名将・三好之長の孫にあたるのが三好長逸。祖父と父が早くに戦死したためにわずか6歳で家督を継ぐことになったが、周囲からの圧迫に負けずたくましく成長していった。そして大人になると三好長慶に仕えて畿内を転戦し、いかなる状況下でも確実に功績を残していく。

長逸は三好政康・岩成友通とともに、「三好三人衆」のひとりに数えられ、その中でも筆頭格であった。摂津の要所とある飯岡城の城主を務めたことも、長慶の信頼の厚みを物語っている。また、官位従四位を叙任したが、のちに従四位を叙任する長慶の側近・松永久秀も、その時点では候補に挙がっていなかった。長逸が先駆けて資質を認められ、三好家の株を上昇させたのである。

本来は分別ある長逸だが、幕政の実権に目がくらんだのか長慶没後は久秀と結託。将軍の足利義輝を暗殺する、前代未聞の大事件を引き起こしてしまう。しかし、久秀の口車に乗ったことを悔い、久秀との関係はまもなく決裂した。そうして激戦の末、久秀を弱体させて安堵したのも束の間――今度は久秀などとは比にならない本当の敵が訪れる。

それは、圧倒的な軍事力を携えた織田信長であった。三好家の威光を崩してはならんと、長逸率いる三好三人衆は徹底抗戦を宣誓。かつての宿敵である六角家や紀伊国人衆らと協調し、果敢に織田軍を迎え撃った。その戦いでは奮闘むなしく敗北を喫するが、長逸は執念深く反撃の機会を待ちわびた。ひっそりと力を蓄え、翌年には四国の三好軍を率いて反撃の狼煙を上げたのである。それでも織田軍の圧倒的戦力にはかなわず、敗走ののち消息を絶ち、以後姿を見た者はいない……。

過去の汚名はこの手で晴らす！

三好政康

みよし まさやす ■1528年生～1615年没

illustration：ue☆no

将軍暗殺の大罪を犯すも、政康は主君に絶対の忠誠を誓う義将として甦った。その義は立派な「真田十勇士」である。

PARAMETER

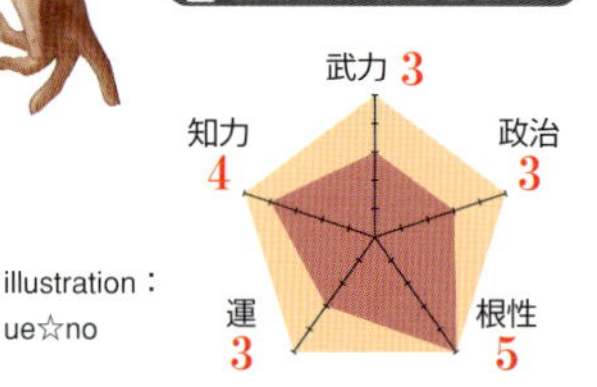

NATIVE PLACE

出身地［不詳］

出身地不詳

過去の罪を義によって懺悔した老将

■三好家重臣の責務をまっとう

もとを正せば細川家臣の三好政康は、三好長慶に刃を向けたこともある。しかし長慶と和解してからというもの、畿内の軍政を勤勉に遂行。その功が認められて重臣に出世すると、長慶親衛隊である三好三人衆に属するまでになった。間違いなく、三好家中で重要な地位を占めた人物である。

長慶が死去すると、三好三人衆は有力者の松永久秀と共謀して将軍・足利義輝を暗殺し、幕政の実権掌握をはかった。だが、もはや久秀の志についていけず、一転して離反を決意。討ち取りにはいたらなかったが、すんでのところまで追い込む勇姿を見せている。その後も三好三人衆は共同戦線を張り、敗れはしたが織田信長にも力を合わせて立ち向かっていった。政康ほどの実力者ならば信長に召し抱えられる可能性も十分にあっただろうが……。敗走後、惜しくも消息を絶ってしまった。

5年の歳月が流れ、豊臣秀吉の家臣となった政康は再び表舞台に姿を現す。そして秀吉没後、多くの豊臣家臣が徳川家康に臣従する中、一貫して豊臣家に仕え続けた。将軍暗殺の大罪を悔い続けてきた政康は、義を重んじたかったのである。その思いが支えとなり、徳川家が豊臣家を討伐すべく起こした「大坂の陣」では、87歳の老齢ながら戦場を駆け抜けた。武人の檜舞台である合戦で華々しく散ることが、長年の悲願でもあったのだろう。

政康は出家後の名を三好入道清海といい、講談として有名な「真田十勇士」のひとり、三好清海入道のモデルともなった。真田十勇士とは、真田幸村の配下として活躍する10人の勇者。政康は物語の英雄に抜擢され、現在にいたるまで愛されてきたのである。

三好の看板を守り抜く三人衆

岩成友通

いわなり ともみち ■生年不詳～1573年没

三好家の軍政を陰から操り、将軍暗殺にも加担。岩成友通は我を通さず、すべてを三好三人衆の意思として行動した。

illustration：ue☆no

PARAMETER

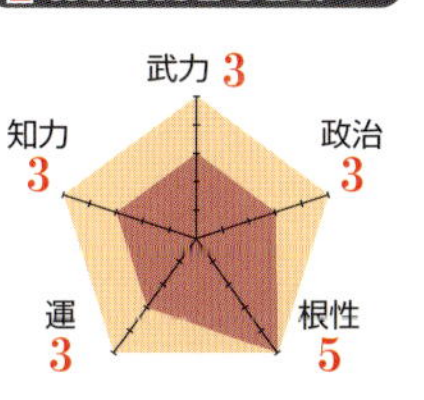

NATIVE PLACE

出身地［不詳］

出身地不詳

死をもいとわず 織田信長に抗い続けた男

■知略謀略でつかんだ地位

三好長逸・三好政康とともに「三好三人衆」として長慶に仕えた岩成友通。唯一三好姓でないこともあって出自が気になるが、残念ながらはっきりとしない。手がかりとなるのは、大和や備後に残された岩成という地名である。それらの土地の土豪と、なんらかの関連があったのだろうか。ともかく、優秀な人材を選りすぐった三好三人衆に属したのだから、確かな才能を持つことは疑いようもない。

長慶没後は後継者の三好義継を後見した。とはいえ幼い義継は傀儡に過ぎず、長慶の側近を務めた松永久秀と組んで実権を掌握。長慶の弟たちが死去していたことも、思い通りに三好家を動かすためには都合がよかったのである。こうして多大な力を手に入れたわけだが、野心の権化である久秀に触発されたのか、三人衆はさらなる権威を欲していく。ついには将軍の暗殺にも手を染めた。

順調に事が運んだように見えたが、次第に久秀と思想のずれを感じるようになり、三人衆は一丸となって久秀との対立を決意。つき合いの長い三人衆は結束が固く、対決すれば久秀に遅れをとることなどない。東大寺大仏の焼討という狂気の沙汰をとらせるほど、久秀を追い込んだのであった。

しかし、天下を狙う織田信長が上洛を開始し、友通に安息の日は訪れなかった。かつてない強敵に一時は震えるが、友通はこれまで通りにほかの三人衆と志を同じくし、徹底抗戦の姿勢を打ち出す。あるときは近江の実力者・六角義賢と結んで阻止しようとした。またあるときは、信長帰国の隙に信長庇護下の足利義昭将軍を襲撃した。どの策も実らなかったが、周囲がこぞって信長に臣従する中、最後まで三好の心意気を見せたのである。

尼子家

AMAGO

地位を背景に勢力を張った一族

守護代として出雲に渡り力を伸ばした尼子家は、8ヶ国の守護を務める一大勢力となった。のちに、毛利氏との抗争に敗れて没落するが、家自体は近年まで続いた。

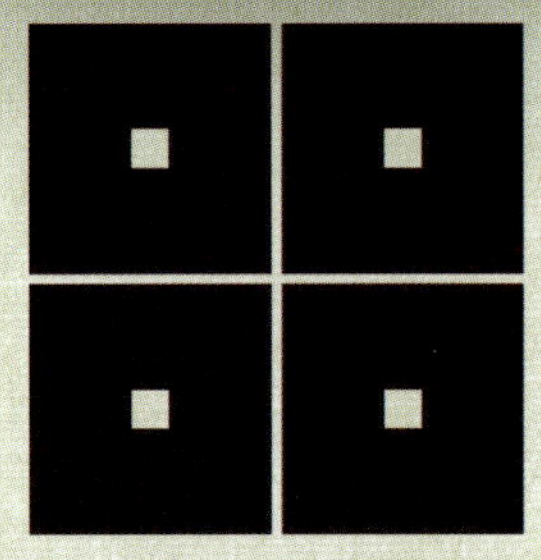

〈家紋：平四つ目〉

佐々木氏が使用していた紋をそのまま受け継いでいる。

尼子家の成り立ちとその系譜

■守護代として出雲に移り領国化していく

源氏には多くの流れがあるが、そのなかの五十九代・宇多天皇を子孫とする宇多源氏は、公家の堂上家と武家の佐々木家を輩出した。佐々木氏のうちの一派は、近江（現在の滋賀県）に入って京極氏を称したが、尼子家はこの佐々木氏の流れを汲む一族である。

尼子家は、室町時代の初期に佐々木高久が近江の尼子郷に入り、尼子を称したのがはじまりである。やがて、主家の京極氏が出雲（現在の島根県東部）と隠岐（現在の島根県隠岐島）の守護職に任じられたが、このとき現地を監督する守護代となって出雲へ移ったのが高久の次男・持久で、出雲・尼子氏の祖となった。

こののち、二代・清定、三代・経久と勢力を広げていったが、経久のときには出雲を掌握しただけでなく、因幡（現在の鳥取県東部）や伯耆（現在の鳥取県中部と西部）、備後（現在の広島県東部）、さらには安芸（現在の広島県西部）や石見（現在の島根県西部）にも勢力を伸ばし始めた。

また、主家の京極氏に逆らって税を納めないなど出雲の領国化を進め、戦国大名としての基盤を確立した。勢力を拡大していくなか、土豪との争いで経久の嫡男・政久が落命するというアクシデントにも見舞われたが、家督は政久の嫡男・晴久に受け継がれてく。そして、晴久が当主となったころには、尼子氏は8ヶ国の守護を務める大名に成長していた。

【尼子家略系図】

京極高秀─┬高詮
　　　　　└尼子高久─❶持久（出雲尼子家）
　　　　　　　　　　　│
　　　　　　　　　　❷清定
　　　　　　　　　　　│
❸経久─┬政久─❹晴久─❺義久＝元知＝就易---
　　　　└国久──誠久─┬氏久
　　　　　　　　　　　├吉久
　　　　　　　　　　　├秀久
　　　　　　　　　　　└勝久

戦国時代における尼子家の興亡

■中国地方東部に一大勢力を築く

新たに晴久が当主となって最盛期を迎えた尼子家は、備中（現在の岡山県西部）をほぼ平定してさらには備前（現在の岡山県東南部）へと勢力を伸ばしつつあった。この当時、西には西国一の大名といわれた大内氏がいたが、尼子家はしばしばこの大内氏とも争うようになる。

１５５７年には、大内氏での内紛を制した毛利元就が台頭し、西からの圧迫を強めてきた。さらに、１５６０年に晴久が急死。あとを継いだ義久は、将軍・足利義輝に仲介を依頼して一旦和睦したが、元就はじきにこれを破って出雲へ侵攻。１５６６年、ついに義久は降伏して戦国大名としての尼子家は滅亡した。

こののち、尼子勝久を擁した山中鹿介が、織田信長の力を借りて暗躍するなど、尼子家再興の動きもあった。一時は城を得るにいたったが、結局毛利氏に敗れて勝久は自害し、鹿介も謀殺されてしまう。

しかし、尼子家自体は存続しており、１９４０年に最後の当主が亡くなるまで続いた。

1525年ごろの尼子勢力

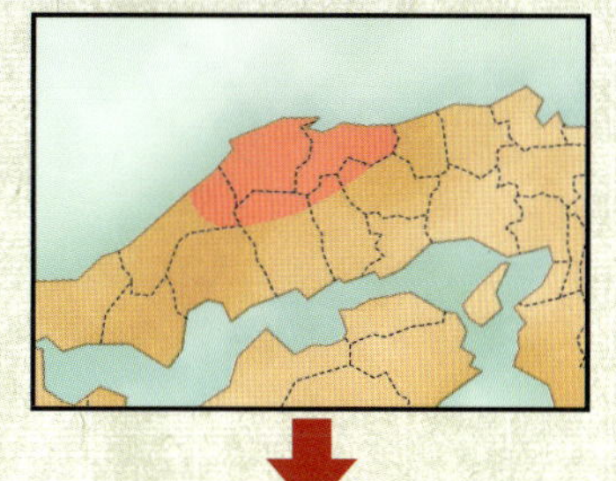

1566年ごろの尼子勢力

1566年滅亡

尼子家の対立勢力

毛利家 P.154
大内家に代わって台頭し、尼子家を滅ぼして中国地方の覇者となる。

大内家 P.280
北九州と中国地方南部に覇を唱え、尼子家としばしば争った。

京極家 P.312
逆らい始めた尼子家に対し、経久の追放令を出すなど対抗した。

尼子家の居城　月山富田城

月山富田城は、出雲守護職の居城として使用された。いつ築城されたのかは明確ではないが、勝日高守神社には１１５６年～１１５９年ごろ、出雲に入った平清景が月山に築城する際に社を移したという伝承があることから、この時期に建てられたともいわれる。いずれにせよ、１１８５年に佐々木義清が守護となったとき、すでに月山富田城はあったようなので、少なくともこれよりやや以前には建てられていたことになる。

戦国時代には尼子家の本拠地となり、天険の要害によったこの城は「天空の城」と呼ばれたという。

尼子家が滅んだのち、１６００年に堀尾吉晴が入城。近世城郭へと大改修を行われたが、のちに松江に居城を移したことから廃城となった。

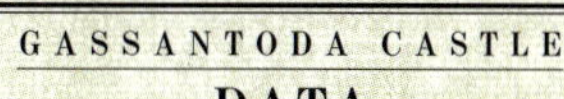

所在地：島根県安来市
別名：月山城、富田城
文化区分：国指定史跡
築城者：不明
築城年：1185年ごろ
構造：複郭式山城

一代で山陰に覇をとなえた梟雄

尼子経久

あまご つねひさ

■1458年生～1541年没

一度は居城を追われるという苦境をはね返し、戦国大名の地位を確立した気概ある武将。だが、悲しきことにあとつぎに恵まれず、経久の功績は泡と消えた。

PROFILE

1478年	父のあとをつぎ、出雲国の守護代になる
1484年	出雲守護代の職を追われ、追放される
1486年	月山富田城を奪還
1518年	嫡男の政久が戦死
1530年	三男の興久が謀反
1537年	晴久に家督を譲り、隠居
1541年	月山富田城にて病没

illustration：海老原英明

PARAMETER

武力 4
知力 4
政治 4
運 2
根性 5

運 2
次代を担う息子たちに恵まれずに、孫の代で大名としての尼子氏は滅んでしまう。

根性 5
城を追われて流浪の身となりながらも復活し、一代で一大勢力にのし上がった。

NATIVE PLACE

出身地［出雲（いずも）］

逆境をものともせず、見事に返り咲く

■放浪の身からの逆転劇

わずか一代で最大8国を領する大勢力となり、「山陰の雄」と呼ばれた武将が尼子経久である。経久は、出雲の守護代である清定の家督を継いでいるが、数年後には足利幕府への上納の義務を怠り、主筋にある守護の権益を侵すようになった。これは、経久が戦国大名への移行を目指していた結果と思われるが、権益を侵された幕府や守護はもちろんのこと、さらに経久の行動を専横ととった国人たちの反発も買ってしまう。そして、ついには経久の追討令がくだされたのだった。

結局、経久は守護代の地位を追われてしまい、本拠の月山富田城から落ちのびて、流浪の身になったと伝えられている。

しかし、経久はここで終わる武将ではなかった。居城を追われて2年後には、正月の祝いの席に乗じた奇襲によって、見事に本拠地の奪還に成功している。

その後、領民の事情にも通じていた経久は、人心を掌握すると、近隣の国人衆も次第に経久に対してよしみを通じるようになる。それらを従えて経久はついに一度は失敗した戦国大名としての地位を確立したのだった。

■後継者に苦しんだ経久

こうして戦国大名となった経久は、出雲だけでなく現在の広島県や鳥取県へと勢力を伸ばしていく。だが、順調な経久にも、恵まれない点もあった。

それは次代を担う人材の問題だ。経久には政久という嫡男がいたが、反旗を翻した国人衆を攻める攻城戦のさなかに戦死してしまったのだ。政久は横笛の名手で、毎夜笛を吹いていたという。そしてある晩笛を吹いているところに矢が飛んできて、政久の命を失ったという。突然の後継者の死だった。

さらに、三男の興久が望んだ領地を与えられなかったことから、謀反を起こし経久みずからこれを討つはめになった。興久は自害して、経久はまたもや息子を失う。しかも、今度は直接でなくとも自分の手で息子の命を奪ったのである。その心中の苦しみはいかばかりであったろうか。

そして、自分の跡目を孫の尼子晴久に継がせることにした経久はその後見役となり、隠居の身となる。しかし、晴久は経久の期待に応えられるほどの逸材ではなかったようだ。経久の忠告を聞かず、毛利家の吉田郡山上を攻めて失敗、大きな被害を出した。

経久没後、晴久は叔父の尼子国久と尼子家内の精鋭の一党を粛清して、戦力ダウンを招いている。これには、国久とその一党の目に余る専横が背景にあったとされており、つくづく経久は後継者に恵まれてなかったようだ。

こののち、尼子家は徐々に衰退し、毛利家に滅ぼされるが、それを見ることなくあの世へ旅立てたのは、一代で尼子家の隆盛を築き上げた経久にとって、せめてもの幸いだったかもしれない。

尼子経久と深い関わりを持つ武将たち

毛利元就 P.156

当初は尼子氏に臣従していた元就。しかし、自身の家督継承の際に、反対の立場で経久が干渉。そのため、立場を大内氏寄りへと移し、のちに尼子氏を滅ぼす。

大内義隆 P.282

西国の一大勢力を率いた大名で、台頭する新興勢力の尼子氏とたびたび抗争した。義隆は家臣の反乱にあい、逃亡先で自害して生涯を終える。

主家再興にすべてを捧げ、戦い続ける

山中鹿介

やまなか しかのすけ
■1545年生〜1578年没

毛利家に滅ぼされた主家、尼子家の再興に人生の全てをかけた山中鹿介。鹿介ほどに純粋なまで主家に忠義を尽くした武将は、ほかにはいないだろう。

PROFILE

1560年	伯耆尾高城攻めで初陣
1565年	月山富田城を守り、品川大膳を一騎打ちで討つ
1566年	尼子家滅亡
1568年	尼子勝久を還俗させ、擁立
1571年	信長に尼子家再興を願い出る
1574年	因幡で転戦する
1578年	上月城が落城し、捕虜となり護送中に殺害される

illustration：鯵屋槌志

PARAMETER

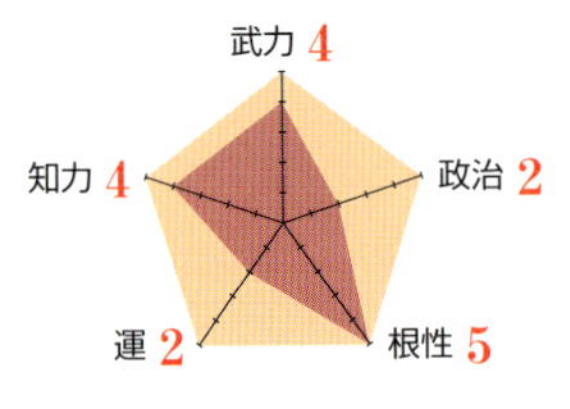

数々の戦で武功をあげ、時代にそぐわぬ一騎打ちで敵を討ち取った。

ほぼ実現不可能な主家再興に賭け、おそらく死の間際まで執念を燃やしていた。

NATIVE PLACE

出身地［出雲（いずも）］

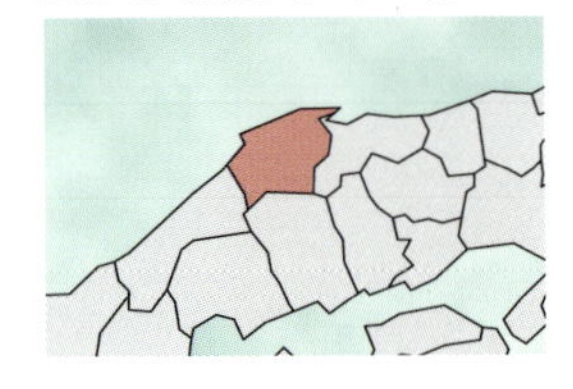

尼子家の大名復帰に執念を燃やした生涯

■斜陽の尼子家を支える

「願わくば我に七難八苦を与えたまえ」と三日月に尼子家の再興を祈ったという逸話で知られる山中鹿介。先の逸話は後世につくられたものだといわれるが、そのような創作がされるほど、鹿介は主家の再興に全生涯をかけた一途な武将であったのだ。

鹿介が元服したころ、尼子家はまだ大名の地位は保っていたものの、伸張する毛利家に押されて衰退の一途を辿っているような状況だった。そうしたなか、鹿介はひとり気を吐くように奮戦する。初陣で名のある敵を見事討ち取ったのをはじめ、さまざまな戦で活躍していた武勇の誉れ高い鹿介の名は、敵味方に広く知れ渡っていたという。

有名人の鹿介に対抗心を燃やして、毛利方に狼介と名乗っていた品川大膳という武士がいた。鹿介は、毛利家が月山富田城を攻めたときに、この敵も一騎討ちで討ち取っている。

そうした鹿介の奮戦があっても、大局は動かしがたく、尼子家の月山富田城は落城。当主の尼子義久らは殺害されることはなかったものの、毛利家に幽閉されてしまう。

■志半ばに倒れる

こうして大名としての尼子家は滅んだ。だが鹿介にこの現実は受け入れがたく、出家していた尼子国久の息子・勝久を還俗させて、あくまでも尼子家再興の戦いを続けたのだ。

一度は旧尼子家家臣を糾合して、尼子家本拠の出雲を制圧するかに見えたこともあったが、最終的には総合力で勝る毛利家には敵わなかった。毛利きっての猛将である吉川元春に破れて、鹿介は捕虜となってしまう。

しかし、鹿介は知恵を絞って脱走に成功し、再起を期した。その後、鹿介は織田信長を頼り、御家再興のために信長のもとで戦うことになる。

まったく関係のない信貴山攻めなどにも参加し、そこでも功績をあげている。宿敵の強大な毛利家を破るには、信長の援助が不可欠と思ったのだろう。

やがて念願が叶い、豊臣秀吉の中国攻略軍が編成されると、鹿介はその先鋒を任せられ、上月城へと送り込まれる。

だが、上月城の鹿介を元春らが率いる毛利の大軍が包囲する。信長は上月城を見放し、勝久は自害、鹿介は捕虜となった。

鹿介にとって主家再興の日までは自害など論外だったのだろう。命ある限り、機会を見て戦いを挑むつもりだったに違いない。

だが、毛利方もそのような危惧を抱いたのか、鹿介は護送される途中の阿井の渡しで殺害される。

生涯を通じて主家再興に執念を燃やし続け、戦い続けたた鹿介のあまりにもあっけない、そして無念の最後であった。

そして尼子家再興の動きは、その象徴ともいえる鹿介の死とともに終息。大名としての尼子家の命運は完全に尽きたのである。

山中鹿介と深い関わりを持つ武将たち

織田信長

P.14

鹿介は、毛利家と敵対していた信長を頼った。信長にとって尼子家に義理はなく、鹿介もそれは承知の上か、上月城を見捨てられても恨みごとはいわなかった。

吉川元春

P.158

毛利の誇る猛将で、鹿介とは何度も戦った。最初に鹿介を捕虜にしたときは、鹿介に逃亡を許すも、再度捕らえた際は、同じ轍を踏まずに鹿介を処断した。

宇喜多家

U KI TA

謀略でのしあがった戦国大名家

備前の守護代・浦上氏の被官に過ぎなかった宇喜多家は、ついには主家を倒して大名となった。しかし、豊臣秀吉に近い存在だったため、最終的には島流しとなる。

〈家紋：剣鳩酢草〉

宇喜多家は児文字紋が有名だが、本来は剣鳩酢草である。

宇喜多家の成り立ちとその系譜

■浦上家の被官として勢力を強める

一般に、宇喜多家は備前（現在の岡山県東南部）三宅氏の後裔といわれているが、三宅氏の出自については諸説がある。「宇喜多能家肖像賛」には、かつて朝鮮半島にあった百済国の兄弟三人が備前に入り、その子孫が三宅氏を称したとある。その一方、百済ではなく新羅であるとして、新羅皇子天日槍の子孫とする説もあり、定説をみないのが現状のようだ。

いずれにせよ、この三宅氏が鎌倉時代に備前児島の地頭職を得て児島を称し、のちに同じく備前の宇喜多に入って宇喜多氏を名乗るようになったのが、宇喜多家の始まりという。

宇喜多の名が確実な文献に登場するようになるのは室町時代中ごろからで、備前の守護職だった赤松氏の守護代・浦上氏に仕えていた。赤松氏の勢力が衰退すると、勢力が強まった浦上氏と主家の赤松氏が不仲になる。主家との対立で動揺が走るなか、浦上家中で力をもっていた宇喜多能家は軍を率いてよく戦い、のちに浦上家は赤松氏を倒して下克上を成しとげた。

ところが、細川晴元と細川高国が争った「天王寺の戦い」で当主の浦上村宗が戦死。能家は隠居するが、以前から仲が悪かった浦上家家臣・島村盛実の攻撃を受けて自刃した。この一件は一族の内訌という説もあるが、定かではない。いずれにぜよ、宇喜多家は一旦没落し、再興には直家の代まで待たねばならなかった。

【宇喜多家略系図】

❶宇喜多宗家―❷久家―❸能家―❹興家

❹興家―❺直家―❻秀家―秀隆

❻秀家―秀継

戦国時代における宇喜多家の興亡

■謀略をもってのし上がるが、八丈島へ流される

能家が謀殺されて衰退した宇喜多家だったが、直家のときに権勢を回復する。直家は、祖父の仇である盛実を謀殺し、美作（現在の岡山県北東部）へ進出してきた備中（岡山県西部）の戦国大名・三村家親を暗殺させるなど、浦上家内での地位を向上させていった。

のちに、浦上氏との折り合いが悪くなったため、毛利氏と結んで浦上氏を打倒する。しかし、織田信長の命を受けた羽柴秀吉（のちの豊臣秀吉）が中国地方へ侵攻してくると織田方へ寝返り、毛利氏と織田氏の抗争を利用して勢力を拡大している。

このの ち、直家は秀家が幼いうちに亡くなるが、秀家は秀吉によって育てられて57万石の大名となる。秀吉の晩年には五大老にも名を連ねるが、内訌が生じたことから急速に衰退。「関ヶ原の戦い」で西軍についたことが決定的となり、八丈島へ流罪となった。

しかし、宇喜多家の血筋は八丈島で広がっていき、前田氏からの援助もあって、現代まで生き延びている。

1585年ごろの宇喜多勢力

1600年ごろの宇喜多勢力

1600年滅亡

宇喜多家の対立勢力

徳川家 P.62

宇喜多家は西軍の副大将だったが、前田氏のとりなしで流罪とした。

毛利家 P.154

手を結んでいたが、宇喜多家が織田方に寝返ったため戦うことに。

赤松家 P.314

浦上家との関係が悪化したため、その被官である宇喜多家とも争う。

宇喜多家の居城　岡山城

岡山城は金光氏の居城だったが、１５７０年に宇喜多直家が奪取したのち、ここを本拠地とした。築城されたのは金光氏の時代と考えられるが、南北朝の時代に名和氏が城を築いたともいわれており、定かではない。

直家は、城下に商人たちを呼んで住まわせ、厚く保護をする経済振興策をとったともいわれ、信長の楽市・楽座に通じるものがあった。

57万石の大名となった秀家の代には大改修が行われ、金箔瓦を使用した前期望楼型の天守閣が築かれた。この天守の外壁に黒い下見板が張られたが、その姿から「烏城」の別名がつけられたという。

現在、月見櫓が現存しているほか、天守や廊下門など一部が復元されている。

OKAYAMA CASTLE
DATA

所在地：岡山県岡山市
別名：烏城
文化区分：国指定史跡、国指定特別名勝
築城者：金光氏
築城年：1521年～1527年ごろ
構造：平山城

謀殺・裏切りで備前を手にした梟雄

宇喜多直家

うきた なおいえ
■1529年生～1581年没

幼くして流浪の身となった宇喜多直家は、謀略で出世し、ついには仕える浦上家を追放して備前を手に入れた。さらには毛利家を裏切って織田家に臣従する。

PROFILE

1529年	宇喜多興家の子として生まれる
1534年	祖父を殺され、父と流浪する
1543年	浦上宗景に仕官
1573年	岡山城を奪う
1577年	浦上宗景を追放
1579年	織田信長に臣従
1582年	岡山城で病死

illustration：樋口一尉

PARAMETER

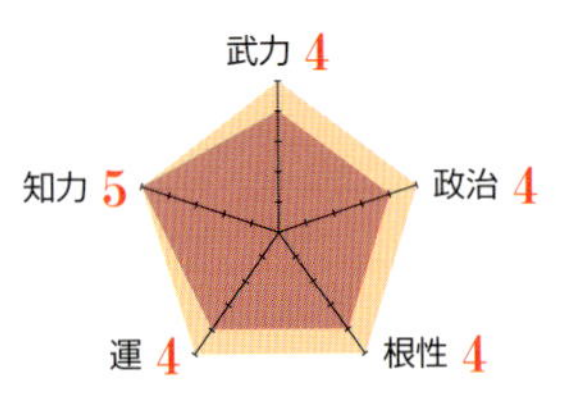

備前を手に入れ、毛利家と織田家のあいだをうまく泳ぎきった知力は相当なもの。

なにがなんでも出世してやろうという根性なくして一国の主とはなりえない。

NATIVE PLACE

出身地［備前（びぜん）］

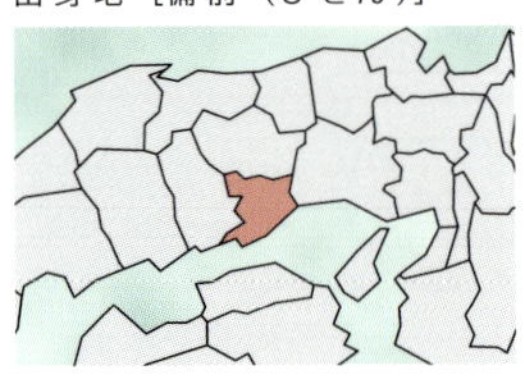

流浪の幼少期を送るも、謀略で一国を手にする

■流浪の幼年時代

斎藤道三や松永久秀に並ぶ「悪人」とも、尼子経久や毛利元就とともに中国地方の「三大謀将」とも呼ばれる宇喜多直家は、とくに謀殺に長けた武将であった。直家はわずか6歳のときに備前の浦上家の重臣だった祖父・能家が島村盛実らによって殺され、父・興家とともに流浪するという困難に直面した。

幼少だった直家の心にこの事件が色濃く影を落としたとしても不思議ではない。流浪の境遇は9年にも及び、直家はその間盛実への復讐や、備前の諸勢力を倒す方法について考えを巡らせていたに違いない。

やがて天神山城主・浦上宗景に仕えるようになった直家はたちまち武功をあげて宗景のお気に入りとなる。

浦上家に地位を築いた直家は、祖父の敵・盛実を暗殺。さらには妻の父・中山信正に謀反の疑いをかけて殺害し、その所領を奪う。これを悲観した妻は自害してしまう。

それでも直家の野望は止まらなかった。各地の豪族たちを次々と暗殺、もしくは討ち取り、備前から浦上家以外の勢力を駆逐し、浦上家随一の実力者となった。

■主家・浦上家を裏切る

１５６６年、備中から毛利の大軍が侵攻してくる。このときには敵将・三村家親を鉄砲で狙撃し危機を乗り切った。その後、家親の子の元親が弔い合戦を挑んでくるが、これも返り討ちにする。

備中からの脅威を撃退した直家は、いよいよ備前支配に乗り出した。まずは金光宗高に毛利と内通しているという疑いをかけ、かねてから望んでいた岡山城を奪ったのだ。これによって直家の力は、ついに主君である浦上家に匹敵するほどになった。

勢力が拮抗している浦上家を倒すために、直家は思い切った戦略に出る。なんと敵であった毛利家と手を結んだのだ。直家は浦上家を滅ぼし備前・備中を手に入れ、美作にまで勢力を及ぼす戦国大名となった。

こうした直家の智謀・謀略は身内にすら恐れられ、弟ですら直家の前に出るときには死を覚悟していたという。

■今度は毛利を裏切る

毛利家に従うことになった直家だったが、織田信長家臣の豊臣秀吉が中国に侵攻してきたのを見て、今度は毛利を裏切った。秀吉の戦いぶりを見て、毛利の旗色が悪いことを予見したのだ。直家は織田家に臣従し、以後岡山城で病死するまで秀吉とともに毛利と戦うことになるのである。

直家は、毒殺・闇討ち・銃による狙撃などを多用し、謀略や裏切りを躊躇しなかったことから戦国有数の悪人に数えられてきた。しかし流浪の身から大名にまでのしあがった実力はただものではなく、その知力、状況判断は高く評価するべきものである。

宇喜多直家と深い関わりを持つ武将たち

豊臣秀吉（とよとみひでよし）

P.40

直家は、妻・おふくを秀吉に差し出したという説がある。それが事実なら、秀吉がその後直家とおふくの子である宇喜多秀家を重用したのもうなづける。

毛利輝元（もうりてるもと）

P.162

初期は毛利と敵対していた直家だが、協同して尼子家を攻めるなど密接な関係を築いた。しかし、信長との戦で毛利方が不利になると直家は織田方にまわる。

関ヶ原で西軍の主力として奮戦

宇喜多秀家

うきた ひでいえ

■1572年生～1655年没

幼いころから豊臣秀吉の信頼を得て五大老のひとりにまでのぼり詰めた宇喜多秀家は、「関ヶ原の戦い」にて西軍の主力として奮戦するも、戦後は流人となる。

PROFILE

1572年	宇喜多直家の次男として誕生
1582年	父の死にともない家督を継ぐ
1585年	元服し、秀家を名乗る
1586年	秀吉の養女・豪姫を娶る
1599年	宇喜多騒動
1600年	「関ヶ原の戦い」に敗北
1655年	八丈島で50年間流人として過ごしたのち死去

illustration：樋口一尉

PARAMETER

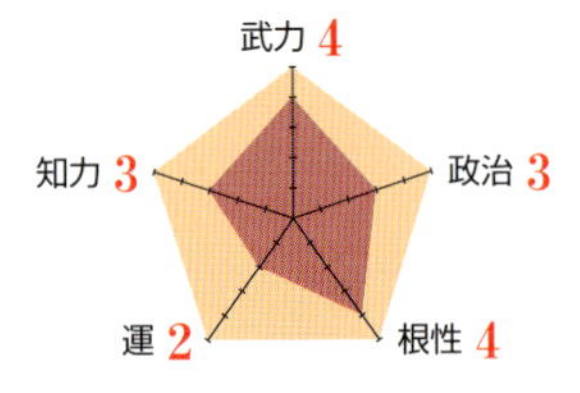

年齢的なものもあって戦闘経験は少ないが、「関ヶ原」での武勇は見事。

父・直家と違い、正義感の強い青年武将にとって政治は苦手だった。

出身地［備前（びぜん）］

栄光の前半生と、関ヶ原で暗転した後半生

■豊臣家のプリンス

宇喜多直家の子・秀家は、父の死後11歳で家督を継ぎ、叔父の宇喜多忠家の補佐のもと、豊臣秀吉に従って四国征伐、九州征伐、小田原征伐に従軍する。

元服の際には秀吉から1字を与えられ、秀吉の養女で前田利家の娘である豪姫と結婚して娘婿となり、豊臣姓を許されるなど、幼少時から秀吉の寵愛を受けた。小早川秀秋や豊臣秀保らと並び、豊臣家の次世代を担うべき人材だったといえよう。

とくに、「朝鮮出兵」の「文禄の役」に際しては弱冠20歳で総大将に任命されるなど、異例の扱いを受けている。朝鮮で若い秀家は周囲の制止を聞かずに出撃するようなところもあったが、結果として大きな武功をあげた。

領地も備前、美作、備中半国、播磨3郡の57万石余りに及び、豊臣家の有力大名のひとりとなり、五大老のひとりに任ぜられ、豊臣政権の中枢に置かれるようになった。

秀家の勢力に陰りが見えるようになったのは家中での騒動であった。家内の法華宗信者とキリシタンとの対立を発端に、宇喜多家を支えた四家老と70人におよぶ有力家臣が宇喜多家を去ったのである。宇喜多家を去った彼らは徳川家康のもとへ走り、これは秀家にとって手痛い打撃であった。四家老が去ったあと秀家を支えたのはキリシタン大名であった明石全登で、崩れかかった宇喜多家を支え、「関ヶ原の戦い」でも見事な指揮を見せる。

■関ヶ原での敗北、そして50年の流人生活へ

１６００年、石田三成から挙兵の報せを受けた秀家は、迷うことなく出兵を約束した。これまでの秀吉の恩を考えると、秀家に選択肢などなかったのである。そして西軍総大将・毛利輝元のもと副将に就任。関ヶ原の戦いに西軍は8万以上の兵を集めたが、動かなかった毛利勢や、裏切った小早川勢などを除くと実際にはせいぜい3万といったところで、そのうち1万7千を秀家が率いた。

戦いは東軍の福島正則軍の宇喜多軍への突撃から始まった。どちらも名だたる猛将であり、戦いは壮烈を極めた。やがて宇喜多軍は福島軍を押し戻し、次第に西軍有利な戦況へと進んでいく。

しかしそのとき、かつて秀吉の養子であった秀秋が裏切ったのである。かつて秀吉の寵愛を受けたふたりの行動は、まったく対照的だったのだ。

宇喜多軍は側面を脅かされ、ついに戦線は崩壊、西軍は壊走する。

関ヶ原でかろうじて生き延びた秀家は、薩摩の島津家にかくまわれたが、3年後に出頭した。島津家久や豪姫の兄・前田利長の助命嘆願もあって死を免れたが、ふたりの息子とともに伊豆八丈島へ流罪となる。このとき秀家はまだ34歳であった。そして前田家の援助を受けながらの秀家の八丈島での生活は、なんと50年の長きに渡った。その間秀家はなにを想い、なにを考えていたのだろうか。

宇喜多秀家と深い関わりを持つ武将たち

豊臣秀吉

P.40

子宝に恵まれなかった秀吉は多くの養子をもらっている。豊臣秀次、小早川秀秋らが失脚したり再養子に出されるなか、秀家は、最後まで寵愛された。

宇喜多直家

P.276

秀家は、謀略が得意な父・直家とまるで性格が違うようだ。しかし父ほどの謀略の才能があれば、家中の騒動や、関ヶ原でも違った展開があったのでは。

大内家

O H

U C H I

周防に根を張って成長した大名

地元・周防の豪族として力を伸ばしていった大内家。勢力の拡大にともない、本拠地の山口は西の京と呼ばれるほどの発展を見せたが、乱世のなかに消えていった。

〈家紋：大内菱〉

菱形のなかに花菱が入った唐花菱の一種である。

大内家の成り立ちとその系譜

■周防を根拠地に勢力を広げる

大内氏の起源は定かではなく、百済聖王の第三子が周防（現在の山口県東南部）に入って多々良姓を賜り、大内家の祖となったという伝説もあるが、これは創作と見られている。ただ、古くから周防の大内村に多々良の一族が勢力を張っていたのは事実のようで、出自はともかく多々良一族が大内氏の祖という可能性は高いようだ。

平安時代末期には、一族である多々良盛房の名が有力者として残されているが、盛房の子である弘盛のころから「大内介」という表現も登場しており、大内家はこのころ誕生したのかもしれない。

鎌倉時代には、周防の国衙（国の役所）を一族の多くで占め、現地の支配機構を事実上掌握。さらには、御家人として六波羅評定衆も務めていた。

南北朝の動乱期には、大内弘幸と叔父の長弘が争うなど大内家内部でも対立があった。しかし、弘幸の子・弘世のころには西方へ勢力を伸ばし、本拠地を山口に移すなど一族発展の基礎を築いている。義弘のころには「明徳の乱」を鎮めた功績として、和泉（現在の大阪府西南部）・紀伊（現在の和歌山県と三重県南部）をはじめとする6ヶ国の守護職を得た。

こののち、大内氏は「応永の乱」を起こしてやや衰退するが、「応仁の乱」のころには勢力を回復しており、西軍の山名方武将として活躍。義興のころには上洛して幕政を握るなど、大いに権勢を振るっていた。

【大内家略系図】

❶大内盛成（おおうちもりなり）—❷弘盛（ひろもり）—❸満盛（みつもり）—❹弘成（ひろなり）

—❺弘貞（ひろさだ）—❻弘家（ひろいえ）—❼重弘（しげひろ）—❽弘幸（ひろゆき）—❾弘世（ひろよ）

—❿盛見（もりひろ）—⓫教幸（のりゆき）—⓬教弘（のりひろ）—⓭政弘（まさひろ）

—⓮義興（よしおき）—⓯義隆（よしたか）—春持（はるもち）／⓰義長（よしなが）

—隆弘（たかひろ）

戦国時代における大内家の興亡

■西国随一の勢力を築くが毛利氏に滅ぼされる

世が戦国時代に突入したころ、大内家では義隆が当主となっており、周防・長門（現在の山口県西部）・安芸（現在の広島県西部）・備後（現在の広島県東部）・石見（現在の島根県西部）・豊前（現在の福岡県東部と大分県北部）・筑前（現在の福岡県西部）と、7国の守護職を得て一大勢力を築いていた。

大内家は大陸との貿易を行っていたほか、学問や芸術を奨励しており、義隆が学問好きだったこともあって、山口は「西の京」といわれるほど文化的繁栄をみた。

しかし、出雲（現在の島根県東部）の尼子氏との戦いで養子を失った義隆が政務を放棄すると、家中で文治派と武断派の争いが激しくなる。やがて、武断派の家臣・陶晴賢が謀反を起こすと、義隆は自害に追い込まれ、晴賢は大友氏からの猶子となっていた大内義長を擁立し、実権を掌握した。ところが、安芸の毛利元就が離反し、「厳島の戦い」で晴賢が滅ぼされると、大内家の勢力はなすすべもなく、毛利氏に併呑されていったのである。

1522年ごろの大内勢力

1557年ごろの大内勢力

1557年滅亡

大内家の対立勢力

毛利家（もうり） P.154
国人たちを統合して勢力を築いていたが、晴賢を倒して独立した。

尼子家（あまご） P.268
一時は本拠地の出雲へ攻め込まれたが、のちに撃退して和睦した。

陶家（すえ） P.284
晴賢の目には、学問好きな義隆は軟弱な当主としか映らなかった。

大内家の居城　大内氏館

大内家が館を構えた年代は定かではないが、江戸時代の『山口古図』によると１３６０年とされている。しかし、館跡の発掘調査によると、館の遺構は１４００年なかごろ以降のものまでしか発見されておらず、現状では15世紀半ばに建てられたものと考えられている。

城というよりは中世的な武家屋敷風で、調査によれば館の範囲が年代によって徐々に拡張されていったようだ。また、館自体も５回の改修を受けていることが判明しており、当主が交代するたびに改修が行われたものとみられている。

現在では、館の基本的な部分が龍福寺境内地として残っているほか、復元された西門や枯山水庭園などが公開されている。

OHUCHISHI YAKATA
DATA

所在地：山口県山口市
別名：－
文化区分：国指定史跡
築城者：不明
築城年：1400年代半ば
構造：城館

一時は西国に覇を唱えた文人大名

大内義隆

おおうちよしたか
■1507年生〜1551年没

長門から勢力を拡大し、「西の京」と呼ばれるまでの隆盛を築いた義隆。だが後継者の死を機に、政務を半ば放棄して遊芸に入れ込んだため、家臣の謀反を招いてしまう。

PROFILE

1528年	大内氏の家督をつぐ
1536年	北九州を平定
1540年	毛利氏を支援し、「吉田郡山城の戦い」で尼子氏を破る
1542年	尼子氏の月山富田城を攻めて敗北。さらにこのとき後継者を失う
1551年	陶晴賢の謀反により、死に追い込まれる

illustration：みきさと

PARAMETER

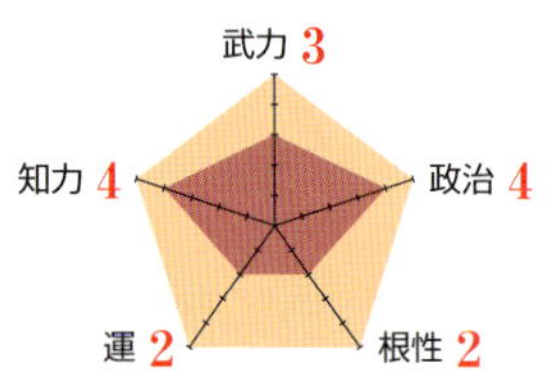

長門を「西の京」と呼ばれるほど栄えさせたのは、ひとえに義隆の器量だろう。

出雲遠征の失敗以降、自分の趣味である遊芸に耽溺して家臣の離反を招く。

出身地［長門（ながと）］

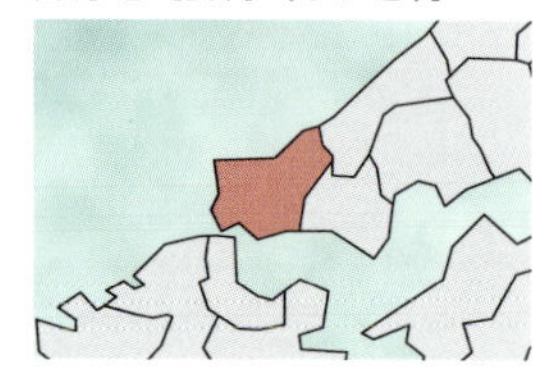

大名としての責任を放棄して、非業の最期を遂げる

■西国の雄として覇をとなえる

大内義隆は、長門を本拠として戦国初期に中国地方、北九州にまでその勢力を広げた西国の覇者ともいえる戦国大名だ。

代々守護大名として根を張ってきた名門の家柄のうえに、義隆は文武ともにバランスのとれた統治を行っている。そのため、義隆の代で大内氏は隆盛を極めることになった。

内政面では、代々の大内氏は貿易を重視しており、優れた経済感覚をもっていたといわれ、義隆自身も貿易を盛んに推奨した。ここで蓄えた経済力があって、義隆は勢力拡大ができたのだ。そして、義隆はその経済力を背景に、自国周辺の地域へと進出する。

関門海峡を挟んだ北九州へはたびたび海を渡って侵攻した。北九州には九州最大の街である博多があり、そこの貿易権を入手したことで、大内家は一層の繁栄を手に入れる。

さらに中国地方の制圧にも触手を伸ばした義隆は、毛利元就を支援して尼子氏を破るなどして、一層の勢力拡大に成功している。こうして、義隆が治世する大内氏は隆盛を誇ることになったのだ。

この戦国大名としての義隆の勢威がうかがえる例としては、同時代の多くの西国武将たちが義隆の「隆」の字を頂戴していることがあげられるだろう。たとえば有名なところでは、小早川隆景、毛利隆元、龍造寺隆信などがおり、彼らは歴史に輝かしい名を残している武将たちである。

■趣味の世界にひきこもった義隆

しかし、この義隆の勢威も長くは続かなかった。衰退の発端は、尼子氏との抗争である。毛利氏の援軍としての戦にて、尼子氏への勝利に勢いづいた重臣の陶晴賢が、一挙に尼子氏を滅ぼすべしと提唱したのだ。家中には時期尚早と反対派もいたが、義隆は自ら大軍を率いて破竹の勢いで進軍し、月山富田城を包囲した。だが、長期戦化して疲労した義隆の軍勢は敗北。さらに敗走のさなかに義隆が後継者と目していた大内晴持が死亡する。

これだけならただの負け戦だったが、後継者を失った精神的痛手からか、義隆は政治から足が遠のいてしまう。そして、政治を近臣たちに任せて、自分は詩歌など文雅の世界へ走るようになった。ここから義隆の大内氏は崩壊していくことになったのだ。

このとき義隆に重用されたのは、文治派ともいわれる尼子攻めに反対した家臣だった。今までバランスよく国を治めていた義隆が政治を半ば放棄して、文治派が重きをなしたことで家中が分裂。やがてその歪みは晴賢による謀反という形で暴発する。

重臣の謀反にあった義隆は逃亡しきれず、自害して果てた。自分の代で大内氏の最盛期を築いた義隆だったが、同時にその終焉をも招いたのだった。大名として優れた手腕を発揮した時期があっただけに、自業自得とはいえ、その最後の迎え方には涙を誘われるのを否めない。

大内義隆と深い関わりを持つ武将たち

毛利元就

P.156

もとは敵対していた毛利氏と大内氏。だが元就は、家督継承を尼子経久に妨害されたため、一時は大内に臣従して尼子氏と戦った。

尼子経久

P.270

謀略の天才・経久の死後、尼子氏を攻めた義隆は、調略して味方にしたはずの尼子側豪族に裏切られたこともあり敗北。これを経久の深謀遠慮という人もいる。

武辺者の辿った哀れな末路

すえ はるかた

■1521年生～1555年没

大内家の軍事部門を担う重臣だった陶晴賢。だが政務を疎かにする主君を見限り、毛利氏の加担を受けると、ついに謀反を起こした。

PROFILE

1521年	長門国に生まれる
1540年	総大将として「吉田郡山城の戦い」で毛利家を攻める尼子勢を破る
1542年	「第一次月山富田城合戦」に参加敗退する
1551年	謀反し、主君の大内義隆を自害に追い込む
1554年	晴賢に対し、石見（島根県）の吉見氏が挙兵
1555年	「厳島の戦い」に敗北し、自害。

illustration：みきさと

PARAMETER

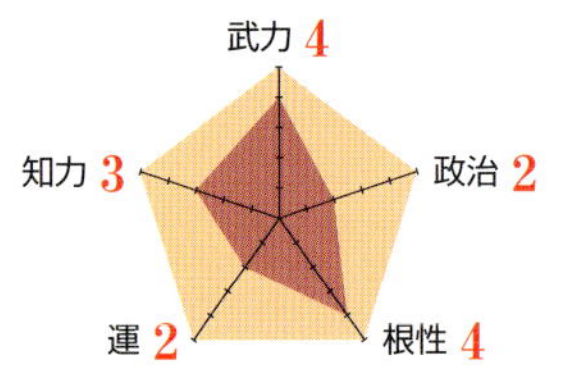

謀反に成功して大内家の実権を握るも、人身掌握できずに毛利氏らの離反を許す。

「西国無双の侍大将」と称され、大内家中で勇猛な武辺者として知られていた。

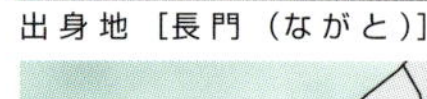

出身地［長門（ながと）］

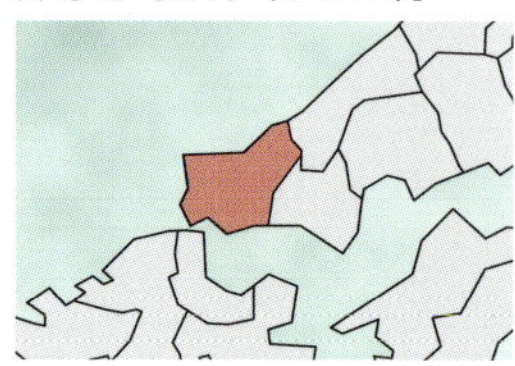

謀反に成功しつつも、権勢を維持できずに滅びた武将

■晴賢が謀反に走るまで

陶晴賢は毛利氏と手を組み、主君の大内義隆に自害に追い込むも、「厳島の戦い」で、大内家に臣従していた毛利元就に大敗して身を滅ぼした。毛利家躍進の引き立て役の感さえある陶晴賢だが、果たしてどのような武将だったのだろうか。

さかのぼること2年前、元就が尼子勢によって居城の吉田郡山城に包囲されたとき、義隆によって援軍として差し向けられた晴賢は、見事に勝利をおさめている。

この勝利に晴賢は自信を深めたであろうし、さらに前年には尼子経久が死去していた。晴賢には尼子家の衰亡の兆しが見え始め、ここが攻め時と思ったのかもしれない。

だが、大内家中の政治面を担当する文治派家臣たちは、晴賢の交戦論に慎重論で反対していた。それを押し切った形で実行した戦は、大内側の大敗という結果に終わったのだ。

晴賢の立場は当然悪くなり、加えて主君の義隆はこの敗戦で厭戦気分を強め、政務を文治派の家臣たちに預けて、自分は文雅の世界に入り浸るようになった。

義隆が文治派を重用するにつれ、晴賢は家中での自分の地位に危うさを覚えたのだろう。晴賢は文治派の暗殺を企てる。だが、これが露見して義隆との仲は急速的に悪化。そして晴賢は謀反を起こしたのだった。

時代は戦乱の世であり、弱者は強者に併呑されるのが当時の世の倣いである。根っからの武辺者の晴賢にとっては、大内家という大大名の屋台骨が揺るぎはじめていると感じていたとしても不思議でない。

晴賢が感じた戦国大名としての大内家の現状への危機感、義隆のもとでは立場が失われつつある焦燥感。おそらくこれらの感情がせめぎあい、晴賢を謀反に走らせたのだろう。

■「厳島の戦い」で敗北

こうして謀反を決意した晴賢の行動は迅速かつ的確で、義隆を自害に追い込む。さらに、自分と対立していた文治派の家臣たちも攻め、次々と殺害していく。ただ、晴賢自身が主君に立つのではなく、大内家の血を引く義長を九州の大友家から引っ張ってきて擁立という形式で、大内家の実権を掌握した。

ここまでは順調に事を進めた晴賢であった。しかし、家中の統制を強引に進める晴賢に不満を覚えるものも少なくなかったようだ。

やがて、この機に勢力を拡大しようとした元就の策謀にはまり、晴賢は安芸国を掠め取られてしまう。

これに対して晴賢は反撃を行うが「厳島の戦い」で元就の奇襲を受けて敗れ、敗走中に自害。「西国一の侍大将」と呼ばれたともいう勇猛な武辺者のあっけない最後だった。

一手の軍勢を率いて戦場で勇敢に戦うのならともかく、大名家の運営は晴賢には荷が重かったのかもしれない。働きどころを誤ったのは、晴賢にとって悲劇だっただろう。

陶晴賢と深い関わりを持つ武将たち

毛利元就（もうりもとなり） P.156

元就は、晴賢の謀反に呼応する形で勢力拡大。のちに晴賢に背き、間隙を縫って、安芸国を制圧。次いで「厳島の合戦」で勝利し、大大名へ成り上がった。

大内義隆（おおうちよしたか） P.282

晴賢の兵に襲撃された義隆は抗戦したものの、寝返る者、逃亡する兵が続出したという。文治派の側近以外の家臣たちは、義隆から心が離れていたようだ。

一条家

ICHI JYO

摂家から戦国大名となった土佐の名門

五摂家のひとつに数えられる一条家は、都の戦乱を逃れて領国へ下向し、土佐一条家が誕生した。土佐一条家は公家大名に発展するが、長宗我部氏に敗れて没落した。

〈家紋：下がり藤〉

藤原北家の流れを組む一条家は、九条家と同じ下がり藤紋。

一条家の成り立ちとその系譜

■領国への下向からはじまった土佐一条家

藤原氏の嫡流で公家の頂点に立った家に、近衛家・鷹司家・九条家がある。このうち、九条流が鎌倉時代に一条・二条・九条と3つに分かれ、この5つの家を「五摂家」と称するようになった。

一条家はこの九条家から分かれた家で、九条道家の三男・一条実経が、一条坊門に住んでいたことから一条氏を名乗るようになった。

一条家のなかでは、摂政や関白を務めただけでなく古典学者として名を馳せ、当時「500年来の学者」や「無双の才人」などと呼ばれた一条兼良が有名だ。

兼良が当主のころ「応仁の乱」が勃発したため、兼良は奈良へ避難した。このとき、奈良にはすでに兼良の子・教房が逃れていたが、奈良の避難所を父・兼良に譲る。

教房自身は領国があった土佐幡多荘へ移り、土佐一条家の祖となった。こののち、土佐一条家は教房の次男・房家が継ぎ、徐々に戦国大名化していく。

しかし、房家のあとを継いだ房冬は当主を継承した直後に病死。その子である房基が若干勢力を広げたものの、理由は不明ながらのちに自刃している。

こうした背景もあって、土佐一条家は積極的に勢力を広げられなかった。また、房基のあとを継いだ兼定は、長宗我部氏をはじめとする国人同士の争いの調停者的な立場をとることも多く、土佐が戦乱に包まれることを望んでいなかったようである。

【一条家略系図】

九条道家―一条実経―家経―内実―内経―経通＝経嗣―兼良―❶教房（土佐一条家）

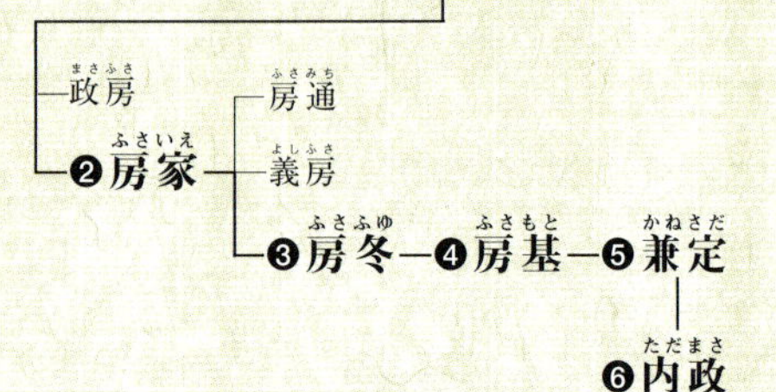

戦国時代における一条家の興亡

■長宗我部氏に滅ぼされる

土佐一条家が領地とした幡多荘中村は、公家の所領だったことから守護職だった細川氏の影響は受けなかったと考えられる。

細川氏家臣の内紛で、大山氏をはじめとする豪族たちに長宗我部兼序が討たれた際、一条家当主だった房家は城を脱出した長宗我部国親を保護し、のちに調停まで行って復帰させた。

ところが、この長宗我部氏が急速に勢力を伸ばし、やがて長宗我部元親が土佐の大半を制圧。この当時、一条家の当主を務めていた兼定が政務放棄ともいえる状態だったため、配下の多くが長宗我部氏につき、兼定は追放されてしまった。

こののち、兼定は領国の回復を目論むが失敗して隠居。子の内政が家督を継ぐが、実質的に長宗我部氏の傀儡で、のちに追放されて大名としての土佐一条家は滅んだ。

しかし、一条家自体は存続しており、土佐一条家の血脈も受けつがれ、明治になってから再興された。

1560年ごろの一条勢力

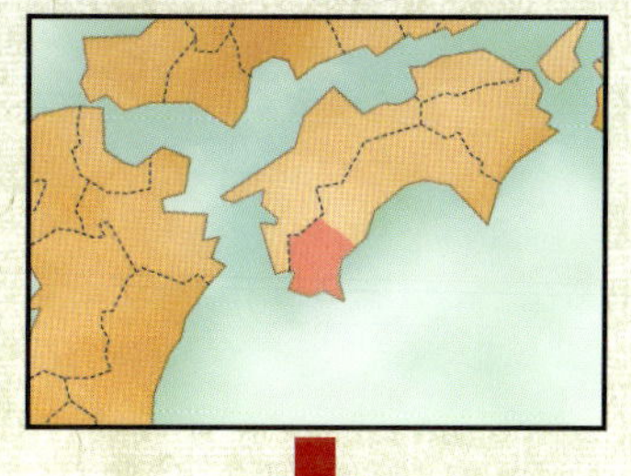

1575年ごろの一条勢力

1575年滅亡

一条家の対立勢力

長宗我部家 P.166	西園寺家 P.316	河野家 P.316
恩を受けたこともあるが、のちに所領を制圧して所領を併呑した。	同じ公家大名として伊予（現在の愛媛県）に位置し、しばしば争った。	伊予の有力豪族で、毛利氏と結んで一条家の侵攻に対抗し大敗させた。

一条家の居城　中村城

中村城がいつ築城されたのかは定かでないが、この地に勢力をもっていた豪族・為松氏によって建てられたといわれる。

一条教房が土佐に下向した際、為松氏は家老に取り立てられることになった。一条家の住処としては中村御所が建てられたが、京風の町並みもつくられたために城郭としての機能は低く、中村城が詰城として使われることになったという。

兼定が追放されたのちは、長宗我部元親の弟・吉良親貞が入り、より実戦的な城へと改修されたようだ。

「関ヶ原の戦い」で長宗我部氏が改易になると、土佐には山内一豊が入ったが、高知城を築いて本拠地としたため、のちの一国一城令によって廃城となった。

NAKAMURA CASTLE
DATA

所在地：高知県四万十市
別名：為松城
文化区分：史跡
築城者：為松氏
築城年：不明
構造：連郭式平山城

追放された土佐一条家最後の当主

一条兼定

いちじょうかねさだ
■1543年生〜1585年没

土佐をおさめていた豪族のひとりで、御所と呼ばれるほど大きな勢力の名家に生まれる。だが、長宗我部氏の勢力が強まるなか、政治を顧みず、家臣に追放された。

PROFILE

1543年	一条房基の嫡男として生まれる
1549年	房基の自殺により家督をつぐ
1558年	宇都宮豊綱の娘を娶る
1564年	宇都宮豊綱の娘と離別し、大友宗麟の娘を娶る
1568年	伊予に兵を進めるが大敗
1569年	安芸国虎自害により、元親への対抗手段を失い、暴君化する
1573年	老臣らに隠居を強制される
1574年	豊後国に追放。大友宗麟を頼る
1575年	再起をはかり挙兵するも元親に大敗（四万十川の戦い）

illustration：みきさと

PARAMETER

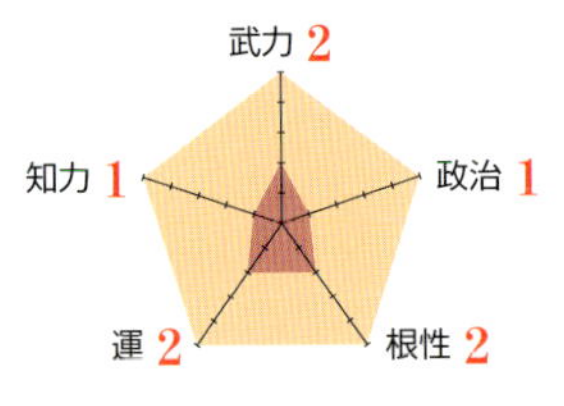

政治を顧みなくなり、諫言した臣を逆上して処刑し、家臣の心が離れていった。

勢力を広げる元親に対して、兼定は対抗する力も手段も持っていなかった。

NATIVE PLACE

出身地［土佐（とさ）］

幼くして家督を継ぎ、失政して追放された名門の凡将

■元親と土佐の覇権を争う

土佐一条家は、公家出身の土佐国司で、戦国中期に最盛期を迎えている。居城の土佐中村城下には、京文化を積極的に取り入れ、京都を模した町づくりを行った。

一条兼定は五代目の当主で、父の一条房基が自殺し、急遽、家督をつぐことになった。このとき、兼定はわずか7歳である。幼いころから、一条家の当主として、祖父や家臣たちに守られて育ってきた兼定は、戦国の世を生き抜くための力を身につけることはできなかった。優秀な部下を集めることもできず、頼りは、妹婿の安芸国虎のみ。それでも、平和な世であれば領地経営はできたのかもしれないが、兼定が家督をついだ時期は、かの土佐の猛将・長宗我部元親が土佐の統一に乗り出していた。兼定は生まれた時代が悪かったとしかいいようがない。

一条家は土佐の西部に勢力を持ち、元親は東部で勢力を伸ばしていた。兼定は逃げるように伊予へ目を向ける。兼定が16歳のとき、伊予大洲城主の宇都宮豊綱の娘を娶って同盟を結ぶと、東へ兵を進め、伊予国内で宇都宮氏と争っていた河野通直と激しく戦った。

さらに兼定は、伊予攻略を進めていた大友家との同盟が有効であると判断。兼定は離婚して大友宗麟の娘を娶り、大友家と同盟を結んでいる。兼定の母は大友義鑑の娘であり、血縁関係にあったが、より強い絆を求めての縁組であった。

■暴君となり家臣の心が離れる

兼定は１５６８年、豊綱の支援のため伊予に兵を進めるも、毛利家の支援を受けた伊予の河野軍に迎え撃たれ、豊綱は大敗。宇都宮家は滅亡してしまう。

そんななか、妹婿の国虎が元親と対立。兼定は和睦を仲介するが、国虎は元親を討とうと援軍を要請してくる。だが、兼定が動く前に、元親は国虎を攻めて自害に追い込んだ。元親に唯一対抗できる国虎を失ったことは大きく、一条家の領土は次々と元親の手に落ちて一条家の勢力はみるみる弱まっていった。このころから、兼定は暴君と化し、政治を顧みなくなる。見かねて何度も諫言した土居宗珊を手討ちにすると、重臣たちの心も離れてしまった。家老たちの合議により、兼定は強制的に隠居させられ、豊後国臼杵に追放される。兼定追放に怒った家臣・加久見左衛門は、一条家の老臣に反感を持っていた領主らと共謀し、中村に兵を進めた。

だが、この混乱を元親が見逃すはずもなく、一条家は反乱の鎮定を名目に、中村を支配下に置かれてしまった。

土佐を追放された兼定は、宗麟を頼って豊後に身を寄せた。宗麟はキリシタン大名として有名であるが、兼定も豊後滞在中に洗礼を受けている。宗麟のあと押しを受け、失地回復を目指し、挙兵して元親に戦いを挑む。だが、失敗に終わり、一条家再興を夢見ながら病没した。

一条兼定と深い関わりをもつ武将たち

長宗我部元親 P.168

元親の父・国親の代から一条家領の城を奪って勢力を広げていた。一条家内の混乱は土佐の統一に乗り出した元親に兵を動かす口実を与えてしまう。

安芸国虎 P.290

兼定の妹を娶り、一条家と同盟関係に。長宗我部元親の土佐統一の壁となって立ちふさがったが、国虎が動く前に攻められ、味方の裏切りもあって自刃した。

元親の前に立ちはだかる好敵手

安芸国虎

あきくにとら

■1530年生～1569年没

土佐の有力国司のひとりで、元親と激しく戦った勇将。多くの人から好かれる性格で、元親に敗れて自害した際には、多くの殉死者が出たといわれている。

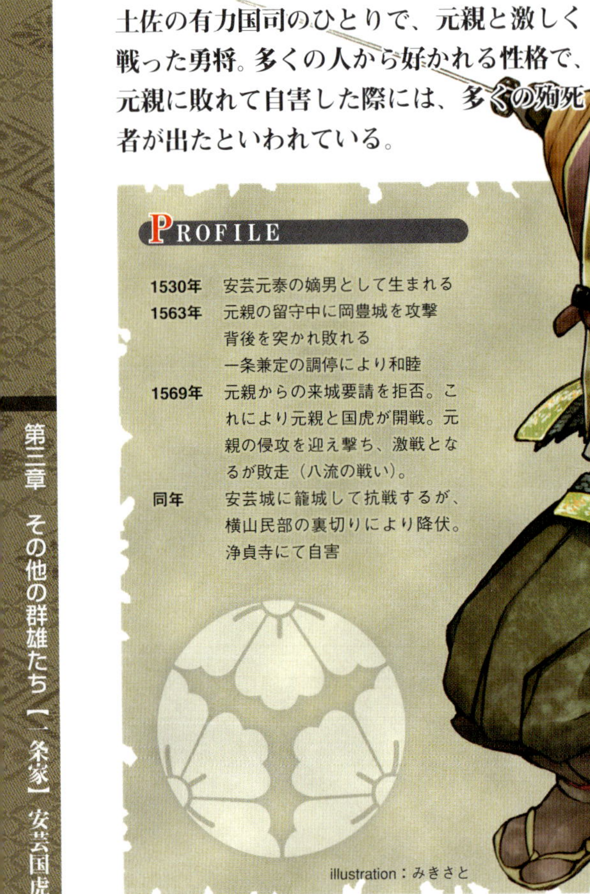

PROFILE

1530年	安芸元泰の嫡男として生まれる
1563年	元親の留守中に岡豊城を攻撃 背後を突かれ敗れる 一条兼定の調停により和睦
1569年	元親からの来城要請を拒否。これにより元親と国虎が開戦。元親の侵攻を迎え撃ち、激戦となるが敗走（八流の戦い）。
同年	安芸城に籠城して抗戦するが、横山民部の裏切りにより降伏。浄貞寺にて自害

illustration：みきさと

PARAMETER

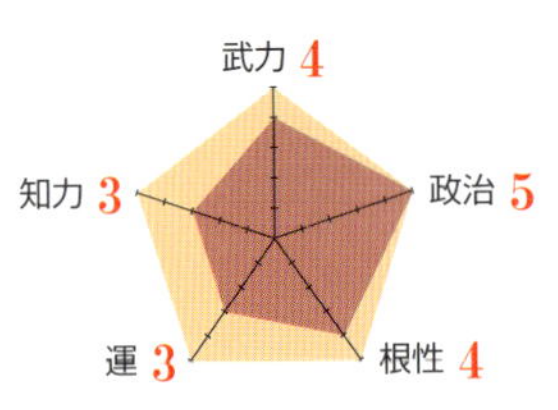

安芸の城下を商人町として整備するなど、内政手腕はかなり優れていた。

長宗我部領に侵入して捕らえられた兵を不問にし、元親陣営を挑発している。

NATIVE PLACE

出身地［土佐（とさ）］

勇猛にして人望厚い、土佐における元親最大の好敵手

■長宗我部と隣合わせの領地

長宗我部元親が土佐を統一するにあたって、大きな壁となったのが安芸国虎である。武勇に優れていただけでなく、領民、家臣たちから愛される好人物であった。

当時の土佐は、「七守護」と呼ばれる豪族によって支配されていた。安芸家は有力な国司であったが、同じ国司の元親はほかの七守護を滅ぼして、土佐を統一しようと動き出す。安芸領と長宗我部領は隣接していたので、両者は激しく対立することになった。

長宗我部領である夜須に、国虎配下の兵士が侵入し、荒らしまわった。夜須はもともと安芸領で、長宗我部家に対して挑発を繰り返したのである。長宗我部家重臣・吉田重俊の嫡男、吉田重康は、これに激怒して安芸領の馬ノ上城を占拠。報復の大義名分を得た国虎は、元親の留守中に、長宗我部家本拠地の岡豊城を攻める。だが、吉田親子が来援して、背後を突かれて失敗してしまう。返す刀で元親は安芸家を滅ぼそうとするが、一条兼定の仲裁によって和睦が成立。兼定の和睦のおかげで、しばらくは平穏な日々が流れる。

その後、今度は元親が動き、国虎のもとへ使者を送る。兼定の前で和解の誓いを立てたいので、岡豊城に来てほしいというものであった。国虎は「呼び出しておいて暗殺するのではないか」と元親を疑う。元親の真意がどこにあったのかはわからないが、土佐統一の野心のある元親が、本気で和睦を考えているとも思えない。国虎は使者を追い返すと、兼定をはじめ、近隣諸国に檄を飛ばして、元親との決戦に備えた。

■元親の侵攻に奮戦

元親の動きも迅速であった。もしかしたら、合戦になるのを見越して、使者を送っていたのかもしれない。元親は軍をふたつに分けて進軍する。国虎と元親の軍は激しくぶつかり、双方とも互角の戦いを演じた。

そして、この膠着状態を打破したのは、長宗我部軍であった。近くの漁船を集めて、沖から法螺や鬨の声をあげさせる。後方に回り込まれたと思った国虎の兵たちは動揺し、そこを一気に突かれるとさらに敗走中に味方の裏切りにあい、居城の安芸城まで引き上げ籠城。兼定らの援軍を待とうとしたが、またも味方の裏切りによって、井戸に毒を入れられてしまう。真夏に水がないという状況では籠城もできず、国虎は覚悟を決め正室と娘を一条家に送り、嫡男・千寿丸を安芸へと逃がすと自刃したのだった。

元親相手に奮戦を続けた国虎だったが、最後には裏切り者が相次いだ。だが国虎の自害に、たくさんの殉死者が出たことから、多くの人から愛された武将でもあったことがわかる。裏切りは国虎を嫌ったり、反感を持ったというより、元親が調略に動いたからだと思われる。謀略の面で、元親に及ばなかったことが国虎の敗因であった。

安芸国虎と深い関わりを持つ武将たち

長宗我部元親（ちょうそかべもとちか） P.168

土佐での勢力拡大を狙った国虎と元親の対決は避けられないものだった。一度は和睦するも、関係悪化から、元親は国虎領へ侵攻し、国虎を自害へ追い込む。

一条兼定（いちじょうかねさだ） P.288

兼定の妹を正室に迎えて、一条家と国虎は盟友となる。国虎が元親に敗北した際、兼定は和睦の仲介役を務めるも、再び戦端が開かれ、国虎は亡くなった。

大友家

OH TOMO

源頼朝以来続く武家の旧家

頼朝の寵臣から身を起こした大友家は、九州北部を中心に権勢を誇った。しかし、当主がキリスト教に傾倒したことをきっかけに家中が乱れ、やがて没落していく。

〈家紋：抱き杏葉〉

馬の金具に使う杏葉を紋にしたもので、中国から伝わった。

大友家の成り立ちとその系譜

■頼朝の寵臣から戦国大名へ

大友氏の始祖は古庄能成の子である能直で、母方の相模（現在の神奈川県）大友郷を本拠地としたことから大友氏を名乗ったのが、大友家のはじまりである。

能直は、源頼朝の寵臣となって豊後（現在の大分県）や筑後（現在の福岡県の一部）の守護職を得たほか、多くの特典的地位を与えられた。

嫡子の親秀は頼朝に仕えたが、三代・頼泰のときに豊後へ下向し、蒙古来襲時には鎮西奉行として活躍した。

鎌倉時代末期には、六代・貞宗が「元弘の乱」で功をあげ、南北朝時代に入ると北朝方についた。しかし、九州で南朝の勢力が増大したため、九代・氏継は南朝について、北朝方の弟・親世に家督をゆずった。

家中を二分することで大友家の存続をはかったわけだが、これが原因でのちに一族同士の争いも起きている。内紛は、十五代・親繁のときに終息したが、十六代・政親と十七代・義右父子の対立から再び内紛が発生。大友氏は、一時衰退することになる。

しかし、政親の弟である親治が十八代当主となって事態を収集し、戦国大名としての体制を確立した。こののち、北九州に権勢を張った大内氏が崩壊したこともあり、義鎮のころには豊後や筑後のほか、豊前（現在の福岡県東部と大分県北部）・筑前（現在の福岡県西部）・肥前（現在の佐賀県と長崎県）・肥後（現在の熊本県）と、6ヶ国にまたがる勢力を築いたのだった。

【大友家略系図】

古庄能成—❶大友能直—❷親秀—❸頼泰—❹親時

❹親時—❺貞親—❻貞宗—❼氏泰／❽氏時

❼氏泰・❽氏時—❾氏継—⑪親著

❼氏泰・❽氏時—⑩親世—⑫持直／⑭親隆

⑪親著—⑬親綱／⑮親繁

⑮親繁—⑯政親—⑰義右—⑱親治—⑲義長

⑲義長—⑳義鑑—㉑義鎮（宗麟）—㉒義統—㉓義乗

戦国時代における大友家の興亡

■統制の乱れから凋落の一途をたどる

広大な領国を有した大友家だったが、義鎮がキリスト教に傾倒したことから家中が乱れ始める。

また、島津氏に攻められた日向（現在の宮崎県）の伊東氏が大友家を頼ったことから出兵するが、「耳川の戦い」で大敗を喫し、逆に島津氏からの圧迫を受けるようになった。

さらには、龍造寺隆信の侵攻や相次ぐ有力者たちの反乱などで、大友家の領国は崩壊寸前。島津軍まで北上を開始して、大友家の命運は風前の灯火となる。

こうした事態を打開するため、大友宗麟・義統父子は全国統一を目前としていた豊臣秀吉に救援を求め、秀吉の九州征伐によって豊後一国を安堵された。

なんとか一国を安堵された大友家だったが、秀吉の「朝鮮出兵」で義統が失態を犯したことから改易され、大友家は滅亡した。しかし、義統は毛利輝元のもとへ送られ、嫡子の義乗は加藤清正のもとを経て徳川家康のもとで養われており、大友家自体はのちに高家となった。

1566年ごろの大友勢力

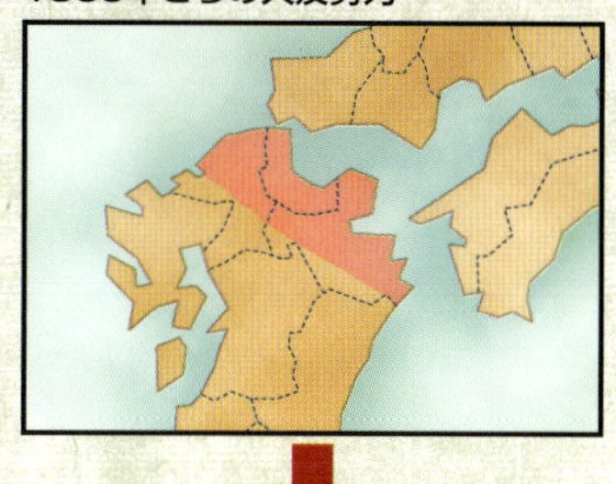

1586年ごろの大友勢力

1586年滅亡

大友家の対立勢力

毛利家 P.154

大内氏にかわって台頭し、数度に渡って北九州への侵攻を試みた。

島津家 P.176

耳川の戦いで大勝したのを契機に、北上して大友領を併呑していった。

龍造寺家 P.298

大友家衰退の兆しを見るや叛旗を翻し、領国を拡大していった。

大友家の居城　大友氏館

大友氏館は長らく大友氏の本拠地となったもので、京都にあった将軍邸をモデルに建てられた、典型的な守護館だったといわれる。

近世に建てられた府内城の南東に位置し、館の南北には大友氏の菩提寺・万寿寺をはじめ、5千軒にもおよぶ屋敷が連なって城下町を形成していた。大友宗麟のころにキリスト教を保護したことから、神学校や西洋式の病院なども建てられていたという。

発掘調査では、中国南部や東南アジア産の焼き物が出土しているほか、ロザリオやメダイなども見つかっており、国際色豊かな町並みが形成されていたと思われる。

現在、周辺は住宅地となっているものの、住民の協力を得つつ発掘調査は続けられているようだ。

OHTOMOSHI YAKATA

DATA

所在地：大分県大分市
別名：－
文化区分：国指定史跡
築城者：大友氏
築城年：15世紀
構造：平城

波乱に満ちた人生の戦国大名

大友宗麟

おおとも そうりん

■1530年生～1587年没

キリシタン大名として知られ、一時は栄華を極めた大友宗麟。しかし諸大名との戦いで大敗に大敗を重ね、衰退に苦しむ晩年を送ることとなってしまった。

PROFILE

1550年	「二階崩れの変」で大友家の家督をつぐ
1557年	北九州にある旧大内領を獲得
1570年	「今山の戦い」に敗れ、龍造寺攻め失敗
1578年	「耳川の戦い」で壊滅的大敗北を喫する
1586年	息子の義統が従軍していた豊臣秀吉の軍勢が「戸次川の戦い」で、島津家に大敗北する
1587年	病気で没する

illustration：みきさと

PARAMETER

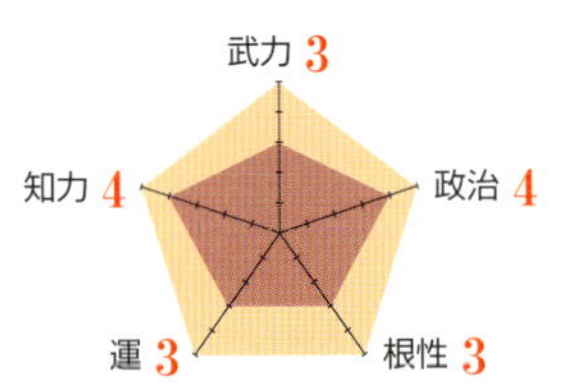

島津家の猛攻撃により存亡の危機に立たされたが、外交戦略で生き残った。

自分を廃嫡しようとした父らと戦い、自らの手で家督を得た。

NATIVE PLACE

出身地［豊後（ぶんご）］

キリシタンや贅沢に入れ込み、自ら勢力瓦解の原因をつくる

■運を味方に九州一の大大名に

九州に覇を唱え、大友氏の全盛期を築いた宗麟は、実に波乱に満ちた人生を送った人物だった。

まず、宗麟が家督を相続したときから大荒れである。父に廃嫡されかけていた宗麟は「二階崩れの変」と呼ばれる、宗麟自身も負傷した凄惨な御家騒動を生き残って家督を継いでいる。

こうして、大友家を率いることになった宗麟は、隣国の大内家の滅亡などのツキもあり、勢力をとんとん拍子に拡大して九州一の大勢力にのし上がった。

次いで好奇心旺盛な宗麟は、西洋の文物を積極的に受容。キリスト教にも興味を示し、ついにはキリシタンとなる。宗麟は信仰に熱心なあまり、領内の神社仏閣を徹底的に破壊して回り、家臣や領民など人心が離れていったという。これはのちに大友家が急速に衰退した一因といってもいいだろう。

また、宗麟がキリスト教に帰依した同時期に家督を息子の義統に譲っている。しかし、「耳川の戦い」での大敗北を機に、大友家中は乱れ、再び宗麟は領国経営の立て直しに乗り出すことになった。

■わずか一国といえど領地を守る

宗麟が再び表舞台に立ったものの、大友家の衰退は止まらず、最初は龍造寺家により、のちには龍造寺家を破った島津家に領地を好きなように侵蝕されてしまう。

そんな危地の大友家を救ったのは、豊臣秀吉の発した大名間の私闘を禁じた「惣無事令」だった。これは大名同士の私闘を禁じた令で、宗麟は自ら進んで秀吉の家臣となることにより、中央政権と友好関係を結ぶ。結果、秀吉の九州征伐の軍は宗麟にとって実質援軍となった。

最後に宗麟が見せた巧みな外交戦略で、大名家としての大友家は命脈を長らえさせることができたのである。秀吉が九州平定を終えて、諸大名の領地が定まったとき大友家の領国はわずかに豊後一国になっていた。

宗麟はこの直前に病気で他界していたが、九州の四ヶ国を支配した最盛期からの凋落ぶりになにを思ったであろうか。

大友宗麟と深い関わりを持つ武将たち

毛利元就 P.156

大友義長は宗麟の実弟で、名物の大内瓢箪という茶入れをもっていた。元就は義長を包囲し、弟の処遇を問いた際、宗麟は弟ではなく名物をとったという。

島津義弘 P.180

大友家が没落する発端となった「耳川の戦い」で、敵側で大いに活躍した義弘。この戦いで散々にやられた宗麟にとって、義弘は災いそのものかもしれない。

立花道雪 P.296

大友家一の名将で忠臣。斜陽の大友家を必死に支え続けた武将だ。生涯大友家に忠義を尽くした道雪は、酒色や奢侈にふける宗麟を諫めたという。

鍋島直茂 P.302

圧倒的大軍で龍造寺隆信の佐嘉城を攻めた宗麟だったが、龍造寺家きっての名将直茂の奇襲によって起きた「今山の戦い」で宗麟は弟を失う敗北を喫した。

大友家の剣となり盾となった名将

立花道雪

たちばな どうせつ　■1513年生～1585年没

大友義鑑・宗麟の二代に渡り終生忠誠を尽くし、戦場では雷神の化身と呼ばれるような働きぶりを見せた。

illustration：
みきさと

PARAMETER

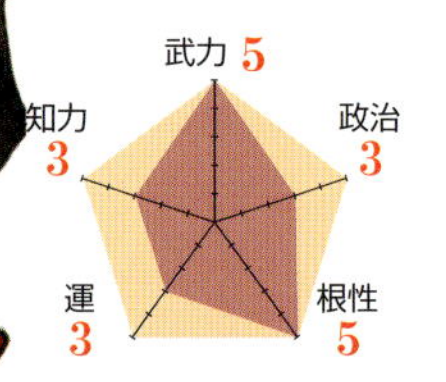

NATIVE PLACE

出身地［豊後（ぶんご）］

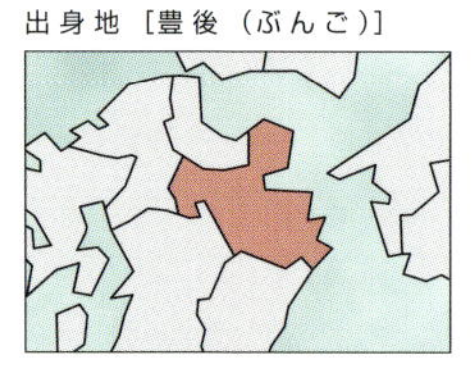

終生変わらぬ忠誠を主家に誓って戦い続けた名将

■雷神を切ったといわれた武勇の持ち主

立花道雪は、大友家が最盛期を築くのに貢献し、また斜陽の大友家にあっても奮戦し続けた大友家の誇る名将だ。

この道雪には、おもしろい逸話が伝わっている。後年の道雪は体が不自由なため、戦場では輿に乗って采配を振るっていたが、これは雷に打たれたためであり、さらにそのときに雷神を刀で切りつけたおかげで一命を取り留めたという。そして、その刀は「雷切」と呼ばれるようになったという。このエピソードはあくまで伝説だが、大小１００を超える戦で負け知らずといわれた道雪は、まさに雷神の化身とでもいうべき存在であった。

やがて宗麟が大友家の当主になると、この新しい主君にも道雪は、以前と変わらぬ忠誠を尽くし続けた。

そして、大内家が滅ぶとその旧領を押さえて回り、それ以降の道雪はおもに大友家領域の北部にあって対毛利戦で活躍している。とくに「多々良浜の戦い」では毛利家の誇る名将、吉川元春、小早川隆景の毛利両川に率いられた軍勢を、道雪は見事に打破したのだ。

道雪は戦の采配に巧みなだけでなく、家臣の統率にも優れていた。「武士である以上弱い者はいない。もしいれば当人ではなく、大将の責任だ」という考えの道雪は、家臣を信じ褒めることで、勇士を育てていたという。

道雪は得がたい名将であったために、大友家の北方の要として動かせなかった。それにより、宗麟を諫める家臣がいなくなったことは、大友家の弱体化につながったともいえよう。

道雪の名号は、「道に積もった雪は動かずに消える」の意という。その名のとおり、道雪の生涯は、主家に変わらぬ忠誠を尽くして、戦い続けた生涯でった。

西国一の天下無双の大将

立花宗茂

たちばな むねしげ　■1567年生～1642年没

ふたりの名将の父から薫陶を受け、数々の戦いで赫々たる武功をたてて武神と賞賛される。

illustration：みきさと

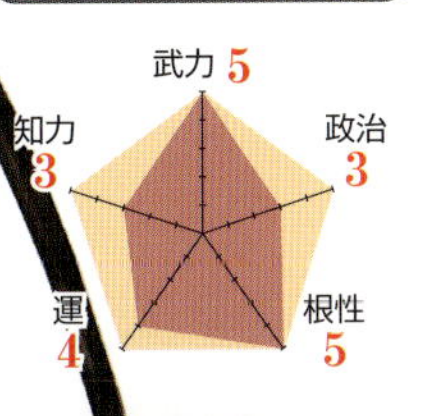

出身地［筑前（ちくぜん）］

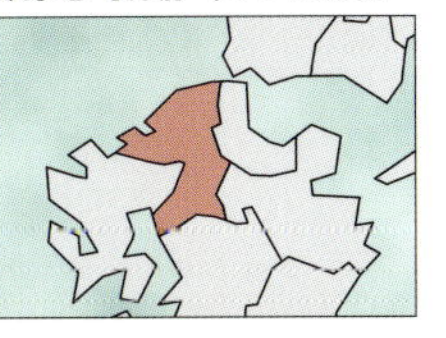

実父・紹運から受け継いだ才能は義父・道雪も惚れこんだ

■忠義と武勇、ともに秀でた戦国の世の英傑

豊臣秀吉に忠義も武勇も九州随一と評されたほどの武将である立花宗茂は、ふたりの偉大な父をもっている。

ひとりは義父の立花道雪で武勇の誉れ高い大友家の守護神。もうひとりは実父の、同じく大友家家臣の高橋紹運で、これまた忠烈の猛将として名高い武将だ。

いわば戦国のサラブレッドともいえる宗茂は、男子に恵まれなかった道雪が紹運に頼み込んで婿養子にしたというほど、子供のときから器量に富んでいたといわれる。

宗茂はその素質を道雪によって厳しく育て上げられるが、わずか2年後に義父・道雪は病死。そして、さらに2年後には実父も失ってしまうことになる。

その当時、島津家が九州全土を制圧すべく猛進撃をしており、宗茂や実父の紹運がいる筑前までもが島津勢の攻撃にさらされていた。

紹運の籠る岩屋城は、わずか700名の城兵しかおらず、攻める島津勢は総数5万であった。宗茂は自分の立花城まで退くように父を説くが、紹運はこれを拒否して多くの将士と時間を島津勢に消耗させて玉砕した。

このおかげで、宗茂は島津の攻勢をしのげたといっていいだろう。そして、島津勢に大いに打撃を与えて意地を見せたのだった。

のちに、九州を平定した秀吉に、宗茂はその武勇を見込まれて、大名に取り立てられる。そして、「朝鮮出兵」では寡兵を率いて包囲された加藤清正を救出するなど、その戦上手ぶりをあますことなく発揮している。

その後、関ヶ原で西軍についた宗茂は、改易されてしまう。しかし、その武勇を惜しまれてやがて大名に復帰し、明治まで続く柳川藩の藩祖となっている。

龍造寺家
RYU ZOU JI

隆信の一代で隆盛した戦国大名

小弐氏の被官として力を強め、当主・隆信のときに最盛期を迎えたが、隆信が没するとともに凋落。実権を鍋島氏に握られ、戦国大名としての役目を終えた。

〈家紋：十二日足〉

下向する際に朝日に照らされる夢を見たことから紋とした。

龍造寺家の成り立ちとその系譜

■藤原氏の血統を受け継ぐ有力豪族

龍造寺家の出自については、藤原秀郷の後裔とする説や藤原姓高木氏とするもの、藤原兼隆の後裔とするものなど諸説がある。

秀郷は「平将門の乱」を平定したことで知られる人物だが、この後裔となる佐藤公清の子・季清が、息子の季喜をともなって肥前（現在の佐賀県と長崎県）に下向した。当時、源為朝が暴れまわっており、季清父子は追討のために派遣されたわけだが、このとき居住したのが龍造寺村であった。

こののち、高木氏から季喜の養子に入った季家が龍造寺氏を名乗り、龍造寺家が誕生したという。つまりこの説では、家系としては藤原秀郷を祖とするが、血統では高木氏の出ということになる。

さて、肥前佐賀郡の国人だった龍造寺家は、南北朝の動乱期に一色氏の被官を経て少弐氏の被官となり、武家方として戦った。のちに、十四代・康家の子である家兼が、水ヶ江家を興して少弐氏の家中で大きな力をもったが、これを妬んだ同僚の馬場頼周が主家の小弐氏に讒言したことから、一族数人が討たれるという事件が起きた。

龍造寺家は、これを契機に大内氏の助力を得て少弐氏と戦い、敗れた少弐氏は筑後（現在の福岡県の一部）へ出奔。少弐氏からの独立を果たした龍造寺家だったが、本家の血統が絶えたことから、家兼の孫・隆信が継承することになる。

【龍造寺家略系図】

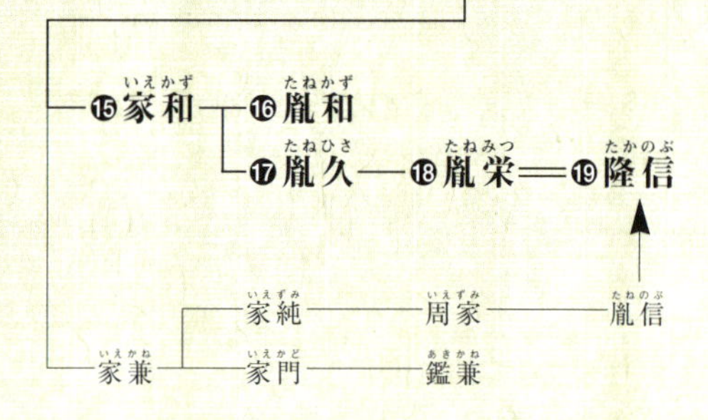

戦国時代における龍造寺家の興亡

■大友氏を退け勢力を拡大するも島津氏に敗れる

新たに隆信を当主とした龍造寺家だったが、大友氏が九州統一の動きを見せると内紛が生じ、大友氏と縁のある龍造寺鑑兼が擁立されて、隆信は筑後へ追われた。

しかし、隆信は大友氏家臣・蒲池鑑盛の厚遇を得て体勢を立て直し、佐賀へ攻め入って復権を果たす。こののち、隆信は周辺地域を平定していき、因縁の深い馬場氏や神代氏と戦った。

のちに、少弐氏の再興を目論んだ相馬氏や大友氏が領内へ侵入してくる。相馬氏は撃退したものの、大友氏の大軍には本拠地佐賀城を包囲される事態となったが、乾坤一擲の夜襲で総大将・大友親貞を討ち取った。

危機を乗り切った龍造寺家は大友氏と講和すると、大友氏に組した豪族たちを切り従えて肥前を掌握。のちに、肥後を奪取したのち、筑後や筑前（現在の福岡県西部）にも勢力を伸ばしていった。

しかし、肥後へ進出してきた島津氏との戦いで隆信が戦死し、実権は家臣の鍋島氏に移っていったのである。

1581年ごろの龍造寺勢力

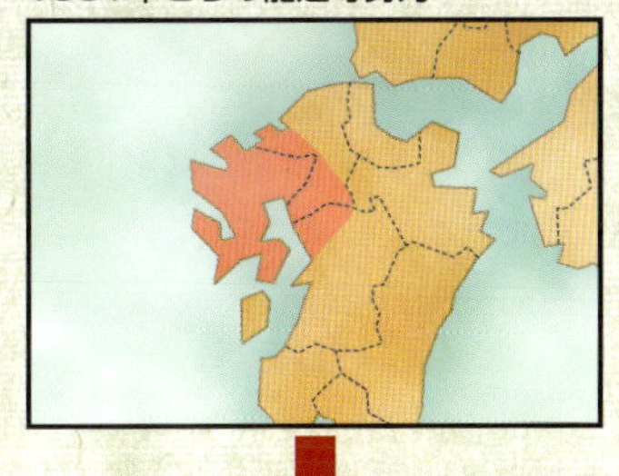

1584年ごろの龍造寺勢力

1584年滅亡

龍造寺家の対立勢力

島津家 P.176

肥後を巡って争い、隆信を討ち取って龍造寺家を凋落させた。

大友家 P.292

勢力を拡大する龍造寺家と衝突し、本拠地へ攻め込んだが撃退された。

少弐家

勢力を伸ばす龍造寺家を警戒し勢力をそそぐが、のちに打倒された。

龍造寺家の居城　佐賀城

龍造寺家が本拠地とした村中城は、鎌倉時代に建てられていたと思われる。龍造寺隆信が没したのち、幕府によって認められた鍋島氏が正式に実権を握ると、１６０２年から改修を開始。９年の歳月をかけて佐賀城へと生まれ変わった。よって、村中城そのものは残されていないため、ここでは佐賀城を紹介する。

佐賀城は土塁で築かれた堀に囲われ、いざというときは主要部分以外を水没させる仕組みだった。２度に渡って火災に見舞われ、藩政の中心だった二の丸御殿が焼失。のちに本丸御殿が建てられて明治以降まで使用されたが、１９５７年までに解体された。

現在では天守台や鯱の門が残されているほか、本丸御殿の一部が復元されている。

SAGA CASTLE

DATA

所在地：佐賀県佐賀市
別名：龍造寺城
文化区分：県指定史跡、国指定重要文化財
築城者：鍋島直茂
築城年：1602年
構造：平城

「肥前の熊」と呼ばれた梟雄

龍造寺隆信

りゅうぞうじ たかのぶ

■1529年生～1584年没

諸大名の圧力を受ける逆境のただなかから地道に勢力を蓄え、一代で「五州二島の太守」を号する強大な戦国大名へと成り上がった西九州の雄。

PROFILE

1546年	家督を継承
1553年	亡命から帰還
1569年	大友家の肥前侵攻がはじまる
1570年	「今山の戦い」の勝利
1578年	佐賀平野部を平定
1579年	筑後・肥後に進出
1580年	大友氏と筑前分割
1584年	沖田畷で戦死

illustration：三好載克

PARAMETER

武力 4
政治 4
根性 5
運 3
知力 4

知力 4
大勢力の大友家からプレッシャーを受けつつも、巧みに勢力を拡張していった。

根性 5
なにも持たない状態から、一代で九州三強の一角を占める地位までのしあがった。

NATIVE PLACE

出身地［肥前（ひぜん）］

長年の苦労と辛抱の末に、九州北部を制覇した猛将

■「肥前の熊」の苛烈な成り上がり

最盛期には「五州二島の太守」と号し、その非情な生き様から「肥前の熊」と恐れられた龍造寺隆信。この隆信はほぼなにも持たないゼロの状態から、戦国大名の地位を確立したまさに乱世の梟雄というべき武将だ。

もともと龍造寺氏は国人領主に過ぎず、隆信が当主になったときは、祖父や父をはじめ、一族のほとんどが主筋の少弐家に謀反を疑われて謀殺されていたという悲惨な状態だった。

そのため、当然のように隆信は長く辛い雌伏のときを強いられる。

たとえば、西国一の大名家の大内義隆によしみを通じて権勢を得たこともあったが、敵対勢力によって肥前から追い出され、3年間もの亡命生活を余儀なくされたこともあった。

また、亡命からようやく復帰して、自分を追い出した者を討ったものの、今度は肥前守護を名のる大友家によって独立を脅かされるようになる。隆信が切り従えようとした周辺の敵対勢力は、宗麟率いる大友家との臣下筋にあたるためだった。大友家の争いで最大の危機となった「今山の戦い」では、隆信の右腕である鍋島直茂の活躍によって勝利をおさめることができた。とはいえ、これは局地的な勝利で、いまだ大友家と龍造寺家との力の差は歴然たるものがあった。

それでも、隆信は懲りずに大友寄りの周辺勢力を攻め、ときには大友家から討伐軍を送られる。

だが隆信は、そのたびに獲得した領土や権益を最終的に大友家に認めさせ、しぶとい外交力を見せている。さらに、隆信は肥前東部の敵対勢力を傘下におさめるにあたっては、調略や縁戚外交も駆使して諸勢力を取り込み、苦しい環境下で力を蓄えていった。

■「沖田畷の戦い」に散る

この隆信の長年の辛抱が報われるときが来る。大友家が島津家に「耳川の戦い」で大敗したのだ。大友家の支配下にあった国人領主たちの動揺につけ込んだ隆信は、一挙に勢力を拡大。北九州の旧大友領の半ばを制圧して、大友家とのバランスを逆転させたのだった。

こうして勢力拡大を果たした隆信だったが、同様に勢力を拡大して九州を北上してくる島津家との対決はほぼ避けられないものとなった。そして「沖田畷の戦い」が発生する。

この戦の敵は、隆信から離反した有馬氏などの諸勢力と、彼らを援護するために軍勢を送り込んできた島津氏の連合軍で、隆信にとって内憂と外患を一挙に叩きつぶす戦いとなるはずだった。

そのため、隆信は敵軍の約2倍もの大軍を集めて戦いに臨んでいる。しかし、地形を上手く利用する敵方に強攻をかけるミスを犯したために隆信は敗死してしまう。

一代で九州に覇を唱える大名に成り上がった隆信のあまりにもあっけない最後であった。

龍造寺隆信と深い関わりを持つ武将たち

島津家久 P.182

「沖田畷の戦い」で隆信を破ることができたのは、島津四兄弟一の戦術家・家久の采配があってこそだ。この戦いで龍造寺家の凋落と、島津家の隆盛が決まる。

鍋島直茂 P.302

直茂は隆信の従兄弟にあたる。沖田畷で隆信が敗死し、のちの龍造寺家を支えて島津家の圧力に耐え、主家を豊臣政権下の大名として生き延びさせている。

武功、知略ともに秀でた名将

鍋島直茂

なべしま なおしげ

■1538年生〜1618年没

文武に優れた名将・鍋島直茂。戦はもちろん、内政面でも龍造寺家をよく補佐して命脈を保たせ、のちに主家を引き継ぎ、鍋島藩を誕生させたのだった。

PROFILE

1553年	初陣
1570年	「今山の戦い」で奇襲を立案し、実行。大友勢から佐嘉城を救う
1578年	肥前の統一
1581年	筑後柳川城に入る
1584年	沖田畷で敗北する。龍造寺隆信の戦死
1600年	「関ヶ原の戦い」で巧妙な立ち回りをして、本領を安堵される

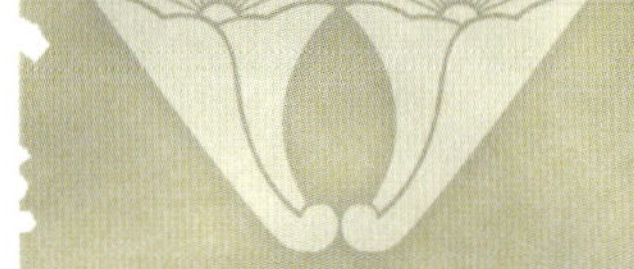

illustration：三好載克

PARAMETER

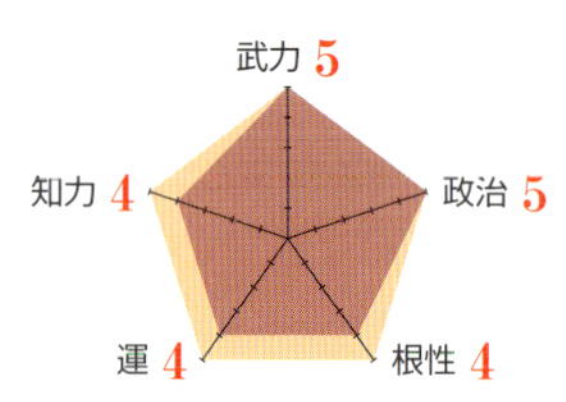

「今山の戦い」で優れた指揮をとり、個人的な武勇も常人離れしていたという。

隆信亡きあとの龍造寺家をよくまとめ、秀吉に通じて龍造寺家の地位を保たせた。

出身地［肥前（ひぜん）］

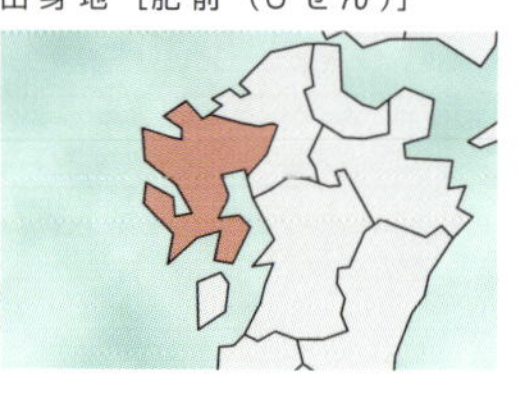

のちに主家を継ぐ、龍造寺の忠臣で家中一の実力者

■隆信の右腕として活躍

肥前を中心に勢力を拡大した「肥前の熊」こと龍造寺隆信。この隆信の覇業には欠かせなかった武将がいる。それが従兄弟であり、義理の兄弟にもあたる鍋島直茂だ。直茂は隆信の無二の忠臣であり、功臣でもあった。

その貢献度は目覚しく、戦では何度も龍造寺勢の先手を務めて勝利に貢献している。また、来寇した大友家を討ち払った「今山の戦い」では奇襲を進言して自ら槍を振るって奮戦したりと、龍造寺家の勢力の維持拡大には直茂の活躍が不可欠であった。

直茂は、のちに島津家、大友家への最前線となる筑後の支配を任されるが、これほどの重要地を任せたということは隆信の直茂への信頼の深さの現れだ。また知略の面では、その勢力範囲を最盛期より大幅に削られながらも龍造寺家が大名の地位を守るよう、したたかに立ち回ったことがあげられるだろう。

「沖田畷の戦い」で隆信が討ち死にして以後、直茂は隆信の息子のまだ若い政家を補佐して龍造寺家の領国経営にあたることになる。

中央の情勢を注視していた直茂は、島津に表向き頭を下げつつも、裏で豊臣秀吉とよしみを通じていた。そして、秀吉の九州征伐では先鋒を任され活躍して島津から独立。さらに龍造寺家は秀吉に領土を安堵されている。

このように、主家の龍造寺家が激しい浮き沈みを経験しつつも存続することができていたのは、直茂の功績があってこそだ。

しかし、同時に直茂のあげた大功は主家に対する立ち位置を微妙なものにしていく。

■龍造寺家を簒奪!?

主家を実質上切り盛りしていたため、秀吉は直茂を龍造寺家の最高権力者として扱い、実際の当主である政家をないがしろにするようになった。たとえば、政家を隠居させて、まだ5歳の嫡男・高房を当主に据えた。そのうえで秀吉は直茂を高房の後見役としている。

そして朝鮮出兵のときには、直茂は朝鮮へ渡って大きな戦功をあげたが、秀吉は高房には軍役を求めず、直茂に求めたのだった。

徳川の治世になってからもその傾向は変わることなく、中央政権は龍造寺家の代表者を直茂として見ており、それに絶望したのか高房が憤死する事件が起きる。

その後、龍造寺一族の支持もあり、徳川幕府は直茂の嫡男の勝茂が龍造寺家の家督を継ぐように命じ、かくして肥前に鍋島藩が誕生することになったのだ。

このように結果的に主家を乗っ取る形になったことに対して、直茂を簒奪者と呼ぶ声もある。確かに忠臣と逆臣、評価の定めにくい人物かもしれない。

だが、数々の戦場で見せた武勇、隆信亡きあと家臣団や領内をまとめた統治手腕、臣従する対象を間違えない先見の明と、直茂が高いレベルでバランスの取れた類稀な武将であることには異論の余地はないだろう。

鍋島直茂と深い関わりを持つ武将たち

立花宗茂（たちばなむねしげ）

P.297

直茂は、子の鍋島勝茂を西軍に従軍させながらも、九州では東軍として立ち回らせる。西軍の宗茂を攻めて柳川城を開城させ、旧領を回復した。

龍造寺隆信（りゅうぞうじたかのぶ）

P.300

直茂の主君であり、従兄弟であり、義兄弟にもあたる隆信。龍造寺家の最盛期は隆信と直茂の二人三脚で築き上げられたものといってもいいだろう。

蝦夷の英雄・安倍貞任の血族

安東家 ANDOH

過酷な環境のなか、アイヌ民族との交易で繁栄し、のちに戦国大名となった。

成り立ちと戦国時代の興亡

安東家は、「前九年の役」で朝廷の討伐と戦った蝦夷の英雄・安倍貞任の後裔である。現在の青森県西部から秋田県付近にかけての日本海側を領土とし、鎌倉時代には蝦夷を統括する蝦夷沙汰代官職に任じられていたという。

鎌倉時代末期から室町時代にかけて、青森県の十三湖にある十三湊を支配し、ここを根拠地としてアイヌとの交易などで栄えた。

のちに戦国大名となって秋田氏を名乗ったが、「上杉討伐」に際して徳川家康から出された、「最上氏に協力せよ」という命令に従わなかったことから、常陸（現在の茨城県）宍戸へ国替えとなった。

■戦国時代当主〈安東愛季〉

鎌倉末期、一族のあいだで生じた内紛から安東家はふたつに分裂したが、安東愛季がこれをふたたび統一した。

愛季は、南部氏や大宝寺氏と戦いつつ勢力を広げ、のちには冠位を得るなど安東家の最盛期を築いた。しかし、１５８７年に戸沢氏との戦いのさなかに陣没した。

安東家の対立勢力

蠣崎家 P.304

長らく安東家の被官だったが、アイヌ民族の蜂起をきっかけに自立をはかった。

南部家 P.305

安東政季を傘下に加え、北方海域の安東家勢力を掌握するなど、大きな障壁となる。

安東氏から独立した戦国大名

蠣崎家 KAKIZAKI

時節に応じ、アイヌ民族と結んだり敵対しながら領国を維持。松前藩祖となった。

成り立ちと戦国時代の興亡

室町時代に将軍から追討受けた一色義貫を討ち、その功で若狭（現在の福井県南部）の守護職を得た武田氏。この二代当主である武田信賢の子・信広が南部氏のもとへ身を寄せ、蠣崎の知行を得て蠣崎氏を名乗ったのが蠣崎家のはじまりといわれる。その一方で、奥羽（現在の東北地方）の豪族が蝦夷に移住し、武田を騙ったという説もあり、定かではない。

蠣崎家は、アイヌ人の武装蜂起を鎮圧して台頭。長らく安東氏の被官だったが、婚姻などで奥州の諸大名との結びつきを強め、戦国大名化していった。松前慶広のときに豊臣秀吉に謁見して所領を安堵され、のちに徳川家康に接近して松前と改名。松前藩主となった。

■戦国時代当主〈蠣崎季広〉

蠣崎家は長らくアイヌ民族と抗争を繰り返していたが、季広はアイヌ民族との和睦をはかる宥和政策に転換。逆に交易によって利益をあげ、蠣崎家の強化をはかった。

当時は安東氏の被官だったが、諸大名との婚姻を進めて家格の上昇を試み、子の慶広が豊臣秀吉に謁見して独立をはたした。

蠣崎家の対立勢力

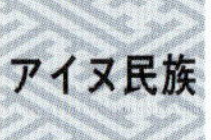

アイヌ民族

蠣崎家とは長らく交易などを通じて関わりがあったが、商売上のトラブルをきっかけに「コシャマインの戦い」で、初戦で奇襲攻撃をかけ、蠣崎家を滅亡寸前まで追い詰めた。

甲斐源氏の血を引く北端の名門

南部家 NANBU

甲斐源氏の一門だった南部家は、鎌倉時代から北端で勢力を張り盛岡藩祖となる。

成り立ちと戦国時代の興亡

源義光を祖とする甲斐源氏の一族からは多くの大名家が輩出したが、南部家もそのうちのひとつである。

義光の後裔である光行は、甲斐（現在の山梨県）巨摩郡南部に住んでいたことから南部氏を称し、南部家が誕生した。鎌倉幕府による奥州（現在の東北地方）藤原氏の討伐や、南北朝の動乱期に奥州で活動し、のちに南北合一すると奥州へと移った。

二十四代・晴政のときに最盛期を迎えるが、一族内では家督争いが絶えなかったという。豊臣秀吉の「小田原攻め」に従軍したことで7郡を安堵され、九戸政実が起こした反乱も秀吉の助力を得て鎮圧。江戸時代には盛岡藩として存続した。

■戦国時代当主〈南部晴政〉

南部家は統制の乱れからふたつに分裂して争っていたが、晴政はこれを統一して戦国大名としての基盤を確立した。

家督相続の前におきた斯波氏の侵攻を撃退したほか、のちの安東氏の侵略も阻止。近隣の一族を家臣化することで勢力を広げ、南部家の最盛期を築いた。

南部家の対立勢力

東北地方西部を領有することから、東部に位置する南部家とはたびたび争った。

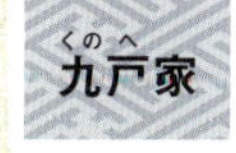

南部家の支族ではもっとも力をもっており、のちに内紛を起こして家督を狙った。

戦国末期にデビューした遅咲きの花

津軽家 TSUGARU

期に、主家・南部氏のもとから自立し、独立勢力として歩みはじめた。

戦国時代末期に、主家・南部氏のもとから自立し、独立勢力として歩みはじめた。

成り立ちと戦国時代の興亡

津軽家は南部氏庶子の家系で、もともとは大浦氏と称していた。南部氏の一族であるため、南部氏に臣従する立場だったが、のちに久慈氏から養子に入った為信が、津軽地方を統括していた一族の石川高信を倒して独立をはかる。当時、南部氏では当主の晴政と信直のあいだで確執が生じており、為信はこの間隙をついての行動だった。

豊臣秀吉とよしみを通じ、秀吉の「小田原攻め」にも参陣。南部氏から「惣無事令」違反として訴えられたが、石田三成を通じての釈明を許され、本領を安堵された。のちに御家騒動が起こったが、これを乗り越えて弘前藩として存続していくことになる。

■戦国時代当主〈津軽為信〉

津軽為信は岩手衆の久慈氏に生まれ、のちに養子として大浦氏に入り家督を継いだ。

南部氏内で当主・晴政と養子になった信直の確執が深まると、信直の父・石川高信を討って（高信は逃げ延びたという説もある）、独立をはかり、周辺の南部氏一族を滅ぼして津軽地方を掌握した。

津軽家の対立勢力

晴政と信直がにらみ合っている隙に独立され、津軽地方を奪われた。豊臣秀吉に惣無事令違反だと訴えたが、為信が秀吉や三成と懇意だったこともあり、訴えは退けられた。

奥州の戦国大名を輩出した名族

斯波家 SHIBA

足利将軍家の一門として各地の守護職を務めたが、斯波宗家は衰退していった。

成り立ちと戦国時代の興亡

斯波家は、鎌倉時代中期に四代将軍・泰氏の嫡男が奥州の斯波郡（現在の岩手県紫郡付近）に入って、斯波氏を称したのがはじまりである。

斯波家は越前（現在の福井県）守護職を得るが、のちに斯波家兼が奥州管領となった。南北朝の動乱期には、将軍家一門として足利尊氏に味方し、北畠氏に対抗。奥州に根付いた斯波氏からは、のちに大崎氏や最上氏が誕生する。

斯波氏は、室町時代に管領を務めた三管領家の筆頭として権勢を振るったが、のちに家督争いが生る。畠山氏や足利将軍家も巻き込んだ「応仁の乱」が勃発すると、領国で今川氏や朝倉氏が台頭し衰退していった。

■戦国時代当主〈斯波義銀〉

尾張（現在の愛知県西部）守護・斯波義統が守護代の織田信友に討たれると、義統の子・義銀は織田信長を頼って信友を討たせた。義銀は、信長によって尾張守護に奉じられたが、事実上は傀儡だったことから、のちに吉良義昭と信長の追放を目論むが、露見して逆に尾張から追放されてしまった。

斯波家の対立勢力

もともと遠江（現在の静岡県西部）に所領があったが、斯波家と争って一国を奪取した。

越前（現在の福井県の嶺北地方）守護代だったが、斯波家から守護の座を奪い取った。

戦国の世に消えた将軍の血族

大崎家 OHSAKI

大崎家は将軍家に連なる家として権勢を振るったが、時代とともに凋落した。

成り立ちと戦国時代の興亡

大崎家は斯波氏から誕生した一族で、祖先は足利将軍家である。奥州管領となった斯波家兼の後裔で、当初は伊達氏や南部氏、葛西氏といった有力国人たちを従える立場だった。

室町時代に幕府と関東を統括する鎌倉府が対立すると、奥州管領職が廃止されたことで権力が弱まり、国人衆のひとつに転落。やがて、かつては従えていた伊達氏の実質的傘下に置かれるようになった。

大崎家は、たびたび伊達氏からの自立をはかるが成功せず、さらには豊臣秀吉の「小田原攻め」に参陣しなかったため改易処分となる。のちに遺臣たちが一揆を起こして再興をもくろむが、成功しなかった。

■戦国時代当主〈大崎義隆〉

大崎義隆が家督を継いだとき、すでに大崎家の衰退は著しく、伊達氏に圧迫されていた。秀吉から「小田原攻め」参陣の命が下った際は、伊達氏の陰謀で領国に一揆が起きたためかなわず、改易処分となる。

こののち、義隆は蒲生氏郷や上杉景勝に仕え、会津の地で没した。

大崎家の対立勢力

奥州の国人たちと結んで勢力を拡大し、衰退した大崎家を傘下に置いた。

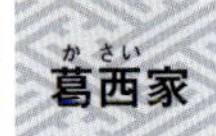

大崎家の権威が弱まると、伊達氏と結んで領国を安定させ、大崎家と争った。

伊達氏とも渡り合った将門公の後裔

相馬家 SOUMA

分裂して一族で争いながらも、相馬家は諸大名と渡り合って生き延びた。

成り立ちと戦国時代の興亡

相馬家は、千葉常胤の子・師常が平将門の子孫・相馬師国の養子に入り、相馬家の祖となったのがはじまりという。三代ののちの胤村の子・胤氏が下総国相馬郡、師胤は陸奥国行方郡に入ったことから、奥州相馬家と下総相馬家のふたつの家系に分かれた。相馬家が分かれた理由は家督争いだったともいわれ、両家はこののちしばしば所領を巡って争う。

下総相馬家はのちに北条氏に下ったが、豊臣秀吉の「小田原攻め」によって改易された。一方、奥州相馬家は、伊達氏や佐竹氏と争いながらも独立を保っている。「関ヶ原の戦い」で中立の立場をとったことから改易の危機を迎えたが、本領は安堵されて生き残った。

■戦国時代当主〈相馬盛胤〉

伊達氏の内紛「天文の乱」で稙宗に味方したことから、相馬家は伊達氏と敵対関係にあった。

当主となった盛胤は伊達晴宗や輝宗と戦い、伊具郡や丸森城を占拠する活躍をみせている。家督を義胤に譲ったのちも、子供たちの補佐役として相馬家を支えた。

相馬家の対立勢力

半世紀以上に渡って相馬家と争い、伊達政宗の代に優勢となるも、決着はつかなかった。

家中で伊達派と相馬派が争い、伊達派が勝利したことから不仲となった。

家中の乱れから没落した名族

蘆名家 ASHINA

蘆名家は会津の地に勢力を張るが、家中での争いが絶えず、半ば自滅していった。

成り立ちと戦国時代の興亡

蘆名家はもともと三浦半島に勢力を張った三浦氏の一族で、三浦義明の七男・佐原義連を祖とする。蘆名の名は「芦名」の地名に由来したもので、「芦名」や「葦名」と表記されることもある。

源氏の奥州藤原氏討伐に従軍して功があり、会津地方に所領を得た。以後、蘆名家は会津を支配し、会津守護を自称するほどだったという。

十六代・盛氏のときに隆盛を極め、伊達氏と並び幕府の記録で東国の大名衆と認められるほどになった。

しかし、盛氏が亡くなったのち家中の統制が乱れ始め、当主の暗殺や早世が続く。のちに佐竹氏から当主を迎えるが、伊達氏に攻め滅ぼされた。

■戦国時代当主〈蘆名盛氏〉

十六代当主・盛氏は、相馬義胤や二本松義継、二階堂盛義など、諸豪族を傘下において蘆名家の全盛を築いた。

戦達者だったが、敵対する田村氏に佐竹が助力しているのをみるや、佐竹氏の敵である北条氏や武田氏と結んで対抗するなど、政治力も高かった人物である。

蘆名家の対立勢力

佐竹氏から当主を得て敵対した蘆名家を「摺上原の戦い」で討ち破って没落させた。

田村氏を援助して、勢力拡大を目指す蘆名家の前に立ち塞がった。

武名で鳴らした公家の末裔

宇都宮家 UTSUNOMIYA

宇都宮家は、戦乱激しい関東でよく奮闘したが、最後にミスを犯して改易された。

成り立ちと戦国時代の興亡

宇都宮家の出自については、藤原道兼の後裔というものや貴族の中原氏、あるいは豪族の下毛野氏の後裔とするものなど諸説がある。一族は全国に分布しているが、本貫は下野（現在の栃木県）であった。

鎌倉時代から武名をあげていた宇都宮家は、南北朝の動乱期に足利尊氏に味方し、北関東に勢力を張った。

戦国時代になると、関東に覇を唱えんとする北条氏が台頭したことから、北条氏と敵対する佐竹氏や上杉氏と結んで対抗する。

豊臣秀吉の「小田原攻め」に参陣して所領を安堵されたが、太閤検地で申告していた石高の倍の数値が出され、申告の不正を問われて改易となった。

■戦国時代当主〈宇都宮成綱〉

下野宇都宮家中興の祖といわれる成綱は、若くして当主の座についたが、一族の統制を強化して結束をはかった。

関東管領上杉氏と鎌倉府足利氏との争いでは管領方につき、鎌倉府方として攻め寄せた佐竹氏を、さんざんに討ち破る活躍をみせた。

宇都宮家の対立勢力

周囲の国人たちを圧して勢力を広げ、宇都宮家の領国である下野への侵入をもくろんだ。

鎌倉府の足利家は、幕府方についた宇都宮家を追討し、一時没落へと追いやった。

相模の王者に対抗し続けた実力派

里見家 SATOMI

一旦滅亡しながら復活した里見家は、北条氏に対抗しつつ江戸時代まで生き延びた

成り立ちと戦国時代の興亡

上野源氏の祖である新田義重の子・義俊が、のちに上野（現在の群馬県）里見に入って里見を称したのが里美家のはじまりといわれる。

のちに「結城合戦」で鎌倉府方についたことから、幕府の追討を受けて一旦滅亡する。しかし、のちに安房（現在の千葉県南端）の安西氏を追放して新たに所領とし、安房里見家が誕生した。

里見家は、小弓公方・足利義明と結んで北条氏や上総（現在の千葉県中部）の真里谷氏と争う。北条氏に大敗して危機に陥ったこともあったが、武田氏や上杉氏と結んで対抗。のちに豊臣秀吉と結んで所領を安堵され、徳川幕府の時代まで生き延びた。

■戦国時代当主〈里見義堯〉

北条氏の力を借りて家督争いを制した義堯は、直後に小弓公方・足利義明とともに北条氏と戦ったが、敗れて衰退を招く。

しかし、佐竹氏や上杉氏と結んで対抗し続け、北条方についた国人たちを徐々に平定していき、最終的には北条氏に奪われた領地の大半を取り戻している。

里見家の対立勢力

たびたび里見氏の領国へ進出をはかるが、頑強な抵抗にあって併合にはいたらなかった。

結城合戦で里見家が幕府と対立した鎌倉公方方についたことから、追討して滅ぼした。

幕府将軍家から分かれた関東の長

足利家 ASHIKAGA

関東足利家は、京の足利将軍家への対立姿勢を鮮明にして、衰退していった。

成り立ちと戦国時代の興亡

鎌倉幕府が倒れたのち、足利尊氏によって室町幕府が開かれた。尊氏は関東を統治するために鎌倉府が設置し、鎌倉公方として三男の基氏を派遣。関東足利氏の祖となった。

関東の統治は、鎌倉府を中心に関東管領の上杉氏が補佐する形で行っていたが、基氏の死後に鎌倉府を継いだ子孫たちは幕府と対立。鎌倉公方家は、四代足利持氏のときに勃発した「永享の乱」で敗北し滅亡する。

公方家は幕府の許可を得て子の成氏が再興するが、幕府との対立姿勢は変わらず、鎌倉を放棄して古河公方を起こすも断絶。のちに興した堀越公方や小弓公方といった分流も、北条氏によって滅ぼされた。

■戦国時代当主〈足利晴氏〉

公方家は鎌倉を放棄して古河（現在の茨城県古河市）に移り、古河公方を称したが、三代公方・高基のときに弟の義明が独立して小弓公方を称する。

足利晴氏は、北条氏綱と同盟して義明を滅ぼしたが、氏綱の子・氏康と敵対。北条領へ侵攻するが、敗退して没落した。

足利家の対立勢力

関東の覇権を目指す北条家は、のちに公方家を傀儡としてその権威を利用した。

足利将軍家は、対立した鎌倉公方家を追討したが、完全に抑えることはできなかった。

鎌倉府の補佐役として繁栄した一族

上杉家 UESUGI

上杉家は関東管領として鎌倉府を補佐したが、北条氏に押されて衰退していった。

成り立ちと戦国時代の興亡

上杉家は藤原氏の後裔で、もともとは天皇に仕える公家だった。重房のときに丹波（現在の京都府中部）上杉庄を領有したことから、上杉氏を称するようになる。

室町幕府によって関東を統括する鎌倉府が設置されると、上杉家は鎌倉府を補佐する関東管領に就任。

上杉一族は4つに分かれ、なかでも山内上杉家と扇谷上杉家が勢力を伸ばしたが、戦国時代に入ると両家が抗争を繰り返し弱体化する。

のちに北条氏が台頭すると、両家は連合を組んで対抗したが、「河越夜戦」で扇谷上杉家が滅亡。山内上杉家は、北条氏に対抗しきれず越後（現在の新潟県）へ落ち延び、上杉謙信を養子とし管領職を譲った。

■戦国時代当主〈上杉憲政〉

上杉憲政は、北条氏に圧迫されて越後へ逃れた山内上杉の当主である。憲政は、長尾景虎を養子に迎え、関東管領職を譲って上杉謙信を誕生させたが、その後は春日山城下の御館で隠居していた。

しかし、謙信の死後に起きた家督争いに巻き込まれ、景勝方に討たれてしまった。

上杉家の対立勢力

上杉謙信より前の旧上杉勢力は、北条家によって事実上没落させられたといってよい。

関東管領職を巡って山内上杉家と争ったが、これが上杉勢力の衰退に繋がった。

戦国大名になりきれなかった

神保家 JINBOU

没落から復活を果たした神保家だったが、結局戦国大名として大成できなかった。

成り立ちと戦国時代の興亡

神保家は、秦（古代中国の国）の始皇帝が祖といわれる秦氏の一派、惟宗氏を起源とする。上野（現在の群馬県）の神保邑にちなんで神保を称したという。

鎌倉時代から畠山氏に仕えており、室町時代には畠山氏の領国である越中（現在の富山県）や紀伊（現在の和歌山県と三重県南部）の守護代を務めた。

のちに畠山氏から独立をはかるも、失敗して没落。神保長職が再興するが、上杉氏に敗れたことを契機に家中で内紛が起こる。この結果、家臣に実権を握られた神保長住は、織田信長の傘下に入った。

上杉謙信の死後、長住が越中に侵攻して復権を果たすが、家中を統制できず領国から追放された。

■戦国時代当主〈神保長職〉

没落した神保家を再興した神保長職は、越中で椎名氏と争って勢力を伸ばし、越中最大の勢力にまで成長させた。

のちに椎名氏が助力を求めた上杉謙信に敗れるが、当の椎名氏が上杉氏から離反したことで、反上杉派の嫡男・長住と対立。この内紛により、神保家は再び衰退した。

神保家の対立勢力

椎名氏に助力を求められて争いに介入。勢力拡大を目指す神保家にとって壁となった。

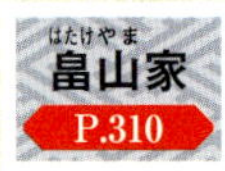

自立をはかる神保家が、一向一揆と結んで反逆したため、征伐して没落させた。

北陸に威勢を張った足利氏の一門

畠山家 HATAKEYAMA

畠山家は、鎌倉時代に滅ぼされるも復活を果たすが、上杉氏に敗れ消えていった。

成り立ちと戦国時代の興亡

畠山家は、平安時代に関東に土着した桓武平氏の一派、秩父氏を起源とする。俗に源平合戦とも呼ばれる「治承・寿永の乱」で活躍した畠山重忠が有名だが、のちに執権・北条時政の謀略で畠山家は滅ぼされた。

ところが、足利将軍家の足利義純が畠山の名跡を継いだため、畠山家は足利一門として再出発。畠山氏は、越中（現在の富山県）の能登畠山家、紀伊（現在の和歌山県と三重県南部）や河内（現在の大阪府東部）の河内畠山家などの諸家を生んだ。

このなかで戦国大名化したのは、在地して領国支配を強めることで繁栄した能登畠山家だが、家中の乱れから内紛が生じ、上杉氏の侵攻を受けて滅亡した。

■戦国時代当主〈畠山義総〉

畠山義総は、能登畠山家の七代目当主である。当時、領国では一向一揆が発生していたが、義総は叔父の義元とともにこれを鎮圧。堅城として名高い七尾城を築き、義元と共同統治を行って領国支配を強化したほか、商工業者を保護して城下町を発展させ、能登畠山家の全盛期を築いた。

畠山家の対立勢力

能登畠山家が家臣団を統制できなくなると、家中の混乱に乗じて攻め込み、滅ぼした。

ほかの重臣たちと実権を握ったのち主導権争いを起こし、能登畠山家衰退の原因となった。

信玄を苦しめた甲斐の豪族

村上家 MURA KAMI

村上家は、武田氏に対抗して武名をあげたが、最後は信濃から追い落とされた。

成り立ちと戦国時代の興亡

村上家の出自については諸説があるが、清和源氏頼信流の盛清が、信濃（現在の長野県）の村上郷に流罪となり、その子孫が興したともいわれる。

村上家は、南北朝の動乱期に足利尊氏に味方して功をあげ、守護の小笠原氏と比肩する勢力となった。

勢力を拡大した村上家は守護の小笠原氏と争うが、のちに講和して従った。しかし、小笠原氏が内紛を起こすと、隙を突いて信濃北部を手中に収める。

しかし、海野氏を追放したことからその類系である真田氏が武田氏に接近。武田氏を敵に回すことになる。

村上家は一時的に武田氏を撃退したが、のちに信濃を追われて上杉氏を頼ることになった。

■戦国時代当主〈村上義清〉

北信濃を支配した義清は、武田信玄との初戦である「上田原の戦い」で多くの重臣を討ち取って撃退。砥石城を巡る戦いでも、撤退する武田軍を追撃して大勝した。

戦いの手並みのさることながら、領内では一揆や叛乱も起きておらず、統治の手腕にも長けていたと思われる。

村上家の対立勢力

一度は手を結んだが、真田幸隆を得て村上家の敵となり、信濃から追い落とした。

実力を背景に反骨精神を見せる村上家は、守護として放置できない存在だったといえる。

家臣に名をとられた飛騨の豪族

姉小路家 ANE KOU JI

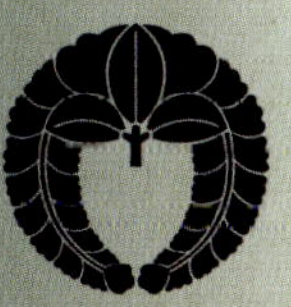

一族の争いから衰退した姉小路家は、家臣に乗っ取られて豊臣秀吉の傘下に入る。

成り立ちと戦国時代の興亡

姉小路家は、藤原北家の支流である藤原済時が祖という。南北朝の動乱期に飛騨（現在の岐阜県北部）の国司（行政官）に任じられ、南朝方として戦った。

このの ち、姉小路家は嫡流の小島家、庶流の向家と古河家の3家に分かれて発展するが、同族同士で争うようになって衰退し、守護・京極氏の圧迫を受ける。

戦国時代になると、京極氏の被官だった三木氏が台頭して戦国大名へと成長。三木良頼のとき、跡継ぎが絶えた古河姉小路家の名跡を継ぎ、子の頼綱が近隣の諸氏を平定して、飛騨の統一を成し遂げた。

しかし、「本能寺の変」ののちに豊臣秀吉に敵対したため、攻められて降伏した。

■戦国時代当主〈姉小路頼綱〉

頼綱は、飛騨守だった父・良頼の命で、国司・姉小路の名跡を継承し、織田信長と結んで領国支配を強化した。

信長が横死したのち、完全に飛騨を掌握するが、佐々成政や柴田勝家と結んで秀吉に対抗したことから、金森長近に高堂城を攻められて降伏した。

姉小路家の対立勢力

信長の後継者争いで姉小路家が柴田勝家に味方したため、金森長近に攻めさせた。

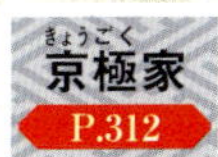

飛騨守護となった京極家は、古河・向の両姉小路家を飛騨から追放して衰退させた。

魔王に葬り去られた悲劇の一族

北畠家 KITABATAKE

公家から大名となった北畠家は、織田氏に降伏したのち暗殺されて滅亡した。

成り立ちと戦国時代の興亡

北畠家は、村上天皇の流れを汲む村上源氏の一派、中院氏を起源とする。中院雅家が洛北の北畠に住んでいたことから、北畠氏を称するようになった。

北畠家は代々天皇家に仕える公家で、後醍醐天皇の重臣だったことから、南北朝の動乱期には南朝の中心的存在となる。このとき、北畠顕能が伊勢（現在の三重県）の国司となり、伊勢北畠家がはじまったという。

戦国時代には、志摩（現在の三重県東端）を制圧したほか紀伊（現在の和歌山県と三重県南部）へも進出し、勢力を広げた。

しかし、織田信長の侵攻を受けて降伏したのち、当主をはじめとする一族が暗殺され、北畠家は没落した。

■戦国時代当主〈北畠晴具〉

文武に優れていた北畠晴具は、志摩を攻略したほか紀伊の南部も手中に収め、さらには大和（現在の奈良県）へも侵攻して一部を領有している。

家督を嫡男の具教に譲ったのちも軍権は握っていたようで、具教とともに伊勢北部の長野氏をくだした。

北畠家の対立勢力

織田家 P.12

伊勢へ侵攻した際に一旦は講和するが、のちに北畠家一族を暗殺して断絶へ追い込んだ。

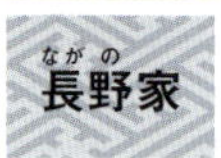

長野家

伊勢中部に勢力を張り、南進して北畠家と争うが、のちに臣従することになった。

衰退を乗り越え戦国時代を生き延びる

京極家 KYOGOKU

室町幕府創設に貢献した京極家は、衰退を乗り越えて大名として存続した。

成り立ちと戦国時代の興亡

近江（現在の滋賀県）の名族京極家は、五十九代・宇多天皇を子孫とする宇多源氏の一派、佐々木氏を起源とする。鎌倉時代に近江守護となった佐々木信綱は4人の息子がおり、京都の京極に住んでいた四男・氏信が京極氏を称したのがはじまりである。

南北朝時代に足利尊氏が幕府を興すが、このとき京極高氏が活躍したことで京極家は大きく飛躍。近江のほか、出雲（現在の島根県東部）や隠岐（現在の隠岐島）などの守護職を得て繁栄した。

「応仁の乱」ののち一族の内紛で統制が緩み、浅井氏や尼子氏の台頭を許して衰退する。しかし、戦国時代をたくみに生き延び、国持ち大名として存続した。

■戦国時代当主〈京極高次〉

戦国時代に当主を務めた高次は織田信長に仕えたが、「本能寺の変」の際には明智光秀に助力。羽柴秀吉（のちの豊臣秀吉）の追及を受けるが、妹が秀吉の側室となったことで許され、大津城主となった。

「関ヶ原の戦い」では、西軍4万を10日間引きつけ、加増転封されている。

京極家の対立勢力

浅井家 P.220

「応仁の乱」ののち、家督争いに乗じて勢力を強め、のちに京極高吉を追放した。

尼子家 P.268

出雲と隠岐の守護代を務めたが、京極家の内紛を機に出雲を奪取し、戦国大名となった。

平将門を倒した藤原秀郷の末裔

波多野家 HATANO

細川氏の内紛に乗じて独立をはたした波多野家だが、織田信長に敗れて滅亡した。

成り立ちと戦国時代の興亡

波多野家の出自については諸説があるが、藤原秀郷の後裔が相模（現在の神奈川県）の波多野庄に住み、波多野氏を称したという説が有力だ。

「応仁の乱」で東軍に味方した波多野家は、功績により丹波（現在の京都府中部）多紀郡を得る。波多野稙通のとき、八上城を築いて本拠地とし、細川氏の内紛に乗じて守護代・内藤氏を打倒。独立を果たした。

細川氏と三好氏が争った際、細川氏に味方し三好方の松永久秀に八上城を攻略さたが、のちに奪還して丹波全域を掌握した。

織田信長が台頭すると、一時は服属したがのちに敵対。戦いに敗れ、戦国大名・波多野家は滅亡した。

■戦国時代当主〈波多野秀治〉

八上城を落とされた波多野家は三好氏の家臣となったが、秀治は三好長慶が没したのを機に八上城を奪還して復権を果たした。

織田信長に従った際は、丹波の反織田勢力を討伐していた。しかし、信長包囲網に参加して敵対したため、明智光秀に攻められ、降伏したのち処刑された。

波多野家の対立勢力

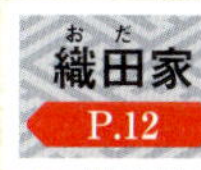

足利将軍と結んだ秀晴を光秀に攻めさせ、降伏させたのち、見せしめとして処刑した。

細川晴元と争った際、波多野家が晴元に味方したため、丹波に攻め込んで服属させた。

畿内でのしあがった京極氏の遠縁

六角家 ROKKAKU

畿内の政争を生き抜き将軍を擁するまでに成長するが、織田信長に敗れさった。

成り立ちと戦国時代の興亡

京極氏の祖・佐々木氏信は佐々木信綱の四男だが、信綱の三男・泰綱が興したのが六角家である。泰綱は佐々木宗家を継いだが、館が京の六角にあったことから六角氏を称したという。

六角家は近江（現在の滋賀県）南部、京極氏は北部と、2分して領有したため、同族同士で争った。また「応仁の乱」では西軍につき、二度に渡り足利将軍から追討を受けるが、いずれも退けて領国支配を進めた。

当主・定頼のときには足利義晴・義輝を擁して上洛しており、浅井氏や京極氏を抑えて全盛期を迎える。

しかし、六角義賢・義治父子の時代に衰退し、織田信長に敗れて没落した。

■戦国時代当主〈六角義賢〉

義賢は全盛期を築いた定頼の子だが、たび重なる戦での敗戦で勢力を衰退させる。上洛した織田信長との戦いでは、信長包囲網に参加して対抗したが、のちに敗れて降伏し、佐久間盛信のもとで監禁された。

義賢はのちに脱出したが、その後の消息は不明となっている。

六角家の対立勢力

上洛した際、六角家に援軍を要請したが、義賢が拒否して敵対したため戦いとなった。

六角定頼のときに服属していたが、六角家に衰退の兆しが見えると、六角領へ侵攻した。

有力守護から転落した村上源氏の末裔

赤松家 AKAMATSU

室町幕府創設に貢献した一族だが、家中を統制しきれずに没落していった。

成り立ちと戦国時代の興亡

赤松家の起源は、村上天皇の流れを汲む村上源氏といわれ、家範のときに播磨（現在の兵庫県南西部）赤松村に住んでいたことから赤松氏を称したという。

赤松家は、足利尊氏が室町幕府を開いた際に貢献し、有力守護大名のひとりとして権勢を振るったが、六代将軍・足利義教と不仲だった満祐が義教を暗殺。「嘉吉の乱」を起こし没落した。

のちに赤松家は再興を果たすが、家中で浦上氏が勢力を伸ばしたことから内紛が生じ、また織田信長の台頭によって一領主へと転落。のちの豊臣政権下で阿波（現在の徳島県）へ移封となったのち、「関ヶ原の戦い」での振る舞いから改易された。

■戦国時代当主〈赤松義祐〉

義祐は、対立した父・晴政を追放して赤松家の当主となった。この当時、赤松家は守護代・浦上氏の傀儡同然で、さらに別所氏が独立して播磨東部を奪われるなど、衰退が続く。

義祐は織田信長と通じて勢力を回復しようとするが、浦上氏に敗れて没落した。

赤松家の対立勢力

赤松家の有力被官だったが、赤松家当主が対立姿勢をとったため、逆に傀儡とした。

満祐が将軍を暗殺した際に、追討軍の中心となり、これを契機に大きく力を伸ばした。

下克上の世を体現した戦国大名

浦上家 URAGAMI

赤松家の被官から下克上でのしあがったが、家中の宇喜多氏に敗れて滅亡した。

成り立ちと戦国時代の興亡

浦上家は、平安時代の公卿・紀長谷雄の流れを汲み、播磨（現在の兵庫県南西部）の浦上庄を本貫とする。

室町時代の初期に、播磨で勢力を張った赤松氏の被官となり、ともに発展していった。赤松満祐が「嘉吉の乱」を起こして没落すると、のちに赤松政則を奉じて再興に尽力。政則が播磨や美作（現在の岡山県北東部）、備前（現在の岡山県東南部）の守護になると、浦上家は守護代を務めた。

当主・村宗のとき、政則のあとを継いだ赤松義村を殺害し、浦上家は播磨南部から備前東部に勢力を張る。次男・宗景のときに戦国大名化するが、家臣の宇喜多氏に敗れて追放され、大名としての浦上家は滅んだ。

■戦国時代当主〈浦上宗景〉

村宗が亡くなったのち、嫡男の政宗が家督を継いだが、弟の景宗は政宗と対立し、浦上家は分裂。政宗は赤松政秀に倒されたが、景宗は備前と美作に勢力を張った。

景宗は、織田信長に所領を安堵されたが、家臣の宇喜多直家と不仲になり、備前の天神山を落とされて追放されてしまった。

浦上家の対立勢力

備前や美作、播磨にまで侵攻し、守護の赤松晴政を破って一時領有していた。

浦上家が赤松氏から独立したように、宇喜多家は浦上氏を追放して自立したのである。

権勢を誇った前時代の有力家

山名家 YAMA NA

室町時代初頭に権勢を振るった山名家だが、威勢をそがれて衰退していった。

成り立ちと戦国時代の興亡

山名家は、清和源氏の源義家の曾孫・義範が、上野（現在の群馬県）の山名に住んだことから山名氏を称したのがはじまりという。

室町時代初頭、山名家は11ヶ国の守護を務める大勢力となるが、危険視した足利義満の謀略で、２ヶ国の守護にまで勢力を削られた。

のちに勃発した「嘉吉の乱」で、山名持豊が功をあげて６ヶ国の守護に任じられ、威勢を取り戻す。

しかし、持豊の死後は国人たちの反乱や独立、守護となった一族同士の争などで衰退。のちに、山名家は織田信長配下の豊臣秀吉と毛利元就に領国を挟まれ、１５８０年に秀吉にくだった。

■戦国時代当主〈山名祐豊〉

祐豊が但馬（現在の兵庫県北部）山名家の当主となった当時、山名家はふたつに分裂していたが、因幡（現在の鳥取県東部）山名家を討伐して一本化した。

侵攻してきた織田信長に対して、１度降伏したものの突然毛利氏と結んで裏切り、居城を攻められるなか、城で亡くなった。

山名家の対立勢力

山名家は恩賞によって巨大になったが、将軍を脅かさないよう権勢を削ぐ必要があった。

管領家として山名家と権勢を競い、「応仁の乱」などを舞台に対決した。

大名となるには実力不足だった

一色家 I SSHIKI

足利将軍の一門だったが、豪族との争いなどで衰退の一途をたどり滅亡した。

成り立ちと戦国時代の興亡

一色家は足利将軍家一族で、足利泰氏の七男・公深が、三河（現在の愛知県東部）一色郷に住んで一色氏を称したのが起源という。

室町時代に、若狭（現在の福井県南部）や丹後（現在の京都府北部）の守護職を得たが、足利義教によって力を削がれる。やがて、若狭武田氏との抗争がはじまり、一色家は徐々に衰退していった。

戦国時代になっても武田氏との抗争は終わらず、国人の自立や反乱が相次ぐ事態となっていく。

織田信長の命を受けた細川藤孝の侵攻に対しては、一族をあげて抵抗を続けたが、当主が次々と討たれて丹後一色家は滅亡した。

■戦国時代当主〈一色義道〉

上洛を果たした信長はのちに足利義昭と不仲になるが、このとき義道が義昭を保護したことから信長と敵対。命を受けた細川藤孝が侵攻してくる。

一旦は藤孝を退けたが、藤孝に明智光秀が助力したため劣勢となる。義道は居城から脱出するが、裏切りにあって自害した。

一色家の対立勢力

当初は一色家と親交があったが、義道が比叡山の僧や将軍義昭を匿ったため討伐した。

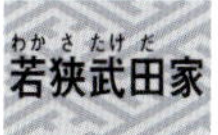

幕府に逆らった一色義貫を誅殺したのち、若狭守護職を得て、一色家の勢力を駆逐した。

古くから伊予にあった豪族の血脈

河野家 KOUNO

伊予に古くから土着した強みを生かせず、戦国の世に翻弄されて滅亡した。

成り立ちと戦国時代の興亡

河野家のは、伊予（現在の愛媛県）に古くから土着する豪族・越智氏を起源とし、後裔が河野郷に住んだことから河野氏を称したという。

河野家は、源頼朝の挙兵以来したがって平家と戦い、その功績から所領を安堵されて伊予に勢力を張った。

南北朝時代には、四国へ進出した細川氏とたびたび争う。室町時代には伊予の守護職を得たが、宗家と伊予東部の予州家が対立するなど、安定に欠いた。

戦国時代になると、勢力を伸ばした長宗我部元親に圧迫されて当主の通直が降伏。長宗我部氏の傘下に入るが、豊臣秀吉の四国征伐ののち、安芸（現在の広島県西部）に移され、病没して河野家は滅亡した。

■戦国時代当主〈河野通直〉

通直が当主となったころ、すでに河野家は危機的状態に陥っていた。長宗我部氏の侵攻に対し、通直は中国地方の毛利氏と結んで対抗したが、結局降伏することになる。

豊臣秀吉の「四国征伐」では、小早川隆景の軍と戦うが、隆景の説得を受けて降伏。隆景の本領・安芸に移ったが、病没した。

河野家の対立勢力

四国の覇権を目指していた長宗我部家は、河野家の抵抗を押しのけて降伏させた。

讃岐（現在の香川県）や阿波（現在の徳島県）へ進出し、伊予に侵攻して河野家と争う。

伊予に根をおろした公家大名

西園寺家 SAIONJI

公家から大名になった西園寺家だが、周囲の豪族勢力に押されて衰退していった。

成り立ちと戦国時代の興亡

西園寺家は藤原北家閑院流の公家で、西園寺公経が山城（現在の京都府南部）北山に別業西園寺を建てたことから、家名になったという。伊予西園寺家は、この支流にあたる。

鎌倉時代に公経が幕府に所望し、橘家の所領だった伊予（愛媛県）宇和郡を得た。のちに庶流の公良が下向して在地統治をはじめると、子の公俊が松葉城を築いて周辺の豪族を傘下に収め、次第に大名化していく。

戦国時代にはいると、伊予東部の河野氏や豊後（現在の大分県）の大友氏などの侵攻を受けて衰退。長宗我部元親に降伏したのち、豊臣秀吉の四国征伐にあい、新領主の戸田勝隆に当主が殺害され滅亡した。

■戦国時代当主〈西園寺公広〉

公広はもともと僧だったが、当主・実充の子が戦死したため還俗して家督を継いだ。

毛利氏や河野氏と結んで宇都宮氏や一条氏と戦ったが、長宗我部元親に降伏する。豊臣秀吉の「四国征伐」ののち、小早川隆景に服属したが、宇和郡の新領主となった戸田勝隆に謀殺されてしまった。

西園寺家の対立勢力

一条兼定のころ、姻戚関係だった大友氏の助力を受けて、たびたび西園寺家と争った。

伊予南部に勢力を張り、西園寺実充と争った際に、実充の子・公高を討ち取った。

古代から九州にあった名族

秋月家 AKIDUKI

九州に勃興した諸大名の被官ながら、たくみに戦国の世を生き抜いていった。

成り立ちと戦国時代の興亡

秋月家は、後漢（古代中国の国）の霊帝を祖とするいう大蔵氏の後裔で、「藤原純友の乱」を鎮めた功績で筑前（現在の福岡県西部）を得て土着。大蔵氏から誕生した原田氏の種雄が「源平合戦」で功をあげ、秋月庄を賜って秋月氏を称するようになったという。

戦国時代には、小弐氏や大内氏を経たのち大友氏の配下となるが、毛利氏と結んで反旗を翻して没落した。

しかし、脱出した種実が秋月家再興を果たし、島津氏と結んで大友氏と戦い、36万石の大勢力へ成長する。

豊臣秀吉の九州征伐では、島津氏と結んで対抗するも降伏。のちの「関ヶ原の戦い」では西軍に属したが、のちに東軍に内応して所領を安堵された。

■戦国時代当主〈秋月種実〉

毛利氏を頼って落ち延びた種実は、2年後に毛利氏の助力を得て旧領を回復した。

のちに大友氏に服属するが、島津氏と結んで大友領を侵食。秋月家の最盛期を築く。

しかし、秀吉の九州征伐にあって敗れ、日向（現在の宮崎県）3万石に移された種実は、家督を譲って隠居した。

秋月家の対立勢力

P.38

全国統一の一環として九州征伐を行い、島津氏と結んで抵抗する秋月家と戦った。

P.292

毛利氏は大友氏にとっても大敵で、毛利氏と結んで離反した秋月家を、見逃せなかった。

肥前で勃興した小大名

有馬家 ARIMA

龍造寺と島津という強豪勢力に挟まれつつも、巧みに身を処して生き残った。

成り立ちと戦国時代の興亡

有馬家の起源は藤原純友ともいわれるが、実際は肥前（現在の佐賀県と長崎県）の有間庄に平姓の領主で、鎌倉時代までは「有間」と記されている。

室町時代までに有間庄のある高来郡を制圧しており、小弐氏を援助して恩賞地を得たほか、周辺へ勢力を伸して肥前最大の勢力に成長する。

のちに龍造寺隆信が伸張すると、有馬家は衰退を余儀なくされ領国を大きく縮小するが、島津氏の助力を得た「沖田畷の戦い」で隆信を討ち取り撃退した。

豊臣秀吉の九州征伐では、秀吉に従って本領を安堵され、のちの「関ヶ原の戦い」では西軍についたが、のちに東軍に寝返って生き延びている。

■戦国時代当主〈有馬義貞〉

義貞が当主となった当時、「肥前の熊」と異名をとった龍造寺隆信からの圧迫が、強まりはじめた時期だった。

有馬家は義貞のときに著しく衰退するが、義貞が特別に無能だったわけではない。最盛期を築いた父・晴純が当主だったとしても、結果はあまり変わらなかったろう

有馬家の対立勢力

P.298

小弐氏の被官だった龍造寺家は、隆信のときに小弐氏を倒して勢力を拡大。有馬家の領国も併呑していった。大友氏とも戦えるほどの龍造寺家に、太刀打ちできなかった。

大勢力に飲まれていった小大名

相良家 SAGARA

肥後の小大名だった相良家は、阿蘇氏と結んで島津氏に対抗するが、降伏した。

成り立ちと戦国時代の興亡

相良家は藤原南家の流れを汲むといわれ、遠江（静岡県西部）相良庄に住んだことから相良氏を称したという。相良家は、「源平合戦」で平家に味方しており、鎌倉幕府が誕生すると肥後（現在の熊本県）へ追放されたが、のちに許された。

相良家は、多良木庄と人吉庄の両家に分かれていたが、室町時代に相良長続が多良木庄の相良家を滅ぼして一本化した。このの ち、相良家では家督争いが絶えなかったが、義滋と養子の晴広のときに相良家をまとめ、勢力拡大と安定をはかった。

のちに、島津氏の侵攻を受けて降伏したが、豊臣秀吉の九州征伐あとは人吉2万石を安堵された。

■戦国時代当主〈相良義陽〉

義陽が当主になると、一族の上村頼孝が謀反を起こし、この討伐が義陽の最初の大仕事となった。のちに、伊東氏とはかって島津氏を攻めようとするが失敗に終わった。

島津氏に降伏したのち、阿蘇氏攻めを命じられる。阿蘇氏の城を攻略するが、親友の甲斐宗運に攻められ、討ち死にした。

相良家の対立勢力

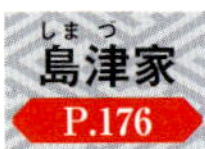

島津家 P.176

関係が良好な時期もあったが、相良家内で統制がとれておらず、侵略を許した。

菊池家

菊池家は有馬家としばしば争ったが、家中の争乱を鎮めるためのちに有馬氏と結んだ。

阿蘇山を祭る宮司から大名となる

阿蘇家 ASO

阿蘇山信仰を力に繁栄したのち、島津氏に吸収されるが、宮司として再興した。

成り立ちと戦国時代の興亡

阿蘇家は肥後（現在の熊本県）一ノ宮の大宮司を務めてきた一族で、火山信仰から阿蘇神社が重要視されるようになったことで発展を遂げた。

南北朝の動乱期以後、阿蘇家では内紛が絶えなかったが、戦国時代に入ると甲斐親宣・親直父子の補佐を受けた惟豊のもと、阿蘇家は繁栄を迎える。

しかし、肥後が大友氏の傘下に入ったのち、その大友氏が島津氏に敗れて衰退。阿蘇家は島津に抵抗するが、飲み込まれていった。

豊臣秀吉の九州征伐後に知行を得るが、「梅北の乱」に加担したと疑われ断絶。のちに加藤清正のはからいで再興し、阿蘇神社の大宮司となっている。

■戦国時代当主〈阿蘇惟将〉

惟将が当主となった当時、北の龍造寺と南の島津氏に挟まれていた。衰退しはじめた大友氏と結んでいた阿蘇家にとって、非常に厳しい時期だったといえる。

しかし、惟将は甲斐親直の力を借りて龍造寺氏と結び、島津氏とは巧みに和平交渉をしながら領国を保持し続けた。

阿蘇家の対立勢力

島津家 P.176

相良氏や大友氏と結んで敵対する阿蘇家を攻め、領国を支配下において没落させた。

足利家 P.234

南朝方を支持して戦う阿蘇家に介入し、庶子家を武家方に引きこむなど、工作を行った。

古代の名族を祖とする一門

肝付家 KIMOTSUKI

古くから島津氏と関係があり、伊東氏と結んで島津氏に対抗したが、敗れた。

成り立ちと戦国時代の興亡

肝付家の起源は伴氏とされ、古代大伴氏、もしくは天智天皇の子大友皇子が祖といわれる。薩摩（現在の鹿児島県西部）の惣追捕使に任じられた伴兼貞の子孫が、隣国大隅（現在の鹿児島県東部）の肝属郡に住み、肝付氏を称するようになったという。

肝付家は、島津氏の荘司と肝属郡の弁財使を務めて発展。南北朝の動乱期では島津氏と対立したこともあったが、その後は島津氏に服属していた。

しかし、戦国時代になると日向（現在の宮崎県）の伊東氏と結んで島津氏と対立。一時は島津氏を圧倒した時期もあったが、肝付兼護のとき島津氏に服属し、所領を取り上げられて大名としての肝付家は滅んだ。

■戦国時代当主〈肝付兼続〉

十六代当主の兼続は、島津氏と友好関係を築きつつ大隅の平定を目指していたが、のちに島津貴久との折り合いが悪くなり、対立することになる。

「竹原山の戦い」で貴久の弟・忠将を討ち取るなど優勢な時期もあったが、居城の高山城を落とされ亡くなった。

肝付家の対立勢力

大隅にはもともと島津家の荘園があり、守護職も得ていた土地である。勢力拡大をはかる島津家にとって、大隅に大きな勢力を築く肝付家は邪魔な存在だった。

島津氏と争い続けた一族

伊東家 ITOH

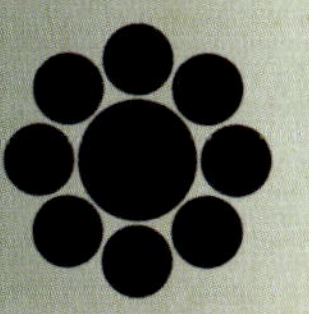

九州南部の雄・島津氏と長年争った伊東家だが、力及ばず最後には敗れさった

成り立ちと戦国時代の興亡

伊東家は、藤原南家の流れを汲む工藤氏が起源で、伊豆（現在の伊豆半島）伊東に住んでいた工藤祐経の子・祐時が、日向（現在の宮崎県）に地頭職を賜って伊東氏を称したという。

伊東家は日向に下向して定着したが、島津氏の勢力圏といえる場所だったため、島津氏との確執が深まる。

戦国時代になると、内紛が絶えない島津氏に代わって日向守護を務め、飫肥を巡る抗争で島津・豊州家を圧倒。しかし、「木崎原の戦い」で大敗し、大友氏と結んだ「耳川の戦い」でも敗れ、日向を追われる。

伊東家は、豊臣秀吉に仕えて九州征伐ののち飫肥城へ帰還を果たし、のちに飫肥藩となって存続した。

■戦国時代当主〈伊東義祐〉

義祐は、当主だった兄の死後に起きた内紛を鎮め、十代目当主となった。

肝付氏と結んだ義祐は、飫肥の島津・豊州家と日向南部を巡る争い、飫肥を得て伊東家の最盛期を築いた。

しかし、「木崎原の戦い」と「耳川の戦い」で島津氏に立て続けに敗れ堺で没した。

伊東家の対立勢力

日向守護という立場もあって、古くから伊東家とはたびたび抗争を繰り返した。

当初は同盟関係にあったが、「水島の変」で功を競ったのを契機に伊東家と不仲になる。

■参考文献

『歴史と旅 臨時増刊号14 日本武将総覧』、『歴史と旅 臨時増刊号54 信長をめぐる100人 激越なる覇王の生涯とともに生きた戦国群像』(以上、秋田書店)/『朝日 日本歴史人物事典』(朝日新聞社)、『家紋の世界 あなたのルーツはここにあった!』インデックス編集部編(イースト・プレス)/『元就と毛利両川』利重忠著、『九州戦国の武将たち』吉永正春著(以上、海鳥社)/『学研M文庫 史伝 佐々成政』遠藤和子著、『学研M文庫 武田家臣団 信玄を支えた24将と息子たち』近衛龍春著、『歴史群像85 2007年10月号』、『歴史群像86 2007年12月号』、『歴史群像87 2008年2月号』、『歴史群像92 2008年12月号』、『歴史群像アーカイブVol.6 戦国合戦入門』、『歴史群像シリーズ 実録『花の慶次』武将列伝』中西豪著、『歴史群像シリーズ19 伊達政宗 独眼竜の野望と咆哮』、『歴史群像シリーズ30 豪壮秀吉軍団 天下に雄飛した精鋭列伝』、『歴史群像シリーズ50 戦国合戦大全 上巻 下克上の奔流と群雄の戦い』黒田基樹 平山優 大野信長 藤井尚夫 藤本正行 小木香著、『歴史群像シリーズ51 戦国合戦大全 下巻 天下一統と三英傑の偉業』新宮正春 光武敏郎 貫井正之 三木靖 小笠原清 中村達夫著、『歴史群像シリーズ特別編集 決定版 図説・戦国合戦地図集』、『歴史群像シリーズ特別編集 決定版 図説・戦国合戦集』、『歴史群像シリーズ特別編集 日本100名城公式ガイドブック』日本城郭協会監修、『歴史群像シリーズ特別編集 決定版 図説・戦国甲冑集』伊達昭二著、『歴史群像シリーズ特別編集 全国版 戦国精強家臣団 勇将・猛将・烈将伝』、『歴史群像シリーズ特別編集 戦国九州三国志 島津・大友・龍造寺の戦い』、『新・歴史群像シリーズ3 信長・秀吉・家康 天下統一と戦国の三英傑』、『新・歴史群像シリーズ12 徳川家康 大戦略と激闘の譜』(以上、学研)/『家計図で読みとく 戦国名将物語』竹内正浩著(講談社)/『龍造寺隆信 五州二島の太守』川副博著 川副義敦考訂(佐賀新聞社)/『戦国今川氏 その文化と謎を探る』小和田哲男著(静岡新聞社)/『家紋 知れば知るほど』丹羽基ニ監修(実業之日本社)/『戦国武将ものしり辞典』奈良本辰也監修(主婦と生活社)/『Truth In History8 武田信玄 武田三代興亡記』吉田龍司著、『Truth In History10 上杉謙信 信長も畏怖した戦国最強の義将』相川司著、『Truth In History11 伊達政宗 野望に彩られた独眼龍の生涯』相川司著、『Truth In History13 戦国武将事典 乱世を生きた830人』吉田龍司 相川司 川口素生 清水昇著(以上、新紀元社)/『戦国 北条一族』黒田基樹著、『陸奥・出羽 斯波・最上一族』七宮涬三著、『常陸・秋田 佐竹一族』七宮涬三著、『下野 小山・結城一族』七宮涬三著、『戦国人名辞典 コンパクト版』阿部猛 西村圭子編、『歴史読本 2009年4月号 特集 戦国大名血族系譜総覧』、『天下取り採点 戦国武将205人』、『別冊歴史読本39 戦国武将列伝 甲冑・旗指物・陣羽織等、名品を一挙掲載』(以上、新人物往来社)/『新潮選書 伊達政宗の手紙』佐藤憲一著(新潮社)/『物語と史蹟をたずねて 伊達政宗』竹内勇太郎著(成美堂出版)/『BIGMANスペシャル その独創と奇行の謎 改定新版 織田信長』小和田哲男 井沢元彦 童門冬二著、『ビジュアル戦国1000人 応仁の乱から大坂城炎上まで乱世のドラマを読む』小和田哲男監修(以上、世界文化社)/『宝島社文庫 戦国武将最強列伝』別冊宝島編集部編(宝島社)/『早わかり戦国史』戸川淳編著(日本実業出版社)/『戦国闘将伝 島津義弘 慈悲深き鬼』戦国歴史研究会著、『上杉謙信と宇佐美定満』戦国歴史研究会著、『PHP文庫 戦国合戦事典 応仁の乱から大坂夏の陣まで』小和田哲男著、『PHP文庫 「戦国武将」がよくわかる本』株式会社レッカ社編著、『PHP新書 戦国大名 県別国盗り物語 我が故郷の武将にもチャンスがあった!?』八幡和郎著(以上、PHP研究所)/『CD-ROM 世界大百科事典 第2版 ベーシック版』(日立デジタル平凡社)/『激突!戦国の大合戦 最強軍団がゆく』青山誠著(双葉社)/『人物叢書 前田利家』岩沢愿彦著 日本歴史学会編集、『人物叢書 長宗我部元親』山本大著 日本歴史学会編集、『人物叢書 今川義元』有光友學著 日本歴史学会編、『人物叢書 足利義満』臼井信義著 日本歴史学会編、『人物叢書 一条兼良』永島福太郎著 日本歴史学会編、『人物叢書 大内義隆』福尾猛市郎著 日本歴史学会編、『人物叢書 大友宗麟』外山幹夫著 日本歴史学会編、『人物叢書 三好長慶』長江正一著 日本歴史学会編、『人物叢書 覚如』重松明久著 日本歴史学会編、『人物叢書 朝倉義景』水藤真著 日本歴史学会編、『人物叢書 浅井氏三代』宮島敬一著 日本歴史学会編(以上、吉川弘文館)/『リイド文庫 戦国武将100選』川口素生著(リイド社)
その他、多くの書籍やウェヴサイトを参考にさせていただいております。

戦国武将 完全ビジュアルガイド 新装版

発行日 2016年12月17日 初版

編著 株式会社ライブ
発行人 坪井 義哉
発行所 株式会社カンゼン
〒101-0021
東京都千代田区外神田2-7-1 開花ビル
TEL 03(5295)7723
FAX 03(5295)7725
http://www.kanzen.jp/
郵便振替 00150-7-130339
印刷・製本 株式会社シナノ

企画・構成・編集 株式会社ライブ
齊藤秀夫/竹之内大輔/畠山欣文
ライティング 成瀬史弥/野村昌隆/和恵/坂本雅之/千田誠行/吉村次郎/長門克弥
イラスト 鯵屋槌志/伊吹アスカ/ue☆no/海老原英明/哉ヰ涼/米谷尚展/佐藤仁彦/丞悪朗/すずき ちぇるな/立澤準一/TOHRU/NAKAGAWA/中山けーしょー/七片藍/虹之彩乃/樋口一尉/藤川純一/誉/みきさと/三好載克/よじろー
カバー・本文デザイン 貞末浩子

ISBN 978-4-86255-383-6
Printed in Japan

定価はカバーに表示してあります。
本書に関するご意見、ご感想に関しましては、**kanso@kanzen.jp**までEメールにてお寄せください。お待ちしております。